学校体育教程

（第二版）

刘海元 主编

北京体育大学出版社

策划编辑　李志诚
责任编辑　李志诚　米　安
责任校对　原子茜
版式设计　联众恒创

图书在版编目（CIP）数据

学校体育教程 / 刘海元主编 . -- 2 版 . -- 北京 : 北京体育大学出版社，2022.9（2025.8 重印）
ISBN 978-7-5644-3613-1
Ⅰ . ①学… Ⅱ . ①刘… Ⅲ . ①学校体育—教材 Ⅳ . ① G807

中国版本图书馆 CIP 数据核字（2022）第 029059 号

学校体育教程（第二版）
XUEXIAO TIYU JIAOCHENG (DI-ER BAN)　　刘海元　主　编

出版发行：北京体育大学出版社
地　　址：北京市海淀区农大南路 1 号院 2 号楼 2 层办公 B-212
邮　　编：100084
网　　址：http://cbs. bsu. edu. cn
发 行 部：010-62989320
邮 购 部：北京体育大学出版社读者服务部 010-62989432
印　　刷：北京科信印刷有限公司
开　　本：710mm × 1000mm　1/16
成品尺寸：170mm × 240mm
印　　张：27.5
字　　数：554 千字
版　　次：2011 年 9 月第 1 版　　2022 年 9 月第 2 版
印　　次：2025 年 8 月第 3 次印刷
定　　价：78.00 元

编 委 会

前言

党中央、国务院高度重视学校体育，特别是党的十八大以来，把学校体育工作上升为国家战略，作为教育强国、体育强国和健康中国建设的重要内容，相继作出各项战略部署，2016年5月6日国务院办公厅印发了《关于强化学校体育促进学生身心健康全面发展的意见》；经国务院同意，2020年8月31日国家体育总局和教育部印发了《关于深化体教融合 促进青少年健康发展的意见》；2020年10月15日，中共中央办公厅、国务院办公厅印发了《关于全面加强和改进新时代学校体育工作的意见》；2022年4月8日，教育部印发《义务教育课程方案和课程标准（2022年版）》。这些政策文件立足新时代，从全方位对加强学校体育工作提出了新要求。《中国教育现代化2035》明确提出“树立健康第一的教育理念，全面强化学校体育工作，强化对学生身体素质和运动技能测评，帮助学生在体育锻炼中享受乐趣、增强体质、健康人格、锤炼意志”。教育部办公厅印发的《〈体育与健康〉教学改革指导纲要（试行）》提出，中小学体育“要深化体育教学改革，强化‘教会、勤练、常赛’，构建科学、有效的体育与健康课程教学新模式”。《义务教育体育与健康课程标准（2022年版）》《普通高中体育与健康课程标准（2017年版）》提出以学科核心素养培养学生的运动能力、健康行为和体育品德。中共中央、国务院印发的《关于加强和改进新形势下高校思想政治工作的意见》和教育部印发的《高等学校课程思政建设指导纲要》要求进一步加强课程思政建设。学校体育这些方面新形势的变化，对高等学校体育教育本科专业学校体育学课程和教材提出了新要求：学校体育学教材要应时而变、顺势而为，要在思政性、前沿性、针对性、实践性、可读性和指导性等方面加强建设，要成为学校体育学科理论发展的策源地、中小学体育成功经验的汇聚地、促进体育教师成长的发展地、高等教育“金课”的打造地和了解新中国学校体育发展的“活地图”，要把国家对新时代学校体育和体育教师的新要求及时纳入教材，使新时代高校体育类专业的学校体育学教材为培养更多优秀的中小学体育“四有”好教师做出更大贡献。为此，本教材编写团队根据当前学校体育的改革发展和学校体育学科的新进展，于2021年启动了“十二五”普通高等教育本科国家级规划教材《学校体育教程》的修订工作。经过认真打磨和研究，本次修订注重了以下几个方面。

一是更加注重教材的思政性。教材修订积极落实《高等学校课程思政建设指导纲要》精神，坚持立德树人，将价值塑造、知识传授和能力培养的教材功能一体化，注重知识性与价值性、科学性与人文性、过程思维与育人目标相统一，深度挖掘提炼我国学校体育发展取得的显著成就，将党和国家的学校体育政策、领导讲话精神、重要活动事项，与促进学生体质健康、全面发展的国家目标等思政要素结合起来，对教材内容进行精挑细选和有机融合。

二是更加注重教材的实用性。本次修订根据学校体育学科理论发展情况和当前培养中小学体育教师中存在的问题，更为重视如何有效提升体育学类专业大学生掌握教学技能的问题，就学生如何把握体育与健康课程标准、编制各类教学计划、掌握体育教学方法、学会教学设计和说课与评课、撰写教案、开展运动训练和竞赛、组织开展教研活动等进行了更新，突出了培养学生教学实践技能的内容。

三是更加注重教材的科学性。在修订过程中，教材编写团队对原有教材的使用单位进行了调研，根据其提出的意见和建议对原教材使用中存在的问题在修订中进行了调整；根据新时代学校体育发展的新理念、新阶段、新要求，努力调整教材章节的呈现格局，从而大力提升教材内容质量。教材修订中多次召开会议，反复征求中小学体育教师和高校专业教师的意见，不断提升教材的科学性和针对性。

四是更加注重编写人员的能力。为了突出教材的基础性、科学性与创新性，在教材修订时，编委会进一步遴选编写人员，组成学历高、经历多、经验丰富、知识视野宽的老中青编写团队。编写团队由一线体育教师、体育教研部门人员、学校体育行政管理人员、学校体育专业理论研究人员等组成；编写人员对学校体育有着深刻的了解，思想活跃，具有积极的探索精神，大部分编写人员具有高级职称，获得博士学位者居多。

本教材主要适用于体育教育本科专业学生，但在编写时也兼顾了体育学类其他专业开展选修和中小学体育教师培训的适用性，是适用于社会体育、运动训练、民族传统体育等专业选修及全国中小学体育教师“国培计划”的选读教材。

本教材参编单位主要有首都体育学院、北京体育大学、中国教育科学研究院、天津体育学院、华东师范大学、浙江师范大学、浙江省玉环市坎门海都小学、山东体育学院、华南师范大学、陕西师范大学、深圳教育科学研究院等。本教材最后由刘海元、邵伟德、王华倬进行统稿。

受学识所限，许多初衷与设想尚未能在教材中充分体现，实为遗憾；教材中也难免会有纰漏和不足之处，敬请广大同行和同学们提出宝贵意见和建议，以便教材修订时能够进一步完善。

刘海元

2022年9月6日

目 录

第一章　学校体育发展概况

内容提要

本章主要介绍了学校体育的发展概况，具体包括国外学校体育发展概况和我国学校体育发展概况。国外学校体育发源于欧洲，形成于文艺复兴时期。20世纪以后，国外学校体育呈现出新的发展趋势。我国学校体育出现于奴隶社会，经历了几千年的发展，在近代以后逐步发展成体系。在勾勒我国学校体育的发展历史的同时，本章简单地描述了我国学校体育发展中的一系列重要事件。

学习目标

◎熟悉国内外学校体育的发展进程，并分析其发展趋势。

◎比较国内外学校体育的发展异同，并探究其经验与教训。

◎培植国际视野与本土意识，关注国内外学校体育的发展动态。

第一节　国外学校体育发展概况

国外学校体育起源于欧洲。欧洲学校体育的发展是国外学校体育发展的典型代表，本部分主要介绍欧洲学校体育的基本情况。

一、古代学校体育的源起

在奴隶社会，奴隶主为了对内镇压奴隶和对外进行战争，以维持和巩固其统治地位，对奴隶主子弟进行严格的教育，体育就是其教育内容的重要组成部分。希腊文化是西方文化的源头，古希腊体育是指荷马时代（公元前12世纪至公元前9世纪）和奴隶制城邦（公元前8世纪至公元前4世纪）的古希腊体育活动，如赛跑、摔跤、拳击、标枪、铁饼、跳跃、混斗、射箭等竞技体育项目。城邦经济文化的繁荣和城邦间的复杂竞争带来了古希腊体育的繁荣。在众多的城邦中，斯巴达和雅典先后成为繁荣时期古希腊体育的代表。到了中世纪，由于受到基督教神学思想的排斥，仅骑士教育保留了体育内容。

（一）斯巴达的学校体育

公元前8世纪，斯巴达人建立了奴隶主寡头政治的城邦国家，实行的是全民皆兵的政策。斯巴达人具有高度的警觉性和忧患意识，他们采取非常严格的军事教育手段来训练公民。7～18岁的男童都必须到军营接受体能和战斗技术的教育训练，主要包括游戏、投枪、投重物、跳跃、角力、赛跑、远足和游泳等，以培养他们拥有坚忍、勇敢、顽强的性格和一定的战斗技能。12～14岁男孩的标准体育活动是球类、角力、射箭、投掷、标枪、拳击、狩猎等。男子20岁以后开始过军营生活，30岁允许结婚，婚后仍然继续参加军事训练，直到55岁。斯巴达人对年轻女子也进行非常严格的训练。7～18岁女子开始接受国家组织的身体训练，主要内容是角力、掷铁饼、投标枪、赛跑、跳跃、舞蹈、球类、爬山等。

（二）雅典的学校体育

体育在雅典的学校教育中也占有重要的地位。雅典人7岁前在家接受教育，游戏是其主要教育内容，如猜单双、掷骰子、拖小车、玩小球等。7～14岁的儿童要在文部学校和音乐学校学习文化知识、音乐及一些简单的体育活动，如简单的体操动作，跑、跳游戏等。14岁的儿童进入体操学校，学习游泳、舞蹈和“五项运动”（如赛跑、跳跃、投标枪、掷铁饼和角力）等。16岁后的儿童进入体操馆继续练习体操和“五项运动”。18岁的青年经过测验，合格者成为公民，宣誓入伍接受两年严格的军事训练，并到边防去见习。雅典女子不像斯巴达妇女那样享有广泛的权利，只是在音乐学校受到与舞蹈相关的身体训练。

（三）骑士教育

到了中世纪时期，欧洲教育几乎被基督教会垄断，成为神学的“侍婢”和宣传教义的工具。在教会学校中，主要的学习内容是神学，体育被完全排除在学校教育之外。基督教主张“禁欲”，认为“肉体是灵魂的监狱”，因此，学校为扼制所谓的“肉欲”，安排大量的祈祷忏悔时间，棍棒和鞭子成为学校的“教具”，体罚、监禁、绝食盛行，学生身心受到严重的伤害。

骑士教育是中世纪时期欧洲出现的为培养“神权王权刽子手和封建教会卫道士——骑士”的一种教育制度，于11世纪形成，后因封建制度解体和枪炮的广泛使用而逐渐没落。骑士教育包括家庭教育、侍童教育和扈从教育3个阶段，其教育内容除学习上流社会的各种礼节之外，重点学习骑士七技，即骑马、游泳、投枪、击剑、打猎、下棋和吟诗。骑士教育里不存在古希腊人的全面发展思想，只有宗教的狂热与对领主和贵妇人的献媚。

二、近代学校体育的形成

（一）近代学校体育思想的形成

随着资本主义的出现和近代科学技术的不断发展，在资产阶级教育思想和实践的发展进程中，学校体育进入了一个崭新的发展阶段。

进入14世纪以后，欧洲爆发了文艺复兴运动，这是新兴资产阶级为发展资本主义，摆脱教会控制，在意识形态领域开展的一场反封建运动。文艺复兴运动高举人文主义的旗帜，在教育上主张恢复古希腊的教育思想和重视体育的传统，强调人的个性发展、个人自由，反对宗教束缚，反对体罚，倡导人的尊严，肯定人的价值、地位和功能，提倡健康、活泼、乐天的人生，为近代学校体育的发展吹响了号角。

到了17、18世纪，欧洲发生了以法国为中心的启蒙运动和始于英国的产业革命，这是欧洲资本主义大发展时期。启蒙运动是资产阶级为推翻封建统治建立资产阶级政权而开展的一场伟大的思想解放运动，启蒙运动主张人性论，强调用人权反对王权，用人道反对神道，用人类科学理性反对宗教迷信，提出了所谓自由、平等等不朽的口号。法国启蒙运动和英国资产阶级革命促进了近代教育（体育）思想的形成，涌现了一批教育家、思想家，他们对学校教育提出了新的思想观点，为近代学校体育的发展做出了卓越的贡献。现简要介绍如下：

捷克著名教育家夸美纽斯（1592—1670年），班级授课制的首创者，被誉为“近代学校体育之父”。他主张：每人每天要保证8个小时睡眠，8个小时工作，8个小时照料健康、饮食、娱乐、交往等；学校要为儿童设立充足的运动场所，学习间隙要安排半小时的休息和体育活动。

英国资产阶级教育家洛克（1632—1704年），主张“绅士教育”，明确地把教育划分为德育、智育和体育3个部分，并强调体育是一切教育的基础。洛克说，“健康之精神寓于健康之身体”。他的体育论可以集中为一句话：“要忍耐劳苦，不要娇生惯养。”

法国思想家、教育家卢梭（1712—1778年），自然主义教育思想的代表人物，主张教育要与体育结合，要顺应儿童的自然本性，按照儿童的兴趣爱好组织运动，要使儿童身心自由发展，重视利用自然条件锻炼儿童身体，培养儿童的意志，使儿童学会生活技能。卢梭认为，儿童缺乏生活能力，身体柔韧，善于运动，也最宜于锻炼。他说：“不管人们的艺术有怎样大的作用，身体的发育永远是走在心灵发育之前的。”

（二）近代学校体育体系的形成

18世纪末期开始，随着近代学校体育理论的逐步形成，欧洲一些国家开始了近代学校体育的实践，19世纪近代学校体育逐步在欧美一些国家普及，进入了一个大发展时期，近代学校体育制度在各国开始建立。

德国博爱主义教育家巴泽多（1724—1790年）于1774年在德绍创办博爱学校，该校课程安排：每天5小时读书，3小时体育（斗剑、舞蹈、骑马、竞技、体操、音乐和游戏等），2个小时手工。每年暑假2个月野营，开展打猎、钓鱼、游泳、爬山、赛跑、游戏等体育活动。根据古希腊的体操、欧洲的骑士运动和德国民间游戏，巴泽多创造了德绍五项竞技，即赛跑、跳跃、攀登、平衡和负重。博爱学校的教育思想和实践在当时影响很大，德国各地先后建立了许多这类学校。

近代学校体育自从德国博爱学校开始实施后，各国先后用法律和法令的形式对学校体育作了全面的规定，标志着近代学校体育制度的正式建立。

学校体育的确立和发展，使各国陆续设立了一些体育师范学校以培养体育师资，其中较早的有丹麦皇家陆海军体操师范学校（1804年）、瑞典皇家中央体操学校（1814年）、法国久因维耳军事体育师范学校（1820年）、柏林皇家中央体操学校（1851年）、法兰西体操学校（1852年）、美国体操联盟师范学校（1861年初建，不久停办，1866年恢复）、英国体育师资训练班（1862年）、美国春田体育学校（1886年）等。

三、现代学校体育的发展趋势

（一）现代学校体育的发展情况

20世纪以后，由于两次世界大战的影响，世界各国从不同的立场出发，都十分重视学校体育。经过两次世界大战后，国外经济迅猛发展，许多国家进一步认识到通过学校体育来提高国民健康素质进而促进国力强盛的重要性，纷纷加强了对体育教育的关注力度，并结合各国实际，采取多种措施加强学校体育工作，使学校体育发展达到了一个新的水平。例如，大部分西方发达国家把学校体育视为学生生活的重要组成部分，在加强中小学体育教育的同时，基本取消了大学阶段设立体育必修课的强制性要求，强调以多种形式开展学校体育活动，使体育融入学生的日常生活，成为学生生活的组成部分。现将其中具有代表性的国家介绍如下。

1. 日本

日本的体育课程主要经历了经验主义、学科主义、体力主义和人本主义 4 个阶段。其学校体育思想的核心在于批判与军事相联系的形式主义教育，并从体操为中心逐步转向运动和游戏为中心，尤其是第二次世界大战后，日本逐渐消除"军国民体育"遗毒，"快乐体育""成功体育""终身体育"等概念先后出现，成为学校体育的发展主流。

2. 美国

美国托马斯·伍德和赫瑟林顿等体育教育家，发起了"新体育"运动，把学校体育分为4个方面的教育，即机体教育、神经肌肉活动教育、品德教育和智力教育。此后，许多新兴的体育运动开始进入学校体育。第二次世界大战之后，随着城市化进程加速，人们更热衷运动，青少年的体质健康、过度肥胖等受到关注，美国逐渐构建了较为完善的学校体育质量保障体系。

3. 苏联（俄罗斯）

苏联于1923年在中学开设体育必修课，颁布了《学校体育基本法条例》，1927年首次颁布全国统一的体育教学大纲，1931年颁布《劳动与卫国体育制度》，1972年推行的新劳卫制包含了从7岁到60岁的6个互相衔接的等级及适用范围。苏联解体后，俄罗斯出现了多样化的体育教学大纲，如综合体育大纲、以发展运动能力为主的体育教学大纲、形成性体育教育大纲、竞技性体育教育大纲与健身性体育教育大纲等。

（二）学校体育的未来趋势

在当代，世界范围内的教育改革方兴未艾，随着教育改革的逐步深入，学校体育发展呈现出新的趋势。

第一，国际上对学校体育的重视程度普遍提高，参加体育运动成为青少年学生权利的重要组成部分。

第二，学校体育的健康促进功能更加突显，课程名称多改为体育与健康或健康与体育，"体育为健康"成为大家的普遍共识。

第三，学校体育管理进一步科学化、规范化、制度化，不断完善学校体育管理制度和管理办法，构建现代化的学校体育管理体系。

第四，学校体育加强与社区体育、竞技体育的融合，并进入人们的社会生活，对外开放的程度越来越高。

第五，学校体育将进一步弘扬民族传统体育文化，重视民族传统体育文化在学校体育中的地位。

第二节　我国学校体育发展概况

一、我国古代学校体育的起源和发展

我国古代学校体育从奴隶社会开始出现。据文字材料记载，早在商代就有学校体育，以西周时期最为典型，奴隶主贵族子弟不从事生产，专门在学校接受教育，即所谓“学在官府”。西周国学的教育内容包括德、行、艺、仪，主要内容是“六艺”，即礼、乐、射、御、书、数。“六艺”中，射（射箭的技能）和御（驾驭战车的技能）是军事技能的训练，礼、乐中的舞蹈也有锻炼身体的作用，这些内容可以视为我国学校体育的雏形。

到了封建社会，教育思想是“重文轻武，读书做官”。一般学校的教育内容，以儒家的“四书”“五经”为主，重视德育、智育，没有体育。汉代“独尊儒术”，以“六经”（诗、书、礼、乐、春秋、易）为学校教育内容；隋唐开始实行科举制度，逐渐形成文武教育的分途；宋代至清代的教育，虽然延续着武举制度并设置过武学，但学校教育中理学占统治地位，进一步主张静坐学习与思考，文弱之风盛行，以至我国两千多年的封建社会学校教育中，一般没有军事或体育，也没有劳动教育，学生只是在课余或在家中有一些游戏和锻炼身体、学习武艺的活动。

二、我国近代学校体育的形成和发展

我国近代学校体育从清朝末期开始，在曲折中不断发展，特别是在一些爱国知识分子和教育家及体育家的苦心钻研和积极推动下，其科学化程度逐步提高，并显现出国际化的趋势。对这一时期我国学校体育具有代表性的事件介绍如下。

（一）癸卯学制

鸦片战争以后，由于帝国主义列强的不断入侵和国内反对封建专制力量的不断增长，清朝的社会危机日益加深，面临灭亡。为挽救封建统治，清政府不得不废科举、兴学堂，并于1904年1月颁布实施《奏定学堂章程》（即癸卯学制），规定各级学堂开设体操科，初等小学堂、高等小学堂和中学堂每周均为3小时，主要教学内容是普通体操、兵式体操。癸卯学制的颁布和实施标志着我国从此结束了两千多年来封建社会学校教育中没有体育课程的历史。

（二）壬戌学制与《中小学课程标准纲要》

中华民国教育部门1922年11月1日颁布的《学校系统改革令》（即壬戌学制）规定：学校学制为小学6年、初中3年、高中3年；1923年公布了《中小学课程标准纲要》，正式把体操科改为体育科，教学内容也由普通体操、兵式体操改为以田径、球类、游戏、体操为主，完全剔除了兵式体操。

（三）毛泽东的《体育之研究》

1917年，毛泽东以“二十八画生”的笔名在《新青年》杂志上发表《体育之研究》一文，指出：“体育一道，配德育与智育，而德智皆寄于体。无体是无德智也。”“体育之效，至于强筋骨，因而增知识，因而调感情，因而强意志。筋骨者，吾人之身；知识、感情、意志者，吾人之心。身心皆适，是谓俱泰。故夫体育非他，养乎吾生，乐乎吾心而已。”这是我国近代教育史上一篇不朽的体育文献。

（四）蔡元培的完全人格教育

北京大学原校长蔡元培教授是我国近代第一个就全面发展教育进行系统论述的教育家，在他的完全人格教育中明确地阐述了体育的重要地位和作用。他指出，“夫完全人格，首在体育。体育最要之事为运动。凡吾人身体与精神，均含一种潜势力，随外围之环境而发达……次在智育。智育则属精神方面……德育实为完全人格之本。若无德，则虽体魄智力发达，适足助其为恶，无益也”；他强调“凡道德以修己为本，而修己之道，又以体育为本”；他提出了“军国民教育、实利主义教育、公民道德教育、世界观教育和美育教育‘五育’并举的教育方针”；他还用人的身体作比喻来说明他的完全人格教育：“譬之人身：军国民主义者，筋骨也，用以自卫；实利主义者，胃肠也，用以营养；公民道德者，呼吸机循环机也，周贯全体；美育者，神经系也，而无迹象之可求。此即五者不可偏废之理也。”他还明确地说明了“五育”在课程中的比重：“军国民主义当占百分之十，实利主义当占其四十，德育当占其二十，美育当占其二十五，而世界观则占其五。”

（五）国民政府教育部门5次修订课程标准

国民政府时期，教育部门于1929年颁布“暂行课程标准”（《小学课程暂行标准——小学体育》《初级中学体育暂行课程标准》《高级中学普通科体育暂行课程标准》等）；1932年颁布“正式课程标准”（《小学课程标准——体育》《初级中学体育课程标准》《高级中学体育课程标准》等）；1936年颁布“修正课程标准”（《小学中高年级体育课程标准》《小学体育教授细目》《修正初级中学课程标准》《修正高级中学课程标准》等）；1940年（小学1942年）颁布“重新修正课程标准”（《修正初级中学体育课程标准》《修正高级中学体育课程标准》《小学体育实施方案》《中等学校体育实施方案》《小学体育科课程标准》）；1948年颁布“再次重新修正课程标准”（《小学课程标准总纲》和《中学课程标准总纲》

等）。在近20年的时间里，国民政府教育部门分别进行了5次课程标准的修订（1948年的没有实施），这些课程标准的颁布与实施，推动了我国近代学校体育的发展。

三、中华人民共和国学校体育的发展与改革

1949年10月1日，中华人民共和国成立，这是中华民族历史上的伟大变革，我国学校体育发展由此进入了一个崭新的历史阶段。在中国共产党的领导下，中华人民共和国学校体育在发展过程中，克服了一个又一个曲折和困难，取得了丰硕的成果，并随着我国经济社会的不断发展和教育改革的逐步深入，朝着建设中国特色社会主义学校体育理论和实践体系的方向前进。

（一）中华人民共和国学校体育起步发展（1949—1978年）

中华人民共和国的成立从根本上改变了旧中国教育的半殖民地半封建性质，奠定了为社会主义建设服务的教育事业的基础。党和政府十分重视青少年儿童身体健康，采取了多种措施，加强学校教育工作，使中华人民共和国学校体育在对旧中国的教育进行了卓有成效改造的基础上取得了新的发展。虽然在此期间经历过这样那样的曲折，“文化大革命”时期甚至出现过“以政代体”“以军代体”“以劳代体”的极“左”倾向，但学校体育终究在曲折中不断进步，取得了令人瞩目的成就。这一时期，我国学校体育发展中，比较重要的内容如下：

1. 学校体育工作指导方针的确定

1949年9月，中国人民政治协商会议通过的《中国人民政治协商会议共同纲领》规定：“中华人民共和国的文化教育为新民主主义的，即民主的、科学的、大众的文化教育”，并指出“提倡国民体育”，为学校体育工作指明了方向。

1949年10月26日，在中华全国体育总会筹备会上，时任中央人民政府副主席的朱德指出，“体育是文化教育工作的一部分，也是卫生保健的一部分”“过去的体育，是和广大人民群众脱离的，现在我们的体育事业，一定要为人民服务，要为国防和国民健康利益服务”，从而明确了体育与教育、卫生工作的关系和学校体育的地位与方针。

1949年12月23日，中央人民政府教育部召开的第一次全国教育工作会议提出教育改革的基本方针是“以老解放区教育经验为基础，吸收旧教育有用经验，借助苏联经验，建设新民主主义教育”，这一方针对教育改革的方向与步骤作了具体的规定，对这一时期学校体育的改革有着直接的指导作用。

2.《关于改善各级学校学生健康状况的决定》的公布

1951年8月6日，中央人民政府政务院公布的《关于改善各级学校学生健康状况的决定》指出，“增进学生健康，乃是保证学生完成学习任务，并培养出有强健体魄的现代青年的重大任务之一”，要“立即纠正忽视学生健康的思想和对学生健康

不负责任的态度，切实改善各级学校的学生健康状况”，并根据当时的国情及学校教育的现状，做出如下规定：①调整学生日常学习及生活的时间；②减轻学生课业学习与社团活动的负担；③改进学校卫生工作；④注意体育娱乐活动；⑤改善学生伙食管理办法；⑥学校经费的支配，应适当地照顾保健工作的需要。除体育课及晨操、课间活动外，体育、娱乐活动或生产劳动以每天一小时至一小时半为原则，还强调要有计划地对学生进行卫生保健教育，使学生养成良好的卫生习惯。

3. 毛泽东“健康第一、学习第二”的指示

1950年6月19日，毛泽东给教育部部长马叙伦写信，针对学生营养不足，学习、社会活动过重，健康状况不良的实际，强调“各校注意健康第一，学习第二。全国一切学校都应如此”。1951年1月15日，毛泽东再次就学生健康问题致信马叙伦：“提出健康第一，学习第二的方针，我以为是正确的。”把学生健康放在第一位，把学生营养不良、负担过重等问题作为教育中的大问题，这是十分精辟的教育思想，对我国学校体育的建设和发展具有重要而深远的意义。

4. 中华人民共和国第一部中小学体育教学大纲的颁布

1956年教育部正式公布全国统一的《小学体育教学大纲》（1956年3月）和《中学体育教学大纲》（1956年5月），这是中华人民共和国颁布的第一套体育教学大纲。1957年人民教育出版社还出版了与这套大纲相配套的《小学体育教学参考书》和《中学体育教学参考书》。这套体育教学大纲明确规定了我国中小学体育的目的和任务。大纲开宗明义指出，中小学校体育是全面发展教育的一个组成部分，从而明确了中小学体育在整个教育中的重要地位；进而指出小学体育的目的是促进少年儿童成为全面发展的新人，为将来参加建设社会主义社会和保卫祖国做好准备，中学体育的目的是培养学生成为全面发展的社会主义社会的建设者和保卫者。小学和中学体育教学大纲中，分别提出了如下任务：锻炼身体、增进健康、促进生长发育，教授知识、技能，培养体育锻炼与卫生习惯，进行爱国主义、集体主义等思想品德培育。这套中小学体育教学大纲受苏联体育教育思想和模式的影响较大。虽然这套大纲未能很好地结合我国的实际，但它从整体上反映了社会主义学校体育思想和学校教育实际，在我国学校体育理论建设及实践发展中发挥了重要的作用。

5.“四红”“双红”运动的普及

1958年10月，国家体育运动委员会和教育部在徐州联合召开全国中小学体育工作经验交流会，总结交流各地“体育大跃进”的经验，提出“要紧跟全国工农业大跃进的形势，争取更大的跃进。在1958年年底以前，在中学实现除病残外100%的学生分别达到‘劳卫制’一级、二级、等级运动员和普通射手的标准（即四红）”“在小学实现除病残外100%的学生分别达到‘劳卫制’少年级和少年级运动员的标准（即双红）”。这次会议明确要求，“在12月底以前，全国基本上普及

‘四红’，在‘四红’的基础上培养三级运动员多面手，全面进行锻炼，进而培养二级运动员，并产生一级运动员和运动健将，为大放‘卫星’打基础”。在“左”的思想影响下，这种不分地区、不分学生的性别、年龄、体质、健康的状况而制定的所谓“四红”“双红”标准，以及搞短期突击性“四红”“双红”达标，违背了学校体育发展的规律，扰乱了学校体育的正常工作秩序，不利于学生身心健康发展，给学校体育工作造成了损失。

6.《学校暂行工作条例》的颁布

1961年，在“调整、巩固、充实、提高”方针指导下，教育部发布《教育部直属高等学校暂行工作条例（草案）》（简称《教育六十条》）、《全日制中学暂行工作条例（草案）》（简称《中学五十条》）和《全日制小学暂行工作条例（草案）》（简称《小学四十条》）并同时下达了《关于实行条例的指示》，明确指出提高教学质量是一项具有战略意义的任务，应该把这个问题摆在党和政府的重要议事日程上来。3个条例都对学校体育卫生工作提出了规范性要求，如要求坚持早操和课间操；体育课的要求应该适当，要开展课外的体育、文化娱乐等活动，以增进学生身心健康；大学生要注意锻炼身体，增强体质；要经常对学生进行卫生常识教育，使他们养成良好的卫生习惯；努力改善环境卫生，加强疾病防治工作；保证学生睡眠时间；加强安全教育；学校要定期进行安全检查，采取必要的措施，防止学生食物中毒、溺水和体育活动中的伤害事故等。

这几个条例的颁发是中华人民共和国教育史上的一件大事，它们是纲领性的文件，体现了党和国家对学校教育和体育卫生工作的重视和关怀，对学校体育卫生工作的规范化和健康发展起到了十分重要的作用，同时也为我国学校体育卫生的法规与制度建设奠定了初步基础。

7.“文化大革命”时期（1966—1976年）的学校体育

1966—1976年的十年中，我国教育事业遭到了严重的摧残，学校体育工作也遭受了严重的破坏。“文化大革命”初期，在“停课闹革命”的冲击下，学校正常的教学秩序遭到破坏，全国大多数地区学校的体育课被取消，体育活动被停止，只有少数农村、边远地区学校还有体育课。随着运动的发展，体育课和体育活动均被取消。“文化大革命”中、后期，在党中央有关文件指示下，学校体育工作逐步回到了比较正常的状态，特别是1973年全国中学生运动会的召开使学校体育工作逐步走入正轨。从总体上来看，学校体育工作在“文革十年”期间处于停滞甚至倒退状态。

（二）我国学校体育的改革和发展（1979—2011年）

1978年12月18日，中国共产党第十一届中央委员会第三次全体会议召开，以此为起点，我国进入了改革开放和社会主义现代化建设的新时期。在改革开放的新形势下，我国学校体育积极改革，勇于创新，沿着建设有中国特色社会主义道路不断前进，并取得了举世公认的成就。世纪之交，以“教育要面向现代化，面向世界，面向未来”和“三个代表”重要思想为指导，全面贯彻党的教育方针，全面推进素质教育为目标的我国基础教育课程改革全面启动，并已经取得了初步的成果。这一时期，我国学校体育发展中发生了几件比较重要的事件。

1. 全国体育卫生工作经验交流会（即“扬州会议”）

1979年5月，我国学校体育历史上的一次重要会议——全国体育卫生工作经验交流会在扬州成功召开。会议认为：“我们必须坚持‘三好’的方针，正确处理德、智、体三者的关系，纠正忽视体育、卫生工作的思想，摆正体育、卫生工作的位置，切实把学校体育、卫生工作搞好，使学校培养出来的人才，能为祖国健康地工作五十年……学校开展体育、卫生工作的根本目的，在于增强学生体质，要从实际出发，认真上好体育课；抓好每天一小时的锻炼，建立、健全业余训练制度，坚持普及与提高相结合；加强学校体育卫生工作，注意体育和卫生工作相结合。”会议还讨论制定了《中小学体育工作暂行规定》等几个有关学校体育工作的制度。在这种改革的背景下，学校体育工作开始拨乱反正、全面恢复，引发了一系列的广泛变革。

2.《学校体育工作条例》和《学校卫生工作条例》的发布

1990年3月12日，国家教育委员会和国家体育运动委员会联合发布实施了《学校体育工作条例》和《学校卫生工作条例》，标志着我国学校体育卫生工作进入了法制化的轨道。两个条例是检查和评估我国学校体育工作的重要依据，对于推动我国学校体育卫生事业的发展、提高学生的身体健康水平具有深远的战略意义。

3.《九年义务教育全日制中小学体育教学大纲》的颁布

1992年11月，国家教育委员会颁发实施《九年义务教育全日制小学体育教学大纲》和《九年义务教育全日制初级中学体育教学大纲》，明确规定“体育是义务教育的重要组成部分……是完成九年义务教育，培养德、智、体全面发展的社会主义建设人才的重要手段之一”，进一步明确了体育教学的“一个目的，三项基本任务”：体育教学的目的是“通过体育教学向学生进行体育卫生保健教育，增强体质，促进德、智、体、美全面发展”，强调小学阶段要“为提高全民族素质奠定基础”，初中阶段要培养“社会主义的建设者”。三项基本任务中，在“全面锻炼学生身体”方面，强调增强学生“对外界环境的适应力和对疾病的抵抗力”；在“掌握体育基础知识、基本技术、技能”方面，强调“树立安全的观念”“培养锻炼身体的能力”“懂得简要的科学锻炼身体理论和方法”“提高体育卫生文化素养”以及“为升入高一级学校或独立从事身体锻炼打好基础”；在“向学生进行思想品德教育方面”，强调“树立群体意识”，发展“学生个性”，培养“进取向上精神”，突出“陶冶美的情操”。

4. 体育与健康课程标准的颁布

2001年6月，教育部颁发《体育（1～6年级）·体育与健康（7～12年级）课程标准（实验稿）》，并于2001年9月开始在全国范围内进行实验。在这一轮的学校体育改革中，沿用了半个世纪的体育教学大纲悄然隐退，取而代之的是体育课程标准。与以往体育教学大纲相比，体育课程标准无论从名称、目标、要求，还是结构、体例上都是全新的，蕴涵着素质教育的理念，体现着鲜明的时代气息。2007年，在实验的基础上，教育部开始对体育课程标准进行修订，统一了义务教育阶段体育课程名称（统称为体育与健康），把标准中原有的5个学习领域修订为运动参与、运动技能、身体健康、心理健康和社会适应4个方面。

5. 全国学校体育工作会议

2006年12月23日，中华人民共和国成立以来的第一次全国学校体育工作会议在北京召开。会议强调指出："要将加强青少年学生的体育与健康作为重要突破口，坚决遏制青少年学生体能素质的持续下降，切实提高青少年学生的体质健康水平；要科学把握学校体育课程、课外体育活动和课余体育训练的关系，全面推进学校体育工作。体育课程是学校体育的关键，要帮助学生养成锻炼习惯、掌握体育知识、发展运动特长；要建立更加完善的保障监督机制，确保学校体育工作各项政策措施的落实；全社会都要支持学校体育工作，关心青少年学生的健康成长。"会议决定启动"全国亿万学生阳光体育运动"。

6.《国家学生体质健康标准》的发布

1989年12月，国家体育运动委员会发布《国家体育锻炼标准》，施行国家体育锻炼标准，这是在我国20世纪50年代"劳卫制"基础上建立起来的一项新的基本体育制度。该标准要求各级各类学校应把这项工作列入计划，根据实际情况，把积极开展"达标"活动与体育课教学、课外体育活动、实施学生体育合格标准等工作结合起来。《国家体育锻炼标准》的施行，对广大青少年儿童从小进行体育锻炼，促进其身体素质的发展有着十分重要的意义。

1991年5月，国家教育委员会正式颁发《中学生体育合格标准的实施办法》，明确规定：身体正常的中学生体育合格，必须达到体育成绩合格，参加《国家体育锻炼标准》测验每一单项最低达30分；早操、课间操和课外体育活动无故缺勤次数，一学年累计不得超过应出勤数的1/10；因病、事假缺勤次数不得超过应出勤总数的1/3；三好学生体育必须合格，而且体育课成绩在75分以上和《国家体育锻炼标准》测验总分在350分以上；先进班级学生体育合格率必须在95%以上，先进学校学生体育合格率必须在90%以上。1990年9月，国家教育委员会颁布《大学生体育合格标准》，明确规定：在身体形态、身体机能、身体素质、视力状况及体育课、课外体育锻炼等方面，综合评定学生的体育成绩，按各学年（包括毕业一年）的平均成绩评定，凡成绩达到60分，同时毕业当年成绩也达到60分者，方可认为体育合格，准予毕业，否则按结业处理。1992年2月，国家教育委员会颁布《小学生体育合格标准实施办法》，明确规定：小学体育合格标准及等级，采用百分制评定：60分及其以上为合格；75分及其以上为良好；90分及其以上为优秀。同时其规定“评定体育合格的内容及其百分比”：体育课成绩占60%；《国家体育锻炼标准》测验成绩占30%；积极参加课间操、眼保健操及课外体育活动占10%。大、中、小学校体育合格标准把体育合格作为对学生进行全面评价的重要条件，并与升学结合起来，这是我国采取的一项新的教育政策，有助于教育行政部门和学校落实《学校体育工作条例》，全面贯彻教育方针。实践证明，体育合格标准对培养学生自觉锻炼身体的良好习惯、增强学生体质起到了积极的作用。

随着我国教育和体育事业的不断发展，原有的国家体育锻炼标准和大、中、小学校体育合格标准已经不能适应时代发展的需要，因此，教育部和国家体育总局在2002年试行《学生体质健康标准》的基础上，于2007年下发了《国家学生体质健康标准》及实施办法。该文件明确规定：《国家学生体质健康标准》是《国家体育锻炼标准》的有机组成部分，是《国家体育锻炼标准》在学校的具体实施，是国家对学生体质健康方面的基本要求。

7. 学校奥林匹克教育活动

2008年，北京成功举办了第29届奥林匹克运动会。北京奥运会组织委员会按照国际奥委会要求开展了旨在弘扬奥林匹克精神的奥林匹克教育活动，并于2002年8月制定了奥林匹克教育与传播计划。其主要内容包括：①通过各种媒体广泛传播奥林匹克理想；②在全国各级学校中普及奥林匹克教育；③举办以“奥林匹克与人类文明”为主题的高层国际论坛；④实施运动员教育计划；⑤举办国际中学生奥林匹克夏令营；⑥举办国际体育记者讲习班。根据此计划全国各地学校根据实际情况开展了奥林匹克教育活动。例如，北京市教育工委和北京市教委2005年12月6日发布《北京市学校奥林匹克教育行动计划》，设立“北京2008年奥林匹克教育示范学校”，并规定奥林匹克教育示范学校必须单独开设奥林匹克教育课，以北京奥组委编辑出版的《北京奥运会小学生读本》《北京奥运会中学生读本》为基础教材，每月不少于2个课时。北京20所中小学成为首批奥林匹克教育示范校。北京市其他各级中小学也将奥林匹克知识教育与新课程改革的学科教学结合起来，开发学校奥林匹克课程资源，同时把对中小学生奥林匹克知识学习效果的考察列入学期学生评价手册。从2006年到2008年，北京市中考和高考也适度加入反映奥林匹克教育的内容。自2015年北京获得第24届冬奥会举办权以来，国家相关部门与北京冬奥组委先后印发了《北京2022年冬奥会和冬残奥会青少年行动计划》《北京2022年冬奥会和冬残奥会中小学生奥林匹克教育计划》，要求：①将奥林匹克教育纳入学校教育教学；②

广泛开展中小学奥林匹克教育活动；③通过奥林匹克教育扩大中小学生国际交流；④举办中小学生冬季奥林匹克赛事活动；⑤开展奥林匹克教育研究。2019年、2020年教育部组织评审了“北京2022年冬奥会和冬残奥会奥林匹克教育示范学校和全国青少年校园冰雪运动特色学校名单”，持续提升青年体质健康水平，进一步在广大青少年中弘扬奥运精神、推广冰雪运动、宣传冬奥文化。

8.《关于加强青少年体育增强青少年体质的意见》的颁布

改革开放以来，党中央国务院高度重视青少年体育工作，学校体育工作不断得到加强，青少年的营养水平和形态发育水平不断提高，对提升全民族健康素质和推进现代化建设作出了积极的贡献。学校体育工作和青少年体质健康方面还存在许多突出的问题和严峻的挑战。例如，国家关于学校体育工作的要求和措施得不到落实，体育场地设施不足，体育课、体育活动的时间得不到保证；全国大、中、小学生各年龄组肺活量水平继续呈下降趋势，速度、爆发力、力量、耐力素质水平进一步下降，肥胖检出率继续上升、视力不良检出率仍然居高不下。这些现象引起了社会各界的强烈反响，一些社会知名人士纷纷呼吁全社会要关注青少年体质健康，重视青少年的体育工作。青少年体质健康存在的突出问题也引起了中央领导、国务院领导的高度重视，中央政治局专门召开会议，专题研究加强青少年体育工作。2007年5月7日，中共中央、国务院颁发《关于加强青少年体育增强青少年体质的意见》，这是中华人民共和国历史上第一个以中共中央、国务院的名义针对学校体育卫生工作颁布的最高级别文件，该文件由“高度重视青少年体育工作；认真落实加强青少年体育、增强青少年体质的各项措施；加强领导，齐抓共管，形成全社会支持青少年体育工作的合力”3大方面共20条具体内容构成。中共中央、国务院《关于加强青少年体育增强青少年体质的意见》的颁发，为我国学校体育卫生工作指明了方向，明确了学校体育工作具体的要求和措施，对我国学校体育的发展具有重大意义。

9.《国家中长期教育改革和发展规划纲要（2010—2020 年）》的印发

2010年7月29日，中共中央、国务院印发了《国家中长期教育改革和发展规划纲要（2010—2020年）》（简称《教育规划纲要》），并发出通知，要求各地区各部门结合实际认真贯彻执行。该通知指出，《教育规划纲要》是21世纪我国第一个中长期教育改革和发展规划，是今后一个时期指导全国教育改革和发展的纲领性文件。《教育规划纲要》将学校体育工作摆在重要位置，为学校体育指明了发展方向，作出了规划部署，概括起来主要有5点：①坚持全面发展，全面推进素质教育，全面加强和改进德育、智育、体育、美育，提高学生综合素质，使学生成为德智体美全面发展的社会主义建设者和接班人。②加强体育，牢固树立健康第一的思想，确保学生体育课程和课余活动时间，配齐体育学科教师，开足开好体育课程，提高体育教学质量，加强心理健康教育，促进学生身心健康、体魄强健、意志坚强。

③增强学生体质，科学安排学习、生活、锻炼，保证学生睡眠时间。大力开展“阳光体育”运动，保证学生每天锻炼一小时，不断提高学生体质健康水平，提倡合理膳食，改善学生营养状况，提高贫困地区农村学生营养水平，保护学生视力。④实施义务教育学校标准化建设，尽快使义务教育学校师资、教学仪器设备、图书、体育场地基本达标。⑤实施“建立阳光体育长效机制”试点改革工作，积极探索阳光体育持续开展的新体制、新机制和新方法。

（三）中国学校体育的深化发展（2011—2022年）

自2010年后，我国学校体育进入发展快车道。发展理念与思路从体教结合逐步转向体教融合，开启了建设体育强国、教育强国的新篇章。先后对义务教育和普通高中的体育与健康课程标准进行修订，推动了体育教学实践的变革；加强体育师资队伍建设，除了对体育教师进行培训，也积极探索教练员、优秀运动员作为兼、专职体育教师的新机制，推动体育师资队伍的专业素养提升与人员结构完善；大力开展学校体育训练与竞赛，拓宽竞技体育后备人才的培养路径；加大经费投入，不断完善学校体育场地设施建设，积极推进体育场地设施的标准化建设，探索学校体育场地对外开放、社会公共体育场馆对青少年开放的新形式。在我国学校体育发展中，发生了如下几次比较重要的事件。

1.《义务教育体育与健康课程标准（2011 年版）》的印发

为贯彻落实《国家中长期教育改革和发展规划纲要（2010—2020年）》，适应新时期全面实施素质教育的要求，深化基础教育课程改革，提高教育质量，2011年教育部印发了《义务教育体育与健康课程标准（2011年版）》，并于2012年秋季开始执行。体育与健康课程是学校课程的重要组成部分，它以身体练习为主要手段，以学习体育与健康知识、技能和方法为主要内容，以增进学生健康、培养学生终身体育意识和能力为主要目标。

义务教育体育与健康课程遵照“健康第一”的指导思想，强调实践性特征，突出学生的学习主体地位，努力构建完整的课程目标体系和发展性的评价方式，重视教学内容的基础性、选择性及教学方法的有效性和多样性，注重激发学生的运动兴趣，引导学生掌握体育与健康基础知识、基本技能和方法，增强学生的体能，培养学生坚强的意志品质、合作精神和交往能力等，为学生终身参加体育锻炼奠定基础，促进学生健康、全面发展。

2.《进一步加强学校体育工作的若干意见》的印发

为深入贯彻落实中共中央、国务院《关于加强青少年体育增强青少年体质的意见》和《国家中长期教育改革和发展规划纲要（2010—2020年）》，推动学校体育科学发展，促进学生健康成长，2012年10月国务院转发了教育部、发展改革委、财政部、国家体育总局等部门提出的《关于进一步加强学校体育工作的若干意见》

（简称《意见》）。

《意见》指出，加强学校体育要以科学发展观为指导，全面贯彻党的教育方针，全面实施素质教育，把增强学生体质作为学校教育的基本目标之一，加强政府统筹，加强条件保障，加强监督检查，确保学生体育课程和课余活动时间，切实提高学校体育质量，完善学校、家庭与社会密切结合的学校体育网络，促进体育与德育、智育、美育有机融合，不断提高学生体质健康水平和综合素质。

《意见》提出，当前和今后一个时期，要以中小学为重点全面加强学校体育，深入推进学校体育改革发展，力争到“十二五”期末，学校体育场地设施总体达到国家标准，初步配齐体育教师，基本形成学校体育持续健康发展的保障机制；学生体质健康监测制度更加完善，基本建成科学规范的学校体育评价机制；各方责任更加明确，基本形成政府主导、部门协调、社会参与的学校体育推进机制。

3.《关于强化学校体育促进学生身心健康全面发展的意见》的印发

强化学校体育是实施素质教育、促进学生全面发展的重要途径，对促进教育现代化、建设健康中国和人力资源强国，实现中华民族伟大复兴的中国梦具有重要意义。为全面贯彻落实党的十八大，十八届三中、四中、五中全会和习近平总书记系列重要讲话精神，全面贯彻党的教育方针，按照《国家中长期教育改革和发展规划纲要（2010—2020年）》的要求，进一步推动学校体育改革发展，促进学生身心健康、体魄强健，2016年国务院印发了《关于强化学校体育促进学生身心健康全面发展的意见》（简称《意见》），就推动学校体育改革发展和强化学校体育工作作出全面部署。

《意见》以“天天锻炼、健康成长、终身受益”为目标，改革创新体制机制，全面提升体育教育质量，健全学生人格品质，切实发挥体育在培育和践行社会主义核心价值观、推进素质教育中的综合作用，培养德智体美全面发展的社会主义建设者和接班人；要求坚持课堂教学与课外活动相衔接、培养兴趣与提高技能相促进、群体活动与运动竞赛相协调、全面推进与分类指导相结合的原则，改革创新体制机制，全面提升体育教育质量，健全学生人格品质，切实发挥体育在培育和践行社会主义核心价值观、推进素质教育中的综合作用。

《意见》具体提出以下5点要求：①要深化教学改革，强化体育课和课外锻炼。以培养学生兴趣、养成锻炼习惯、掌握运动技能、增强学生体质为主线，建立大、中、小学体育课程衔接体系。严禁削减、挤占体育课时间，切实保证学生每天一小时校园体育活动。②要注重教体结合，完善训练和竞赛体系。学校要积极开展课余体育训练，为有体育特长的学生提供成才路径。进一步完善竞赛体系，建设常态化的校园体育竞赛机制。③要增强基础能力，提升学校体育保障水平。加强体育教师队伍建设，着力培养一大批体育骨干教师和体育名师等领军人才。大力推进体育设施建设和综合利用，多渠道增加学校体育投入。④要加强评价监测，促进学校体育健康发展。完善考试评价办法，构建课内外相结合、各学段相衔接的学校体育考核评价体系。⑤要强化学校体育的组织实施。进一步加强青少年体育工作部际联席会议制度，把学校体育工作列入政府政绩考核指标、教育行政部门与学校负责人业绩考核评价指标。对学生体质健康水平持续3年下降的地区和学校，在教育工作评估中实行“一票否决”制度。

4.《普通高中体育与健康课程标准（2017 年版）》的印发

普通高中体育与健康课程确定了运动能力、健康行为、体育品德三要素构成的体育学科核心素养。课程标准以学生身心发展特点和学习规律为依据，以学校体育学、体育与健康课程与教学论、健康教育学为基础，同时还涉及运动解剖学、运动生理学、体育心理学、体育社会学、体育哲学、运动训练学、运动营养学、体育伦理学、体育美学和体育史学等学科知识。

普通高中体育与健康课程是一门以身体练习为主要手段，以体育与健康知识、技能和方法为主要学习内容，以培养高中学生的体育与健康学科核心素养和增进高中学生身心健康为主要目标的课程。它是全日制普通高级中学课程体系的重要组成部分，是面向全体高中学生的基础教育，对实现“立德树人”根本任务和培养全面发展的人才具有独特的功能和价值。本课程具有基础性、实践性、选择性和综合性。基础性强调在九年义务教育基础上进一步全面提高学生发展核心素养和学科核心素养，为学生终身体育锻炼和保持健康奠定坚实的基础；实践性强调以身体练习为主要手段，关注学生通过适宜的运动负荷和方法进行体能练习和运动技能学习，积极参加课内体育学习以及课外体育锻炼、体育社团活动和体育竞赛活动；选择性强调学生根据自身的特点和需求，在学校开设的若干运动项目中进行自主选择，较为系统地学习1～3个运动项目，培养运动爱好和专长，养成体育锻炼习惯；综合性强调关注多种内容和方法的整合，以体育教育为主，融合健康教育内容，注重学科德育，培养学生的健康意识和行为，促进学生全面发展。

5.《关于深化体教融合　促进青少年健康发展的意见》的印发

2020年8月，国家体育总局和教育部印发了《关于深化体教融合　促进青少年健康发展的意见》（简称《意见》），要求贯彻落实习近平总书记关于体育强国建设的重要指示和全国教育大会精神，充分发挥党委领导和政府主导作用，深化具有中国特色体教融合发展，推动青少年文化学习和体育锻炼协调发展，促进青少年健康成长、锤炼意志、健全人格，培养德智体美劳全面发展的社会主义建设者和接班人。《意见》根据“一体化设计、一体化推进”原则，提出八个要求：①加强学校体育工作，树立健康第一的教育理念；②完善青少年体育赛事体系，扩大校内、校际体育比赛覆盖面和参与度，组织冬夏令营等选拔性竞赛活动；③加强体育传统特色学校和高校高水平运动队建设，拓宽竞技体育后备人才的培养路径；④深化体校改革，将体校义务教育适龄学生的文化教育全部纳入国民教育体系；⑤规范社会体育组织，支持社会体育组织为学校体育活动提供指导，普及体育运动技能；⑥大力培养教师和教练员队伍，畅通优秀退役运动员、教练员进入学校兼任、担任教师的渠道；⑦强化政策保障，研究制定有体育特长学生的评价、升学保障等政策，严格规范青少年运动员培训、参赛和流动；⑧加强组织实施青少年体育工作部际联席会议制度，成立青少年体育工作部际联席会议制度，建立联合督导机制。

6.《关于全面加强和改进新时代学校体育工作的意见》的印发

为贯彻落实习近平总书记关于教育、体育的重要论述和全国教育大会精神，把学校体育工作摆在更加突出位置，构建德智体美劳全面培养的教育体系，2020年10月中共中央办公厅、国务院办公厅印发了《关于全面加强和改进新时代学校体育工作的意见》，要求到2022年，配齐配强教师，开齐开足体育课，办学条件全面改善，学校体育工作制度机制更加健全，教学、训练、竞赛体系普遍建立，教育教学质量全面提高，育人成效显著增强，学生身体素质和综合素养明显提升；到2035年，多样化、现代化、高质量的学校体育体系基本形成。

首先，不断深化教学改革。开齐开足上好体育课，严格落实学校体育课程开设刚性要求，不断拓宽课程领域，逐步增加课时，丰富课程内容；加强体育课程和教材体系建设，学校体育课程注重大、中、小、幼相衔接，聚焦提升学生核心素养；推广中华传统体育项目，因地制宜开展传统体育教学、训练、竞赛活动，并融入学校体育教学、训练、竞赛机制；强化学校体育教学训练，逐步完善“健康知识+基本运动技能+专项运动技能”的学校体育教学模式；健全体育竞赛和人才培养体系，建立校内竞赛、校际联赛、选拔性竞赛为一体的大中小学体育竞赛体系，构建国家、省、市、县四级学校体育竞赛制度和选拔性竞赛（夏令营）制度。

其次，全面改善办学条件。配齐配强教师，各地要加大力度配齐中小学教师，未配齐的地区应每年划出一定比例用于招聘教师；改善场地器材建设配备，研究制定国家学校体育卫生条件基本标准；统筹整合社会资源，完善学校和公共体育场馆开放互促共进机制，推进学校体育场馆向社会开放、公共体育场馆向学生免费或低收费开放，提高体育场馆开放程度和利用效率。

再次，积极完善评价机制。推进学校体育评价改革，建立日常参与、体质监测和专项运动技能测试相结合的考查机制，将达到国家学生体质健康标准要求作为教育教学考核的重要内容；完善教师岗位评价，把师德师风作为评价教师素质的第一标准；健全教育督导评价体系，将学校体育纳入地方发展规划，明确政府、教育行政部门和学校的职责。

最后，切实加强组织保障。加强组织领导和经费保障；加强制度保障，完善学校体育法律制度，研究修订《学校体育工作条例》；营造社会氛围，总结经验做法，形成可推广的政策制度。

7.《义务教育体育与健康课程标准（2022 年版）》的印发

党的十九大强调“落实立德树人根本任务，发展素质教育”，习近平总书记提出培养担当民族复兴大任时代新人的新要求，中央作出关于义务教育深化教育教学改革和“双减”工作决策部署要求强化课堂及学校教育主阵地作用，落实这些要求必须修改完善2011年沿用至今的《义务教育体育与健康课程标准（2011年版）》。新课标将于2022年秋季学期开始正式施行，全国九年义务教育学校各年级均会开设“体育与健康”课，占总课时比例10%–11%，仅次于语文课与数学课。

新课标规定，义务教育体育与健康课程以身体练习为主要手段，以体育与健康知识、技能和方法为主要学习内容，以发展学生核心素养和增进学生身心健康为主要目的，具有基础性、健身性、实践性和综合性等特点，是学校教育的重要组成部分，对促进学生德智体美劳全面发展具有非常重要的价值。体育与健康课程要培养的学生核心素养，主要是指学生通过体育与健康课程学习而逐步形成的正确价值观、必备品格和关键能力，包括运动能力、健康行为和体育品德等。课程内容除基本运动技能、体能、健康教育外，“专项运动技能”部分收录了六大类运动，分别是：球类、田径、体操、水上或冰雪、中华传统体育和新兴体育，每类运动包含若干运动项目。

新标准提出了完善、系统的学业质量标准，依据核心素养发展水平，结合课程内容，整体刻画不同学段学生学业成就的具体表现，明确“学到什么程度”，能够引导和帮助教师把握教学深度与广度，为教材编写、教学实施、考试评价等提供依据。新课标细化了实施要求，增加课程标准编制与教材编写基本要求；明确省级教育行政部门和学校课程实施职责、制度规范，以及教学改革方向和评价改革重点，对培训、教科研提出了具体要求；健全实施机制，强化监测与督导要求。

思考题

1. 试比较古希腊斯巴达与雅典学校体育的异同。
2. 试析国外近代学校体育思想的形成及特征。
3. 试析当代世界范围内学校体育发展的新趋势。
4. 试述我国学校体育的发展历程及其特点。

主要参考文献

[1] 罗映清 . 学校体育学 [M]. 北京：北京体育学院出版社，1990.

[2] 周登嵩 . 学校体育学 [M]. 北京：人民体育出版社，2004.

[3] 王华倬 . 中国近现代体育课程史论 [M]. 北京：高等教育出版社，2004.

[4] 苏竞存 . 中国近代学校体育史 [M]. 北京：人民教育出版社，1994.

[5] 毛振明 . 学校体育发展史 [M]. 桂林：广西师范大学出版社，2005.

[6] 曲宗湖，杨文轩 . 域外学校体育传真 [M]. 北京：人民体育出版社，1999：260-273.

[7] MECHIKOFF R A. A History and Philosophy of Sport and Physical Education: From Ancient Civilizations to the Modern World[M]. 6th ed. New York: McGraw-Hill, 2013.

（北京体育大学　王华倬　郝东方）

第二章　学校体育的结构、功能与目标

内容提要

本章主要阐述了学校体育结构与学校体育功能的关系和内容。在此基础上分析了确定学校体育目标的依据和保证学校体育目标实现的途径，充分发挥体育课主渠道、主阵地作用，积极开展阳光体育运动，统筹发挥家庭、社区等其他途径的积极作用，是实现学校体育总目标的基本保障。

学习目标

◎认识与掌握我国学校体育的结构、功能与目标。

◎理解我国学校体育目标的依据，探究学校体育目标的实现路径。

◎树立以体育人、以体育心的基本理念，充分发挥学校体育的综合育人价值。

体育教育是教育和体育的交叉点、结合部，体育教育不仅包括学校中的体育教育，也包括学校之外的体育教育。因此，学校体育作为学校中的体育教育，既有教育的属性，也有体育的属性。从学校体育的教育属性来看，它是学校教育的重要组成部分，受学校教育规律的制约；从学校体育的体育属性来看，它是国民体育的重要组成部分，受体育客观规律的制约。学校体育与教育、体育以及体育教育的关系如图2–1所示。

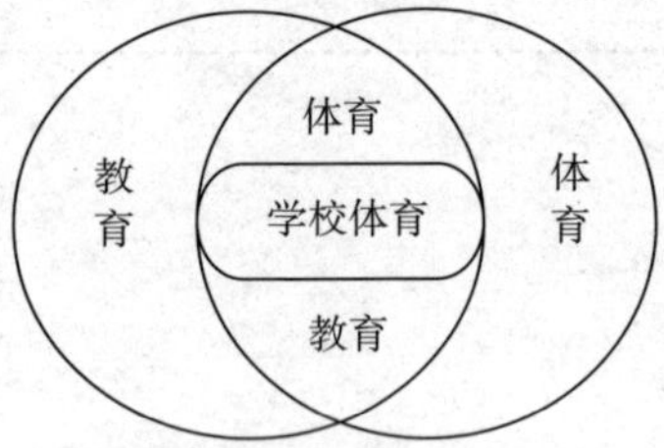

图2–1 学校体育与教育、体育以及体育教育的关系

学校体育作为学校教育的重要组成部分，它是根据国家的教育方针，依据学生的身心特点，以身体练习和卫生保健措施为手段，运用多种组织形式进行的一种有计划、有组织的教育活动。运用系统论的观点把学校体育视为一个系统，分析学校体育系统的基本构成要素，探讨学校体育系统的结构与功能，从而发挥出学校体育系统的最优效果，对科学制定我国学校体育的目标具有重要的意义。

第一节　学校体育的结构与功能

对学校体育结构的分析，应该包括两个方面：一是把学校体育视为一个系统，并按照某种角度对学校体育系统的构成要素进行分析；二是探讨学校体育系统各构成要素之间相对稳定的关联（即各要素之间的相互作用）下所形成的学校体育整体架构。学校体育的功能就是学校体育作为一个系统所表现出来的整体效应。学校体育的结构是学校体育功能的基础，学校体育的功能是学校体育结构效应的反映。合理的学校体育结构是学校体育功能发挥的前提条件，若结构合理，学校体育就能发挥出“整体效果大于各部分效果之和”的整体效应；反之，如果结构不合理，学校体育功能的发挥就会大打折扣，甚至会出现负面功能的现象。

一、学校体育的结构

学校体育的结构是指学校体育系统各构成要素之间相对稳定关联所形成的整体架构。按照不同的角度，学校体育系统可以看成由不同要素构成的系统。

（一）学校体育的时间结构

按照时间序列，学校体育系统由幼儿体育、小学体育、中学体育、大学体育4个要素构成。

1. 幼儿体育

幼儿正处在身体迅速生长发育的时期，活泼好动，好奇心强，好模仿，喜欢与同伴交流，身体各部分器官和系统都比较娇嫩，骨骼、肌肉发育不成熟，新陈代谢较快，身体机能不完善，对环境的适应能力也比较差。幼儿体育是以身体活动为手段的教育活动，主要以促进身体的正常生长发育、完善机体的形态和机能、增强体质和身体健康为目的，奠定幼儿全面发展的身体基础。在幼儿体育活动中，通过各种体育游戏和体育玩具，有组织、有计划地开展体育活动，传授简单的体育知识和体育技能，使幼儿养成良好的体育和卫生习惯，发展运动器官和各种动作的协调性、灵活性，培养幼儿的体育兴趣和爱好。

2. 小学体育

小学生处于身心发展的关键时期，感觉和知觉具有无意性和情绪性，注意力缺乏持久性，自控能力差，骨骼容易发生变形、脱臼和损伤等现象，大肌肉群发展优于小肌肉群，心脏容积小，新陈代谢快，大脑皮质兴奋和抑制过程不均衡，兴奋过程占优势。小学体育在广度和深度上都比幼儿体育有所增加，不仅包括体育与健康方面的理论知识，也包括各种各样的体育实践活动。小学体育主要采用游戏和比赛形式，讲授体育与健康知识，对运动技能进行示范，锻炼学生身体、增强学生体质，促使学生掌握体育与健康相关的知识、技能，培养学生良好的卫生习惯与思想品德。

3. 中学体育

中学生正值青春发育期，生理机能明显提高，身体结构和外部形态基本接近成人，男女体态表现出明显的两性差异，感知和观察方面逐渐具有目的性、系统性，自我意识不断加强，能够进行自我反思。中学体育通过体育课和课外体育活动，包括早操、课间操、班级体育锻炼、运动队训练和运动竞赛等形式，以增强学生体质，使学生掌握体育的基本知识和技能，学会科学锻炼身体的方法，养成经常锻炼身体的习惯，树立良好的体育道德风尚与审美趣味。

4. 大学体育

大学生的身心发展水平达到成年水平，自我意识强烈，智力水平较高，具备参与各种社会活动的能力。大学体育以各种运动项目为主，充分考虑学生个人的兴趣、爱好以及身体条件等综合因素，每个学生在选择活动内容时有较大的自主性，其形式既包括内容丰富的体育课，也包括各种体育协会和体育俱乐部开展的课外活动。大学体育的主要任务是培养学生的体育文化素养，不仅要求学生能够感悟和理解体育，还要求学生具有参与体育实践的能力，养成终身体育的态度和习惯。

（二）学校体育的空间结构

从系统论的角度出发，学校体育系统由学校体育主体、学校体育内容、学校体育方法、学校体育途径、学校体育目标、学校体育环境、学校体育评价7个要素构成。对学校体育系统的基本构成要素和学校体育系统结构做如下介绍，参见图2-2。

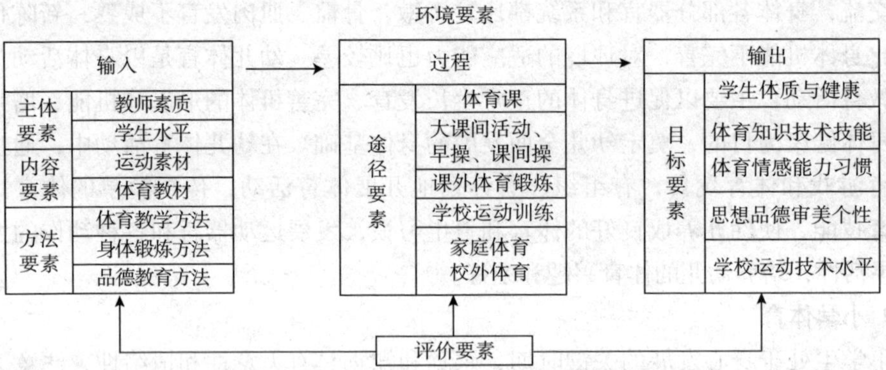

图2-2　学校体育系统的构成要素与结构

1. 学校体育主体

学校体育主体要素包括教育者（如体育教师、学校行政及教辅人员、学生，主要是指体育教师）、受教育者（如学生、学校行政及教辅人员、体育教师，主要是指学生）。体育教师是学校体育工作的骨干力量，是学校体育工作的主要组织者和执行者，是代表国家社会专以育人为己任的“术有专攻”的专业人员。体育教师在学校体育活动中占有主导地位，发挥引导和指导学生的作用。学生既是学校体育的对象，也是体育学习活动中具有主观能动性的主体，是主体、客体的辩证统一。学生在学校体育活动中占有主体地位，发挥主体作用。

2. 学校体育内容

学校体育内容是指为实现学校体育目标所选用的各种运动素材和体育教材，主要包括体育与健康基本原理和知识、体能、田径（跑、跳、投等）、水上或冰雪类运动（蛙泳、自由泳、速度滑冰等）、体操（技巧、支撑跳跃、单双杠等）、球类运动（篮球、排球、足球、乒乓球、羽毛球等）、健美运动（健美操、韵律操、艺术体操、体育舞蹈、民间舞蹈等）、民族传统体育（武术、健身气功、导引、民族民间体育项目等）、新兴体育类项目（定向越野、攀岩、轮滑、滑板等）。

3. 学校体育方法

学校体育方法是指为实现学校体育目标所采用的各种方式、手段的总和。就来源来说，一方面，学校体育方法来源于体育教育实践，是体育教育活动中特有的方法，如重复练习法、循环练习法等；另一方面，学校体育方法来源于一般教育的方法，是一般教育的方法在体育教育实践中的运用，如讲解法和演示法等。根据学校体育的目的和目标，学校体育方法可以分为体育教学方法、身体锻炼方法、思想品德教育方法3大类，其具体的方法是多种多样的。就整体而言，3类方法统一于实现学校体育目的的过程之中。现代学校体育已经形成了由体育教学方法、身体锻炼方法、思想品德教育方法3大类方法组成的，既相互联系、互为补充，又相互区别、不可替代的完整方法体系。

4. 学校体育途径

学校体育途径是指组织学校体育活动所经历的渠道的总称，主要包括体育课、早操、大课间体育活动、学校运动训练与竞赛等。这些途径是进行学校体育活动必不可少的渠道。

5. 学校体育目标

学校体育目标是学校体育这一教育活动所要达到的预期结果。它是学校体育价值取向的反映，是学校体育活动的出发点和归宿，为学校体育活动指明方向。

6. 学校体育环境

学校体育环境是指进行学校体育活动所需要的各种条件的总和。良好的学校体育环境可以为学校体育活动开展提供先决条件。因此，营造良好的学校体育环境对提高学校体育活动质量、增强育人效果具有重要意义。按照“班级、校内、校外”3个层次和“物质、心理、社会”3个层面的不同组合，学校体育环境可以分为9种类型的组合（表2–1）。按照其对学校体育系统的重要性分述如下：①班级物质环境，如体育课场地器材条件等；②校内心理环境，如校内体育传统与风气等；③校外社会环境，如整个社会的体育风尚和社会风气等；④班级心理环境，如班级中师生、生生间人际交往以及心理生活健康性等；⑤校内物质环境，如学校体育场馆设施水平等；⑥班级社会环境，如班集体凝聚力、民主性等；⑦校外物质环境，如学校体育经费、学生家庭经济情况等；⑧校内社会环境，如学校有关部门的工作效率、体育教师队伍素质等；⑨校外心理环境，如社会意识形态、传统教育和体育观念等。

表2–1 学校体育环境的类型

（内容）	物质	心理	社会
班级	班级物质环境①	班级心理环境④	班级社会环境⑥
校内	校内物质环境⑤	校内心理环境②	校内社会环境⑧
校外	校外物质环境⑦	校外心理环境⑨	校外社会环境③

7. 学校体育评价

学校体育评价是指根据学校体育目标，建立科学的评价指标体系，通过系统的信息收集和定性、定量的分析，对学校体育各项活动质量进行的价值判断。其目的在于实现学校体育目标和进行科学决策，提供真实可靠的反馈信息。学校体育评价是提高学校体育科学化水平、实现学校体育系统优化的重要环节。

以上7个要素是学校体育系统的基本构成要素。7个要素之间通过某种相互作用的方式而联系起来，形成相对稳定的学校体育结构，构成学校体育的完整系统。学校体育系统结构具有如下特征。

第一，复杂性。构成学校体育系统的要素既有人员要素（如体育教师、学生等），又有物质要素（如体育场馆、器材等），还有人物组合要素（如学校体育环境等）；既有社会文化性要素（如运动素材、体育教材等），又有组织管理性要素（如学校体育的途径、评价要素），而且各个层次的要素（子系统）之间还存在着横向、纵向的错综复杂的相互关联性关系。

第二，稳定性。稳定性是所有系统结构的重要特征，没有一个相对稳定的结构，系统的进化和发展就会因失去基础而无从谈起，也就不存在系统的功能。当然系统结构的稳定性是相对的，不存在永恒不变的系统结构。学校体育系统结构是在长期学校体育发展过程中逐步形成的，在一定阶段内具有相对的稳定性，以后也会随着学校体育的发展而发生改变，不断优化，以适应发展的需要。

第三，非线性。由于学校体育系统构成要素的复杂多样和各要素之间相互作用的错综复杂，以及影响学校体育系统运行的外界因素的多变，使学校体育系统结构呈现出非线性的特征。如出现的学校体育伤害事故、学校体育投入和产出的负效益，以及出现的学校体育功能发挥失常，甚至出现负面的功能等事与愿违的现象，都是学校体育系统结构的非线性特征的反映。

二、学校体育的功能

学校体育的功能是指学校体育在一定环境和条件下，对个人和社会所能够发挥的作用。其功能有效发挥是学校体育系统运行正常的表现，若学校体育系统运行出现偏差，就会使其功能得不到有效发挥，甚至出现负面功能的现象。因此，维护学校体育系统的正常运行，是实现学校体育功能的基本保障。由于学校体育既具有教育的属性，又具有体育的属性，所以，学校体育功能是教育功能和体育功能在学校这一教育环境中相互结合的反映。

（一）学校体育的本质功能

学校体育的本质功能是“育人”，具体可以分为健身功能、益智功能、促群功能、塑美功能和娱乐功能等。

1. 健身功能

学校体育是以身体练习为主的教育实践活动。在体育活动中，学生要承受一定的运动负荷，有利于促进学生机体的新陈代谢，对增进学生体质健康具有积极的作用。健身功能是学校体育的核心功能，是学校体育功能区别于其他教育活动功能的主要特征。

学校体育的健身功能主要表现在以下方面。

（1）培养学生正确的身体姿势，促进学生生长发育。

（2）提高学生有机体机能活动水平。

（3）发展学生的身体素质水平和身体基本活动能力。

（4）增强学生对外界环境的适应力和对疾病的抵抗力。

2. 益智功能

学校体育是以学习体育运动文化和身体锻炼知识为主要内容的教育活动，也是以培养学生运动认知能力为主的教育过程。在《运动改造大脑》一书中，内珀维尔203学区在第一节文化课前安排体育课，其强度达到最大心率的80%～90%，一个学期结束后，学生的阅读和理解能力提高了17%。因此，学校体育对学生的智力发展，特别是对身体动觉智力水平的提高具有不可替代的作用。

学校体育的益智功能主要表现在以下方面。

（1）使学生掌握体育运动的科学文化知识，促进学生一般智力的发展。

（2）使学生掌握体育运动的技术技能，培养学生对物体与自我的时间、空间、距离、高度、重量、力量、速度、方位、平衡等因素进行识别和控制的能力（即身体动觉智力），从而不断提高学生的运动认知能力。

（3）提高学生大脑皮质反应的灵活性和工作能力，激活脑细胞，促进学生发展积极思维、良好记忆、丰富想象和集中注意的能力。

（4）重新建立身心连接，运动让大脑保持最佳状态，使注意力系统与运动系统紧紧相连，预防大脑老化，避免学生出现认知功能的衰退。

3. 促群功能

学校体育要全面贯彻党的教育方针，落实“立德树人”根本任务，发展素质教育，推进教育公平，培养德智体美劳全面发展的社会主义建设者和接班人。在学校体育多种组织形式、多种活动方法、多种规章制度、多样民族特色内容的“民主与法治”并存、“竞争与协作”共生的教育活动中，学生要接受这些“特点”的规范和熏陶，对形成学生良好的道德品质和促进学生社会心理、社会适应等方面的成长具有积极的作用。

学校体育的促群功能主要表现在以下方面。

（1）遵守学校体育活动的规章制度（如教学常规、各运动项目的规则等），可以提高学生的组织纪律性，培养学生良好的道德意识。

（2）学校体育活动的集体性特点（如班、组形式的体育学习组织；篮球、排球等集体运动项目的学习等），可以培养学生的团队意识和集体主义精神，增进学生良好的道德品质。

（3）学校体育活动的竞争性和对抗性特点（如各种学校体育竞赛、教学比赛等），可以促进学生竞争、开拓进取等良好个性心理品质的形成，培养学生良好的意志品质。

（4）学校体育活动的民族性特点（如武术、健身气功等传统体育项目学习等），可以培养学生的民族自豪感和爱国主义精神。

（5）学校体育活动是整个社会的缩影，这个特点为培养学生逐步具备现代人所需要的社会性品质，提供了适宜的场所和条件。

4. 塑美功能

学校体育是以人类优秀运动文化学习、体验乃至创造为过程的教育实践活动，活动中学生要全身心参与其中，学生在欣赏、感受人类运动文化的美的同时，其身心也经历着一个美的历练和塑造过程。因此，学校体育对学生美的素养的发展具有重要作用。

学校体育的塑美功能主要表现在以下方面。

（1）通过学习体验优秀运动文化，可以提高学生美的需要、美的情操、美的观点、美的欣赏等方面的素养水平。

（2）通过身体锻炼，可以培养学生健壮匀称的体格、端正健美的姿态、轻捷矫健的动作、落落大方的风度。

（3）通过具有形象美动作特点项目（艺术体操、健美操、武术、舞蹈等）的学习，可以培养学生感知美、鉴赏美、评价美、表现美和创造美的能力。

（4）通过学校体育场馆布局、场地器材的布置等美的情景构建，对学生施以美的感染、熏陶和陶冶。

5. 娱乐功能

要树立“健康第一”的教育理念，开齐开足体育课，帮助学生在体育锻炼中享受乐趣。学校体育是集运动竞赛性、游戏性和娱乐性于一体的教育活动。体育运动由于技术性、合作性而成为余暇生活的一个重要组成部分，观看或参与体育竞赛能够给学生提供愉快的精神享受。因此，学校体育对丰富学生校园文化生活、满足其精神需要起到了重要作用。

学校体育的娱乐功能主要表现在以下方面。

（1）满足多种运动需要。学生通过学习不同运动项目的技战术来满足其参与运动项目的实际需要。

（2）获得愉快的情感体验。学校体育以其动作的高技巧性、造型的艺术化、形式的多样化、竞赛的激烈性和比赛结果的不确定性，以及适应性强、社会化广的特点，使参与者和观赏者都能获得愉快的情感体验。

（3）排遣宣泄负面情绪。通过学校体育运动，学生在斗智、斗勇、斗体力、拼技术的礼仪化较量中，在挑战自我、战胜他人的胜利中，消极情绪得到宣泄，自我价值得到实现，自尊心、自信心与自豪感得到增强。

（4）缓解和消除疲劳。学生通过观看比赛或积极参与体育活动，注意力从其他压力中转移，愉悦身心，陶冶情操，有利于疲劳的缓解和消除。

（二）学校体育的外延功能

学校体育作为教育系统和体育系统的组成部分，通过与教育系统和体育系统中的其他有关要素相互配合，共同对社会政治、经济、文化等领域产生积极的作用。

1. 政治功能

学校体育作为全面发展教育的组成部分，与德育、智育、美育、劳动教育等密切配合，培养社会主义事业的建设者和接班人，为维护现有政治体系服务；学校体育作为国民教育和体育的重要领域，要宣传现行社会的主导思想、价值观和行为方式，为现有社会的发展服务；学校体育兼有教育属性和体育属性，而教育和体育都具有上层建筑的部分属性，因此，学校体育也具有上层建筑的性质，从而为建设上层建筑服务。学校体育通过开展校内外、国内外多种多样的体育活动，对内有助于促进各民族青少年儿童之间的团结，对外有助于促进不同国家、民族的青少年儿童之间的交往和了解，从而为政治服务。

2. 经济功能

学校体育作为学校教育的重要组成部分，通过改善和提高学生的身体素质，培养合格劳动者，促进社会经济的增长。学校体育作为一种特殊的产业（它首先是一种事业，是关系到千千万万青少年儿童体质健康的大事业），它的某些领域的活动（如高校高水平运动队或俱乐部、高水平竞技比赛、大规模团体操表演等）可以进入市场，按照市场经济的有关法则运行，遵循供求规律、价值规律等市场法则进行市场交换，实现其经济价值，推动社会经济的发展；大力发展青少年体育俱乐部，建立竞赛、训练和培训体系，教育部、国家体育总局等相关部门共同制定社会体育俱乐部、优秀退役运动员和教练员进入校园的准入标准，中小学校可采用购买服务的形式，提升体育教学与训练水平，这也是一种市场经济行为；学校运用某些经济手段蓄积财力，提高自身“造血”机能，弥补教育经费之不足，如学校（非义务教育阶段）通过针对学生或社会成员提供优惠的有偿体育服务、学校体育场馆出租等手段，获取一定的经济收益。

3. 文化功能

学校体育是体育文化传递和创造的重要途径。学校通过对学生施以系统的身体教育，在学生掌握体育的基本知识、基本技术、基本技能和学会科学锻炼身体的过程中，人类优秀体育文化得以一代一代地传递、延续和继承，乃至创造出适应时代发展的新的体育文化。学校体育是校园文化建设的重要内容，通过开展学校内部和学校之间丰富多彩的体育活动，尤其是推动传统体育进校园，把中华优秀传统文化全方位融入体育活动，既可以充实学生的文化生活，营造一种健康向上的文化氛围和环境，促进学生的健康成长，达到以文化人、以体育人的目的，使体育的全面育人价值得到充分发挥，又对社会其他文化（如家庭文化、城市社区文化、乡村文化、竞技体育文化以及社会体育文化等）产生积极效应。

第二节　学校体育的目标

学校体育的目标是指在一定时期内学校体育实践所期望达到的结果。它指明了学校体育工作的方向，是评价学校体育工作的依据和标准，是学校体育工作的出发点和归宿。

一、确定我国学校体育目标的依据

确定学校体育目标要考虑学校体育固有的特性，要反映国家和社会发展的需要，要适应学生身心发展的需求和特点，还要考虑我国的国情，参见图2-3。制定科学的学校体育目标对学校体育理论和实践的发展，对整个教育和体育事业的进步，乃至对人才培养质量的提高，均具有重要的意义。

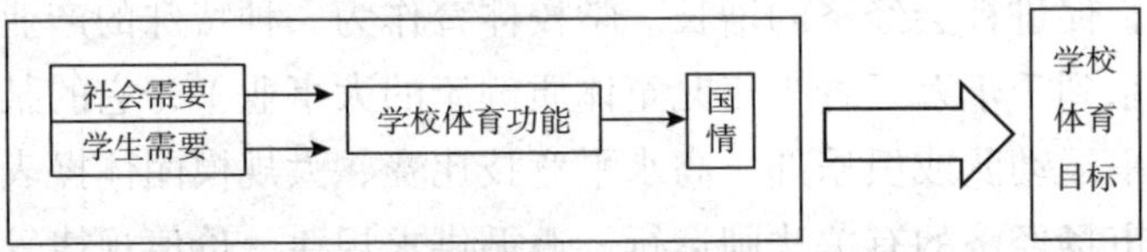

图2-3　确定学校体育目标的依据

（一）国家和社会需要

国家和社会需要是指国家和社会政治、经济、文化发展对学校体育提出的要求。这一要求主要通过国家对教育的要求和对体育的要求，以及教育、体育对学校体育的要求体现出来，集中反映在“育人”的规格要求上。党和政府的有关法令、政策、方针、指示等文件，是国家和社会需要的集中反映和概括；教育家、体育家的学术思想和观点也反映在党和政府的这些文件中。国家和社会需要是确定学校体育目标的主要外部依据。

（二）学生需要

学生作为学校体育的主体，其身心发展需要是学校体育目标制定的客观要求。学校体育目标只有适应学生身心发展需要，才能具有客观性和可行性。学校体育目标须以此为依据，充分体现不同学段学生的身心发展特点。学生需要与国家和社会需要并不矛盾，适应学生身心发展的需要是满足国家和社会需要的前提，满足国家和社会需要可以保证学生身心正常发展，促进学生身心获得更大的发展。

（三）学校体育功能

学校体育功能是其结构特性的反映。确定学校体育目标必须考虑学校体育本身具有什么功能、这些功能与学校体育目标的关系、这些功能能否支撑学校体育目标的实现。只有依据学校体育功能特点确定学校体育目标，才能使目标实现成为可能，也才能充分发挥学校体育的功能。

（四）国 情

党的十九大报告指出，从纵向比较来看，我国社会生产力水平总体上显著提高，但从横向与其他国家相比，我国生产力发展水平在总体上仍然处于中等，依然属于社会主义初级阶段水平。党和政府十分重视学校体育工作，对学校体育工作有统一的指导和管理，学校体育必须坚定不移地把为培养社会主义事业建设者和接班人服务作为发展方向。此外，我国经济相对发展不平衡，有经济相对发达的东部沿海地区，也存在经济相对落后的中西部地区，学校体育本身发展水平也不平衡，因此，制定学校体育目标还需要考虑不同地区的经济发展特点。

二、我国学校体育的目标

2018年9月，习近平总书记在全国教育大会上的讲话中指出，帮助学生在体育锻炼中享受乐趣、增强体质、健全人格、锤炼意志，明确阐述了新时代我国学校体育“四位一体”的目标体系。2022年4月，教育部印发了《义务教育体育与健康课程标准（2022年版）》，明确规定了体育与健康课程要培养学生的核心素养，即运动能力、健康行为和体育品德。具体来说，我国学校体育目标包括增强学生体质，提高学生体质健康水平，促进学生身心全面发展，培养学生的运动习惯与体育能力，为学生的终身体育奠定基础，使其成为具有时代精神的德智体美劳全面发展的社会主义事业建设者和接班人。

上述我国学校体育的总目标，体现了学校体育的本质特征，反映了我国社会、教育、体育发展对学校体育的要求和学生身心发展的需要，对整个学校体育发展起着导向作用。为实现学校体育的总目标，必须实现学校体育的具体目标。

（一）全面锻炼学生身体，提高学生体质健康水平

通过多种体育途径，组织指导学生科学主动地全面锻炼身体，促进其身体正常生长发育，使学生在身体形态、身体姿势、身体机能、身体素质、身体基本活动能力，以及运动能力、环境适应能力、疾病抵抗能力和精神状态等方面得到全面发展，不断提高学生的体质健康水平。

小学和初中阶段的学生正处在身体迅速生长发育时期，重点要促进身体正常发育，养成正确身体姿势，增强体力，发展身体基本活动能力，把握住身体素质发展敏感期，全面发展身体素质。到了高中阶段，学生生长发育速度减缓，重点要保持并增强体力，继续发展学生身体素质，特别是力量和耐力素质。大学阶段学生的身体发育已基本完成，要继续加强锻炼并提高要求，可以结合不同专业对身体素质的特殊需要，有针对性地发展专业所需身体素质，进一步提高学生体质健康水平。

（二）掌握体育、卫生保健和健康生活的知识，发展基本体能、基本运动技能和专项运动技能，培养学生体育兴趣、情感、能力和习惯，为终身体育奠定基础

通过体育课、课外体育活动、学校运动训练与竞赛等组织形式，对学生进行体育、卫生保健与健康等方面的教育，使学生掌握体育、卫生保健、健康等方面的基本知识，发展基本的体能、基本运动技能和专项运动技能，学会科学锻炼身体的方法，培养学生体育兴趣、态度、能力和习惯，为终身体育打下良好的基础。

小学生重点要了解体育、卫生保健、健康生活、安全生活的一般常识，掌握一些体育的基本动作，发展自然运动能力和基础的运动技能，培养学生的体育兴趣、良好的体育态度和热爱运动的情感。初中生要适当加强对体育知识和专项运动技能的学习，培养学生独立锻炼的态度、情感和能力。高中生和大学生则要加强体育、卫生保健和健康知识的教育，保持和提高所学运动技能水平，掌握锻炼身体的方法，形成运动特长，为终身体育奠定基础。

（三）对学生进行思想品德教育、美育和劳动教育，促进学生全面发展

学校体育应通过各项活动，教育学生为社会主义现代化建设锻炼身体，提高团队意识和社会责任感，培养学生热爱祖国、遵纪守法、公正诚实、勇敢顽强、果断坚毅、拼搏进取、竞争协作、开拓创新等良好的思想品德和体育作风，并培养学生认识美、爱好美和创造美的能力，促进学生个性全面发展。同时，在体育活动中渗透劳动教育，使学生树立正确的劳动态度，热爱劳动，养成良好的劳动习惯。

小学阶段要使学生体验运动的乐趣、热爱运动，培养学生团结友爱、遵守纪律、自尊自信、勇敢顽强、乐观向上等品质和热爱祖国的情感；中学阶段和大学阶段要使学生树立正确的思想道德观念和态度，结合体育的特点，对学生施以生动活泼的思想品德教育和审美教育，培养其进取精神、拼搏精神、团队精神、创新精神和美的情操，提高其为祖国建设而坚持锻炼的社会责任感。

（四）发展学生运动能力，为国家培养体育后备人才

学校在使每一名学生都得到体育锻炼的基础上，应让部分体育基础较好并有一定运动天赋的学生，在课余时间进行科学的运动训练，进一步提高他们的体质健康水平，发展他们的运动能力，形成运动特长，从而培养学校体育活动的骨干，为提高学校竞技运动水平服务。有条件的学校，要为国家培养和输送竞技体育和其他体育人才及其后备力量。

在小学和中学阶段，重点是选好苗子，培养兴趣，打好基础，特别是要注意处理好课余训练与文化课学习的关系，要在保证学生文化课学习的基础上，对学生进行训练。《体育强国建设纲要》要求构建青少年体育冬夏令营体系，开展青少年体育技能培训，使青少年掌握2项以上运动技能，推动青少年竞赛体系和学校竞赛体系有机融合。《关于深化体教融合　促进青少年健康发展的意见》强调开展丰富多彩的课余训练、竞赛活动，扩大校内、校际体育比赛覆盖面和参与度，组织冬夏令营等选拔性竞赛活动；在广泛开展校内竞赛活动基础上建设学校代表队，参加区域内乃至全国联赛。大学阶段，学校体育要承担起提高我国学生竞技运动水平的责任，努力攀登世界竞技运动高峰，探索体教融合、高水平体育俱乐部等多种渠道和形式的我国竞技体育可持续发展的长效机制。《关于全面加强和改进新时代学校体育工作的意见》提出，加强高校高水平运动队建设，优化拓展项目布局，深化招生、培养、竞赛、管理制度改革，将高校高水平运动队建设与中小学体育竞赛相衔接，纳入国家竞技体育后备人才培养体系；还要深化高水平运动员注册制度改革，建立健全体育运动水平等级标准，打通教育和体育系统高水平赛事互认通道。

三、实现我国学校体育目标的基本途径与基本要求

体育课、大课间体育活动、早操、学校运动训练、学校运动竞赛、校外体育活动、家庭体育活动等是实现我国学校体育目标的基本途径。这些基本途径既有区别，又有联系，在实现学校体育目标过程中，各自的主要目标指向也各有侧重。因此，要注意各种途径的特点，使之相互配合，共同实现学校体育的目标。实现学校体育目标的基本要求如下。

（一）全面贯彻执行国家的教育方针及体育的有关政策，摆正学校体育的位置

学校体育是教育的组成部分，也是体育的组成部分，既是教育的基础，也是体育的基础，在全面发展教育和国民体育中发挥着重要的基础性作用。正确理解学校体育的地位和作用，摆正学校体育的位置，对社会主义现代化建设具有重要的战略意义。但是，受传统观念的影响，在教育和体育实践中，学校体育往往陷入“说起来重要，做起来次要，忙起来不要”的尴尬境地，存在被边缘化的倾向，偏离了国家教育方针和有关体育政策对学生全面发展的要求，造成了严重的不良后果。因此，学校要端正办学思想，排除各种干扰，采取强有力的措施，保证国家的教育方针和有关体育政策的落实。目前，要贯彻执行《体育强国建设纲要》《关于深化体教融合　促进青少年健康发展的意见》《关于全面加强和改进新时代学校体育工作的意见》《义务教育体育与健康课程标准（2022年版）》等文件的精神，全面落实国家有关学校体育的各项方针、政策，彻底抛弃传统落后的教育和体育观念，树立

“健康第一”“立德树人”的新理念，摆正学校体育在教育中的位置，开创学校体育工作的新局面，为培养社会主义现代化建设合格人才服务。

（二）以系统的观点开展学校体育工作

坚持“健康第一”的学校教育指导思想，以“健康第一”为标准衡量学校的各项工作，切实加强学校体育卫生工作。第一，学校体育要面向全体学生，使每一个学生得到体育锻炼，促进所有学生身心健康发展。第二，开足开齐上好体育课，开展丰富多彩的课外体育活动、课余运动训练与竞赛，发挥家庭体育及校外体育活动的作用，加强对学校体育活动的组织和指导，确保学生每天一小时体育锻炼。第三，合理安排学校各门课程，处理好学生锻炼、休息、学习、营养、卫生、保健等各项活动之间的关系，切实减轻学生负担。第四，处理好普及与提高的关系，坚持以普及为主，在普及的基础上提高，在提高的指导下普及。第五，坚持学校体育与卫生保健、健康教育相结合，统筹安排学校体育工作与卫生保健工作，使两者密切配合，共同促进学生体质健康水平的提高。树立“体育为健康”的观念，摈弃一切有害学生健康的思想和做法，把“健康第一”落到学校体育工作的每一个环节。

（三）弘扬中华民族优秀传统体育文化，处理好继承与发展、学习与创新的关系

建设中国特色学校体育体系，是历史赋予我们的使命。因此，其一，学校体育必须继承我国各民族优秀的传统体育文化，继承并不是不加选择分析地照搬，而是要结合当今社会发展特点和现代教育、体育的需要，取其精华去其糟粕，使之在现代社会迸发出青春的光芒，得到进一步发扬光大。其二，建设中国特色的学校体育，还必须学习借鉴国外学校体育发展的成功经验。对国外学校体育的理论和经验，既不能一概拒绝，也不能全盘照搬，而要从我国的实际出发，汲取精华，剔除糟粕和不适应我国国情的东西，并结合我国学校体育的特点，加以改造和创新，从而达到为我所用的目的。民族的才是世界的，只有坚持自己的民族特色，才能使中国特色学校体育在世界学校体育之林占有一席之地，才能使我国学校体育走向国际化。

（四）不断提高学校体育管理的科学化水平

提高学校体育管理的科学化水平，对实现学校体育工作高效低耗和可靠地输出学校体育高功能具有重要意义。目前要加强以下几个方面的工作。

1. 改革我国学校体育管理体制，优化运行机制

建立优质高效的、符合我国国情的学校体育政府管理机构，改进协调教育与体育系统的职能，促使二者合理分工，各司其职，加强联系；发挥政府、社团、学生家庭三方面的积极作用；优化学校体育内部运行机制，明确责任；加强学校体育专项督导工作。

2. 加强体育师资队伍建设，提升体育教师水平

配齐配强体育教师是做好学校体育工作的关键。首先，配齐配足体育教师数量，提高足球、冰雪、武术项目的教师数量，保证农村体育教师的配备；其次，提高体育教师质量，采取多种措施（如提高体育教育专业办学水平、在职体育教师培训进修、表彰优秀体育教师等），加强体育教师继续教育工作。最后，改善体育教师的待遇，提高体育教师的经济地位和社会地位，这是提高体育教师质量的关键环节。

3. 保障学校体育运行的基本物质条件，加大学校体育经费投入

体育经费、场地、器材等物质条件，是学校体育各项工作顺利实施的基本保证。首先，政府要加大教育投资，在顺利实现《国家中长期教育改革和发展规划纲要（2010—2020年）》提出的“提高国家财政性教育经费支出占国内生产总值比例，2012年达到4%”目标后继续保持。其次，要调动社会有关单位、团体和家庭积极性，资助学校体育，以弥补学校体育经费的不足。国务院办公厅《关于加强全民健身场地设施建设发展群众体育的意见》要求，推动公共体育场馆为学校开展体育活动提供免费或低收费服务，形成国家、社会、家庭三方面共同关心青少年体质健康的合力，保证学校体育物质条件不断得到改善。最后，推进青少年体育场地设施标准化建设，研究制定国家学校体育卫生条件基本标准，建好满足课程教学和实践活动需求的场地设施、专用教室。

4. 着力解决现有有关学校体育法规和政策的落实，继续加强学校体育立法工作

目前，要贯彻《体育强国建设纲要》《关于深化体教融合　促进青少年健康发展的意见》《关于全面加强和改进新时代学校体育工作的意见》等文件的精神，完善学校体育法律制度，落实《学校体育工作条例》，鼓励地方出台学校体育法规制度，为推动学校体育发展提供有力法治保障。总之，通过继续做好有关学校体育立法工作，建立一整套学校体育的规章制度和科学的评价标准，不断提高学校体育工作科学化水平。

思考题

1. 学校体育系统结构具有哪些特征？
2. 学校体育主要有哪些功能？
3. 确立我国当前学校体育目标的依据有哪些？
4. 试述我国学校体育总目标与各具体目标之间的关系。
5. 当前如何才能更好地实现我国学校体育的目标？

主要参考文献

[1] 全国体育院校教材委员会审定 . 学校体育学 [M]. 北京：人民体育出版社，1991.
[2] 刘绍曾，周登嵩 . 新编体育教育学 [M]. 北京：高等教育出版社，2004.
[3] 吴也显 . 教学论新编 [M]. 北京：教育科学出版社，1991.
[4] 约翰·瑞迪，埃里克·哈格曼 . 运动改造大脑 [M]. 浦溶，译 . 杭州：浙江人民出版社，2013.

（北京体育大学　王华倬　郝东方）

第三章　体育与健康课程

内容提要

体育与健康课程是学校课程体系的重要组成部分，是实现学校教育目标的核心内容和重要途径。本章简要阐述了体育与健康课程的概念、特点及功能，介绍了体育与健康课程类型及其内容的分类，解析了《义务教育体育与健康课程标准（2022年版）》《普通高中体育与健康课程标准（2017年版）》的基本特征。在阐述体育课程实施基本理论的基础上，列举了地方体育与健康课程实施指导方案和体育与健康校本课程开发的案例。

学习目标

◎说出体育与健康课程的概念、特点、功能。

◎明确体育与健康课程内容的分类及选择方法。

◎分析与评价体育与健康课程标准的基本特点及体育校本课程的实施。

◎感悟体育与健康课程实施中所蕴含的求真务实的科学精神。

第一节　体育与健康课程概述

体育与健康课程作为学生在校学习的必修课程，与德育课程、智育课程、美育课程、劳育课程相配合，共同实现促进学生身心健康发展的目标，是学校课程体系的重要组成部分，是实施素质教育的重要内容，是培养德智体美劳全面发展人才的重要途径。

一、体育与健康课程的概念

体育与健康课程是以身体练习为主要手段，以体育与健康知识、技能和方法为主要学习内容，以培养学生体育与健康课程核心素养和增进学生身心健康为主要目的的课程。其具有基础性、实践性、健身性、选择性、民族性和综合性等特点。在实施过程中，体育与健康课程以有计划、有组织的体育课为主渠道，其他课外体育活动为主要形式，强调课内外体育活动一体化。

为更好地理解体育与健康课程，这里需要指出的是，本教材特别强调大课程观，因为体育与健康课程的实施与体育与健康课、大课间体育活动、课外体育活动、运动训练、运动竞赛以及某些有组织的校外体育活动（如布置的家庭、社区体育作业）等有着密切的联系，是不可分割的。如果仅强调传统意义上的体育与健康课为体育课程，则会缩小体育与健康课程的外延，弱化体育与健康课程的功能，特别是在学生体质有待增强的现阶段，强调大课程观是非常重要的。

二、体育与健康课程的特点

特点是事物所具有的特殊之处，也是区别于其他事物的不同特征。就体育与健康课程的特点而言，其既要反映与基础教育中一般文化课程的区别，又要反映与以获得优异运动成绩为目标的运动训练的区别。以此为据，本教材把体育与健康课程的特点归纳为以下几个方面。

（一）体育与健康课程的实践性特点——以身体练习为主要手段

实践性是体育与健康课程最突出的特点。体育与健康课程所学知识主要是操作性、技能性知识，它不同于其他课程中以认知、理解、记忆为特征的知识，这些知识的获得主要是通过运动实践学习而不是通过读书或课堂听讲而实现的，它需要学生通过亲自体验和进行反复的身体练习才能习得。体育学习内容的这些特点充分反映了体育与健康课程的实践性。

（二）体育与健康课程的健身性特点——承受适宜的运动负荷

承受适宜的运动负荷是体育与健康课程区别于其他文化课程的重要体现，这主要是由体育与健康课程是以身体练习为主要手段的特点决定的。只有承受一定的运动负荷，才能使人的机体产生一系列的生理生化变化，实现增强体质、增进健康的目的。也只有承受一定的运动负荷，学生才能学会运动技术，掌握运动技能。

（三）体育与健康课程的综合性特点——身体、心理、社会、道德协同发展

体育与健康课程标准强调充分发挥体育的育人功能，强调以体育知识、技能学习为主，同时渗透思想品德教育，并融合部分保健、卫生、安全、救护等知识和技能，整合和体现课程目标、课程内容、过程与方法等多种价值。正如毛泽东同志在《体育之研究》中指出的“体育之效，至于强筋骨，因而增知识，因而调感情，因而强意志”“体育一道，配德育与智育，而德智皆寄于体，无体是无德智也”“体者，载知识之车而寓道德之舍也”“欲文明其精神，先自野蛮其体魄；苟野蛮其体魄矣，则文明之精神随之”。体育的这些功效决定了体育与健康课程具有使学生身体、心理、社会、道德协同发展的综合性特点，这也是实现运动能力、健康行为和体育品德3个方面学科核心素养的保障。

（四）体育与健康课程的复杂性特点——教学环境的开放性及要素的多样性

体育与健康课程实施是在一个复杂的、由多种要素构成的特定环境中进行的，这些要素既有物质的，也有心理的；既有有形的，也有无形的；既有动态的，也有静态的；既有室内的，也有室外的。大部分要素存在着不可预测性和不可控制性，如天气变化、外界噪音、器材障碍、学生心理及运动状态等，这些要素使体育与健康课程具有复杂性，给体育与健康课程的组织与实施带来了诸多困难。

三、体育与健康课程的功能

体育与健康课程的功能是指体育与健康课程对完成学校教育目的所具有的效能。体育与健康课程作为学校课程的组成部分，除具有和其他课程同样的教育功能之外，还具有自身的特殊功能，主要表现在以下几个方面。

（一）培养学生健康的体魄

健康的体魄是青少年为祖国和人民服务的基本前提，是中华民族旺盛生命力的体现。学校教育要树立“健康第一”的指导思想，切实加强学校体育工作，使学生掌握基本的运动技能，养成坚持锻炼身体的习惯。体育与健康课程在培养学生健康的体魄方面的功能主要表现在：①促进身体形态正常发育，养成正确的身体姿势；②促进体能的全面发展；③提高身体机能水平；④提高对外界环境的适应能力和对疾病的抵抗能力。

（二）促进学生运动爱好和专长的形成，奠定终身体育基础

运动技能是体育与健康课程中的主要内容之一。运动技能的学习和提高是体育与健康课程的重要目标，也是体育学习的主要途径。尽管体育与健康课程也有体育文化传承的功能，但更应强调运动技能的学习和应用，即通过运动技能的学习达到养成运动爱好和专长的目的，促进学生体育锻炼习惯和终身体育意识的形成。

（三）培养学生健全人格，促进学生心理健康

蔡元培先生在任北京大学校长时就提出“健全人格、首在体育”的教育思想，1989年联合国世界卫生组织对健康的含义重新进行了调整，认为“健康不仅是没有疾病，而且还包括躯体健康、心理健康、社会适应良好和道德健康”。由此可见，一个人只有在身体和心理上保持健康的状态，并具有良好的社会适应能力，才是真正的健康。体育因其自身的特点，在促进青少年学生心理健康方面具有独特的功能，特别是在培养学生的自信心、坚强的意志品质、良好的体育道德，帮助学生掌握调节情绪和与人交往的方法等方面具有独特的功能。

（四）培养学生团队合作和竞争精神，提高学生社会适应能力

社会适应能力又称社会健康，是个体与他人及社会环境相互作用、具有良好的人际关系和实现社会角色的能力。体育与健康课程对提高学生的社会健康水平具有重要的促进作用，具体表现在：①有利于学生建立和谐的人际关系，提高社会交往能力；②有利于培养学生的竞争意识和抵抗挫折的能力；③有利于培养学生良好的合作精神及体育品德；④有利于培养学生的社会适应性。

第二节　体育与健康课程的类型及内容

体育与健康课程类型是指体育与健康课程的组织方式或设计体育与健康课程的种类。依据不同的标准可将其划分为不同类型。不同类型的体育与健康课程因其性质、目的及主体的差异而具有自身的特点。

一、体育与健康课程的类型

（一）学科性体育与健康课程和活动性体育与健康课程

体育与健康课程按性质可分为学科性体育与健康课程和活动性体育与健康课程。

1. 学科性体育与健康课程

学科性体育与健康课程是指具有教学计划并在体育教师指导下，列入学校课程表的正规课程。这类课程主要是以体育与健康知识、运动技术为基础，按照学校体育教育目标要求，从体育与健康知识、规范的运动技术领域中选择一定的内容，根据其内在的逻辑结构而组织的体育教学过程。这类课程针对学生的具体情况开设有普通课、选项课、专项课、保健课和专题课五类，以满足不同学生的体育需求。

2. 活动性体育与健康课程

活动性体育与健康课程是以学生的体育兴趣、需要和能力为依据，以学生主体性活动经验为中心组织的体育与健康课程。体育与健康课堂教学之外的所有与之有关的体育活动，均可称为活动性体育与健康课程。其主导价值在于使学生在体育活动中获得关于体育的真情实感，提高学生的体育实践能力和创造能力。其主要开展形式有大课间体育活动、课外体育活动、运动训练与竞赛、体育社团活动、体育俱乐部、社会体育活动等。

学科性体育与健康课程和活动性体育与健康课程是学校体育中两种不同类型的体育与健康课程，二者之间是相互补充而非相互取代的关系，具有内在的统一性。因此，应将二者有机结合起来，优势互补，相得益彰。

（二）显性体育与健康课程和隐性体育与健康课程

体育与健康课程按存在及表现形式可分为显性体育与健康课程和隐性体育与健康课程。

1. 显性体育与健康课程

显性体育与健康课程是学校教育中有计划、有组织实施的各项校内外体育活动的总称。显性体育与健康课程向学生传递有形的体育知识与运动技术，对学生的影响是有形的、有意识的，主要通过体育课堂教学、课外体育活动和校外体育活动呈现。

2. 隐性体育与健康课程

隐性体育与健康课程是学校创设的使学生获得体育知识、技能，形成体育价值观念、规范及态度的体育环境和氛围，主要通过学校教育环境（物质环境、制度环境、心理环境等）和感染性机制来影响学生的情感、态度和价值观念，这种影响具有潜隐性。其主要包括学校体育场地设施及其布置、校园体育文化传统或气氛、体育活动中的人际关系、体育教师的人格特点等。这些潜在的形式在不知不觉中影响着学生的体育价值观、态度和行为。

显性与健康体育课程与隐性体育与健康课程是两种不同的课程类型，二者在性质、特点、功能等方面各不相同，但二者之间存在着相互促进、相互补充、相互转换、相互交叉的内在联系。

（三）国家、地方和学校体育与健康课程

体育与健康课程按设计、开发和管理的主体可分为国家、地方和学校体育与健康课程。

1. 国家体育与健康课程

国家体育与健康课程是国家及教育行政部门专门组织编制和审定的统一课程，具有一定的权威性和强制性。其内容主要包括根据不同教育阶段的性质与培养目标制定的体育与健康课程标准或指导纲要、编写的教科书和体育教师用书等。

2. 地方体育与健康课程

地方体育与健康课程是指省级教育行政部门在国家中小学体育与健康课程标准指导下，深刻领会其精神，制定适合本地区实际情况的体育与健康课程实施指导方案。其内容主要包括能体现地方特色的体育与健康课程实施指导方案或教学指导纲要、省编体育教材和体育教师用书等。

3. 学校体育与健康课程

学校体育与健康课程是在具体实施国家体育与健康课程和地方体育与健康课程的前提下，根据学校自身的具体情况，如体育师资力量、学生体育基础、体育场地设备条件、学校体育传统等多方面的因素，制订适合本校并且具有校本特色的体育与健康课程教学计划。其内容主要包括学校体育与健康课程教学总体计划、传统体育项目和特色体育项目等。

由于国家、地方、学校三级主体在课程开发方面的权限和侧重点各不相同，必然会出现3种不同的课程形态，但是它们之间不存在高级与低级之分，它们之间呈相辅相成、互为补充的关系。在实施国家课程的同时，应该允许一定比例的地方课程和校本课程的存在，而在实施地方课程与校本课程的同时，首先要保证国家课程的地位。

二、体育与健康课程内容的分类

课程内容是构成课程的基本要素，是课程内在结构的核心成分。体育与健康课程内容是指为了实现体育与健康课程目标而要求学生系统学习的体育知识、运动技能和体育行为经验的总和。体育与健康课程内容是体育与健康课程目标实现的载体和体育与健康课程实施的中介。体育与健康课程内容因其性质、运动项目及表现形式不同有不同的分类方式。

（一）依据体育与健康课程内容的性质进行分类

依据体育与健康课程内容的性质，体育与健康课程内容可分为理论性课程内容和技能性课程内容。理论性课程内容是以基本知识和观点的形式呈现的，主要包括身体生长发育及保健知识，科学锻炼身体的基本知识，各项运动项目的基本规则、裁判法等。技能性课程内容是以身体练习的形式呈现的，其练习手段多种多样，包括经筛选后有利于增强学生体质的运动项目和身体练习。

（二）依据运动项目进行分类

依据运动项目，体育与健康课程内容可分为球类运动、田径运动、体操运动、武术运动、冰雪运动、水上运动等。这种分类有利于根据运动项目的特点进行教学，有助于学生系统地掌握运动技术。

（三）依据课程标准对课程实施的要求进行分类

依据《普通高中体育与健康课程标准（2017年版）》对课程实施的要求，体育与健康课程内容可分为必修必学和必修选学两部分内容。必修必学是对全体学生学习体育与健康课程的共同要求，课程内容包括体能和健康教育；必修选学是满足学生形成运动爱好和专长以及个性发展的需要，课程内容包括球类运动、田径类运动、体操类运动、水上或冰雪类运动、武术与民族民间传统体育类运动和新兴体育类运动6个运动技能系列。

三、体育与健康课程内容的选择与开发

当前体育与健康课程改革对学习目标领域做出了相应规定，但没有规定具体的体育与健康课程内容，只提出了确定体育与健康课程内容的主要原则，其目的在于增加体育与健康课程内容选择与实施的灵活性。为此，体育与健康课程内容除在原有大量运动项目中进行科学、合理的选择外，还可以通过对现有运动项目的改造、新兴运动项目的引入、民族民间传统体育项目的引入以及职业实用性体育与健康课程内容的开发等途径来丰富体育与健康课程内容。

（一）现有运动项目的改造

体育与健康课程标准要求学校和体育教师应根据本校学生的年龄、身心发展特点对现有运动项目加以改造，减少运动项目的竞技化色彩，增加趣味性，以更好地适合学生的性别、年龄、身高等特点，达到科学锻炼的目的。对现有运动项目进行改造，可以从以下几个方面考虑。

（1）简化规则。保留适合学生身心特点、能激发学生运动兴趣、能使学生兴高采烈地“动”起来的规则。

（2）简化技战术。保留适合学生身心特点的基本技战术。

（3）降低难度和要求。降低运动难度、动作难度，不苛求动作的细节。

（4）改造场地和器材。使场地和器材适合学生的年龄、身高等特点，以增加场地和器材的适应性。

（二）新兴运动项目的引入

新兴运动项目因其具有时尚、休闲和娱乐等特点，对学生具有较强的吸引力。如果能够将这些项目引入学校并进行适应性的改造，不仅有利于体育与健康课程内容的拓展，而且对激发学生参加体育锻炼的兴趣和积极性有着非常重要的作用。新兴运动项目内容比较广泛，如郊游、远足、野营、健美运动、现代舞、攀岩、登山等。此外，三门球、软式棒球、轮滑、滑板、卡通操、踏板操、啦啦操等都是近些

年的新兴运动项目，均可以作为学生体育课堂教学内容的素材，但在选择引入时应全面考虑各方面的因素，使所选内容符合学校实际情况、体育教师能力和学生的身心特点。新兴运动项目引入体育与健康课程内容时应注意以下几点。

（1）加强对体育教师进行新兴运动项目教学技能的培训，提高其进行新兴运动项目的教学能力。

（2）学校要根据现有教学条件资源，有选择地引入新兴运动项目。

（3）将新兴运动项目教材化、大众化，降低其技术难度，简化学习内容，增强安全性和针对性等，以便于学生进行学习和操作。

（三）民族民间传统体育项目的引入

我国是一个统一的多民族国家，民族体育文化源远流长，体育活动呈现出多样化的民族特点。因此，加强民族民间传统体育资源的开发，有助于形成具有中国特色的体育与健康课程内容体系。目前，毽子、皮筋、铁环、陀螺、沙包、锅庄舞、竹竿舞等传统项目都在体育课堂教学中得到了较好的运用。但在引入民族传统体育项目和民间体育活动时，要突出考虑其健身性和文化传承的价值，如武术是中华民族优秀传统体育文化的瑰宝，长拳、太极拳、剑术、棍术等项目都具有很高的健身价值，对学生的身心发展非常有益。

民族民间传统体育项目大体分为以下三类：第一类是以嬉戏娱乐为主的传统体育项目；第二类是以竞技能力为主导因素的传统体育项目；第三类是以配合节庆习俗开展的传统体育项目。由于民族民间传统体育项目众多，学校应根据当地和本校实际，有选择地引入和继承，在选用和设计这些项目时应注意以下内容。

（1）教育学生遵守少数民族风俗习惯，热爱自己的民族。

（2）优先考虑所选民族民间传统体育项目的教育性和健身性。

（3）对不适宜在青少年儿童中开展的民族民间传统体育项目要进行改造，以适应学生身心发展的需要。

（4）在选择、设计和使用民族民间传统体育项目时要加强安全教育。

（四）职业实用性体育与健康课程内容的开发

随着社会的快速发展，专业划分更加精细，不同职业因劳动性质、劳动形式和劳动条件不同对人的身体素质、身体机能提出特殊要求。因此，在高校体育与健康课程中引入职业实用性体育教学内容是改革的方向，一是可以使学生获得职业实用性体育知识；二是可发展学生一般身体素质和特殊素质（指一个人克服外部环境特殊影响的能力，如克服晕船、晕车、高原地区氧分不足等）。

职业实用性体育与健康课程内容的开发不仅要符合职业对身体活动的要求，而且要预防职业对身体所造成的不良影响，职业实用性体育与健康课程内容的选择与开发均需与职业劳动特点相似（表3-1）。

表3–1　部分高等院校职业实用性体育与健康课程内容一览表

院校	职业需要的身体素质和要求	课程内容	练习功能
航天航海院校	1. 在特殊设备上进行的前庭器官的空间定位练习 2. 具备良好的灵敏素质和反应能力	铁饼、滚轮、跳水、竞技体操、荡秋千、游泳和滑冰	提高位觉感受器稳定性和身体协调性与灵活性
医学院校	1. 耐力素质 2. 抵抗能力强 3. 手、腕关节的灵活性和触觉的灵敏	乒乓球、射击、气功、手指手腕操、运动按摩、篮球	提高手指手腕各关节的灵活性和触觉能力，提高人体的耐疲劳能力
公安政法院校	1. 优秀的身体素质和随机应变的能力 2. 良好的视觉功能 3. 格斗能力强	射击、拳击、武术、篮球、摔跤、击剑、长跑、体操、足球	培养自卫、格斗、追捕等技能技巧，提高射击能力和大脑皮层神经过程的灵敏性
师范院校	1. 性格开朗，体形健美，素质全面 2. 逻辑思维条理，适应能力强 3. 良好的记忆	健美操、体操、气功、长跑、球类游戏以及有关的体育理论知识	塑造学生性格开朗，体形健美，素质全面，逻辑思维，适应能力强
建筑院校	1. 良好的平衡能力 2. 心理素质	跳水、攀登、技巧、平衡木练习	克服恐惧心理，适应高空作业，提高身体各部位的协调性和灵活性
财经金融院校	1. 思维敏捷，动作灵活 2. 头脑清醒，耐力素质强 3. 性格稳重，细致	乒乓球、击剑、气功、太极拳和各种棋牌类运动	锻炼学生思维敏捷，动作灵活，头脑清醒，提高大脑皮层神经的灵敏性，提高抗疲劳能力，改善性格，耐心细致
地质石油勘探院校	1. 能克服高原、严寒等气候条件对人体带来的生理影响 2. 身体的有氧代谢能力强	长跑、篮球、爬山、障碍跑、游泳、攀岩、定向越野	提高人体呼吸系统和心血管系统的能力，培养吃苦耐劳的精神

第三节　国家体育与健康课程标准

中小学体育与健康课程标准和《全国普通高等学校体育课程教学指导纲要》是在“健康第一”思想的指导下，由国家教育主管部门颁发的关于大中小学体育与健康课程的指导性文件。它规定了大、中、小学体育与健康课程的性质、基本理念、目标、内容标准和评价等，体现了国家对体育与健康课程改革和发展的基本思路，以及对大、中、小学生在体育与健康课程方面的基本要求，是课程管理和评价的基础，也是教材编写和教学评估的依据。

我国现行的《义务教育体育与健康课程标准（2022年版）》《普通高中体育与健康课程标准（2017年版）》《全国普通高等学校体育课程教学指导纲要》是对中华人民共和国成立以来体育课程标准、体育教学大纲的进一步完善和革新，体现了先进的体育教育教学理念。

一、《义务教育体育与健康课程标准（2022年版）》的基本特征

为了深入贯彻落实党中央、国务院关于新时代基础教育发展和改革的一系列文件精神，深刻领会习近平总书记关于教育的重要论述，结合党中央、国务院提出的“两个一百年”奋斗目标和2035的远景目标，在总结20年基础教育课程改革与高中课程标准修订工作经验的基础上，教育部成立相关专家组对《义务教育体育与健康课程标准（2011年版）》进行修订，并于2022年4月颁布《义务教育体育与健康课程标准（2022年版）》（本节简称2022年版课标），其基本特征如下。

（一）本次修订的主要理念

1. 坚持“健康第一”的教育理念

2022年版课标坚持落实“健康第一”的教育理念，强调体育与健康教育的深度融合，主要目的是通过体育与健康教育促进青少年学生身心健康、体魄强健。与党中央、国务院近二十年颁布的一系列相关文件强调树立“健康第一”的教育理念保持高度一致，重点关切我国青少年学生身心健康，特别是体质健康状况依然不容乐观的现实。

2. 适应时代发展的要求

2022年版课标关注信息化环境下的教学改革，关注学生多样化、个性化的学习和发展需求，促进人才培养模式的转变，反映先进的教育思想和理念，并根据社会经济发展新变化、科学技术进步新成果，及时更新体育与健康课程的内容和方法体系，充分体现新时代“帮助学生在体育锻炼中享受乐趣、增强体质、健全人格、锤炼意志”的现实要求，充分考虑地区和学校差异，积极推进以校为本的实施策略。同时，2022年版课标注重引导学生感悟中华优秀传统体育的魅力，涵养学生的家国情怀，增强文化自信。

3. 坚持科学论证与继承发展

2022年版课标遵循学生身心发展规律和体育与健康教育教学规律，贴近学生的思想、学习、生活实际，充分反映学生的成长需要，促进每个学生积极主动、充满活力地健康成长。2022年版课标对二十余年来义务教育体育与健康课程改革实践做出了系统梳理，总结提炼并继承成功经验，确保课程改革的连续性。同时，发现并切实面对改革过程中存在的问题，有针对性地进行修订与完善。

4. 体现“健身育人”的本质特征

为了改变“学科中心观”“技术中心观”，充分发挥体育与健康课程的育人功能，2022年版课标强调培养学生的核心素养，将以往单一传授体育与健康知识和技能的过程转变成培养核心素养的过程，促进广大教师通过多样化的教学手段和方法，在引导学生掌握体育与健康知识和技能的同时，激发学生运动兴趣，使学生学

会学习体育与健康知识和技能的方法，体验运动的乐趣，树立积极的学习态度，养成锻炼身体的习惯和健康的生活方式，形成积极进取、乐观开朗的生活态度。

（二）拟解决的关键问题

1. 明确课堂运动负荷要求，让学生充分地“动起来”，解决“不出汗”的体育课和“学生体质健康水平未见根本好转”的问题

2022年版课标强调在义务教育体育与健康课堂教学中，每节课群体运动密度应不低于75%，个体运动密度应不低于50%，每节课应达到中高等运动强度，班级所有学生平均心率原则上在140 ~ 160次/分；不仅专门设置了体能学习内容，还提出每节课应有10分钟左右体现多样性、补偿性、趣味性和整合性的体能练习，以保证每节实践课具有足够的运动负荷，让学生获得充分的运动体验，真正改变“不出汗”的体育课现状，提高学生的运动效果，有效促进学生体质健康状况得到根本性好转。

2. 以“教会、勤练、常赛”为抓手，建构“学、练、赛”一体的课堂教学体系，解决“学生学了 9 年体育课，绝大多数学生未能掌握 1 项运动技能”和“学生不喜欢上体育课”的问题

2022年版课标强调结构化运动知识与技能的教学，要求学生侧重在应用的情境（如对抗练习、比赛或展示等）中学习知识与技能。提出在尊重不同水平学生的意愿和需求的基础上，3 ~ 6年级从六类专项运动技能中各选择至少1个运动项目，7 ~ 8年级从六类专项运动技能的四类中各选择1个运动项目，然后对每一个运动项目实施完整、系统的大单元教学，9年级让学生结合学校实际自主选择运动项目进行学练，帮助学生在初中毕业时学会1 ~ 2项运动技能，并能够在比赛中得以运用。此外，2022年版课标强调采用游戏化、多样化的教学手段和方法，通过不同数量、时间、形式、场景，以及个人与小组间的各种挑战赛等，激发学生的学习兴趣和参与热情，使学生在丰富多彩的“学、练、赛”环境中体验运动的乐趣，让学生爱上体育与健康课，能够真正了解体育、参与体育、享受体育。

3. 重视“把体育锻炼作为生活中不可或缺的一部分”的观念，解决“学生未养成体育锻炼习惯”的问题

2022年版课标从课程目标、课程内容、教学方法和学习评价等多方面强调要帮助学生养成锻炼习惯，不仅在体育与健康课程要培养的核心素养中特别强调发展学生的体能练习、“运动认知与技战术运用”“体育锻炼意识与习惯”“健康知识与技能的掌握和运用”等，帮助学生形成坚持锻炼、终身健康所需的正确价值观、必备品格和关键能力，也在学业质量中增加了与锻炼习惯有关的评价指标，如水平四球类运动的学业质量中规定，“每学期通过现场或多种媒介观看不少于8次所学球类运动项目的比赛，并能够对某场高水平比赛做出分析与评价”，以及“每周运用所学球类运动技能进行3次（每次1小时左右）课外体育锻炼”等，并通过布置体育与健康家庭作业等方式，引导学生积极参与课外体育锻炼和健康实践活动。

（三）2022年版课标的主要变化与突破

1. 构建了体育与健康课程核心素养体系

基于体育与健康学科的性质和学生发展核心素养的要求，构建了运动能力、健康行为、体育品德3个方面的课程核心素养，其是学生通过体育与健康课程学习而逐步形成的正确价值观、必备品格与关键能力，并基于课程核心素养建立相对应的课程目标、课程内容和学业质量标准等，充分体现了课程“健身育人”的本质特征，为各地各校制订课程实施方案和实施计划提供明确指导。

2. 基于体育与健康课程核心素养，开展体育与健康课程设计

（1）建立核心素养–课程总目标–水平目标三级目标体系。

2022年版课标阐明了体育与健康课程要培养的学生核心素养的内涵，在此基础上提出课程目标：掌握与运用体能和运动技能，提高运动能力；学会运用健康与安全的知识和技能，形成健康的生活方式；积极参与体育活动，养成良好的体育品德。这三点分别对应体育与健康课程要培养的学生核心素养的3个方面，充分体现了课程“健身育人”的本质特征。同时，体育与健康课程依据核心素养达成度，分4个水平又对课程总目标进行了细化，最终形成核心素养–课程总目标–水平目标逐级细化的三级目标体系。

（2）设置了学科和跨学科主题学习的课程内容。

义务教育体育与健康课程以核心素养为导向，以课程目标为引领，设置了本学科（基本运动技能、体能、健康教育、专项运动技能）和跨学科主题学习（钢铁战士、劳动最光荣、身心共成长、破解运动的“密码”、人与自然和谐美）的课程内容体系。跨学科主题学习的课时量不低于总课时的10%，该内容既从运用多学科的知识和方法解决体育与健康实践问题的角度进行设计，也将体育与健康课程作为德智体美劳中的“一育”与其他“四育”加以融合。

2022年版课标提出，根据课程目标的4个水平，设计相应内容。针对水平一目标，专门设置基本运动技能的课程内容，为体能和专项运动技能学练奠定基础；针对水平二、水平三、水平四目标，分别设置体能和专项运动技能的课程内容；健康教育和跨学科主题学习贯穿整个义务教育阶段（表3–2）。其中，健康教育由体育与健康、道德与法治、生物学、科学等多门课程共同承担，体育与健康是落实健康教育的主要课程。体育文化和体育精神主要融入体育与健康课程内容之中。

（3）倡导自主、合作、探究新型教学方式。

2022年版课标强调教师结合学校与学生实际，基于体育与健康课程要培养的学生核心素养，制订与细化学习目标，并根据学习目标确定达到不同水平的内容要求与学业要求，设计适宜的教学活动与情境；倡导教学方式多样化，将教师指导与学

生自主、合作和探究学习有机结合，培养学生的运动兴趣和主动学练意识，以及分析问题和解决问题的能力；注重生活应用情境和真实运动情境的创设，强调用结构化的知识和技能解决真实情境中的复杂问题；运用信息化教育技术和手段，提高课堂教学效果，培养学生的信息化意识和能力。

表3-2 课程内容与水平目标对应表

课程内容	水平目标			
	水平一	水平二	水平三	水平四
基本运动技能	√			
体能		√	√	√
健康教育	√	√	√	√
专项运动技能		√	√	√
跨学科主题学习	√	√	√	√

（4）构建综合性学习评价。

体育与健康学习评价主要评估学生通过学习达成核心素养的程度。2022年版课标构建了基于核心素养的学业质量，从运动能力、健康行为、体育品德三方面对学生的学业成就表现做出总体描述。学业质量起着连接核心素养和学习评价的桥梁作用。2022年版课标要求教师对学生实施学习评价时，应从学业质量的描述中提炼出具体的测试内容，并细化为不同的测试指标；强调设计贴近生活、具有较强应用性的情境，观察和评价学生运用结构化的知识与技能解决问题的能力。学业质量让教师在教学中能够更加明确应该教哪些内容，教到什么程度。2022年版课标强调定量评价与定性评价、过程性评价与结果性评价、相对性评价与绝对性评价相结合等多样化的评价方式，重视增值性评价，健全综合评价。

3. 着力改革创新，完成“四个转变”

2022年版课标强调面向未来、改革创新，秉持“健康第一”的教育理念，高度重视以体育人、综合育人理念的渗透，努力实现从“知识导向”向“素养导向”转变、从“单一技术导向”向“结构化知识和技能导向”转变，从“简单情境”向“复杂情境”转变，从单纯的“体育教育”向“体育与健康教育及多学科融合”转变。这“四个转变”有助于学生从体育与健康教育教学中获得健康的身心、强健的体魄和全面的发展。

二、《普通高中体育与健康课程标准（2017年版）》的基本特征

《普通高中体育与健康课程标准（2017年版）》（本节简称《课程标准》），在结构与设计思路上与《义务教育体育与健康课程标准（2022年版）》大同小异，

但由于普通高中体育与健康课程教学的特殊性，在课程性质与基本理念、课程结构、课程内容、实施建议的基础上提出了学科核心素养、课程目标和学业质量的新内容。

（一）明确了体育与健康课程的性质

普通高中体育与健康课程是一门以身体练习为主要手段，以体育与健康知识、技能和方法为主要学习内容，以培养普通高中体育与健康课程学生的体育与健康学科核心素养和增进高中学生身心健康为主要目标的课程。普通高中体育与健康课程是普通高中课程体系的重要组成部分，是面向全体高中学生的基础教育，对实现“立德树人”根本任务和培养全面发展的人具有独特的功能和价值，具有基础性、实践性、选择性和综合性。

（二）确立了体育与健康课程的基本理念

普通高中体育与健康课程的基本理念主要描述的是本课程的价值追求和整体概括，主要从目标、结构、内容、实施和评价等方面进行叙述。其具体内容包括：一是落实“立德树人”根本任务和“健康第一”指导思想，促进学生健康与全面发展；二是尊重学生的学习需求，培养学生对运动的喜爱；三是改革课程内容与教学方式，提高学生的综合能力和优良品格；四是注重学生运动专长的培养，奠定学生终身体育的基础；五是建立多元学习评价体系，激励学生更好地学习和发展。

其中理念三指出：“力求避免过于注重单一知识点以及把结构化的知识和技能割裂开来的灌输式教学模式，倡导多样化的教学方式，重视与信息技术的深度融合，注重学生的自主学习、合作学习和探究学习，将知识点的教学置于复杂情境之中，引导学生用结构化的知识和技能去解决体育与健康实践中的问题，促进学生学科核心素养的发展，培养学生的创新精神、综合能力和优良品格。”这一理念所强调的关键词有结构化、情境化、问题化、信息化，体现出新的《课程标准》对教学实践提出的高要求。

（三）建立了学科核心素养和课程目标的对应关系

学科核心素养是学科育人价值的集中体现，是学生通过学科学习而逐步形成的正确价值观念、必备品格、关键能力。体育与健康学科核心素养主要包括运动能力、健康行为和体育品德3个方面。3个方面的学科核心素养不是独立的关系，而是相互联系、相互影响、相互促进、共同发展的关系。

普通高中体育与健康的课程目标是在学科核心素养的引领下设计的，是学科核心素养的具体化。普通高中体育与健康课程目标分为总目标和分目标。总目标体现了“立德树人”的精神和学科核心素养的内涵，在课程目标层面处于最上位，属于宏观的期望和要求，也体现了“三维目标”的有机统一，是期望学生通过高中三年体育与健康课程学习所达成的总体结果。分目标是在总目标的基础上围绕学科核心素养提出的，是期望学生通过高中3年体育与健康课程的学习在学科核心素养3个方面各自所达成的具体结果（图3–1）。

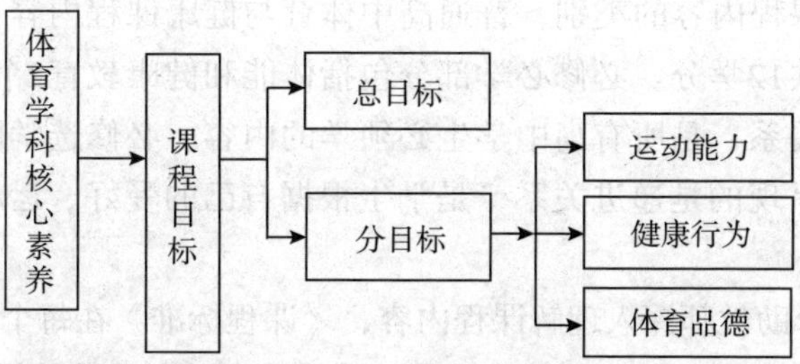

图3–1　普通高中体育与健康课程目标体系结构图

（四）确定了学科核心素养统领的课程结构与课程内容

由图3–2可见，普通高中体育与健康课程结构是以学科核心素养为统领的，即课程目标、课程内容、教学方法、学习评价等都紧密围绕学科核心素养来设计和构建。同时，学科核心素养形成的途径不仅包括体育与健康课，还有课外体育锻炼、体育竞赛活动和体育社团活动等。

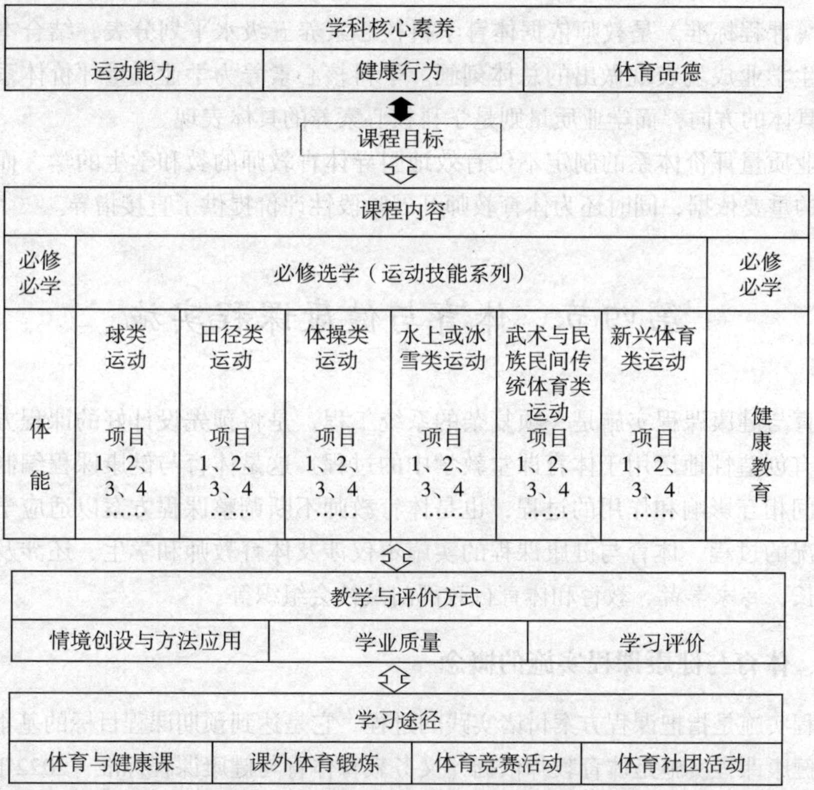

图3–2　普通高中体育与健康课程结构

普通高中体育与健康课程内容是围绕学科核心素养的培育而设置的，主要体现在以下几个方面。

首先，根据课程内容的类别，普通高中体育与健康课程内容分为必修必学和必修选学两部分，共12学分。必修必学部分包括体能和健康教育2个模块，分别为1学分，两者是平行关系，是所有高中学生必须学的内容。必修选学即运动技能模块，10学分。该模块呈现的是递进关系，是学生根据自己的爱好、运动基础等选择项目进行学习。

其次，为了帮助教师深入理解课程内容，《课程标准》在每个模式中设置了内容要求、教学提示和学业要求3个部分，这种陈述方式有助于引导教师的教和学生的学。

最后，从构建结构化知识和技能的角度看，课程内容的3个陈述维度都体现了结构化教学的特点。

（五）构建了学业质量评价体系

学业质量的提出是《课程标准》的一个重要创新。学业质量是学生在完成本课程学习后的学业成就表现。普通高中体育与健康学业质量标准是指学生在完成高中学段体育与健康课程后应该具备的基本素养以及应该达到的具体水平的明确界定和描述。《课程标准》是教师依据体育学科核心素养五级水平划分表，结合本项目内容对学生学业成就表现做出的总体刻画。学科核心素养为学业质量评价体系的制定确定了具体的方向，而学业质量则是学科核心素养的具体表现。

学业质量评价体系的制定不仅有效地引导体育教师的教和学生的学，而且是学分认定的重要依据，同时还为体育教师开展阶段性评价提供了直接指导。

第四节　体育与健康课程实施

体育与健康课程实施是一项复杂的系统工程，是将预先设计好的课程方案，充分且具有创造性地运用于体育课堂教学中的过程。这是体育与健康课程编制者与实施者之间相互影响和作用的过程，也是体育教师不断调整课程方案以适应学生体育实际情况的过程。体育与健康课程的实施不仅涉及体育教师和学生，还涉及学校领导、家长、专家学者、教育和体育行政部门及社会组织等。

一、体育与健康课程实施的概念

课程实施是指把课程方案付诸实践的过程，它是达到预期课程目标的基本途径。体育与健康课程实施是体育教师依据《义务教育体育与健康课程标准（2022年版）》《普通高中体育与健康课程标准（2017年版）》等（本节简称国家体育与健康课程标准）要求，参照所选教科书的内容体系，结合体育教师自身的专业素质，从学生学习水平、体育素质及学校教学条件出发，有目的、有计划、有组织地开展体育活动、实现体育课程目标的过程。

二、体育与健康课程实施的取向

课程实施并不等于教学过程，而是包括由国家层面的课程决策开始，到省、市逐级的执行，最终落实到学校的课堂教学实践，这一系列自上而下的活动都属于课程实施的范畴。基础教育课程改革确立了国家、地方和学校共同建设课程的思路，使学校层面的课程实施不仅仅是一个执行过程，更重要的是一个创造和丰富的过程。课程实施与课程实施取向有很重要的关系，我国体育与健康课程实施目前呈现出以下3种取向共存的局面。

（一）忠实取向

忠实取向强调体育与健康课程实施过程是忠实地执行体育与健康课程方案的过程。预期体育与健康课程方案的实现程度就是衡量体育与健康课程实施成功与否的基本标准。这一取向的基本假设是：课程方案就像一幢建筑的设计图纸，课程实施就是具体的施工。作为设计图纸，其对如何施工做出非常具体的计划和详细的说明。在这种假设下，体育教师便成了工匠。课程实施的好坏是根据实际施工与设计图纸之间的吻合程度，即是否达到设计图纸的要求来评判的。在这一课程实施取向下，体育教师只是被动地、按部就班地严格执行预先制定好的体育与健康课程方案，难以发挥体育教师在课程实施中的主动性和创造性。

（二）相互适应取向

相互适应取向把课程实施看作是一个连续的动态过程，相互适应意味着课程实施是一个由课程的设计者和课程的实施者共同对课程进行调整的过程。调整包括两个方面：一是课程计划为适应具体教学情境和学生特点而进行的调整；二是课程实际以及教师和学生为适应课程计划而做出的调整。

课程实施的相互适应取向强调课程实施不是单向的传达、接受，而是双向的相互影响与改变。课程并不是固定不变的，规定的课程与实施的课程可能是不同的，会在一些方面存在差异或不一致。这一取向的基本假设是：课程方案就像一场球赛的计划，这是由赛前教练员和运动员一起制定的；课程实施则是球赛进行的过程。尽管运动员要贯彻事先制定好了的比赛方案或意图，然而达到这个意图的具体细节也主要由运动员来完成，他们要根据比赛中的具体情况随时做出明智的选择和反应。在这一课程取向下，体育教师将成为课程实施的主体，在实现原有方案意图的过程中，可以根据课程实施的实际情况对课程方案做出相应的调整。

（三）创生取向

创生取向强调体育与健康课程实施过程是师生在具体情境中共同创造新的体育经验的过程。在课程实施中，已经设计好的体育与健康课程方案仅仅是体育教师和学生进行或实施“再造”的材料或背景。这种取向重视真实的教学情境，强调体育教师和学生的主体性、创造性，最大限度地调动了师生的积极性，发挥了体育教师和学生在课程改革、课程实施过程中的作用，但也对师生的创造才能提出了极高的要求。这一取向的基本假设是：课程方案可被认为是一个乐谱，课程实施则是作品的演奏。同样的乐谱，每一个演奏者都会有不同的体会，从而有不同的演奏，演奏效果也会大不一样。其原因不在于他们演奏的乐曲，而在于他们对乐谱的理解和演奏的技巧。

上述课程实施的3种取向都有各自的特点和适用之处。对所有的学校与体育教师而言，并没有一种最正确的课程实施方法，而应根据不同的实施层面、学校特点、师资条件、学生需求，灵活选择不同的课程实施方法。

在我国，多年来一直采用全国统一的教学大纲和统编教材，教师往往习惯于思考如何尽可能忠实地反映课程设计者的意图，并根据教材要求组织课程教学，忠实取向的课程实施占主导地位。事实上，严格意义上的忠实取向可能会产生负面影响，这在体育与健康课程中表现最为明显。因为传统的体育教学大纲规定了统一的教材，每项教材对场地、器材有不同的要求，即使每所学校只开设基本教材，也必须拥有一定的场地和配备数量可观的体育器材，这对于贫困地区的学校来讲，是很难做到的，也谈不上忠实地执行体育教学大纲，最终所导致的结果是勉为其难地上体育课。

其实，每个体育教师对所教课程的理解以及对教材的领会都会有一定的差异，而且他们会根据自己的教学经验和学生的具体情况，对课程内容做不同调整、改编或创新。随着体育与健康课程改革的不断深入，相互适应取向和创生取向将逐步成为体育与健康课程实施的主流取向。

三、地方体育与健康课程的制订与实施

《基础教育课程改革纲要（试行）》指出：“改变课程管理过于集中的状况，实行国家、地方、学校三级课程管理，增强课程对地方、学校及学生的适应性。”体育与健康课程标准规定地方教育行政部门依据国家颁布的体育与健康课程标准，依据当地教育和体育资源，反映体育的地域特点，制订本省（市）实施中小学体育与健康课程的指导方案，规划体育与健康的地方课程。因此，在落实国家体育与健康课程标准的过程中，地方体育与健康课程实施指导方案起着承上启下的作用。

（一）地方体育与健康课程实施指导方案的必要性

从课程管理体系及管理职能来看，体育与健康课程标准的颁布说明了国家在体

育与健康课程管理中的宏观管理任务及职能已完成，即还必须有第二步，即地方体育与健康课程管理的衔接和补充，只有制定出相应的地方体育与健康课程实施指导方案，才能将国家、地方、学校三级课程管理联结起来，实现国家体育与健康课程管理的目标。

20年的基础教育体育与健康课程改革实践表明，不少地方的体育与健康课程实施指导方案仍然处于缺位状态，使体育与健康课程改革出现“两头热，中间冷”的现象，即国家层面和学校层面体育与健康课程改革正在积极向前迈进，而地方教育行政部门却尚未形成一整套体育与健康课程实施方案，使得部分地区的一些学校未能得到及时、有效的指导，导致国家层面与学校层面的脱节，影响了体育与健康课程实施的效果。由此可见，贯彻课程标准的关键在于制定一个上承国家体育与健康课程标准，下启学校体育教学实践的地方体育与健康课程实施指导方案（或大纲）。

（二）地方体育与健康课程实施指导方案的基本特点

我国地域辽阔，地区间可利用的体育与健康课程资源差异很大，对于课程标准中要求的同一学习目标，可能在各地实施时也存在着较大差异。所以，各地制订的体育课程实施指导方案应该具有指导性和建议性，要给各地、各校留有较大余地和空间，以确保每个学校能根据自身条件较好地贯彻落实。因为体育与健康课程标准是以目标引领内容的，即使是同一目标，不同地区所选择的体育教学内容也将存在较大的差异。例如，在达成“发展有氧耐力”学习目标时，在大城市和我国沿海发达地区所制订的课程实施指导方案中可能选择的教学内容是有氧操、球类运动、游泳等；在中小城市所制订的实施指导方案中可能选择的教学内容是球类运动、体育游戏、耐久跑等；而在西部地区所制订的实施指导方案中可能选择的教学内容是体育游戏、爬山、越野跑等；在少数民族地区所制订的实施方案中可能选择的教学内容是骑马、摔跤、抢花炮等。因此，地方体育与健康课程指导方案应体现出指导性、建议性、地域性、针对性、实践性等特点。

（三）地方体育与健康课程实施指导方案应注意的问题

制订地方体育与健康课程实施指导方案既是对国家体育与健康课程标准精神的贯彻和落实，也是研发校本课程的重要依据，是沟通国家课程与校本课程的桥梁。因此，在制订地方体育与健康课程实施指导方案时应注意以下问题。

1. 定位准确

地方体育与健康课程实施指导方案应定位在“指导”上，既然是“指导”就不是规定或指令，而是根据国家体育与健康课程标准的精神，为本地学校结合本校实际情况开展体育与健康教学提供参考建议，使基层学校既有所依，也有选择空间。

2. 合理规划

地方体育与健康课程实施指导方案的作用是承上启下的，制定方案的目的是更好地发挥其作用，因此方案内容的选择至关重要，应包括对本地区开展体育与健康教学的实际条件进行分析、选编体育与健康教学内容的指导、体育学习评价建议3个方面。其中，选编体育与健康教学内容最为关键，是地方体育与健康课程实施指导方案的核心和主体。

3. 抓好落实

地方体育与健康课程实施指导方案的落实非常重要，落实方案应有完整的思路、有效的措施。除了让学校、体育教师学习、领会方案精神外，还要通过多种形式，如通过开展体育与健康公开课、展示课或体育与健康教学经验交流活动等方式，来提高体育教师的实践操作能力。

（四）地方体育与健康课程实施指导方案的案例

为了更好地了解地方体育与健康课程实施指导方案的制定和内容，现将《上海市高中体育专项化课程改革指导意见（试行）》的结构框架以案例形式呈现，供大家学习和参考。

【案例3-1】

《上海市高中体育专项化课程改革指导意见（试行）》

一、“高中体育专项化”课程改革的背景与意义

二、“高中体育专项化”课程改革的主要任务

三、“高中体育专项化”课程改革的组织实施

（一）基本情况调查

（二）合理设置专项

（三）实施小班化教学

（四）实施分层教学

（五）课时安排

（六）教训评定

（七）组织专项教研活动

四、“高中体育专项化”课程改革的管理和保障

（一）组织保障

（二）政策制度保障

（三）师资保障

（四）经费物质保障

（五）医务监督和安全保障

（六）宣传动员

五、其他

四、体育与健康校本课程的开发与实施

（一）体育与健康校本课程开发的概念

体育与健康校本课程开发是相对于国家课程开发、地方课程开发而言的。体育与健康校本课程开发是指以学校体育教师为主体，在国家体育与健康课程标准和地方体育与健康课程实施方案的指导下，尊重本校的体育传统，依据学校自身的性质、特点、条件以及可利用和开发的体育资源，为满足学生的体育需求和实现体育与健康课程目标而展开的一系列活动的过程。

体育与健康校本课程开发实质上就是学校在国家体育与健康课程标准框架内或外“做自己的事情”，通过自行设计、量身裁衣所设计的个性化课程的过程。它应包括两层含义：第一，学校根据国家体育与健康课程计划预留的学校自主开发的时间和空间，进行学校自己的体育与健康课程开发，如有学校将舞龙、舞狮作为本校的体育与健康校本课程，也称特色项目。它与国家和地方的体育与健康课程相对应，形成一个独特的板块。第二，学校根据自己的实际情况对国家体育与健康课程进行校本化的适应性改造，从而使国家体育与健康课程更加符合具体的学校体育与健康教学情景。

（二）体育与健康校本课程开发的意义

体育与健康校本课程开发可以弥补我国传统体育与健康课程管理过程中存在的不足，并能较好地落实和贯彻新一轮基础教育课程改革提出的国家、地方、学校三级管理体制的政策，适应各地、各校之间体育与健康教学发展的差异。具体而言，其意义主要体现在以下方面：一是有利于促进体育与健康课程标准的有效实施；二是有利于充分利用本校体育与健康课程资源，形成学校体育特色；三是有利于体育教师专业水平的提升；四是有利于培养学生的个性，激发学生体育兴趣，使学生养成终身参加体育锻炼的习惯。

（三）体育与健康校本课程开发的方式

体育与健康校本课程开发方式有课程选择、课程改编和课程新编3种。

1. 课程选择

课程选择是体育与健康校本课程开发中普遍的方式，是指从众多可能的课程项目中选择适合本校实际并能付诸实施的课程内容的过程。学校实行课程选择，必须满足2个条件：一是体育教师要有选择的权力，二是要有可供选择的空间。现行国家体育与健康课程标准能满足这2个条件，课程标准将每一个学习领域细分为若干水平目标，并对如何达到某一水平目标提出了若干活动建议或内容建议。如在水平四阶段，课程标准对运动技能领域提出的内容建议是“基本掌握一两项球类运动中的技战术”。这说明体育教师完全可以根据学校和学生的实际情况，选择篮球、足球、排球、乒乓球、羽毛球、网球或手球等中的任何一两项进行教学；并且每项运动究

竞教、学什么技战术，也由体育教师和学生来定。这样做正是充分考虑到各地、各校的差异和实际情况。

2. 课程改编

课程改编是指针对与原有课程针对对象不同的群体进行的学程上的修改。体育与健康校本课程开发中的课程改编是指体育教师对原有运动项目、民族民间传统体育项目等加以改造以适应具体的教学对象。改造的形式有：简化规则的体育运动、改良器材的体育运动、创新器具而产生的运动、民族民间传统体育项目的引入等。课程改编可以通过课程内容的整合、拓展、补充等形式来实现。

3. 课程新编

体育与健康校本课程也可以开发全新的课程，这类课程开发活动叫课程新编。课程新编可以是突出学校体育特点的“特色课程”和具有地方体育特色的“乡土教材”，也可以开发新兴的体育项目。

（四）体育与健康校本课程开发策略

1. 借助课题研究进行体育与健康校本课程开发

在国家课程政策所允许的范围内，借助于课题立项，以课题研究的形式来带动校本课程开发，积极进行校本课程开发的探索性研究。这种策略在体育与健康校本课程开发实践中已取得了较好的效果。

2. 借助外部力量进行体育与健康校本课程开发

校本课程开发对于绝大多数学校来说是新鲜事物，在这种情况下，本校体育课程开发的可行论证、规划制定、活动开展、课程编制、课程实施乃至课程评价，都需要借助外部力量，特别是要借助高等学校和科研院所的研究力量来促进校本课程开发的启动、维持和深化发展。

3. 加强学校自身整体水平的提高进行体育与健康校本课程开发

“借鸡下蛋”并不是长久之计，学校的长远发展必须依赖于学校内部发展能力的增强，特别是体育教师专业水平的提高，即要增加学校的自我造血功能，形成良性循环。实施这一策略时应做到由易到难、由简到繁。

（五）体育与健康校本课程开发案例

本部分，通过介绍2个案例进一步说明体育与健康校本课程开发的策略和思路。

【案例3-2】

“课程重构范式”：巅峰（BE TOP）体育①

——以江苏省锡山高级中学为例

一、体育与健康校本课程开发背景

江苏省锡山高级中学从1992年开始就施行体育选项教学，体育组在“九五”规划、“十一五”规划期间，先后承担了“增强农村中学生‘体育意识’和‘健身能力’的学校整体改革实验”“高中体育课校本化模块学习纲要的构建与实践研究”国家级和省级课题的研究工作，“十二五”期间，“巅峰体育课程的开发与实践研究”被确立为江苏省教育科学“十二五”规划重点课题，并结题，体育组挂牌江苏省“巅峰体育课程基地”。

二、体育与健康校本课程开发历程

（一）从选修课和活动课走向必修课和选修课的校本课程（1991—2001年）

1996—2000年，江苏省锡山高级中学体育与健康课程结构主要为2节必修课+1节选修课+1节活动课，形成了比较完备的课程框架体系，并研制了《江苏省锡山高级中学校本课程开发指南》（以下简称《指南》）。《指南》根据学校教育哲学和学生课程需求，从学习交往、学会探究、掌握技能等多方面提出了具体要求，形成了江苏省锡山高级中学校本课程的总体目标。《指南》对校本课程的申报流程、课程纲要的撰写、课程评估和学习评价等提出了相应的要求和规范。江苏省锡山高级中学校本课程开发成果对完善基础教育三级课程的管理体系起到积极作用。

（二）必修课和选修课走向“2+1+1”校本课程（2001—2005年）

2001年，在校本课程开发的大环境下，江苏省锡山高级中学依据《指南》内容要求，结合学生对体育与健康课程内容的多样化需求，最终形成了“2+1+1”校本课程，即2节必修课+1节选修课+1节身心健康类校本课程。此阶段以培养学生运动兴趣、发展体育能力为体育与健康教学的重点。

（三）校本课程在新课程框架中进行系统重建（2005—2010年）

2005年，江苏省锡山高级中学体育组在原课程改革的基础上，结合学校办学理念，对场地、器材、师资等课程资源进行综合评估，构建了新的体育与健康课程实施方案。该方案以选项教学为组织形式，内容包括以田径、体操、武术、健康教育为主的必修内容和以男足、男篮、女篮、排球、健美操、乒乓球、羽毛球、网球、瑜伽等项目为主的选修内容。体育与健康课程由2节必修课+1节选修课+1节活动课变为2节选修课+2节活动+1节校本课程。江苏省锡山高级中学开始了选项教学之路，体育与健康课程成为课改标志之一。

（四）课程统整与校本课程建设（2011—2014年）

江苏省锡山高级中学概括出新的教育哲学——成全“生命旺盛，精神高贵，智慧卓越，情感丰满”的时代新人。在此基础上，学校对校本课程中课程的价值再度思考，进行了课程统整以确保实现深度学习。体育组教师围绕体育课程进行不断的理论学习与实践，在选项教学的基础上编写了选修与必修模块计划，并对相应学分进行合理有效的分配，形成了2节选项+2节体育俱乐部课程模式。此阶段主要完成开课项目的课程纲要撰写和论证。

（五）巅峰体育与课内外一体化体育与健康课程体系的构建（2014年至今）

学校在对体育的功能、体育的本质以及对国家培养人的要求全面认识的基础上，依据《普通高中体育与健康课程标准（2017年版）》的精神要求和学校实际，确立体育与健康课程要树立开放的大课程观，构建开放的大课程体制。即学校依据学生体育学习与锻炼需求，创设条件，积极开设相应课程，实施中以课堂教学为主阵地，以学生为主体，以课程的丰富和落实为抓手，使所构建与实施的课程成为实现体育教育系统化、系列化的有效载体，实现服务学生成才、教师成长、办学质量提升和课程改革深化的目标。学校在此基础上，提出了“天天一节体育课、每天锻炼一小时、健康工作五十年、幸福生活一辈子”的理念和“做终身体育的践行人，做健康生活的拥有者”的体育学科宣言，形成了“4+1”模式，即2节体育与健康课、2节体育与健康校本课和1节体育与健康拓展课。

三、巅峰体育课程体系构建与实践

巅峰（BE TOP）体育课程是由学校教育哲学“生命旺盛、精神高贵、智慧卓越、情感丰满”中形容词的英文首字母构成的。B−Beauty意为美感，E−Energetic意为旺盛，T−Teamwork意为团队合作，O−Outstanding意为卓越，P−Passion意为激情。

巅峰体育课程旨在让学生通过个性化的体育课程学习，使“天天一节体育课、每天锻炼一小时，健康工作五十年、生命旺盛一辈子”的理念得到有效落实。依托巅峰体育课程基地，依据国家体育与健康课程标准，结合学校实际，充分利用校内外资源，学校构建了课堂教学、课外体育活动、运动训练与比赛“纵向衔接，横向一体”的课程体系（图3−3），使“教会、勤练、常赛”理念落地。

合理整合，编制课程纲要。学校以学期为单位，将性质不同、同一运动项目及其相关的课程活动进行整合，形成教学目标融合、教学内容组合、教学评价结合、保障课程实施的课程纲要。

（1）教学目标融合是指参照国家体育与健康课程标准中“学科核心素养水平”及各阶段“学业质量水平”，采用沿用、替代、拆解、组合等策略，形成体育教学目标，即基础目标；然后将课外体育活动中锻炼身体、愉悦身心、养成锻炼习惯和通过运动训练与竞赛提升学生运动技能水平和竞技能力的目标融合到基础目标中。

（2）教学内容组合是指将课内教学内容和课外锻炼与竞赛内容进行组合。其中，围绕教学目标选择的体育与健康基本知识、方法、技战术及开发的组合技术、教学比赛等内容是基础内容，围绕校园体育竞赛和所学技能运用的各类竞赛与展示活动是拓展内容。两者合理、有序的安排能使课内外内容相互衔接，形成整体，提升教学成效。

（3）教学评价结合是指教学评价要融于学习过程。学校采用达标测试、技能评定、问卷、课堂记录、表现性评价等手段，及时收集与反馈学生参与课内外体育学习、锻炼、训练、竞赛等信息，以正确评价学生并促进他们的学习。

（4）保障课程实施是指学校与社会体育机构合作，用体育场馆运营权换取学校需要的课程资源，如学校用游泳馆的对外运营权换取开设游泳、跆拳道等课程所需教练员和救生员等资源；学校也可以通过购买、外聘等途径，引入自己所需要的课程资源等。

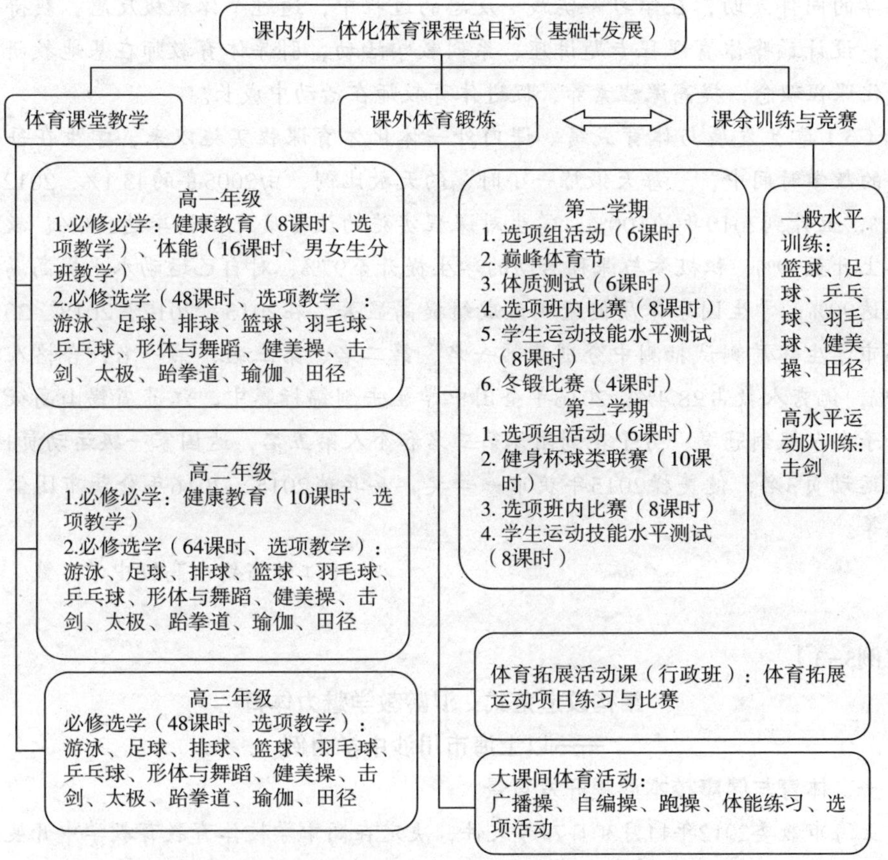

图3-3　江苏省锡山高级中学课内外一体化体育与健康课程体系图

四、取得的成效

（1）学校整体得到发展。学校先后被确立为“教育部校长培训实践基地学校”“教育部影子校长培训基地”“长三角中小学名师名校长培训实践基地”。学校被授牌“江苏省校本课程开发研究所”、江苏省“巅峰体育课程基地”，以及“江苏省高品质示范高中”首批建设立项学校、2020年无锡市获选首批普通高中新课程新教材实施国家级示范区（省内唯一）、江苏省内三所国家级示范校之一。学校承担包括探索市域推进课程改革的有效工作机制；开展新课程新教材培训，加强教研体系建设，组织开展新课程新教材实施重点难点问题研究等多方面的工作任务，在全国基础教育界有广泛影响。

（2）体育教师获得专业发展。学校用课题带动学习，用任务驱动研究，用反思促进发展，创设学习、教学、研究三结合的平台。具体措施为：与专家对话、读书活动等获得专业引领；通过集体备课、青蓝工程、校际交流等方式，获得多互动、多共享的同伴互助，在学习—实践—反思的过程中，通过个体积极反思，获得专业发展；设计巅峰体育课程专题讲座、系列教学活动，引导体育教师在基地教研活动中强化课程理念，提高课程素养，促进体育教师在活动中成长。

（3）学生发展与体育成绩。课内外一体化体育课程实施以来，学生在每学期18周的教学时间中，“每天锻炼一小时”的天数比例，由2005年的43.1%、2012年的48.6%，上升到2019年的100%；学生对课程实施的认可度及出勤率达100%、教学满意率上升至99%、积极参与课程活动的学生提升至97%、对自己运动水平提高满意的学生达90%；学生国家体质健康测试成绩提高显著，在2015、2017、2018、2019年无锡市学生体质测试抽测中分别获第一名、第二名、第三名、第一名，合格人数占99.5%，优秀人数占28.4%；2016年全国中学生击剑锦标赛中，江苏省锡山高级中学获女子个人佩剑冠军、男子花剑团体第三名和个人第五名，达国家一级运动员1名、二级运动员3名，健美操2015年获市一等奖，乒乓球2015、2016年分获市团体冠、亚军等。

（江苏省锡山高级中学　戴　鹏）

【案例3-3】

结构改造范式：混龄教学魅力体育
——以上海市川沙中学为例

一、体育与健康校本课程开发背景

上海市教委2012年11月30日79号文件，决定在高中学校体育教育教学中开展以学生兴趣和技能水平为依据，打破传统年级、班级概念的分层次专项教学改革试点工作。由于上海市川沙中学从2000年开始就以混龄教学为抓手开展体育教学整体改革的工作，因此，上海市川沙中学有幸被选为了上海市高中体育专项化改革的首批试点学校。

二、体育与健康校本课程开发历程

学校以混龄教学为抓手，开展高中体育教学改革，到目前大致分为以下4个阶段。

第一阶段：建章立制，试点推进（2000年6月—2002年6月）。开展混龄教学试点，探索实施混龄教学的基本规范。

第二阶段：创新课型，建设内涵（2002年9月—2005年6月）。全面推进混龄教学，深化体育与健康教学内涵建设，2002年新学年起，在全校实施混龄教学。

第三阶段：拓展深化，健康育人（2005年9月—2013年9月）。拓展深化混龄教学，形成教育改革成果，发挥体育整体育人功能。

第四阶段：专项教学，迁移整合（2013年至今）。发挥混龄教学优势，落实专项化教学，积极示范辐射。

三、“混龄教学”模式的构建与实践

在高中体育专项化教学改革以来，学校继续以混龄教学为抓手，探索适合新课改理念的学校体育教学新模式。所谓混龄教学，就是指将原来一个年级分性别的教学，变为3个年级6个教学班分选项的教学模式，通过将高年级和低年级学生进行自由的“配对”，成立多个小型的“教学组”，低年级学生在接受高年级学生指导后，在第二个学年又与比自身低一届的学生进行“配对”，然后再带新的“徒弟”，如此循环。在这种“既是师父又是徒弟”的相互学习中，不仅可以缩短学生对于体育与健康知识技能的掌握时间，发展学生2～3项体育特长，还提高了学生的社交能力。

在混龄教学中，采用以一位专项教师为主，其他教师兼授必修与副项的授课模式，并将其分为了4个发展阶段：第一阶段为专项独立打基础与体验阶段；第二阶段为专项技能发展阶段，与高年级同学进行专项教学合作；第三阶段为专项技能提高阶段，与低年级同学开展专项教学合作；第四阶段为专项独立技能发挥过程阶段。

在课程设置方面，学校实行是选修与必修相结合的方式，必修课包括背越式跳高、竞走、4×100米接力、三级跳远等项目，而选修课则从高一的下学期开始选修篮球、足球、健美操等项目。每个专项班级人数不超过30人，并采用一节80分钟专项课与一节40分钟体能课的课时安排。

在课程评价制定方面，开展学分制评价，过程性评价与终结性评价相结合，采用先分项后综合、3年学分累计的评定方法。体育项目考核、国家体育锻炼标准达标测试、平时锻炼情况、课外活动和体育社团等方面采用三年累计的方法；运动态度、锻炼习惯及运动技能的掌握、体育特长的发挥运用等方面采用综合评价。目前学校体育学分统计系统已经成型，并建立了体育成绩智能化管理系统，做到无纸化管理。

四、取得的成效

第一，学生对运动的兴趣大大加强。专项化教学最大的收获就是得到学生的充分认可与喜爱，学生对运动的参与度逐年提高。

第二，学生的体能状况持续改善。专项化教学实施80分钟课制，由于在教学内容中加入了专项体能的练习，运动负荷高于40分钟课制，使学生的体能状况比以前有较大改善。

第三，学生运动技能提高明显。以学校女子篮球班为例，以前的体育课中，一些女生不太爱动，40分钟的课一晃而过，但是80分钟之后，这些女生不得不动起来，技术动作得到了相应的提高，而技术动作提高让这些女生体会到了成功的快乐，又反过来促进了她们运动技能的学习。

第四，教师的专业技能、教学能力得到了提升。为了适应专项化教学的要求，学校经常组织教师参加市教委组织的专项化培训活动、专项化教学研讨公开课，技能培训等活动，从而进一步提升了教师的专业技能和教学能力。

思考题

1. 从大课程观思考传统体育课程概念与现代体育课程概念的区别。
2. 比较义务教育阶段与高中阶段体育与健康课程标准的异同。
3. 体育课程改革以来我国体育课程实施取向发生了哪些变化?
4. 从课程实施取向角度谈谈体育教师角色发生了哪些变化?
5. 结合案例谈谈你对体育与健康校本课程开发的认识。

主要参考文献

[1] 教育部．义务教育体育与健康课程标准（2011 年版）[S]. 北京：北京师范大学出版社，2012.

[2] 教育部．普通高中体育与健康课程标准（2017 年版）[S]. 北京：人民教育出版社，2017.

[3] 潘绍伟，于可红．学校体育学 [M]. 北京：高等教育出版社，2008.

[4] 施良方．课程理论 [M]. 北京：教育科学出版社，1996.

[5] 周登嵩．学校体育学 [M]. 北京：人民体育出版社，2004.

[6] 季浏，钟秉枢．普通高中体育与健康课程标准（2017 年版）解读 [M]. 北京：高等教育出版社，2018.

[7] 毛振明．简明体育课程教学论 [M]. 北京：北京师范大学出版社，2009.

[8] 顾渊彦．体育课程的约束力与灵活性 [M]. 北京：人民体育出版社，2002.

[9] 董翠香．体育与健康校本课程导论 [M]. 北京：北京体育大学出版社，2006.

[10] 朱伟强．基于标准的体育课程设计 [M]. 北京：北京体育大学出版社，2008.

[11] 董翠香．核心素养下的体育课程校本化实施 [J]. 上海教育，2020（33）：28-29.

（上海市川沙中学　张骏灵；华东师范大学体育与健康学院　董翠香；
扬州大学体育学院　刘　超）

第四章　体育教学基本理论

内容提要

体育教学基本理论指体育教学的基本概念、范畴、原理。掌握体育教学基本理论对于做好体育教学工作、提高教学质量有重要的意义。本章主要阐述了体育教学的概念、特点、规律与原则，体育教学的目标与内容，体育教学方法等基本理论，力求突出体育教学基本理论的基础性、指导性和实践性。

学习目标

◎掌握体育教学的概念、特点、规律与原则。

◎明晰体育教学的目标与内容。

◎了解体育教学的几种方法。

第一节 体育教学的概念、特点、规律与原则

一、体育教学的概念和特点

（一）体育教学的概念

教学是教与学统一于教学过程中的两个方面。“教”主要是外化过程，要发挥主导作用；“学”主要是内化过程，要发挥主体作用。教学过程就是外化主导作用与内化主体作用互动过程的有机结合，实质也就是教的策略与学的策略的有机结合过程。体育教学与其他教学相比，最大的不同就是教学过程中要突出体育的过程。教学中的体育过程强调如何在教学过程中更好地实现体育运动的教育教学价值。体育运动的教育教学价值主要体现在促进身心发展、传承体育运动文化、提升体育运动实践技能、培养拼搏进取的精神、提高竞争与合作的能力等方面。因此，体育教学就是在教育教学目的的指导下，将体育教师设计的体育教学内容通过教学策略内化到学生的认知结构体系中，从而实现体育教学目标的过程。

（二）体育教学的特点

体育教学与其他教学相比，主要因其教学内容是体育运动而体现出自身的特点。从教学过程的各要素如教学目标、体育教师、学生、教学内容、教学方法、教学评价、教学环境等方面来看，体育教学具有以下几个方面的特点。

1. 教学目标的多元性

体育教学目标的多元性，与体育学科的特殊性有关。体育教学既有强身健体、提高运动技能的目标也有调节情感、提高心理素质的目标，还有促进交往、建立和谐关系、规范运动行为、促进社会化等方面的目标。另外，体育教学目标受社会发展、教育方针等方面的影响比较大，在特殊的社会发展阶段，往往还会出现其他代偿性目标。

2. 教学活动的复杂性

体育教学不仅需要培养教养，还需要掌握运动技能；不仅需要组织有序得当，还需要调控运动负荷；不仅需要言传指导，还需要动作示范；不仅是体力活动，更是智力活动。再者，体育教学活动多在室外或体育场馆里进行，受条件、气候和环境影响较大。因此，体育教学较其他文化课的教学更为复杂。

3. 身心互动的统一性

在体育教学过程中，学生不仅可以健身，还可以健心。体育教学单靠记忆、识

记和理解并不能掌握运动技术、形成运动技能，同样也不能增强体质。学生只有通过身体练习，不断进行身心方面的运动体验，来强化本体感觉和知觉，从而促进新陈代谢，才能形成技能、增强体质。此外，学生在体育学习过程中身心互动性强，如师生互动、生生互动、学生与教学环境的互动等。因此，学生在体育教学活动中，既有身体活动，也有心理活动，且身心活动统一于教学过程中。

4. 内容编制的制约性

体育教学内容不仅包括体育与健康知识，还有运动项目技能和身体锻炼方法，在编制体育教学内容时，各方面内容所占比例的多少，都将受到体育教学目标和教学时间的制约。虽然体育教学中有些运动项目之间逻辑性不是很强，看似没有必然的联系，但在体育教学内容选择时，这些内容却不能随意编制，不仅要考虑内容的功能与价值，考虑学生的身心特点，还要因地制宜。

二、体育教学的规律和原则

体育教学原则是长期体育教学实践经验的科学总结和概括，是体育教学规律的客观反映，是体育教学工作必须遵循的基本要求和准则。正确地理解和贯彻体育教学原则，对于把握体育教学规律、提高教学质量、完成教学任务具有重要的意义。

（一）体育教学规律

体育教学规律是体育教学过程中普遍存在的必然联系，是不以人的意志为转移的客观存在的内在本质联系。把握和运用体育教学规律，对做好体育教学设计、上好体育课、开展好阳光体育活动、提高教学质量非常重要。体育教学与其他教学相比，特殊规律主要有以下几个方面。

1. 知识学习过程的规律

体育教学过程是知识学习的过程。体育教学规律首先要遵循知识学习过程的规律。知识学习过程离不开记忆和理解。在学习的过程中，学生主动应用记忆和理解的规律，可以提高知识学习的效率。从“记”到“忆”是有过程的，其中包括了识记、保持、再认和回忆。在学习知识的过程中，记忆效果、后期的保持和再认同等重要。德国心理学家赫尔曼·艾宾浩斯发现，保持记忆是有规律的。他认为在记忆的最初阶段遗忘的速度很快，后来就逐渐减慢了，即“先快后慢”的原则。这个规律也提出记忆和理解效果越好，遗忘得也越慢。对于理解也有规律可循，重视学习经验和学习的情景，加强建立知识之间的内在联系，有利于加深对知识的理解。

2. 运动技能形成的规律

体育教学过程也是运动技能形成的过程。体育教学规律必须遵循运动技能形成过程的规律。费茨和波斯纳（1967）提出了经典的操作技能形成3个阶段，即认知阶段、联结阶段和自动化阶段。认知阶段的任务是建立动作表象，了解动作方法。

这一阶段肌肉感觉还处于黑暗阶段，动作主要由视听来控制，其运动特点是肌肉僵硬，动作失调，错误多并且难以感知。联结阶段的动作主要由视听与肌肉联合共同控制。随着肌肉本体感觉的逐渐明朗化，能够在刺激与反应之间建立比较连贯的用力顺序及动作联结，其错误动作减少，紧张度有所缓解，发现和纠正自身错误的能力在增强。自动化阶段能够熟练完成动作各环节的联结，主要依靠本体感觉，并能够结合自身特点在时空上控制动作。该阶段紧张状态和错误动作消失，动作协调省力，并具有灵活应变的能力。

细化运动技能形成阶段，可分为6个阶段：表象阶段、模仿阶段、改进阶段、定型阶段、技巧阶段、技艺阶段。表象阶段是采用观察、观赏的方式在大脑中建立动作的正确表象阶段。模仿阶段是通过感官、图像和姿势进行动作模仿认识技术动作的序列和组合阶段。改进阶段是发现问题、及时纠正、改进并提高运动技能阶段。定型阶段是掌握技术动作的细节，掌握各动作组合要素间的内在联系，建立动力定型阶段。技巧阶段是能够灵活地运用运动技术，熟练完成运动技能阶段。技艺阶段是超越运动技能固有的要求，通过技能与技巧相结合，形成个人的运动风格阶段。

不同的运动技能形成过程也具有不同的规律性，有先慢后快型，有先快后慢型，也有起伏变化型。简单的和复杂的动作技能形成过程中，规律性也不同，复杂的动作技能形成过程中往往容易产生“高原现象”。

3. 增强体质的规律

运动负荷价值阈适应性规律是体育教学应遵守的一条规律。依据运动负荷价值阈适应性规律可以更科学合理地安排负荷量和负荷强度，更有利于促进健康和增强体质。

在运动活动的过程中，由心搏量发动期到急剧上升再到心搏量极限期，这个区域称为心搏量极限区间。心搏量极限区间心率为110～140次/分，这时身体基本处于有氧代谢运动状态，此时的负荷也可以称为有氧运动最佳运动负荷，此区间称为健身运动最佳运动负荷价值阈。由于运动者在不同年龄段和不同的运动水平，身心特点各不相同，则运动负荷价值阈也要进行相应幅度的调整。

人体生理机能活动变化规律也是体育教学中应遵循的规律。体育课堂教学过程中，学生的生理机能将产生变化。变化过程经历上升—稳定—下降3个阶段。上升阶段生理机能活动能力较低，运动强度不能过大。稳定阶段生理机能活动能力强并能保持较长时间，可以承担较大的运动负荷。下降阶段生理机能产生疲劳，轻松的运动有助于疲劳的恢复。

超量恢复理论认为：“物质能量的贮备超过原来水平，从而提高机体的工作能力。”人体机能和能量储备由负荷后暂时下降和减少状态恢复到负荷前水平，在恢复的过程中，能源物质的补偿在一定时间内超过原有水平，这种现象叫作超量恢复。由此可知，在体育教学中合理安排运动负荷会形成超量积累，使运动水平达到最佳竞技状态。人体各器官系统功能得到恢复进入超量恢复阶段时，再次施加一定的运动负荷，人体的机能水平会不断地提高。因此，在体育教学过程中，体育教师指导学生运动时，应重视超量恢复规律形成超量积累。超量恢复能够形成超量积累，应重视3个要素：一是运动负荷；二是恢复时间；三是恢复手段。

（二）体育教学原则

体育教学同其他教学一样，均要遵循一般教学原则，除应遵循全面发展、循序渐进、因材施教、师生协同、启发性、可接受性、自觉积极性等原则外，还应强调合理安排运动负荷、巩固和提高运动技能、身体活动体验性、安全性等原则。

1. 合理安排运动负荷原则

合理安排运动负荷原则是指体育教师在体育教学活动中应合理安排有价值的运动负荷，来增强学生体质，促进学生健康，发展学生心理素质。不合理的运动负荷容易给学生造成伤害，引起学生不良的心理反应。合理安排运动负荷应注意以下几点。

（1）运动负荷的安排要有针对性。针对学生身心发展特点、体育基础和体育教学内容及任务等，运动负荷的安排应有所不同。例如，小学低年级运动负荷不能太大，特别是运动持续的时间不能太长，否则不利于学生的身心发展；又如，在学生疲劳时应降低运动负荷，否则容易发生伤害事故，更不利于增强体质。

（2）面向全体与兼顾个体相结合。根据学生的身心发展及教学内容变化等特点，在合理安排运动负荷的同时，也应兼顾特殊学生的身心特点，给予个性化运动负荷的安排。

（3）准确地判断运动负荷。要运用多种方法准确地判断学生的运动负荷。通常运用观察法、感受法和心率测试法来判断学生运动负荷的大小，简称“看、听、测”法。例如，观察学生运动时的汗量、面色、呼吸、注意力等；听学生肌肉酸痛的感受、情绪的反应和兴趣的变化；测试学生运动后的心率或脉搏次数。

（4）注意运动负荷的调整。在体育教学中要根据情况适时调整学生运动负荷的大小。运动负荷包括负荷量和负荷强度。调整运动负荷一般通过调整负荷量或负荷强度来完成。

2. 巩固和提高运动技能原则

巩固和提高运动技能原则是指在体育教学中，体育教师应采取有效的方法，不断提高学生的运动技能水平。在认知运动技术阶段，学生主要靠视觉建立动作表象来完成动作，但不加巩固和提高，运动技能很难形成。在学习运动技能时，应注意不断巩固和提高学生的运动技能。体育教学中运用巩固和提高运动技能原则时应注意以下几点。

（1）合理安排教学内容。浅尝辄止的学习不利于运动技能水平的提高。运动类型近似的技能，应由易到难安排到由低到高的各年级、学段中去。给予学生建立肌肉本体感觉的机会。小、中、大运动内容的安排应考虑动作学习的连贯性。

（2）重视练习的反复性。反复地练习，能够不断强化和巩固学生运动技能水平。课堂中应保证学生练习的反复性，并不断提高要求，纠正错误动作。例如，在提高要求方面，反复练习由克服自身重量练习提高到负重练习，由分解练习到完整练习等。在纠正错误动作方面，要求动作基本完成到要求精准完成等。

（3）恰当运用强化肌肉本体感觉方法。体育教师可以运用限制法、诱导法、助力法来帮助学生强化肌肉的本体感觉，也可以运用提问、提示等语言或局部、静止示范来强化学生关注肌肉的感知。例如，运用“蹬”“展”“向上”等提示语言；运用慢速示范、镜子等都可以强化学生的肌肉本体感觉。

（4）唤醒学生体验肌肉本体感觉的意识。对于不熟悉的教学内容，学生在最初练习时，肌肉感觉是模糊的，学生很难意识到，体育教师应唤醒学生的肌肉本体感觉意识，可运用明确、清晰的语言让学生认识到肌肉发力的大小、时间、方向和顺序。

（5）动作要领尽量体现肌肉本体感觉特点。在体育教学过程中，体育教师要善于总结动作要领，并能用简练、明了的语言对动作要领进行讲解。动作要领应尽量体现肌肉感觉的特点。例如，掷铅球动作被总结成“蹬、转、挺、推、拨”。

3. 身体活动体验性原则

身体活动体验性原则是指在体育教学过程中要重视学生体验自我与同伴的感觉。在体育教学中，单纯为了追求运动技能的形成和体能的提高，学生不容易做出亲社会行为（积极的社会行为），即使做出亲社会行为往往也不是自己主动做出的，而是“被做出”的，主要原因是学生没有体验或者体验不深或者只是体验了自我，很少体验到他人。因此，在体育教学中，应考虑如下的具体要求。

（1）创造宽松的教学气氛。创造宽松的教学气氛，有利于学生在运动中快乐放松，产生体验感受。在运动时，配置欢快的音乐、安排好场地、降低运动要求、保证学生练习的连续性等都有助于提高学生的体验感。

（2）合理优化教学要素。教学要素的优化有利于学生产生和表达体验感。亲和的、民主的体育教师，集体的体育竞赛活动，互助互帮的教学要求，鼓励性、提示性的评价，启发式的教学方法等都有利于学生产生和表达体验感。

（3）提示学生主动体验。在运动中体育教师不失时机地提示一些有关感觉体验的语言，强化学生主动体验感觉。例如，体育教师经常会用到“重量轻不轻”“呼吸快不快”“用力大不大”“音乐节奏喜不喜欢”“谁在看你帮你”等语言来进行提示。

（4）了解学生体验的程度。为了解和掌握学生的体验感受，在上课结束或单元结束阶段，体育教师可通过提问、询问等了解学生在学习中的体验感受。为丰富和积累体验感受，体育教师应把学生的体验感受记录和整理成“体验感受单”，并发挥“体验感受单”的作用，为教学设计提供参考。

（5）引导学生调整自身行为。观察学生是否依据体验的感受，调整自己合作、关心、谦让、互助等亲社会行为。当学生有体验感受而没有做出亲社会行为时，体育教师应采用积极引导的方法，促进其亲社会行为的发生。

4. 安全性原则

安全性原则是指体育教师在体育教学中应注意消除各种安全隐患，防止伤害事故发生。在体育教学过程中，由于体育教学的特点和学生要承受一定的运动负荷等原因，体育教学存有潜在安全隐患，特别是在学生人数过多、场地过小、器材陈旧的情况下，安全隐患更大。因此，体育教师在贯彻安全性原则时应注意以下几点。

（1）加强运动安全教育。把运动安全教育课堂化、制度化。提高体育教师运动安全教育的水平，把安全运动的经验与方法传授给学生，提高学生的防患意识。

（2）加强运动环境管理。课前要检查运动场地器材，要采取有效措施，消除安全隐患。合理安排内容顺序及队列队形，避免学生与学生、学生与器械发生意外。

（3）重视检查运动服装。要检查学生上体育课是否穿运动服装，并且针对不同的运动项目，提出具体要求。认真检查服装上（里、外）是否有尖锐、硬性、飘带等物，避免刺伤、绊倒自己或给同学造成伤害。

（4）重视个体之间差异。对于体质弱的，特别是对于有生理疾病或有心理障碍的学生，要给予特别关照。对于有心血管疾病的学生，运动负荷应特殊安排。对于有心理障碍的学生，要积极疏导，不使其勉强进行练习。

（5）扩大注意范围。体育教师不能离开课堂，也不能把自己的注意力放在学生之外。在注意正在练习的学生的同时，还要兼顾非运动状态的学生，及时发现和提示运动风险。

第二节　体育教学的目标与内容

一、体育教学目标

体育教学目标是体育教学中师生在一定时期内预期达到的教学效果或标准。预期达到的教学效果或标准是指通过教学活动可以努力实现的目标，是学生最近发展区目标。

体育教学目标是预先设计出来的目标，是教学工作的出发点和最终归宿。体育教学目标是学校体育目标和学校体育课程目标在体育教学实践中的具体化，具有诊断、指导、定向、激励等重要作用。其正确与否，关系到体育教学的发展方向和任务，决定着教学的内容、模式、方法、手段，制约着教学活动的基本过程。

（一）体育教学目标体系与设计

1. 体育教学目标体系

体系泛指一定范围内或同类的事物按照一定的秩序和内部联系组合而成的整体，是不同系统组成的系统。体现一定秩序和内部联系的体育教学目标组合而成的整体就是体育教学目标体系。体育教学目标分层体现了一定的层级联系，体育教学目标分类体现了一定的类别关系，层级与类别构成了体育教学目标体系。

（1）体育教学目标的层次。

体育教学目标是一个多层次的系统，按照不同的分层标准，可以将它划分为不同的层次。体育教学目标按照学段可分为小学、初中、高中、高等院校目标层次；按课程水平可以划分为水平一、水平二、水平三、水平四和水平五及以上目标层次；按教学计划可以划分为学年、学期、单元、学时目标层次。

（2）体育教学目标的分类。

学生的发展可分为认知、技能、体能、情感4个主要方面。因此，认知目标、技能目标、体能目标、情感四维目标是体育教学基本目标。体育教学目标与其他学科目标最大的不同就是以增强体质和提高运动技能为主要目标。在体育教学实践中，应重视体能目标和技能目标。无论是运动能力、健康行为、体育品德3个方面的目标，还是运动参与、运动技能、身体健康、心理健康和社会适应4个方面的目标，都在一定程度上体现了体育教学的四维基本目标。体育教学目标与体育课程水平目标不完全是对应关系，但教学最终目的是实现课程水平目标。

2. 体育教学目标的设计

体育教学目标设计是教学设计的起点和归宿，对教学内容、教学方法、教学组织及教学评价的设计起着指引作用。因此，体育教学目标设计是否合理，影响着教学效率和教学效果。

（1）体育教学目标设计的依据。

体育教学目标设计，除了考虑体育教学目标特点外，还必须考虑影响体育教学目标的主要因素，如教育要求、体育功能、学生需求和教学条件等。教育要求制约着体育教学目标设计的方向和内容；体育功能的多样化为体育教学目标多元化设计提供了多元选择；尊重学生需求以人为本，将为体育教学目标实现注入活力；重视体育教学条件的作用为体育教学目标的实现增加保障。

（2）体育教学目标设计的方法。

体育教学目标设计，首先要明确目标的层次，如是单元教学目标还是课堂教学目标，然后再列出目标的种类，如认知、体能、技能、情感等，最后再确定各目标的具体内容。各层次的体育教学目标应具有连贯性和逻辑性。各类体育教学目标应具有相对独立性，不能相互交叉和包含。体育教学目标具体内容的表述要有行为主体、行为动词、行为条件、行为主题和行为水平（表现程度）5个要素，但有时行为主体或者行为条件可以省略。表4–1为体育课堂教学目标表述方法示例，仅供大家参考。一般来说，行为主体就是学生，行为条件就是本次课堂内容，因其不言而喻，往往可以省略。

表4–1　体育课堂教学目标表述方法示例

领域	行为主体（A）	行为动词（B）	行为条件（C）	行为主题（D）	行为水平（E）
认知	通过讲解和示范（C）学生（A）说出（B）篮球单手肩上投篮（D）动作方法（E）				
体能	在比赛中（C）提高（B）学生（A）上下肢用力（D）协调性（E）				
技能	通过练习（C）学生（A）完成（B）篮球单手肩上投篮（D）动作方法（E）				
情感	在小组活动中（C）培养（B）学生（A）互帮互助（D）精神（E）				

（二）体育教学目标水平的分类

体育教学目标通常可分为认知、体能、技能和情感4个领域。不同的领域目标又可以确定为不同水平。体育教师了解和掌握各领域目标所要达到的目标水平，更有利于设计出科学的教学目标。

1. 认知领域目标水平

认知是个体通过感觉、知觉、表象、想象、记忆、思维等形式，认识客观事物性质和规律的活动。认知过程是指人们认识活动的过程，即个体对感觉信号接收、检测、转换、简约、合成、编码、储存、提取、重建、概念形成、判断和问题解决的信息加工处理过程。在认知过程中信息加工处理的层次或顺序就是认知领域目标水平。

布鲁姆将认知领域目标水平分为记忆、了解、应用、分析、评价和创造六大类。吴志超等人将认知领域目标分为记忆、理解、简单应用和复杂运用4个水平。霍恩斯坦认为认知领域目标水平包括概念化、理解、应用、评价、综合5个层次。在制定具体的体育教学目标时，体育教师可根据教学任务、学生的现状将认知目标确定在相应的水平上。例如，在学生动作概念和学习过程中，体育教师制定的认知目标不能仅停留在学生记忆或了解水平上，应努力达到让学生运用概念来判断或指导动作的学习，甚至创新。

2. 体能领域目标水平

体能就是人体适应身体活动时的生理机能，也可以说是人体各器官系统的生理功能在体育活动中表现出来的能力。按所适应的运动水平状态，体能可以分为身体基本活动能力、体适能和竞技体能。身体基本活动能力就是指身体在生长发育过程中自身应具备的最基本的活动能力，包括走、跑、跳、投、攀、爬、悬垂、支撑等基本活动能力。体适能可以理解为身体在学习、工作、生活中应具备的活动能力，包括心肺耐力、肌肉耐力、身体柔韧性和身体成分等。竞技体能是指身体能够适应运动竞赛时的活动能力，经常通过速度、力量、耐力、灵敏、柔韧等运动素质表现出来。小学体育教学中体能目标往往重视身体基本活动能力的提高；而对于初中学生来讲，提高体适能非常重要；当到了高中和大学时，学生掌握了1～2项运动技能，应重视竞技体能的增强。

3. 技能领域目标水平

技能是通过练习而自动化了的动作方式或智力的活动方式，也可以说是人们在活动中运用知识经验经过练习而获得的完成某种任务的动作方式或心智活动方式。体育教学中所强调的技能是体育运动的动作技能，这种动作技能就是通过教学中的练习而获得的熟练完成运动任务的动作方式。

辛普森（E.J.Simpson）等人将动作技能目标分成感知、准备、有指导的反应、机械动作、复杂的外显反应、适应和创新七级。哈罗（A.J.Harrow）把动作技能由低级到高级分为感知能力、体力、技能动作和有意交流4个层次。基布勒（R.J.Kibler）等人提出应把动作技能分为全身运动、细微协调动作、非言语性表达和言语行为4类。吴志超等人将技能领域目标水平分为体验、模仿、组合、协调和自动化5个阶段。董奇等人将技能形成分为认知、联结和自动化阶段。金钦昌将技能形成分为粗略掌握、改进提高、巩固与运用自如3个阶段。虽然技能目标领域的研究成果很多，但还没有达到认知目标领域研究的水平，需要不断进行深入研究。

4. 情感领域目标水平

情感是人对外界刺激的肯定或否定的心理反应，如喜欢、厌恶等。人的认识活动以什么为对象，这不仅取决于客观事物的性质，而且取决于主体的情感。情感是推动主体进行认识活动的内在动力，是诱发主体进行创造性思维的内在因素。因此，在体育教学中不能忽视情感目标，必须重视学生情感目标的制定和实现。

布鲁姆等人将情感领域目标水平分为接受、反应、形成价值观念、组织价值体系和价值体系个性化5个层次。克拉斯伍等人依据价值内化的程度，将情感领域目标水平分为接受或注意、反应、评价、组织、价值与价值体系的性格化五级。吴志超等人将情感领域目标水平分为接受、兴趣、形成观点立场和自觉表现4个层次。在体育教学中无论把情感目标确定在哪个层次上，都应是通过努力能够实现的，并且能够促进学生情感发展。同时也应注意，情感目标不能经常停留在“接受”“注意”或“反应”“兴趣”等低层次上，应向评价或者价值观形成甚至个性化等更高水平发展。

二、体育教学内容

体育教学内容是体育教学中学生所要学习和练习的内容。体育教学内容既包括所要教的教材内容，也包括完成教材任务所采用的练习内容。体育教学内容比教材内容要丰富。在体育教学过程中，如何编制教学内容才能有效地完成教学目标，成为教学工作的重要环节。为了科学地编制教学内容，掌握体育教学内容的分类和编制与组织的要求是必要的。

（一）体育教学内容的分类

在体育教学内容编制中，基本包含体育与健康知识、运动技能和运动项目。因此，体育教学内容也常常按照这3个方面进行分类。

1. 按体育与健康知识分类

（1）按体育与健康知识的逻辑性分类。

按内在逻辑性，体育与健康知识内容分为身心发展变化规律、体育运动促进身心发展的价值、体育运动常识与方法、体育运动的计划与评价4个部分。在体育教学中运用此分类方法，可以使学生比较系统地学习、理解和运用体育与健康知识。

（2）按体育运动促进健康的维度分类。

在体育与健康课程标准中，健康分为身体健康、心理健康和社会适应3个方面。据此，体育与健康知识分为体育运动与身体健康、体育运动与心理健康、体育运动与社会适应3个方面内容。体育教学中采用这种分类方法，有助于学生理解健康的概念和运动与健康的关系，掌握有效促进健康的运动方法等。

（3）按身体状况分类。

学生的身体状况，经常表现出健康、亚健康、运动伤害、疾病等层次水平。根据学生的身体表现状况，有时把体育与健康知识内容分成体育运动与健康、体育运动的卫生与疾病预防、体育运动伤害防止、体育运动看护与急救等。在体育教学中，采用这种分类，针对问题学习，容易引起学生学习兴趣，并能有效地提高学生体育与健康实践技能。

2. 按运动技能分类

（1）按人体解剖位置分类。

按人体解剖位置，可以把运动技能划分为头部动作、上肢动作、下肢动作等。这种分类对于分解教学有一定的参考意义。当完整动作技能很难教或学时，体育教师可采用这种分解方式来降低动作技能难度。

（2）按运动条件分类。

根据运动条件的不同，可将运动技能划分为操控自身运动、操控器械运动、操控对手运动。操控自身运动是指人体进行体育活动时操控的对象只有自身，如越障碍动作。操控器械运动是指人体进行体育活动时，操控的对象除了人自身外，还有运动器械，如篮球运球。操控对手运动是个体进行体育活动时，操控的对象除了自身外，还有对手，甚至还有器械，如篮球运球过人。3种运动技能难度不一样，在体育教学中根据学生的水平，选择适宜的操控对象来练习。另外，3种运动对促进健康的价值有些区别。自身操控运动主要是发展体能，提高身体素质；器械操控运动不仅能发展体能，提高身体素质，而且有利于促进心理过程发展；操控对手运动较器械操控动作对于促进个性发展、提高人的社会适应能力有很大帮助。

（3）按基本活动能力分类。

基本活动能力是指维持人体生存所必需的基本活动技能。按基本活动能力，可以把运动技能分为走、跑、跳、投、攀登、爬越、支撑等。为提高学生基本活动能力，在体育教学中，尤其是小学低年级经常采用这种分类编制教学内容。

3. 按运动项目分类

（1）按国家课程规定分类。

我国颁布的《义务教育体育与健康课程标准（2022年版）》规定的运动项目有球类运动、田径类运动、体操类运动、水上与冰雪类运动、中华传统体育类运动、新兴体育类运动6类，每类包含若干个运动项目。日本2008年颁布的学校体育《学习指导要领》中把运动项目分为器械运动、田径运动、游泳运动、球技、武道和舞蹈6大内容，其中主要特色是将球技分为进门型、过网型、棒球型（基地型）3种类型。这样分类，有利于规范体育教学选项方向。

（2）按竞技能力的主导因素来分类。

田麦久按运动员竞技能力的主导因素对运动项目进行分类，将竞技体育分为体能类和技能类两大类。在体能类中有快速力量性（跳跃）、速度性（短跑）、耐力性（长跑）3个项群；技能类又分为表现类和对抗类。表现类有表现难美性（体操）、表现准确性（射击）2个项群。对抗类有隔网对抗性（排球）、同场对抗性（篮球）、格斗对抗性（拳击）3个项群。运用此分类确定教学内容，能够鲜明地认识同一项群不同项目的共同规律，有利于明确各运动项目在体能与技能方面的同一要求。

（3）按运动成绩评定方法分类。

按运动成绩评定方法的不同，可以将运动项目分为测量、评分和计数3大类。测量类的运动项目通过定量地测定速度、高度、距离和重量计量成绩。评分类的运动项目通过裁判员对运动员运动表现而评定。计数类的运动项目由比赛中命中某一目标次数的多少决定成败。这种分类，有利于在教学中指导体育教师制定身体练习评定方法和对运动项目进行改造和创新。

（二）体育教学内容的编制

体育教学内容的编制是指根据体育课程标准，依据体育教学目标，选编体育教学内容、组织教学内容的过程。

1. 体育教学内容的选编

体育内容众多，运动项目广泛，但纳入学校成为体育教学内容的有限。教学课时数确定，怎样利用有限时间，精选精编教学内容十分关键。体育教学内容的选编要坚持“健康第一”的教育理念，落实“教会、勤练、常赛”，帮助学生在体育锻炼中享受乐趣、增强体质、健全人格、锤炼意志。一般在选编体育教学内容时，应注意以下几个方面。

（1）科学性。

选编体育教学内容要符合不同年龄阶段学生的身心特点，只有考虑学生的认知、情感、技能及社会行为的发展变化规律，才能有效地促进学生身心健康。例如，在小学体育教师应多选编游戏类教材内容；在初中体育教师应为女生多选编歌舞类内容，为男生选编一些健美类的运动内容；在高中教师应多选编技术性、竞技性较强的运动内容。

（2）教育性。

学校体育是教育的重要组成部分。体育教师在选编体育教学内容时应有利于教育目标的实现。例如，选编集体性竞技运动有利于培养学生竞争与合作精神；选编歌舞运动有利于陶冶学生的情操；选编障碍运动有利于培养学生勇敢顽强的意志。

（3）连贯性。

选编体育教学内容要考虑学生的体育运动基础与先前所获得的体育运动经验，因此，在选编体育教学内容时应重视体育教学内容的连贯性，既不能好高骛远，也不能原地踏步。特别是在我国体育与健康课程标准没有对体育教学内容做出具体规定的情况下，更要重视体育教学内容选编的连贯性，否则，很难提高学生的运动水平，达成课程标准目标。例如，小学低年级选编某种球的游戏，小学高年级选编这种球的基本技术，到初中选编这种球的技战术，高中选编这种球的比赛规则，就体现了连贯性要求。

（4）实用性。

选编体育教学内容要有利于增强体质、提高运动水平、方便学生学以致用。例如，形体练习和专门的体能练习内容有助于健美学生形体、增强体能；针对某运动项目重点与难点的练习有助于学生提高这项运动的技术水平；跑步、跳绳、踢毽子、羽毛球、篮球、乒乓球等便于学生日常体育锻炼；高尔夫、攀岩、射箭等对条件有更高要求的项目，则较难在生活中普及运用。

（5）趣味性。

选编体育教学内容要充分了解和考虑学生的体育爱好和兴趣。在班级授课制下，虽然不能完全满足每一个学生的兴趣需求，但可以通过精心选编或限选，把学生兴趣和爱好的统一性与个人兴趣相结合，来尽可能满足学生。例如，学生喜欢游戏，可以把田径运动游戏化；学生喜欢球类，可以规定其在一种球类中选择。

2. 体育教学内容的组织

为使学生的体育学习能产生相互迁移和积累的效应，需要对选编出来的教学内容加以有效的组织。换而言之，体育教学内容的编制不仅需要选编很多体育教学内容，还需要把它们有效地组织在一起。体育教学内容的组织应注意以下几点。

（1）教学内容的功能搭配。

教学内容都有各自的价值特点，合理搭配教学内容非常重要，这需要注意运动项目功能的多元性和局限性及其关系。例如，若一堂课的教学目标被定为培养亲社会行为、提高体能，当集体运动不能完成提高体能目标时，那么可以把集体运动和循环练习搭配起来组织。实践证明，为实现提高体能的目标，采用循环练习组织教学内容更有效；为培养亲社会行为，采用集体运动组织教学内容更有效。

（2）教学内容的排列方式。

教学内容的排列方式有两种：一种是直线式，另一种是螺旋式。直线式排列的教学内容前后不重复，螺旋式排列的教学内容前后有部分重叠。直线式排列的内容前后之间的关系不密切，可以独立学习掌握。螺旋式排列的教学内容之间关系比较密切，而且前面学习内容是后面学习内容的基础。不是同一运动项目的内容，特别是非同类项群的内容，如果前后内容之间的关系不是很紧密，可以采用直线式排列。同一运动项目或同类项群的内容，如果存在着密切关系，那么就应采用螺旋式排列。例如，武术步法练习与篮球的运球，可采用直线式排列，而篮球中的运球与行进间投篮就应采用螺旋式排列。

第三节　体育教学方法

体育教学方法是在体育教学过程中体育教师和学生为实现体育教学目标、完成教学任务而采取的有效活动的行为方式的总称。此定义突出了体育教学方法的目标性，即有效地实现体育教学目标，指出了教学方法实施主体的双边性即师生双边等，同时也指明了体育教学方法是可操作性的外显性行为方式。

体育教学方法分类较多，有的分为教的方法和学的方法；有的分为理论知识的教学方法、运动技能的教学方法和身体锻炼的教学方法；有的分为一般教学方法与特殊教学方法；有的分为传授方法和学练方法；有的分为指导法和练习法。本节主要根据教的策略与学的策略及体育教师“外化”与学生“内化”的过程，依据信息感知途径对体育教学方法进行分类，更能体现师生的互动性和突出各种方法的特点。这里把体育教学方法分为语言感知类、视觉感知类、本体感知类、统合感知类，简称听、看、练、统4类，参见表4-2。由于教学方法很多，现仅对体育教学中常用的方法进行阐述。

表4-2　依据信息感知途径对体育教学方法进行的分类

语言感知类	视觉感知类	本体感知类	综合感知类
讲解法 问答法 提示法 …	示范法 演示法 观察法 …	分解法 完整法 巡回法 …	游戏法 比赛法 保护与帮助法 …

一、语言感知类教学方法

（一）讲解法

讲解法是体育教师按照一定的思维逻辑，以有效的语言讲解，引导学生掌握练习内容的教学方法。体育教师在明确教学目标，说明教学任务，描述动作名称、要领，提出学习重点与难点要求时，讲解法是主要的教学方法之一。

运用讲解法时应注意以下要求。

（1）讲解要有目的性。讲什么，如何讲，都要根据教学目标确定。不能为讲而讲，要有针对性，有的放矢地讲。讲是为了更好地帮助学生解决问题，从而更有效地实现教学目标。

（2）讲解要精练、准确。精练、准确的讲解可以节省大量的课堂时间，为学生练习创造更多的时机。要做到精练、准确，体育教师就应认真分析教材，熟练掌握运动技术的方法、环节及要领，并且要将教材内容与学生实际结合起来，明确重点与难点。

（3）讲解要生动形象。生动形象的讲解容易引人入胜，便于理解。根据教学对象恰当运用比喻、口诀、歌谣等，有利于激发学生的兴趣和学习动机，启发学生的思维，强化记忆，引起学生共鸣，从而提高讲解效果。

（4）讲解要恰当。什么时候讲，在什么地方讲，练习前讲，还是练习后讲，是问题出现前讲，还是问题出现后讲，都会影响教学效果。讲解要站在学生能看得到、听得见的地方，让学生能感知到。

（二）提示法

提示法是以简明、清晰的语言提醒、指示学生掌握练习内容的方法。提示法的优点是不用打断学生的练习，就可提醒和指示学生注意的问题。因此，提示法能够加深学生练习体验，提高学生练习效果。

运用提示法时应注意以下要求。

（1）明确提示的目的。提示的目的应与练习所要达到的目的一致。提示是为了加深学生练习体验，有效地达到练习目的。提示目的要明确，在不能分散练习注意力、不干扰练习的前提下运用。

（2）语言要准确、简明。语言表达的内容应与学生的练习相结合，准确地提出动作练习应注意的要点。为了突出表达内容含义，语言应简短，有时一词一字就能达到效果。

（3）言语要清晰、坚定。语言的提示一定要让学生听到、听清，所以提示时要注意言语的清晰度。同时，也应让学生感觉到提示的力度和坚决性，这样才能达到提示效果。

（4）时机要恰到好处。当学生练习出现错误时，学生心理状态不稳定或当学生行为出现偏差时，都可做出提示。通过及时提示，使学生纠正自己不正确的做法。

（三）问答法

问答法是为激发和调动学生学习的积极性，启发思维、掌握学习内容和了解学习情况，由体育教师或学生以提问和回答的方式进行教学的方法。由学生提出问题往往容易激发学生学习兴趣，因此问题不能仅仅由体育教师提出，还应由学生在体育教师引导下提出，然后由学生和体育教师进行回答。根据问题呈现形式，提问主要包括判断、填空、选择、辩论、简答、抢答等形式。

运用问答法时应注意以下要求。

（1）选择恰当的提问形式。为使问与答顺利地进行，根据学生水平，选择恰当的提问形式非常重要，提问形式不同，学生的反映也不同。

（2）学生问答机会应大体相等。在班级人数多时，因教学时间有限，不可能当堂课对每个学生都运用问答法，但在一定时间内，学生的问答机会应大体相等。

（3）问题内容与难度应有所区别。学生爱好兴趣和知识能力基础不同，所以，问答内容与难度应有些差别，这样可以树立学生信心，营造回答氛围。

（4）问答与评价相结合。对学生回答问题的评价必须遵循2个原则：一是评价有利于学生形成积极回答和提出问题的态度；二是评价有利于学生掌握、运用知识，形成技能。评价还应包含对学生回答问题的态度、语言表达能力的评价。评价的结果应客观公正并准确记录，但语言表达时应多鼓励。要经常发挥学生对学生的评价作用。

（5）转变观念和职能。传统的体育教师角色是“讲”“主演”，而以问答法来引导学生学习要求学生是“主角”“主问”“主答”，体育教师主要是组织、引导、监督者。

二、视觉感知类教学方法

（一）示范法

示范法是指体育教师或学生以动作为范例的方式指导学生掌握练习内容的体育教学方法。示范法的特点是生动直观，可以帮助学生建立正确的动作表象，比较动作正误，提高运动技能水平。体育教师熟练准确的示范能激发学生学习热情，学生的正确示范能增强学生学习的自信心。根据示范面，示范包括镜面示范、正面示范、侧面示范和背面示范。根据示范速度，示范包括快速示范、常速示范、慢速示范和静止示范。各类示范运用见表4–3。

表4–3　示范面类型及运用案例

类型	运用案例
镜面示范	简单的徒手操（原地简单动作）
正面示范	球类的左右移动防守动作（左右移动动作）
侧面示范	跑步中摆臂动作（前后移动动作）
背面示范	武术套路（移动变化复杂动作）

运用示范法时应注意以下要求。

（1）明确示范目的。示范前，一定要清楚为什么示范，是为了建立完整概念，是为了展示动作方法，是为了突出动作要领或教学重点与难点，还是为了纠正错误。不同的目的，对示范的时机、形式、速度的要求不一样。

（2）示范要准确生动。示范有正确动作的示范，也有错误动作的示范。无论哪种示范，都力求准确。正确动作的示范应熟练、轻松、优美；错误动作的示范应准确生动地反映学生的错误所在，使学生感同身受。

（3）示范位置与方向要合理。示范时体育教师要以学生容易看清为准则来选择示范位置与方向。左右移动的动作，可选择正面示范；前后移动的动作，可选择侧面示范；动作线路复杂的动作，可选择背面示范；简单的、原地的或移动幅度不大的容易模仿的动作，可采用镜面示范。

（4）注意示范与讲解的配合。在体育教学中，视听结合有利于提高教学效果。在示范前向学生讲清示范的目的和关注的重点或讲解动作细节等，可以帮助学生调整观察注意的范围和注意的深度。在示范过程中，边示范边讲解，可以帮助学生看清动作方法，理解动作要领。示范后讲解会使讲解更形象生动直观，有利于学生对语言的感知。

（二）演示法

演示法是指体育教师在体育教学过程中运用各种实物、直观教具等让学生通过观察掌握练习内容的教学方法。随着信息化的发展和教学条件的改善，这种教学方法越来越得到广泛重视。特别是对于小学低年级，运用演示法更能直观生动地展示学习内容，能够加强学生的感性认识。常见演示手段包括挂图、模型、战术板、录像、多媒体课件、网络课堂等。

运用演示法时应注意以下要求。

（1）课前认真准备。演示法借助各种实物、直观教具等来帮助学生获得感性认识，所以运用何种演示手段应明确，并做好准备，特别是录像、多媒体等的运用，需要课前进行准备，以免演示过程中浪费时间。

（2）与语言感知法相结合。演示的手段为实物性，其被感知的特征及信息量多，如何观察到需要的感性信息，需要在演示前或过程中运用语言感知的方法讲解或提示给学生，帮助学生明确观察的目的及任务。

（3）有利于学生观察。演示法与示范法一样，需要选择合理的示范位置和方向。但演示法要求更严格，因为演示的手段可能相对固定或比较小，更应注意学生是否看得到、看得清。

（4）恰当地把握演示时间。演示的时间过短，学生看不清、看不懂，甚至看不到；演示的时间过长，会浪费时间。因此，有效控制演示时间，提高演示的效率值得重视。利用学生的反馈信息，加上语言讲解及提示，可以帮助学生提高观察的效率。

三、本体感知类教学方法

（一）分解法

分解法是指将完整的动作结构合理地分成几个部分，然后按部分依次进行教学，直至最后完整地掌握动作技术的一种教学方法。其优点在于能够相对降低动作的难度，容易突破教学难点，帮助学生树立信心；缺点在于不利于学生对完整动作的领会，容易造成动作各部分连接失调。

运用分解法时应注意以下要求。

（1）合理划分动作结构。分解不是目的，是为了突破某一部分难点和强化细节才进行动作分解的。分解动作时要考虑动作技术结构的有机联系，防止改变动作技术结构或破坏它们之间的联系。有些技术结构联系较紧密的动作不能勉强分解，应采用降低难度的方法进行练习。

（2）合理选择分解方式。按动作技术分解后的教学顺序，分解教学方式分为分进式、直进式、递进式、逆进式等。分进式是把完整的动作分为若干部分，再按动作完成的顺序依次逐段学练，掌握各部分后，再将各部分动作连接起来整体完成。这种分解方式主要用于动作各部分相对独立的技术动作，如广播体操（第一节、第二节、第三节等）。直进式是把完整的动作分为若干部分，再按动作完成的顺序，先学第一部分，然后再学第一部分和第二部分，然后再学第一部分、第二部分和第三部分，最后将3个部分动作连接起来整体完成。这种分解方式主要用于各部分动作是紧密连接的技术动作，如跳远（助跑、起跳、腾空落地）。递进式是把完整的动作分为若干部分，再按动作完成的顺序先学第一部分，再学第二部分，然后再把第一、第二部分连接起来学习，然后再学第三部分，最后将3个部分连接起来整体完成的方式。这种分解方式主要用于动作各部分有连接，但各部分动作连接不是很紧密，如短跑（分为起跑、途中跑、冲刺跑）。逆进式与直进式连接方式是一样的，只不过是按完成动作的相反顺序连接练习而已，即先学最后的部分，然后再将前面的动作联接进行练习，直至完成全部动作。其主要用于动作之间连接较紧密，并且最后一个动作比较难或者危险的动作技术中，如背越式跳高（助跑、起跳、腾空落地）。

（3）针对各部分难点进行练习。分解教学是为了解决教学中的难点，所以教学时要找出各部分环节的难点。在练习时，从各部分环节中常出现的错误中找出错误的原因，并应根据技术或身体、心理上的某些原因，然后有针对性地确定练习内容。

（4）注意分解法与完整法的结合。分解是为了解决完整练习中存在的困难。如果各部分环节难点都得到了解决，应进行完整练习。有许多技术动作的难点不在各自的部分环节中，而存在于各部分环节的连接中，所以往往在完整练习时错误才出现。因此教学中，分解—完整—分解教学模式更有利于及时发现问题和正确解决问题。

（二）完整法

完整法是指以完整的动作结构为教学对象而进行教学的方法。其优点是教学中能保持动作结构的完整性，便于形成动作技术的整体概念，有利于联结动作各环节；其缺点是不易掌握动作某一环节的难点，也不利于对技术细节的学习和理解。

运用完整法时应注意以下要求。

（1）帮助学生建立完整的动作概念。体育教师利用示范法、演示法等直观方法展现完整动作技术结构及动作顺序，有利于初学者建立起完整的动作概念。有时为了提高教学效率，可以先讲解示范后再让学生进行完整练习；有时为了加深学生的体会，引起学生的兴趣，也可以让学生尝试进行完整练习后进行讲解或示范。

（2）降低动作难度体验动作的联结。在完整练习时，学生需要完成的动作环节较多，注意的范围较大，学生很难了解自己的错误与不足，此时，应适当降低动作的难度。在学新动作时，应降低动作难度和要求，忽略动作细节，强调动作基础部分及路线、方向等，保证学生能完整地进行练习。

（3）明确教学的重点与难点。不同的教学对象、技能形成的不同阶段，完整练习的重点与难点不同。在完整练习时，应注意学生普遍存在的问题，明确教学重点与难点。这就要求体育教师认真分析学生和教材内容，找出学生产生错误动作的具体原因。

（4）帮助学生解决重点与难点。当完整的练习难以完成时，体育教师应设计多种辅助性和诱导性练习，帮助学生完成重点内容或突破难点。运用辅助性和诱导性等方法，可以增强学生的感受，强化学生的肌肉本体感觉，最终引导学生掌握完整的动作技术。

四、综合感知类教学方法

（一）游戏法

游戏法是指在体育教学中运用游戏形式，组织课堂练习活动的教学方法。游戏法一般有一定的娱乐情节和合作竞争成分，内容和规则相对简单，趣味性和参与性较强。因此，游戏法可以充分调动学生的运动主动性，有利于激发学生运动兴趣，丰富学生的运动体验，运动中促进学生交流，培养学生的竞争与合作精神。

运用游戏法时应注意以下要求。

（1）规则要简洁明确。游戏规则应明确各项要求、动作标准、活动过程及评定标准，应一看就懂，一听就会。规则不明确，容易造成游戏组织散乱或者虎头蛇尾；复杂的规则会降低活动的娱乐性和参与性。

（2）内容要符合学生实际。小学低年级学生喜欢猎奇性游戏，小学高年级学生喜欢情景性游戏，初中生喜欢竞争性游戏，高中生喜欢技术性游戏，这都反映出不同年龄段学生的身心特点与需要。虽然游戏法在教学中有较强的娱乐性和参与性，但若内容不符合学生的需求，游戏活动中学生也会缺乏活力和热情。

（3）做好组织工作。游戏活动时，学生的活动范围大，自主性和集体性强，所以，游戏组织工作有一定的难度，特别是竞争性强的游戏，体育教师应加大注意力，密切观察学生活动的路线、负荷、配合等。教育学生严格遵守规则，必要时应提示或补充规则要求，以保证游戏活动顺利安全进行。

（4）公正地进行评价。体育教师应依据评价规则，公正地对学生游戏活动给予评价。对于表现好的学生要给予肯定，对于表现不理想的学生应给予鼓励。不进行评价，或者评价不准确、不公正，都会伤害学生参与游戏活动的积极性。

（二）比赛法

比赛法是指通过组织学生竞赛进行练习的教学方法。比赛法竞争性强，对学生的体能与心理素质要求较高，因而有利于发掘学生的潜能，使学生有效地发展身体素质，巩固和提高动作技能水平，培养竞争与合作精神，以及勇敢、顽强的意志品质。

运用比赛法时应注意以下要求。

（1）合理选择比赛形式。比赛形式多种多样，有个人的、有集体的，有体会性的、有限制性的，有游戏性比赛、有竞技性比赛、有体能性比赛、有技能性比赛等。具体的比赛形式，应根据教学目标需要而确定。例如，为激发学生兴趣，可以选择体会性比赛或者游戏性比赛；为发展体能，则可以考虑个人或者班级体能比赛。

（2）合理确定比赛内容。比赛内容要根据教学目标、教学内容、学生体育基础、教学条件设施等因素进行选择。比赛内容脱离教学目标和教学任务，难以巩固学生所学的基础，则失去教学意义。比赛内容应选择学生熟练的技术进行，对于学生陌生的运动技术不宜作为比赛。比赛内容选择还要考虑教学条件设施，如几十人抢一个球或几个人比赛、其他人观看等就不宜采用。

（3）重视安全性和公平性。比赛时，学生争先恐后，会尽最大努力发挥体能和技能水平，同时注意力也会特别集中，所以容易发生伤害事故。为此，比赛时，体育教师在场地器材、运动负荷的安排上，组织的控制上，都应做到防患于未然。比赛失去公平，比赛就会失去竞争性。分组比赛时，各组水平应大致相等，如果相差太大，比赛就失去公平的基础。

（4）评判要客观公正。赛中或赛后，评判要客观公正。如缺乏客观公正，学生容易失去比赛的兴趣，丧失争取比赛胜利的信心。无论评判者是体育教师还是学生，都应严格按比赛规则进行评判。同时，客观公正的评判，也会培养学生有意识地遵守社会行为规范的优良品质，提高学生公平竞争的意识。

（三）保护与帮助法

保护与帮助法是指在练习时，为防止伤害事故发生和建立正确完整的动作概念，掌握运动技术结构、方法、要领等，体育教师或学生及时给予练习者帮助的方法。保护与帮助方法包括助力法、阻力法、扭力法和定力法，见表4–4。

表4–4　保护与帮助法的类别、作用及方式

方法类别	主要作用	主要方式
助力法	助力身体向上、水平和伴随身体运动	托、提、推、拉、送
阻力法	制动身体水平、垂直运动	顶、挡、压
扭力法	增加身体翻转、转体速度	拨、搓
定力法	稳定重心、维持身体平衡	扶

运用保护与帮助法时应注意以下要求。

（1）保护者要有高度的责任感和必备的运动素质。保护者必须意识到自身的工作对学生的安全负有全面的责任。在保护中保护者应耐心细致、精神集中，并有任劳任怨的工作态度，在关键时刻应有舍己救人的精神，全力以赴地确保学生的安全。另外，保护者还应具备力量、速度、柔韧和视动协调等身体素质，为保护与帮助奠定基础。

（2）根据运动技能形成阶段，合理运用保护与帮助。粗略掌握动作技能阶段以帮助为主，巩固与提高阶段保护与帮助交替运用，动作技能熟练阶段以保护为主鼓励学生独立地完成动作。保护与帮助的力量要适度。初学阶段力量常常大些，随着学生动作技能质量提高，逐渐减小用力，直至学生最后独立完成动作。此外，对于技术水平较差、能力较弱者，力量相应要大，反之则小。

（3）保护者所站的位置要合适。保护者站立的位置应靠近容易发生危险的地方，具体位置应根据项目的特点及各具体动作的结构而定。一般来说，在做向前的动作时，保护者应位于侧前方；在做向后的动作时，保护者应站在侧后方；在做侧方的动作时，保护者应站在后方。保护与帮助过程中保护者应随着动作的进行相应地向前、后、左、右移动，以保证始终站在合适的位置，使力的作用点主要在人体总重心附近的部位上或运动轴两侧身体部分重心附近的部位上。

（4）实施保护与帮助的时机要恰当，重点要明确。掌握好时机，是保护与帮助的关键，也是保护与帮助的技巧所在，过早、过晚的助力则会成为阻力并影响动作的完成，甚至造成人为的伤害。保护的重点是身体的要害部位和最易受伤的部位或者需要发力的部位，要避免头部直接着地和直臂手撑地。

思考题

1. 体育教学特点有哪些，你对哪一特点印象最深？
2. 除了一般性教学原则外，体育教学原则还有哪些，你认为哪一原则最重要？
3. 请设计出某一领域目标学生水平现状的调查问题。
4. 体育教学内容包括哪些，对其分类有何意义，请举例说明。
5. 组织体育教学内容时，应注意哪方面，请举例说明。
6. 按知觉类型划分，体育教学方法分为哪几种，它们之间的方法特点是什么？

主要参考文献

[1] 董奇，陶沙．动作与心理发展 [M]. 北京：北京师范大学出版社，2006.
[2] 张英波．动作学习与控制 [M]. 北京：北京体育大学出版社，2003.
[3] 王建设．健康体适能理论与应用 [M]. 北京：人民体育出版社，2010.
[4] 金钦昌．学校体育学 [M]. 北京：高等教育出版社，1994.
[5] 李宗浩，肖林鹏，杨晓晨，等．奥林匹克运动项目分类及其项目群特征 [J]. 天津体育学院学报，2006（6）：7–9.
[6] 李晓文，王莹．教学策略 [M]. 北京：高等教育出版社，2006.
[7] 林崇德．发展心理学 [M]. 北京：人民教育出版社，2000.
[8] 周登嵩．学校体育学 [M]. 北京：人民体育出版社，2004.
[9] 毛振明．学校体育学 [M]. 北京：人民体育出版社，2005.
[10] 陆作生，董翠香，李林．学校体育理论与实践 [M]. 北京：地质出版社，2004.
[11] 中华人民共和国教育部．体育（1 ~ 6 年级）体育与健康（7 ~ 12 年级）课程标准 [S]. 北京：北京师范大出版社，2001.
[12] 陆作生，孙松岩．体育教学不可忽视学生的情感目标 [J]. 中国学校体育，1999，（4）：59.
[13] 吴志超，刘绍曾，曲宗湖．现代教育论与体育教学 [M]. 北京：人民体育出版社，1992.

（华南师范大学　陆作生）

第五章　体育课

内容提要

体育课是实现学校体育目标的主渠道，运动密度和负荷则是评价体育课质量和效果的重要指标。本章介绍了体育课的类型、结构、组织工作、密度、负荷等概念，分析了体育实践课的具体结构、组织的各项工作，详细介绍了体育实践课密度、负荷的具体测试、评价方法和步骤，并提出了调整体育实践课密度和负荷的方法。

学习目标

◎了解体育课的类型、划分依据，能说出不同类型体育课的特点和适用群体。

◎理解体育课结构的内涵、划分依据，掌握体育课的内容、任务、组织形式和时间分配，能熟练设计体育课结构。

◎知道体育课组织的含义、内容和意义，掌握各种教学组织形式的特点和使用条件，会选择和运用组织措施。

◎掌握体育课的密度、负荷的分类、概念、测评方法和程序，会用密度和负荷等指标评价、调控体育课。

◎明确体育课的地位、意义和价值，激发培养教育情怀。

体育课是国家学校教育计划中规定的必修课，是有计划、有组织、有目的的教与学的过程，是实现学校体育目标的主渠道和基本组织形式。与语文、数学、英语、历史等理论课程相比，体育课是以身体练习为基本手段的一门课程，具有课堂互动性强、学习环境开放、学习内容实践多、组织过程复杂等显著特点。上好体育课是体育教师最主要的任务。只有认真研究、探讨体育课的类型、结构、组织工作、密度、负荷以及评价等相关因素和问题，了解、掌握体育课的基本特点和规律，才能不断提高体育课的教学质量。

第一节　体育课的类型和结构

一、体育课的类型

体育课的类型是指按不同依据和标准而划分的体育课的不同种类，即上课具体形式的种类。学习体育课的类型，目的在于掌握各种类型体育课的特点，并能按照体育课的具体类型组织教学，使体育教学活动符合体育教学过程的规律，使体育教师能更好地完成体育课的任务，实现体育教学目标。

（一）体育课分类简介

我国1989年之前出版的《体育理论》教材中，把体育课按照内容性质划分为理论课和实践课。而实践课又有两种划分形式：一是按照学生的个人条件和特点分为普通体育课、专项提高课和保健体育课；二是根据一节课的具体任务分为引导课、复习课、新授课、综合课和考核课。1995年王则珊主编的《学校体育理论与研究》中，把体育课的类型做了进一步的概括和调整，提出了更为细致、完善的划分方案（图5–1）。

目前，关于体育课类型的划分仍未统一。但是，多数学者同意把体育课分为理论课和实践课两大类，然后再根据学生的实际情况和课的具体目的任务来划分体育课的类型。第八次课程改革之后，随着学科融合学习的兴起，在体育与健康课程标准的规定和要求下，跨学科主题课逐渐成为一种新型体育课。

（二）体育课的主要类型

1. 理论课

理论课主要指在室内讲授体育与健康理论知识的课。其内容可分为两大类。

（1）体育与健康基础知识：包括学校体育的目的、任务；健康的含义，体育对增进健康、增强体质的作用；科学锻炼身体的方法；体育运动卫生常识；体育与智力发展、个性形成之间的关系；学校体育卫生法规；等等。

（2）各运动项目基础知识：包括有关运动项目的技、战术理论，竞赛编排和裁判规则等。

理论课应根据教学任务、教学进度、学生身心发展特征等因素，有计划、有系统地安排。理论课一般可安排在开学初或重大体育活动前；也可结合季节特点，并尽可能利用雨雪天进行。

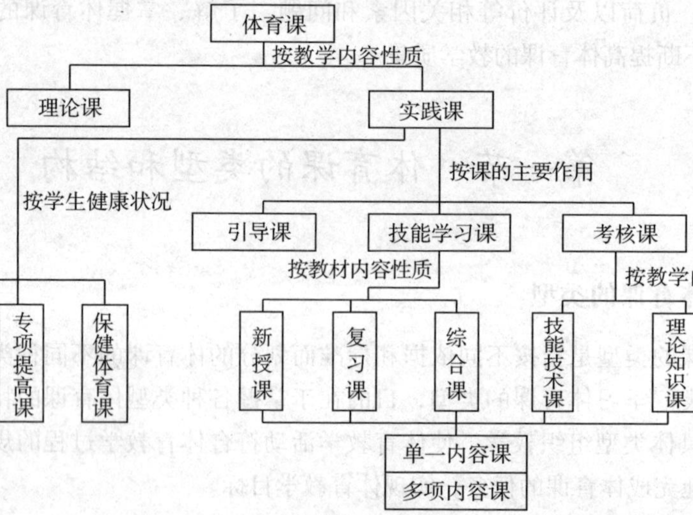

图5-1　体育课类型划分示意图

引自：王则珊．学校体育理论与实践 [M]. 北京：北京体育大学出版社，1995：132.

2. **实践课**

实践课是指在体育场、馆等进行的身体练习课。中小学一般40 ~ 45分钟为一节，大学一般90分钟为一节。

目前体育实践课常见的分类方法有以下两种。

（1）根据学生个人条件和特点。

根据学生个人条件和特点，体育课可分为普通体育课、专项提高课和保健体育课。

①普通体育课。

普通体育课是针对身体健康、体质正常、体育基础一般的学生开设的。其主要任务是使学生掌握系统的体育基本知识、技能，全面发展学生的身体，达到增强体质、促进健康的目的。我国中小学校学生和普通高校一、二年级的学生大多上该类型的体育课。

②专项提高课。

专项提高课主要是针对在某项运动上有一定爱好和特长的学生开设的。其主要任务是在全面锻炼身体的基础上，使学生选择自己爱好和擅长的运动项目来进行专门训练，从而提高运动技术水平。普通高校体育专业课和部分有条件的高中开设有专项提高课。

③保健体育课。

保健体育课是针对身体有一定缺陷（病、弱或残等）的学生开设的。其任务是通过适当的身体活动或专门选择的身体练习，改善这部分学生的健康状况，逐步提高他们的健康水平。该类型的体育课在上课时间、学生分组、教学内容和方法等问题的处理上，要充分考虑学生实际情况和需要，做到区别对待、灵活处理。保健体育课通常在普通高校、特殊学校和有条件的中小学开设。

（2）根据体育课的目的、任务。

根据所要完成的目的、任务，体育课可分为引导课、新授课、复习课、综合课和考核课。当前我国中小学体育实践课大多采用这种分类方法。

①引导课。

引导课是指新学期开始的第一堂体育课，是新学期体育教学工作的序幕。引导课是为了更好地完成学期体育教学计划，实现学期体育教学目标，明确、强调某一教学阶段的教学目标、要求和内容等进而激发学生学练兴趣而专门组织的体育课。体育教师在上体育引导课时应注意如下几点：

第一，总结上学期体育课和阳光体育活动及运动训练与竞赛工作情况。

第二，分析本班学生体质健康状况，对学生进行身体素质测试并记录。

第三，说明新学期学校体育工作安排，以及本学期体育课堂教学目标和要求、教学内容和考核标准、实施阳光体育活动计划。

第四，展示体育教师人格魅力和运动技术水平，激发学生上好体育课和参加体育活动的积极性。

第五，介绍体育课堂常规，教会学生防范安全及伤害事故的基本方法。

第六，对刚入学的新生，要介绍本校体育方面的成绩、开展体育活动的情况和优良传统等。

②新授课。

新授课是以学习新内容为主的课。其主要任务是使学生学习和初步掌握新教材。为了使学生正确而迅速地掌握动作，体育教师在上体育新授课时应注意如下几点：

第一，体育教师必须遵循动作技能形成的规律，正确地运用讲解、示范及练习过程中的各种教法措施，尽快帮助学生对新动作建立一个正确、完整的概念。

第二，根据教材的性质和学生的特点，科学地设计和安排教学步骤，减少学生学习过程中的困难，提高教学效率。

第三，新授内容应使学生掌握动作的基本环节，抓住关键，并着重解决教学中学生普遍存在的缺点和错误。

第四，要有适当的重复次数和运动负荷。

③复习课。

复习课是以复习旧教材为主的课。其主要任务是在体育教师的指导下，学生反复练习已学过的教材，逐步提高动作完成质量，掌握运动技能。在开学初、学期末、考核前以及学完某一项教材之后，需要组织复习课。复习课并不是简单地重复学过的内容，而是在复习的过程中逐步提高动作完成的质量和要求。体育教师在上体育复习课时应注意做到以下几点：

第一，根据学生已掌握动作的实际情况，对复习内容提出明确和具体的要求，并采取相应的教法措施来保证实现。

第二，根据学生能力和掌握动作程度，在统一指导的基础上加强区别对待。

第三，合理地加大运动负荷和练习密度。

④综合课。

综合课是既有新教材又有复习教材的课。这是学校体育课中最普遍的一种，中小学体育课大多数属于这种类型。体育教师上综合体育课时应注意以下几点：

第一，合理搭配不同性质、特点和难易程度的新旧教材。

第二，合理安排新旧教材的学习顺序。

第三，根据新旧教材的性质和特点将学生合理分组，并进行轮换组织教学。

第四，根据新旧教材的特点、教学任务，合理地分配练习时间，调整练习密度和运动负荷。

⑤考核课。

考核课是检查学生学习结果的课，它是在某项教材基本结束之后，按照教学计划进行的体育课。一般安排在每一单元教学的最后或者学期结束前。体育教师上体育考核课应注意以下几点：

第一，让学生明确考核的目的，端正考核态度。

第二，让学生做好准备活动，加强安全措施。

第三，做好考核前的准备工作，如做好考核顺序、登记表格、考核器材工具相关工作等。

第四，做好考核中的组织工作，在安排测验项目的同时给学生适当安排一些其他练习内容。

第五，考核中要认真、客观地测定和登记，并告诉学生考核成绩。

⑥其他课。体育课根据学段还可分为小学、初中、高中和大学体育课。

3. 跨学科主题课

跨学科主题课是指对体育教学进行扩展和延伸，使体育学科与其他学科的知识、经验、技能有机融合而形成的一种具有实践性、综合性以及开放性等特点的体育课。

跨学科主题课在体育教学中通过与自然、经济、军事、人文等学科的交叉融合，可以扩大学生知识面，培养学生跨学科整合思维和解决问题的能力，进而提高学生的综合素养。

根据体育学科与其他学科融合的程度，跨学科主题课可分为3个样态。

（1）单学科主题课。

单学科主题课的教学主题以体育学科为核心，适当涉及其他学科的相关概念，课的本质还是体育学科本位。

（2）多学科主题课。

教学主题涉及2个以上学科，是体育学科与其他学科内容的联结性教学，但体育学科的知识、理论和技能仍然是教学目标的主要组成部分。

（3）混学科主题课。

教学主题涉及多个学科，具有高度的知识统整性和内容统合性。与主题相关的各学科均是服从、服务于主题的需求，在内容、结构、教学方法及评价标准等方面均需脱离本位学科而重新设计。体育学科只是服务于主题需要的诸多学科中的一个。

跨学科主题课可根据教育需求穿插于各个学段的教学计划中，组织形式则根据主题内容及学科融合的条件不同而灵活多变，可以通过参观、调研、实验等途径在班级、年级甚至全校来组织实施。

二、体育实践课结构

（一）体育实践课结构的含义

体育实践课结构是指构成一节课的几个部分以及各个部分的具体安排设计，包括教材内容、组织工作的安排顺序和时间的分配等。

体育实践课结构分为基础结构（大结构）和具体结构（细微结构）。基础结构是指组成一节体育课的各个部分，也就是体育课的大轮廓；具体结构是指课的各个部分的具体安排设计，包括每个部分的教学目标、教材性质、组织教法措施、密度、运动负荷以及时间分配等。

通常，体育课的基础结构是相对稳定的；具体结构则是根据课的任务、学生特点、教材内容和教学条件与环境等因素的变化而调整的。体育课基础结构的相对稳定性和具体结构的多变性的辩证统一，决定了体育课结构的多样性。

（二）体育实践课结构内容

确定课的结构，通常要遵循人体生理机能活动能力变化规律、心理活动变化规律和体育教学规律，同时还要考虑课的类型、结构与教学目标、教材内容及教学条件等因素。

体育实践课结构有多种划分方式，包括四部分、三部分、六段式等。随着体育课程的改革与发展，体育课的教学目标与体育学科核心素养相对接，目标的改变引起了体育课内容、方法、组织等的改变，对体育实践课结构的划分有了新发展，出现了五部分、一体式和基于三部分的模块式等多种划分。本部分重点介绍五部分结构。

1. 体育实践课五部分结构划分依据

体育实践课五部分结构是指在总结体育教学实践的基础上，根据有关原理，将一节完整的体育课划分为开始、热身、基本、放松和结束5个部分。其划分的主要依据有以下几点。

（1）学生身体、心理活动变化规律。

在体育活动中，学生身体、心理都会呈现上升、保持、下降的基本变化规律，体育实践课五部分结构的划分遵循了学生身体、心理活动变化规律。

（2）体育与健康课程标准有关精神。

体育与健康课程以落实“立德树人”为根本任务，以“健康第一”为指导思想，以中国学生发展核心素养为引领，以“教会、勤练、常赛”为抓手，对学生在运动能力、健康行为及体育品德方面提出了明确的发展目标和要求。体育实践课五部分结构正是积极贯彻课改精神、遵循体育与健康课程理念、在过去体育实践课三部分结构的基础上发展而来的。

（3）体育教学的规范性和科学性。

一个完整的体育教学过程包括准备阶段、实施阶段及检查评价阶段，每一个阶段都有基本的要求和规范，体育实践课五部分结构是在遵循体育教学规范性和科学性的基础上提出的。

2. 体育实践课五部分结构内容

（1）开始部分。

任务：集中注意力，规范教学行为，为即将开始的教学做好心理准备。

内容：教学常规（包括整队、报数、点名、师生问好、处理见习生等）。

组织：全班教学。

时间：约占课堂总时间的5%。

（2）热身部分。

任务：为基本部分的教学做好生理上的准备。

内容：一般性准备活动、专门性准备活动。

组织：全班教学、分组教学。

时间：约占课堂总时间的15%。

（3）基本部分。

任务：发展身体、培养体育能力。

内容：根据教学目标选择的运动项目、游戏等。

组织：全班教学、分组教学。

时间：占课堂总时间的70%左右。

（4）放松部分。

任务：身心逐渐放松、恢复。

内容：逐渐降低运动负荷的游戏、身体练习。

组织：全班教学、分组教学。

时间：占课堂总时间的8%左右。

（5）结束部分。

任务：结束教学。

内容：总结、评价、布置课后作业。

组织：全班教学、分组教学。

时间：2分钟左右，约占课堂总时间的2%。

第二节　体育课的组织

体育课的组织是指体育教师根据教学目标、教学内容、学生实际和场地器材条件等，为完成课的任务、实现课的目标进行合理安排所采取的各种组织措施。本节体育课的组织仅指体育实践课的组织。

体育课的组织是一项十分复杂而细致的工作，体育课的组织工作是否科学、合理，将直接影响体育课的教学效果和质量。因此，加强体育课的组织工作、学会课的组织方法、掌握课的组织实施能力是每位体育教师必须具备的基本要求。体育课的组织工作内容主要包括体育教学常规、教学组织形式的选择和运用、场地器材的布置、队列队形的安排与调动、课堂活动的调控、违纪和突发事件的处理等。本节主要介绍前4个方面。

一、体育教学常规

体育教学常规是为了保证体育教学工作正常进行而对师生提出的一系列基本要求，是体育教学管理的一项重要内容。在体育教学过程中，师生共同遵守体育教学常规，不仅有助于建立正常的教学秩序，严密课堂组织，而且对加强学生的思想品德教育、建设文明课堂都有十分重要的作用。

体育教学常规一般包括以下基本内容。

（一）课前常规

（1）每个学年和学期开始时，体育教师必须制定教学工作计划和教学进度；每节课前，体育教师要做好课时计划，备好课，写好教案。

（2）体育教师要了解学生情况，与同时上课的体育教师协调场地器材；上课前必须检查场地、器材的准备和清洁卫生工作以及服装的准备等。

（3）学生因特殊原因（生病、受伤、女生生理期等）不能正常上课，应履行请假手续。

（4）一般情况下，体育教师和值日的学生应在上课前15分钟到达教学场地并做好上课的准备；其他学生在上课前至少5分钟到达上课地点，等候上课。

（二）课堂常规

（1）准时按指定地点集合上课。上课铃响后，由体育委员或值日生在指定地点集合整队，检查人数并向体育教师报告，师生相互问好，然后体育教师向学生宣布本次课目标，提出教学要求，检查服装，安排见习生。

（2）学生上课时，必须自觉遵守课堂纪律，爱护场地、器材，听从体育教师安排，自觉主动地进行练习，努力完成体育教师布置的任务。

（3）体育教师在课中应提出安全要求，加强安全教育，宣布安全规则；及时掌握学生的学习情况，解决教学重点和难点，关心爱护学生。

（4）体育课中，体育教师和学生均不得无故离开课堂。

（5）下课前做完放松活动后，体育教师要集合全班学生，进行小结和讲评，提出课后锻炼的要求，宣布下次课的内容。此外，要求值日生收回器材并送还。师生互道再见，按时下课。

（三）课后常规

（1）体育教师要检查督促学生归还器材等工作的执行情况。

（2）体育教师要认真回顾课堂教学情况，总结经验教训，写好课后总结，不断提高教学质量。

（3）学生要认真完成体育教师布置的作业，并对课堂所学内容进行复习和练习，积极运用所学内容参加体育活动，坚持体育锻炼。

二、教学组织形式的选择和运用

教学组织形式是指为完成特定的教学任务，体育教师和学生按照一定规律组合起来进行活动的结构。根据教学对象人数的不同，体育课的教学组织形式可以划分为多种类型（图5–2）。

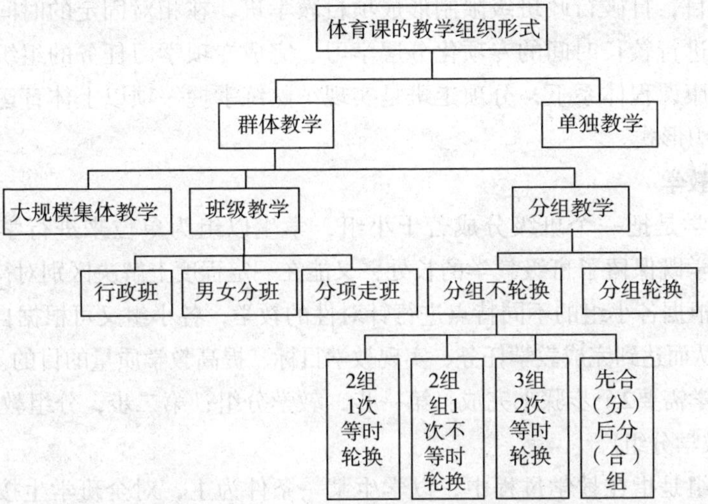

图5-2 体育课堂教学组织形式分类示意图

（一）群体教学

1. 大规模集体教学

大规模集体教学是指以超越班级、年级界限的众多学生群体为指导对象，通过现场或者线上等其他途径完成体育知识、技能或者相关主题教学活动的组织形式。跨学科主题课、健康教育课等都可采用大规模集体教学形式。

2. 班级教学

班级教学也称为班级授课制，是指把年龄和基础接近的学生，组成固定人数的班级集体，在统一的上课时间内选择合适的教学方法向全班同学进行教授完成规定教学内容的组织形式。班级教学是体育课堂教学的基本形式，也是当下最常用的教学组织形式之一。

（1）行政班。

所谓行政班（自然班）教学是以原有的教学行政班为单位进行体育教学活动。这一组织形式固定性强、组织比较方便，学生之间相互比较了解，但也存在一定的缺陷，在区别对待男女生性别差异、体质健康差异、运动技能差异时比较困难。这种形式，多见于小学阶段或体育教师较少的中学。

（2）男女分班。

男女分班指把同年级若干班的男女生先分别合起来，再按照班级容量分成男生班、女生班，分别由不同的教师负责教学。这种形式多见于初中、高中和普通高等学校的体育课。

（3）分项走班。

分项走班是指在学校的规划指导下，学生根据自己的兴趣爱好和自身条件自主选择运动项目，打破行政班级限制形成项目教学班，在相对固定的时间、地点、师资等条件下进行较长时间的专项化分层学习、完成专项学习任务的组织形式。在现行体育与健康课程体系下，分项走班是实现“熟练掌握一项以上体育运动技能”的有效教学组织形式。

3. 分组教学

分组教学是把一个班级分成若干小组，学生以组为单位来进行学练的教学形式。这种教学既保留了班级教学的长处，又能在一定程度上解决区别对待的问题，体育教师可以根据各小组的不同特点进行针对性的教学，各小组又可根据自身情况调节学习策略，从而达到完成教学任务、实现教学目标、提高教学质量的目的。

分组教学需要2个步骤来完成：第一步，教学分组；第二步，分组教学。

（1）教学分组。

教学分组是指在教学过程中，以学生某一条件为主，对全班学生按同一条件进行小组划分。常用的教学分组有以下几类。

①随机分组。随机分组就是指按照某种特定的方法或标志，将学生随机分成若干小组。小组内成员之间没有共性，小组间也没有显著差异。随机分组简单、迅速，具有一定的公平性。其缺点是无法很好地做到区别对待，无法考虑学生在兴趣爱好、能力方面的差异。

②同质分组。同质分组就是指分组后同一小组内的学生在体能、运动技能、性别、兴趣爱好等某一方面或某些方面大致相同。同质分组之后，组和组之间在分组依据方面存在显著差异。同质分组能够较好做到区别对待、因材施教，可以根据不同小组学生的能力、水平提出不同的练习要求；同时还能增强活动的竞争性，符合学生争强好胜的性格特点，提高学生参与活动的兴趣。其不足之处是有可能会使学生产生等级观念和弱势人群的自卑感，甚至挫伤学习积极性。

③异质分组。异质分组就是指分组后同一小组内的学生在体能、运动技能、性别、兴趣爱好等某一方面或某些方面存在显著差异，即人为地把不同体能、运动技能、性别的学生分成一组，或根据某种特别的需要对“异质”进行分组，从而缩小小组之间的差距，以利于开展竞赛和游戏活动。

④教学分组还有帮教型分组、合作型分组等其他分组形式。

（2）分组教学。

分组教学的目的是更好地进行教学，根据以上方法确定学生分组后就要开始进行具体教学活动。分组教学有分组不轮换和分组轮换两种。

①分组不轮换。

分组不轮换是指把学生分成若干个小组，在体育教师统一指导下，按教学内容安排顺序，依次进行学习。这种形式的优点是：便于体育教师统一指导，全面照顾学生，合理安排教学顺序和运动负荷。分组不轮换一般在场地器材设备条件充足和班级学生数量较少的情况下采用。在场地小、器材少、班容量大、新任体育教师授课的情况下不宜采用这种形式。

②分组轮换。

分组轮换是指把学生分成若干小组，在体育教师的指导和小组长的协助下，各组学生先分别学习不同性质的内容，然后到规定时间相互轮换学习的方法。这种形式的优点是：在场地器材不足、班容量较大的情况下，可使学生获得较多的练习机会，利于培养和锻炼学生独立工作能力。其不足之处是：体育教师不宜全面照顾和指导学生，也不利于合理地安排教学内容顺序和运动负荷。

分组轮换的形式多种多样，通常采用以下几种。

2组1次等时轮换：在学生人数不多、新授内容比较困难、复习内容比较复杂的情况下，可采用这种教学组织形式，如上课时，一组学习新内容，一组复习旧内容，到基本部分时间的1/2时2组相互轮换1次（图5–3）。例如，基本部分的时间为32分钟，到16分钟时进行轮换。

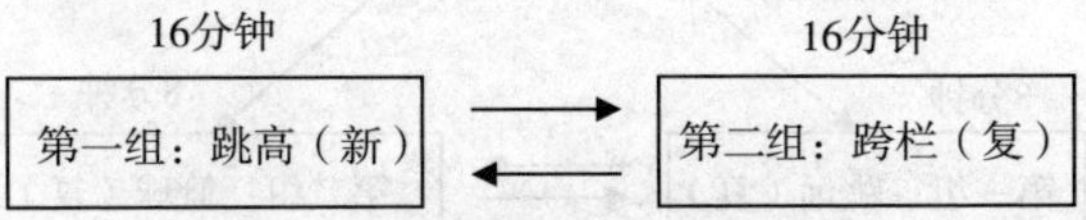

图5–3 2组1次等时轮换示意图

2组1次不等时轮换：在新授内容难度大、复杂，需要加辅助练习或诱导练习时，通常采用这种轮换方式。例如，上课时，第一组学习新内容跳山羊（19分钟），前6分钟进行跳山羊辅助练习（踏跳、推手），后13分钟进行跳山羊练习；第二组复习旧内容徒手体操（13分钟）。到基本部分的13分钟时，第一组继续进行跳山羊练习；体育教师对已经完成复习教材的第二组进行跳山羊辅助练习；到基本部分的19分钟时，第一组复习教材，第二组进行跳山羊正式练习（图5–4）。

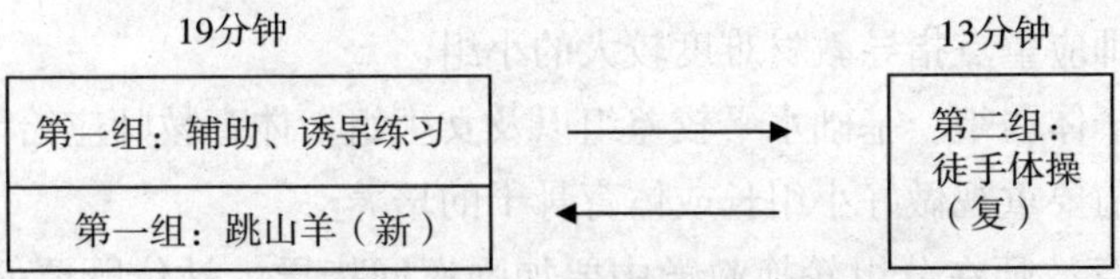

图5–4 2组1次不等时轮换示意图

3组2次等时轮换：在学生人数较多、器材较少、新授内容比较容易、复习内容比较简单或已熟练以及考核前的复习课通常可采用这种形式。如将全班学生分成3组，分别学习或复习3种不同的教材，到基本部分时间的1/3时3组依次轮换一次，到基本部分时间的2/3时，按照第一次的轮换方向再轮换一次（图5–5）。

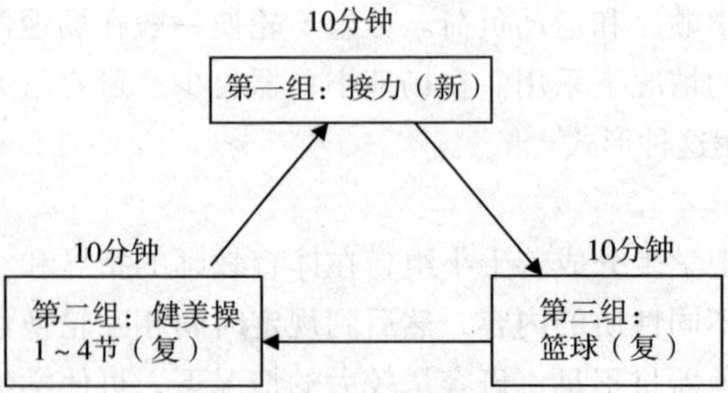

图5-5　3组2次等时轮换

先合（分）组后分（合）组：课堂教学时，先全班集体练习同一内容，然后分组练习不同的内容，并按时轮换；或先分开练习不同内容，之后再集中练习同一内容。这种练习形式，一般在课中有3个教学内容，各内容难易程度相差较大，在学生小组长能力较强的情况下运用（图5-6）。

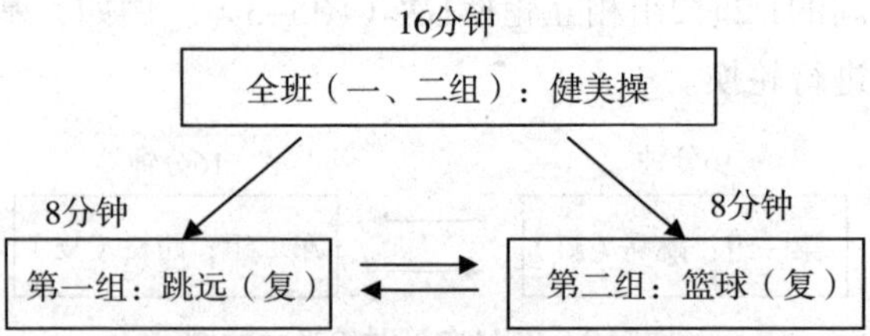

图5-6　先合组后分组示意图

分组练习形式较多，教学中采用哪种分组形式，要根据教学任务、教学内容难易程度、学生人数、场地器材设备和体育教师能力等具体情况而定。在具体选择运用分组轮换教学组织形式时，应注意以下几点。

第一，学生人数少、场地器材充足的条件下，尽量不采用分组轮换；有两个新教材的课也不适用分组轮换。

第二，分组轮换练习时，体育教师应重点指导学习新授教材的小组；同是复习小组，体育教师应重点指导教材难度较大的小组。

第三，对于体弱组、基础水平较差组以及女生组，体育教师应给予适当照顾。

第四，课前要重视做好小组长或体育骨干的培养。

第五，体育教师在分组轮换教学中要加强巡回指导，站位既要便于指导所在的小组，又要便于观察其他小组。

（二）单独教学

单独教学也称为“一对一”教学，是一种根据学生个体特征而实施个性化教学的组织形式。在特殊教育学校、体育专业院校一些特殊项目的教学中常采用这种组织形式。

三、场地器材的布置

场地器材是体育课堂教学不可缺少的物质条件，是实现教学目标的物质保证。科学合理地布置场地器材，不仅能充分利用好场地、器材，增加学生练习的次数，合理安排课的密度，而且能创建优良的教学环境，提高学生学练的兴趣和积极性。因此，在场地器材设施布置时应注意以下几点。

（一）提高场地器材的使用率

一是要合理编排课表。体育课表编制应充分考虑到场地器材和班级数量，使之均匀、合理地编入课表，做到体育场地器材既不空闲又不拥挤。同时上课班级之间应提前规划好场地器材，避免课堂中出现拥挤和抢占现象。

二是要合理布局场地器材。能够移动的器材，向固定器材靠拢；对活动范围不大的运动项目，如单杠、爬绳等器材应尽量立于场地的边角或面积较小的地块；相互之间有影响的器材要调整开，必要时应划出清晰标记；投掷场地的安排，应考虑到对其他练习的影响。此外，各种器材的摆放还应有利于变换练习内容，便于体育教师对学生进行指导，有利于教学中队伍的调动，能提高学习效率。

（二）做好安全检查，严防伤害事故发生

课前应周密检查场地器材，如跑道上是否湿滑不平或有砖块、器材安置是否牢固、沙坑是否疏松。在安排投掷项目练习时，应注意学生相互之间的距离。

四、队列队形的安排与调动

队列队形既是中小学体育课堂教学的主要内容，又是教学组织的重要手段，课中在集合、组织学生练习、体育教师讲解与示范、变换教学内容等方面都会用到。课中合理地安排与调动队列队形，不仅能严密教学组织、集中学生注意力、增加练习密度、丰富教学内容、提高教学效果，而且能培养学生严格的组织纪律性，使学生服从统一指挥，养成正确的身体姿势，培养学生团结协作的集体主义精神。由于每次课的教学目标、教学内容、学生学习基础等条件各不相同，所以每次课的队伍安排与调动应根据实际情况设计而定。课中合理安排与调动学生队伍的基本要求有以下几点。

（一）把握好运用时机

体育教师应该明确什么情况下需要变换队形、如何变换、变化时应注意什么问题。时机把握不当，就会画蛇添足，甚至影响、干扰教学。一般情况下，由讲解向示范转换时或由一个练习转向另外一个练习时或者变换练习地点时，都可能发生队列队形的变化。

（二）合理选择队列队形

不同性质的教材在教学中需要采用不同的组织形式，体育教师应根据具体教学

情况来选择队列队形。例如，活动性游戏较多采用圆形队伍、田径中的跑一般采用两路纵队、投掷练习一般采用面对面队形、体操项目一般采用纵队练习等。

（三）努力做到简捷高效

一是队列队形调动要在最短的时间内，通过最简洁变换，达到最好效果。二是调动队伍力求科学合理，使学生积极配合，做到步调一致，提高教学效率。三是合理利用手势和口令，提高指挥和调控能力。

（四）符合卫生与安全要求

队列队形的安排与调动要做到有利于学生的听、看、练，力求做到有利于对学生进行保护与帮助，力求做到让学生背风、背光、背干扰，力求做到有利于体育教师指导和监控。

第三节　体育课密度和负荷

一、体育课密度

（一）体育课密度的概念

体育课密度是指单位时间内有效教学活动所占的比例。体育课密度又分为一般密度（也称为综合密度）和专项密度。

体育课一般密度是指一节课中各项教学活动合理利用时间之和与实际总时间的比例。通常一节体育课中的教学活动主要有体育教师指导、学生练习、教学组织、观察与帮助、思想教育与休息（表5-1）。

表5-1　体育课堂教学活动内容表

体育课的教学活动	各项教学活动基本内容
体育教师指导	讲解，示范，演示教具、模型，提问，纠正错误，个别辅导，帮助、保护等
学生练习	准备性练习、专门性练习、新内容、旧内容、辅助练习、诱导练习、整理练习、游戏、比赛
教学组织	整队、队伍调动、变换地点、场地器材布置和回收
观察与帮助	观察体育教师、观察学生、学生相互帮助、体育教师帮助
思想教育与休息	训导、说服、批评、表扬、练习后的休息、放松等

体育课专项密度是指一节体育课中某项教学活动合理运用时间与实际上课总时间的比例。专项密度有体育教师指导密度、练习密度、教学组织密度等。随着我国体育课程改革的不断推进，专项密度的内涵也发生了一些改变。自2017年开始，体育与健康课程标准中开始提出并推行“运动密度”的概念，提出体育课的群体运动

密度应不低于75%、个体运动密度不低于50%的教学要求。

体育课密度是评判上好体育课的重要指标。合理安排课的密度，能有效利用体育课的时间，使体育课重点突出，把有效时间用于课的最重要的部分，提高教学效益。因此，体育教师掌握安排、测试和调控体育课密度的技能是非常重要的，对提高教学质量、增强学生体质有着重要的作用。

（二）体育课密度的测定和评价

1. 准备工作

（1）了解情况：包括课的性质、目标、教学内容、组织教法、教学地点、条件和环境等。

（2）制定测定方案：根据了解到的信息制定详细、具体、可操作的测定方案。

（3）测试者之间进行分组和分工：可分两组同时进行测试，每组2～3名测试人员，明确记录者、计时者。

（4）准备、调试好必要的测试用具：包括秒表（每组最少3只）、笔、登记表（表5–2、表5–3）、计算器等，并熟悉测量用具的使用。

表5–2　体育课一般密度记录表

部分	顺序	教学活动内容						活动结束时间	合理时间	不合理时间/s	备注
			指导	练习	措施	互帮	休息				
开始部分	1	上课铃									15:00 上课
	2	整队、报告人数			√			1´30″	1´10″	20	
	3	宣布教学目标	√					2´50″	1´40	10	
	4	其他									
热身部分	5	小舞蹈组合		√				6´20″	2´20´		
		其他									
	8	跳跃活动		√				7´10″	20″		
基本部分	9	教师讲示	√					8´50″	30″		
	18	练习（健美操）		√				12´25″	15″		
	19	其他				√		11´30″	1´20″	10	
	31	换项队伍调换			√			24´50″	30″		
放松部分		其他									
	45	游戏		√				42´30″	3´	40	
结束部分	46	小结	√					43´30″	40″		15:45 下课
	47	整理活动		√				44´10″	1´50″	10	
	48	讲评						45´	30″		
	49	下课铃									

表5-3　体育课练习密度记录表

序列	课的结构					练习内容	练习时间	备注
	开始	热身	基本	放松	结束			
1		√				慢跑	2′15″	
2		√				行进间广播体操	3′	
3			√			投掷臂的专门性练习	2′20″	
——								
7			√			插枪练习	1′30″	
——								
12						放松舞蹈	1′05″	
13					√	放松小游戏	2′20″	
——								
合计								

注：表格中“——”代表课堂中其他没有列举的内容序号。

（5）确定测试对象：选择测试班上一名中等水平的学生作为测试对象。

2. 测定步骤和方法

（1）各项活动时间的计算。

体育课中各项活动形式不同，具体各项活动时间的计算大体如下。

①体育教师指导时间。凡是体育教师有目的地运用讲解、示范、演示、分析以及个别指导等方式对学生进行指导的行为都属于指导工作，一般从开始讲解、示范、演示、分析至指导结束均算作指导时间。

②练习时间。体育课中学生练习内容较多，部分内容练习时间计算方法参考如下。

基本体操：包括徒手操、棍棒（绳）操、武术操和一般发展练习等，如先讲后做，做动作计为练习时间；若边讲边做，整个过程计为练习时间。跳绳、攀登和爬越、负重搬运和角力，从动作开始到结束计为练习时间，中断等待时间不计。

技巧、支撑跳跃、单杠和双杠：从开始姿势到结束姿势计为练习时间，如果用正步、跑步出入队列，计为练习时间。

跑：从预备姿势（各种起跑姿势）开始到终点缓冲过程算练习时间。从终点返回队伍如要求跑（或者慢跑）回或走跑交替，则计为练习时间。

跳跃：从开始姿势到落入沙坑（或垫子）计为练习时间。归队计算时间同“跑”教材，如果是在平地上跳（无沙坑或垫子），酌情考虑计算。

投掷：从开始姿势到投出器材后，身体恢复正常姿势为练习时间，出入队伍的计算方法同“跑”教材；拾回投掷器材时，如果要求跑步则计为练习时间。

球类、游戏、比赛：单个动作教学，一般只算从动作开始到结束为练习时间；

集体活动、游戏比赛，原则上整个过程都算练习时间；若因犯规、学生不积极、站着不动或中断时间，应扣除或不计为练习时间。接力游戏和接力比赛等待接力的时间不计练习时间。

武术：从动作开始到结束计为练习时间。各种静止用力的动作，如基本体操中的静止用力动作，单、双杠的悬垂支撑动作，武术中的静止用力动作等均计为练习时间。

采用循环练习法时：原则上整个练习过程计为练习时间，除非中断或停顿。

③组织措施时间。凡是课中整队、调动队伍、交换场地、搬运、安装、分发和收回器材等，一般计算为组织工作时间；但如果体育教师有意识地通过跑步或者其他放松练习方式调动队伍、收回器材，则可计为练习时间。

④观察与帮助时间。凡是学生用于观察、思考和进行互相保护与帮助、自学、分析、讨论的时间都计为观察与帮助时间。

⑤思想教育与休息时间。体育教师用于训导、批评、鼓励、表扬的时间和有意识安排休息或练习后等待下一次练习的时间都计为思想教育与休息时间。

⑥不合理的时间。凡是课中消耗在与教学或者教学辅助活动无关活动上的时间均算作浪费时间，包括迟上课、早下课、因为课准备不充分或课中器材设备的损坏，以及体育教师擅自离开教学场地导致课中教学活动中断等。

体育课的密度有一般密度和专项密度两种，其测定和登记有所区别。

（2）测定工作。

体育课密度测定，一般需要3只秒表，1号秒表用来计算总课时，2号和3号秒表用来测定密度。上课铃响，1号秒表就要开启，到下课铃响再停止，计算课的总时间。2号、3号2只秒表从上课开始到下课，一开一停交替使用。当听到铃声响起时，2号秒表开始启动，记录完第一项活动的时间后按下暂停键，计算并分析所用时间是否合理，报告给记录员，然后及时回表等待下一次测定；在2号秒表按下暂停键的同时，3号秒表开始启动，记录完第二项活动后按下暂停键，计算并分析所用时间是否合理，报告给记录员，及时回表，等待下一次测定；在3号秒表按下暂停键的同时2号秒表又开始启动，如此反复，2只秒表交替使用直到课结束，最后停表，记录整节课中各项活动所用全部时间。记录员要将每次活动的实际时间、合理与不合理等准确地记录在课前准备好的记录表上（表5–2）。

专项密度测定和一般密度测定的程序一样，但相对来讲要简单一些。2号、3号秒表也交替使用，但只测定、报告、记录某专项活动的时间。体育课中包含了各项教学活动，但一般来说，体育课关注学生练习密度和活动密度较多。所以，测定体育课专项密度时，通常会选择练习密度进行测试。测定练习密度时，把学生从上课到下课实际练习（身体活动）的时间，逐一填写在体育课练习密度记录表上（表5–3）。

3. 统计和绘图

（1）将测得的数据进行计算和整理，按项填入密度登记表中（表5-4、表5-5）。统计时先把各项活动时间相加，如体育教师指导时间=讲解时间+示范时间+个别指导时间+演示时间等。

表5-4 体育课一般密度（综合密度）登记表

	体育教师指导		学生练习		组织措施		观察与帮助		思想教育与休息		备注
	合理	不合理	合理	不合理	合理	不合理	合理	不合理	合理	不合理	
开始部分											
热身部分											
基本部分											
放松部分											
结束部分											
合计											
百分比/%											

表5-5 体育课练习密度登记表

	开始部分	热身部分	准备部分	放松部分	结束部分	备注
练习时间						
合计						
百分比/%						

（2）计算体育课一般密度和专项密度。

①体育课一般密度计算方法：

$$\frac{\text{各项活动合理运用时间之和}}{\text{实际上课时间}}\times 100\%=\text{体育课一般密度（或综合密度）}。$$

②体育课专项密度计算方法：

$$\frac{\text{课中某项活动合理运用时间}}{\text{实际上课时间}}\times 100\%=\text{某专项活动密度}。$$

（3）绘图。

把计算的体育课一般密度以及专项密度绘制成圆饼状的统计图（图5-7）。

4. 分析和评价

分析体育课密度时，要充分考虑教学目标、教学内容性质、学生实际、场地器材设备以及气候条件等多方面因素，做出综合、客观的评价。

通常体育课的一般密度（综合密度）应越大越好。在分析、评价一般密度时主要涉及以下内容。

（1）课中一般密度是多少，是否合理？各项活动之间的时间比例分配如何？

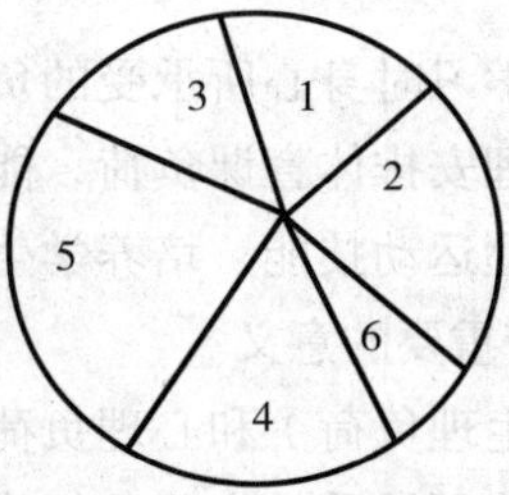

1. 组织
2. 休息
3. 保护帮助
4. 指导
5. 练习
6. 浪费

学校______　年级______　上课教师______　测定者______　等

图5–7　体育课密度统计图

（2）学生做练习的时间是多少，比例是否合适？

（3）课中不合理时间的比例是多少？原因何在？

（4）总结和提出意见与建议。

专项密度则没有一个绝对的指标，要根据课的性质、内容、教学条件等具体情况客观地做出正确的分析和评价。

（三）体育课密度的安排和调控

1. 认真备课，周密设计

课前，体育教师应根据课的教学目标、教学内容、学生实际、教学条件等，认真备课，周密设计，合理安排课中各项活动的具体内容和时间，并在课前做好充分的演练，如说课、模拟上课等，以保证课中各项活动时间的合理运用。

2. 改进教学方法，提高教学技巧

体育教师要不断钻研教学方法，提高教学能力和技能。上课时，讲解、示范力求简洁、突出重点，注意精讲多练；教具演示时机要恰当；辅导、纠错要区别对待；要合理安排学生练习次数，并与休息合理交替。通过这些方法都可以达到调节密度的目的。

3. 改进和提高组织水平

上课时，体育教师要严密组织教学过程，加强对各项活动的调控，让学生熟悉各项活动顺序和队伍轮换的要求，以增加教学活动的流畅性；尽可能减少整队、调动队伍、布置场地器材、分组轮换等不必要的组织措施，缩短这些方面运用的时间。

4. 加强学生思想、纪律教育工作

对学生进行积极引导和鼓励，强化组织纪律，使学生明确学习目的，自觉积极地配合体育教师参与教学过程，加大课的密度。另外，体育教师还要做好体育骨干、小组长以及积极分子的培养工作，发挥他们的协助作用，减少浪费的时间。

二、体育课负荷

（一）体育课负荷的概念

体育课负荷是指学生在体育课上学习时身心所承受的负担，即机体所产生的一系列生理、心理反应的强弱程度。合理安排体育课负荷，能提高教学效率、防止伤害事故的发生，对增强学生体质、掌握运动技能、培养学生意志品质和竞争协作精神、完成教学任务、实现教学目标有着重要的意义。

体育课负荷包括运动负荷（也称生理负荷）和心理负荷两大类。其中，运动负荷是指学生在体育课上进行练习时身体所承受的生理负担或身体练习对机体所起的作用；心理负荷是指学生在体育课上所承受的心理负担，也就是由于课上的刺激物而引起学生紧张和兴奋的强弱程度以及持续时间的长短。

本部分重点介绍运动负荷及测定方法。

（二）体育课运动负荷的组成、影响因素及安排依据

体育课运动负荷包含两大因素：一是运动负荷的量和强度；二是休息的量和恢复强度。

1. 体育课运动负荷的组成

（1）运动负荷的量和强度。

运动负荷的量和强度是影响运动负荷对立统一、缺一不可的一对因素。运动负荷的量是指完成练习的数量、次数、组数、时间、距离和重量等。运动负荷的强度是指完成练习时所用力量的大小和机体的紧张程度，包括动作的速度、练习的密度、练习的间歇时间、负重的重量、投掷的距离、跳高的高度等。

体育课运动负荷应将量和强度综合起来加以确定。运动负荷的量和强度（指极限强度）一般来说成反比关系：强度大的练习，持续时间短；练习时间越长，强度相应越小。

（2）休息的量和恢复强度。

休息的量是指人体机能恢复前休息时间的长短。例如，体育课堂教学内容为400米跑，在第一个400米跑完后可能需休息5分钟，而第二个400米跑完后可能需休息10分钟。休息间歇长短对机体的恢复程度和身体的影响是不同的。

恢复强度是指在休息间歇时间内，有机体恢复过程的水平和程度。根据有机体恢复强度不同，体育课间歇可分为正常性间歇、硬性规定间歇和极值曲线间歇。其中正常性间歇是指有机体在承担一定运动负荷后，机体工作能力大致恢复到原来水平时再开始进行下一次练习；硬性规定的间歇是负荷后机体工作能力得到一定恢复，但未完全恢复到原来水平就进行下一次练习；极值曲线间歇是指承担运动负荷后，机体的恢复过程使工作能力获得提高的情况下，再进行练习。这3种间歇都以机

体工作能力的恢复或提高为标志。体育课中安排运动负荷时，应注意处理好休息和间歇时间，使之符合练习过程所要求完成的教学任务和机体工作能力恢复的规律。

2. 体育课运动负荷的影响因素

影响体育课运动负荷的因素有许多，概括见图5-8。

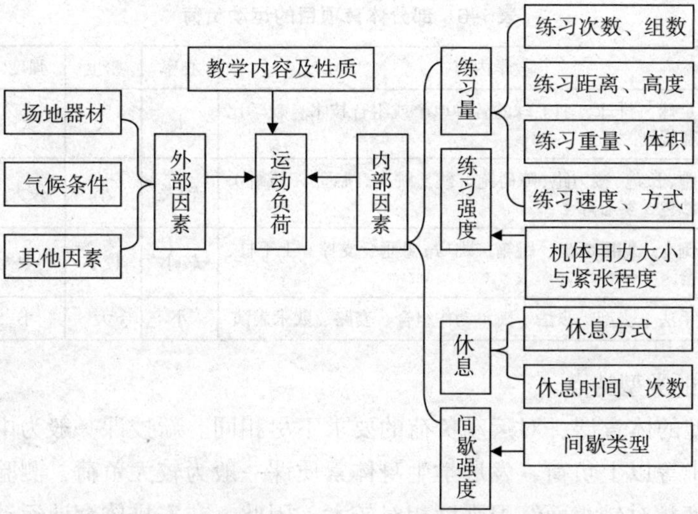

图5-8　体育课运动负荷影响因素示意图

3. 体育课运动负荷的安排依据

体育课运动负荷应根据人体生理机能活动变化的规律来安排。不管是一节体育课还是一个学期的体育课，运动负荷都应由小到大，逐渐增加，并要大、中、小运动负荷合理交替。具体应考虑以下几个方面。

（1）学生身心特点。

不同年龄阶段的学生有着不同的身心特点，同一年龄段的学生又有着性别差异和个体差异，学生的年龄、性别、身体体能、运动基础、体质强弱、认知能力和意志品质等都会对体育课运动负荷产生影响。因此，在安排体育课运动负荷时要区别对待。

例如，小学阶段的学生处于身体发育期，兴趣广泛、注意力分散、情绪外露且易变化，适合发展柔软性、灵敏性、协调性和平衡能力。该阶段体育课练习强度应较小，密度相对大些，即课的平均心率应设为小等级、小负荷。高中生处于体能增长期，适合发展肌肉力量、肌肉耐力，且对某一领域的兴趣开始细化，个性初步形成，情绪体验较强烈，自我意识进一步增强。该阶段要通过练习密度和强度来提高学生对技术的熟练程度，最终使技术定型，负荷量较大，即课的平均心率和负荷为中等以上。

（2）教学内容特点。

学习内容是影响运动负荷的主要因素。不同教学内容的复杂性、难易程度是不同的，其运动负荷也存在着明显差异（表5–6）。在安排体育课运动负荷时，要考虑体育课的教学内容和教材数量。

表5–6 部分体育项目的运动负荷

项目	教学内容	心率	密度	强度	运动负荷
球类	篮球、足球、排球、羽毛球的各种单个或组合技术，教学比赛及比赛规则	大	大	大	大
田径	跑（短跑、长跑、接力跑、障碍跑），跳（跳高、跳远、三级跳），投掷（沙包、实心球）	较大	小	较大	较大
体操	翻滚、倒立、仰卧起坐、跳箱、跳马；悬垂、支撑、上下杠、动作组合	较小	较小	中	中
武术	手型、手法；步型、步法；简单动作组合、套路、武术表演	小	大	小	小

（3）课的类型特点。

不同类型的体育课，对运动负荷的要求不尽相同。新授课一般为中等负荷，复习课一般为中等以上负荷，发展学生身体素质课一般为较大负荷，测验课、考核课一般练习密度相对较小而练习强度相对较大。因此，在安排体育课运动负荷时，还要考虑课的性质和类型。

（4）场地器材条件特点。

体育场地器材的充足程度影响和决定体育课的组织形式与练习密度，在确定体育课运动负荷时要充分了解学校现有的体育场地器材状况，以及同时上课班级使用场地的范围、器材的数量，要根据学校场地器材的现实条件来安排运动负荷。

（5）在确定体育课运动负荷时还要考虑季节、地理、气候条件等其他因素。

（三）体育课运动负荷的测定方法

测定体育课运动负荷的常用方法有以下几种。

1. 观察法

观察法是指体育教师在体育课上通过观察学生完成动作的质量、动作的准确性、控制身体的能力、练习积极性，以及学生的呼吸、脸色、汗量、面部表情、声音和注意力等方面来判断运动负荷是否合适的方法（表5–7）。

2. 自我感觉法

自我感觉法是以学生的主观感觉来判断运动负荷是否合适的方法。主观感觉包括饮食、睡眠、精神、对练习的兴趣和身体疲劳程度等。

学生主要通过身体练习来完成学习任务，对自身的生理活动变化感受最深。如运动负荷适宜时，学生则自我感觉良好，精力旺盛，动作反应灵敏、协调；如运动负荷过大时，学生则会全身疲劳、乏力，较严重的可能出现头痛、头晕、恶心、肌肉痉挛，更严重的甚至会出现虚脱、晕厥等。

表5–7　判断学生运动负荷大小的部分观察指标

观察内容	浅度疲劳	中度疲劳	深度疲劳
面色	微红	相当红	十分红或苍白、紫蓝色
呼吸	稍快	显著加快	急促、表浅、节奏紊乱
汗量	不多	较多（特别是肩带部分）	大量出汗（特别是躯干部分）
表情	情绪愉快	略有倦意	精神疲乏、站立姿势不端正、组织纪律性和自制力显著下降
动作质量（完成情况）	动作准确	动作摇摆不定	动作失调、步态不稳、用力颤抖、反应迟钝

体育教师在课中要向学生传授判断和评价运动负荷的知识和方法，在课中或课后注意听取学生的反映，并与其他评价方法结合起来进行分析研究，及时调整课的运动负荷。

3. 生理测定法

生理测定法是采用科学仪器测量心率、血压、吸气量、呼吸频率、肺活量、吸氧量、尿蛋白、血成分、体温、视觉、心电图、肌电图等生理、生化指标，来判断和分析生理负荷是否合适的方法。这类方法的优点是比较准确、客观；缺点是技术含量较高，操作比较复杂，实施起来有一定的难度。当前，中小学体育课主要采用简易手动测试脉搏的方法（即心率测定法）来判断分析课的生理负荷。

心率测定法是一节课中按时间间隔多次测定学生的心率次数，以便掌握和分析课中学生心率变化情况，从而判断运动负荷安排是否合理的方法。心率测定法一般由两人操作，一人摸脉搏，一人记录。具体步骤和方法如下。

（1）准备工作。

①研究课的方案，了解课的目标、教学内容、教学组织形式、学生基本情况等。

②确定测试方法和测试者之间的分工。其有心率遥测仪检测和手动测试两种途径。无论采用哪种，都要做到分工明确，确定好谁记录、谁测量。

③准备、调试好必要的测试用具，如计时器（秒表）、心率遥测仪、记录表（表5–8），并熟练掌握使用方法。

④选择好测定的对象（班上具有中等水平的男女生各1名），并确定配合方法和要求。

（2）测定。

用心率遥测仪测定，只需做好监测工作，保证仪器正常运转。手动测定则要参照下面的要求完成测定。

表5-8　体育课心率测定记录表

测定顺序	测定时间	测定时的活动内容	心率	备注

学校______年级______班级______受测者（男）______受测者（女）______
测定时间______气候______任课教师______测定者______记录员______

①每次只测10秒或6秒的心率，然后再折算成1分钟心率次数，测定时尽可能不影响受测者的正常练习。

②课前测好相对安静状态的心率；在课中测心率，通常采用定时测和练习前后测相结合的方法。测定的次数要适当，过多会影响学生练习和课的正常进行，过少则不能全面准确地反映心率变化。一般来说，一堂45分钟的课测20次以上为宜。

③课后每隔2～3分钟补测1次，测定受测者心率恢复情况，可测2～3次。

④记录员及时登记每次测定的结果，并注意受测者的表现、外界影响，对心率的变化进行记录，以便正确地分析。

（3）统计和绘图。

通过心率曲线图可以直观显示出课中心率变化情况，方便分析。心率遥测仪测定记录下来的数据可以直接生成心率曲线图；而手动测定的则需将所测的10秒钟的心率转换成每分钟的心率，然后再制成心率曲线图（图5-9）。

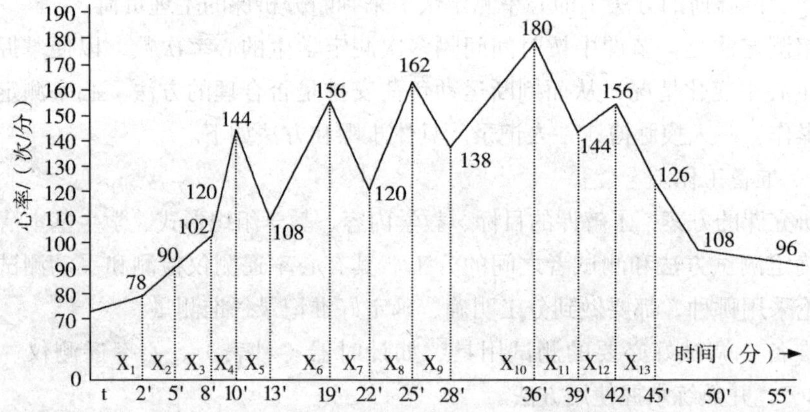

学校______年级______班级______受测者______性别______年龄______
测定时间______气候______上课教师______测定者______

图5-9　心率测定曲线图

（4）分析和评价。

分析与评价体育课运动负荷的安排是否合理，应根据课的教学目标、教学任务、教学内容、学生特点、场地设施条件和气候等多种因素来进行，一般可以从下几个方面来进行。

①心率曲线上升、下降的总体趋势是否合理？是否有助于增强体质和学会技术、形成技能？

②运动负荷的一般水平和最高点出现的时间与次数是否合理？课中每分钟心率平均数是多少？各教学部分每分钟平均心率是多少？每个主要教材的每分钟平均心率是多少？是否合理？

心率平均数常用的计算方法有以下两种。

第一种，简便计算法。其就是统计学上计算平均数的方法。这种方法简便易操作，即将课中每次测得的心率相加，除以测定次数便得出平均心率数。该计算方法适用于测定次数比较多时。

第二种，面积计算法。该方法较为复杂，具体做法是：利用心率曲线图，连接所测的各次心率次数在坐标表中所占的各个点，由各个点向坐标表上课的延续时间线上做垂直线，就形成了许多个梯形。然后计算出各个梯形面积的总和，再除以梯形面积下面对应的总时间，就得出该部分的每分钟平均心率。这种计算方法在测量次数较少的情况下，能较客观地反映课的运动负荷。

平均心率计算出来后，就可以对照有关标准进行评判。在具体评判时也有两种方法。

第一种方法：把计算结果与平均心率参考标准直接比对。我国学者研究的平均心率参考标准是：小学生，120～130次／分；初中生，120～140次／分；高中女生，120～140次／分；高中男生，130～150次／分；大学生的基本同高中生。2017年之后，体育与健康课程标准则提出班级所有学生平均心率应为140～160次/分的要求和标准。

第二种方法：用体育课生理负担量等级评定的K%值计算出学生的适宜运动负荷：K%=（体育课平均心率–课前安静心率）×1%；然后在评价等级表中进行对比（表5–9）。

表5–9　体育课生理负担等级量表

K%	生理负担量等级
1% ～ 20%	最小
20% ～ 40%	小
40% ～ 60%	中
60% ～ 70%	大
70% ～ 80%	最大

由于在实际教学中课型、教材内容、教学组织形式等不同，所以课的平均心率也有差异。在评价体育课的运动负荷是否合理时要视具体情况而定。

③每次练习前后脉搏变化范围的大小、间歇时间及心率的变化是否妥当？

④课后脉搏恢复情况如何？

⑤运动负荷安排上存在什么问题？找出原因，提出改进意见。

除了上述脉搏曲线分析可以评定体育课运动负荷是否合理之外，还可采用心率指数来评价（表5-10），具体公式如下。

$$\text{心率指数}=\frac{\text{课中平均心率}}{\text{课前平静心率}}$$

表5-10　心率指数评价表

指数	2以上	1.8 ~ 1.99	1.5 ~ 1.79	1.2 ~ 1.49	1.2以下
强度	最大	大	中	小	最少

随着科学技术的不断进步，现代高科技产品不断出现，一些智能化的测试工具和手段（例如，Polar心率表）开始进入体育课堂，在学生运动负荷的测量和调控中发挥着优势，并逐渐替代了传统的手动脉搏测定法。

Polar心率表是采用无线心率监测技术来记录、储存和分析人体心率的一个高科技运动器材。运动过程中，Polar心率表上的感应器会持续采集锻炼者随心脏搏动状态而变化的心动电流波动幅度，再通过无线传输技术发送给Polar心率表转化为便于观察的心跳数值，并在Polar心率表的显示器上持续地显示。上课时，一方面学生可通过显示器上的数据变化自主掌控运动负荷；另一方面，Polar心率表可与主机站连接，在大屏幕上实时显示学生个体和集体的心率、最大心率、平均心率、最大心率百分比以及运动强度，为体育教师监控和调整运动负荷提供依据。

（四）体育课运动负荷的调控

体育教师可通过以下方法来调节运动负荷的大小。

（1）改变练习内容，如跑的项目换成投掷。

（2）改变练习重复次数、延长或者缩短练习时间以及练习间隔时间。

（3）改变速度、速率、幅度等动作的某些基本要素。

（4）改变课的组织教法，如采用循环练习和增加竞赛因素等。

（5）改变练习的顺序和组合，安排合理的休息时间。

（6）改变场地的大小、器材的重量等练习条件。

思考题

1. 体育课堂教学常规有哪些内容?
2. 什么是体育课的组织工作? 具体包括哪些内容?
3. 试论述分组轮换的形式及采用分组轮换时应注意的问题。
4. 比较分析体育教学中分组轮换与分组不轮换的优缺点。
5. 什么是体育课密度? 如何调控体育课密度?
6. 什么是体育课负荷? 如何调控体育课运动负荷?
7. 什么是体育课运动负荷? 测定运动负荷常用的方法有哪些?
8. 什么是体育课一般密度? 论述如何测定体育课一般密度?
9. 什么是体育课练习密度? 论述如何测定体育课练习密度?
10. 论述如何运用脉搏测定法来测定、评价体育课运动负荷?

主要参考文献

[1] 李祥 . 学校体育学 [M]. 北京 : 高等教育出版社, 2001.
[2] 体育学院通用教材 . 学校体育学 [M]. 北京 : 人民体育出版社, 1991.
[3] 教育部体育卫生与艺术教育司 . 学校体育工作重要法规文件选编 [G]. 北京 : 人民教育出版社, 2008.
[4] 邓星华, 谭华 . 学校体育学 [M]. 上海 : 华东师范大学出版社, 2008.
[5] 樊临虎 . 体育教学论 [M]. 北京 : 人民体育出版社, 2002.

(陕西师范大学 李艳茹)

第六章　体育教学实践技能

内容提要

本章重点介绍了从事体育教学工作所需的实践技能，主要包括体育教学工作计划编制技能、体育课堂教学实施技能、说课与模拟上课技能和体育教学反思技能，并结合典型实例进一步阐明了各种教学技能的运用与习得方法。

学习目标

◎学会各类体育教学工作计划的编制。

◎说出体育课堂教学实施的技能。

◎掌握说课、模拟上课的技能。

◎了解课后自我反思的内容和策略。

体育教学实践技能是指体育教师在教学过程中为完成教学任务、实现教学目标、实施教学过程而经常运用的熟练性教学行为方式的总称。它是从事体育教学工作必须掌握的基本方法，是体育教师必须掌握的教学技能，是通过专门学习和训练而形成的。本章根据体育教学实践需要和体育教师职业需求，重点介绍体育教学工作计划编制技能、体育课堂教学实施技能、说课与模拟上课技能和体育教学反思技能。

第一节　体育教学工作计划编制技能

体育教学工作计划是学校体育整体工作计划的一个重要组成部分，是根据国家体育与健康课程标准，结合学校实际情况制定的，是保证学校体育教学工作顺利进行必不可少的教学文件，是体育教师进行教学工作的主要依据，是体育课程实施的重要工作步骤。做好体育教学工作计划对于做好学校体育管理、提高教学质量、提升体育工作的科学性有重要的意义，学会编制体育教学工作计划是体育教师必须具备的技能。本节主要介绍水平体育教学工作计划、学年体育教学工作计划、学期体育教学工作计划、单元体育教学工作计划（高中模块计划）和课时体育教学工作计划编制的基本方法。

体育教学工作计划是有层次、有联系的。体育教学工作计划编制的顺序是按水平、学年、学期、单元（模块）和课时计划逐级进行的。每一个上位计划都是制订下位计划的依据，每一个下位计划又是上位计划的具体化。此外，各类体育教学工作计划还存在包含与被包含的关系，如水平四的教学工作计划中就包含了初中3个年级的学年教学工作计划。而每个学年教学工作计划又包含了2个学期教学工作计划（教学进度）；每个学期教学工作计划又包含了数个单元教学工作计划；每个单元教学工作计划又包含数个课时计划（教案）。

一、水平体育教学工作计划

（一）水平体育教学工作计划的含义

水平体育教学工作计划（以下简称水平教学工作计划）是根据体育与健康课程标准，结合学校实际情况，把某一水平的教学目标、教学内容具体分配到每个学年教学工作之中的一种教学文件，如编制水平二（小学3~4年级）教学工作计划。

（二）编制水平教学工作计划的要求

（1）认真钻研体育与健康课程标准等指导性文件，明确课程标准中的指导思想与教学理念，为顺利编制水平教学工作计划打好基础。

（2）贯彻“目标引领内容”的教学理念，统筹安排水平、学年的教学内容。

（3）根据学校的具体情况、学生体质特点适时调整水平教学目标与内容。

（三）编制水平教学工作计划的步骤

（1）确定水平教学目标。

根据体育与健康课程标准的要求，结合实际，从运动参与、运动技能、身体健康、心理健康与社会适应4个方面和各水平阶段的内容标准，分别确定水平教学目标。

（2）编制水平教学内容。

根据体育与健康课程标准在各水平阶段的内容标准与要求，结合学生体育基础、学校体育传统、场地设施器材条件和体育师资等方面具体情况，精选水平教学内容与要求。

（3）明确水平教学时数。

如初中阶段每学年36周，每周3节课，则每学年教学时数为108，所以，水平四（初中3年）共有教学时数324。

（4）把水平教学内容与教学时数合理地分配到每个学年中。

如把水平五（高中）的教学内容与教学时数合理地分配到高中3个年级中。

（四）编制水平教学工作计划示例

根据《普通高中体育与健康课程标准（2017年版）》要求，以水平五（高中）为例，说明水平教学工作计划的编制情况。由于高中实施学分制，高中阶段要完成共12个学分，12个学分中包含体能模块必修必学1个学分，健康教育模块必修必学1个学分，其余为运动技能系列模块的必修选学10个学分。（表6–1）

表6–1　××中学水平五（高中）教学工作计划一览表

内容组成	教学性质与安排策略		各学年具体安排		
			高一年级	高二年级	高三年级
健康教育（1学分）	必修必学	健康教育模块分散在高中3年中进行教学	合理分配高中健康教育内容	合理分配高中健康教育内容	合理分配高中健康教育内容
体能（1学分）	必修必学	建议体能模块安排在高中一年级第一学期的上半学期	按体能模块要求设计具体方案		
运动技能（10学分）	必修选学	田径类运动	根据学校特点、学生选课情况合理安排教材与策略	根据学校特点、学生选课情况合理安排教材与策略	根据学校特点、学生选课情况合理安排教材与策略
		球类运动			
		体操类运动			
		水上或冰雪类运动			
		武术与民族民间传统体育			
		新兴运动项目			
体育品德	根据课标把体育品德教育融入每一节课				

二、学年体育教学工作计划

（一）学年体育教学工作计划的含义

学年体育教学工作计划（以下简称学年教学计划）是根据水平体育教学工作计划的要求，结合学生特点和学校的实际情况，将学年教学目标、教学内容和教学时数相对合理地分配到2个学期中，并提出考核内容与方法的一种教学文件，如编制水平四初一学年教学计划。

（二）编制学年教学计划的要求

（1）认真领会水平教学计划的目标、内容和要求。

（2）在安排学年教学内容时，要注意内容安排的系统性和不同性质内容的搭配，防止同类教学内容过于集中在某一学期，以促进学生体能的均衡发展；同时要兼顾学校场地与器材、学校传统体育项目。

（3）学年教学计划的安排要充分考虑气候变化，如夏天（6～9月份）可以安排游泳，冬天可以安排长跑，北方冬天还可以安排滑雪与滑冰等。

（4）根据学校具体情况、学生学习压力、学生体质特点等适当调整学年教学目标与内容，如初三、高三年级由于升学考试，可以适当考虑教学难度小的内容。

（三）编制学年教学计划的步骤

（1）确定学年教学目标。

针对水平教学工作计划目标与要求，结合学年特点、学生特点、学校场地器材条件与学校传统项目等具体情况，从运动参与、运动技能、身体健康、心理健康与社会适应4个方面分别确定学年教学目标。

（2）明确学年教学时数。

如高中阶段每学年36周，每周2节课，则高中每学年教学时数为72；初中每周有3节体育课，则初中阶段每学年的教学时数为108。

（3）确定学年教学内容的时数。

根据学年教学的总体要求，确定各类教学内容的时数（某类教学内容的实际时数=全年教学内容时数×该类教学内容的时数比重），如初二田径教学内容的时数=96×16%=15学时。

（4）明确学年具体教学内容。

把水平教学工作计划中的教学内容细化为学年教学的具体内容，如把水平教学工作计划中的田径内容细化为学年教学中的投掷、耐久跑、快速跑、跳远等具体内容。

（5）确定学年考核项目、内容与要求。

结合学校活动计划特点、学生特点等，确定学年考核项目与要求，学年考核项目为重点教学内容，一般以3～5个考核项目为宜。

（6）把学年教学内容与教学时数合理地分配到2个学期中。

如把水平四初一学年的教学内容与教学时数合理地分配到2个学期中。

（四）编制学年教学计划示例

根据水平教学工作计划的要求，以水平五高中二年级为例，说明学年教学工作计划的编制情况。具体计划安排见表6-2。

表6-2　××中学高二学年教学工作计划一览表

学年教学目标：

1. 运动技能目标：通过学年教学，让学生学习与掌握田径、篮球、乒乓球、武术、体操等项目的技战术。
2. 体能目标：学习各项运动技术的同时，促进学生速度、力量、耐力等身体素质的发展，特别是提高与改善学生的耐力和力量素质。
3. 健康行为目标：通过学年教学，使学生了解身心发展特点与参加体育活动的重要性；学习安全卫生知识与方法，学会自我保健知识与方法。
4. 体育品德目标：培养学生自信心，体验运动乐趣，促进学生社会交往，发展合作能力。

	学年教学内容		各类内容学时	具体内容学时	第一学期		第二学期	
					教学内容	时数	教学内容	时数
必修必学项目	健康教育知识		6	6	1. 学生身心健康与体育活动的关系 2. 如何制定运动处方	4	1. 身心自我保健 2. 形体美与体育活动关系	2
必修选学项目	田径	跳跃	18	6			挺身式跳远	6
		投掷		4	实心球	4		
		快速跑		4	快速跑	4		
		耐久跑		4			耐久跑	4
	球类	篮球	8	8			篮球（不同位置投篮、行进间低手等）	8
		乒乓球	8	8	乒乓球（推挡、搓球、发球等）	8		
	武术		18	18	武术基本功、太极拳（一）	8	武术基本功、太极拳（二）	10
	体操		10	10	双杠	6	单杠	4
机动			4	4		2		2
总计			72	72		36		36
考核项目与标准（略）								

三、学期体育教学工作计划

（一）学期体育教学工作计划的含义

学期体育教学工作计划（以下简称学期教学计划或学期教学进度）是根据学年教学计划的要求和本学期气候特点，将学期的教学内容与学时相对科学地分配到每次课中，并提出考核内容、标准与方法的一种教学文件，如编制水平四初一学年第二学期教学计划。

（二）编制学期教学计划的要求

（1）认真领会学年教学计划与要求。

（2）学期教学内容排列时要注意教学内容的系统性、整体性，不要破坏内部的结构。

（3）学期教学计划的安排应注意结合季节性特点，如长跑应安排在天冷的月份，游泳则应安排在夏季的月份。

（4）注意学期内每节课教材内容的搭配。若一节课有2个教材内容，要注意上下肢之间的搭配、不同身体素质之间的搭配；若一节课只有1个教材内容，可适当安排简单的身体素质练习，以促进学生体能的均衡发展。

（三）编制学期教学计划的步骤

（1）确定学期教学目标。

针对学年教学目标与要求，结合学期季节特点、学生特点、学校场地器材条件与学校传统项目等具体情况，从运动参与、运动技能、身体健康、心理健康与社会适应4个方面分别确定学期教学目标。

（2）明确学期教学内容的时数与上课次数的关系。

若一节课是2个主要教材内容，那么上课次数为教学时数的2倍；若一节课是单个教材内容，那么上课次数与教学时数等同。如跳远教材共有6学时，若是双教材课型，那么跳远要上12次课；若是单教材课型，那么跳远要上6次课。一般来说，高中选项课是单教材课型，小学是双教材课型，初中多为双教材课型。

（3）排列学期教学内容并填入表中。

根据排列原则，先排重点项目、考核项目，后排其他项目。教学内容排列方法有3类：连续排列法、间隔排列法、混合排列法。难度较大的、技术比较复杂的、季节性较强的教学内容可采用连续排列，如挺身式跳远、游泳等；比较简单的、技术性不强的、体能消耗较大的教学内容可采用间隔排列，如广播体操、长跑等；而学时较多的教学内容可采用混合排列。

（4）确定学期考核项目、内容、标准与要求。

学期考核项目为重点教学内容，一般以2～3个考核项目为宜。

（四）编制学期教学计划示例

根据学年教学计划的要求，以高中二年级第一学期为例，说明学期教学计划的编制情况。该学期共有18周，减去1周机动，则为17周教学时间，由于高中体育课一般安排一个教材内容，因此，排列起来较为简单，不需要考虑教材内容之间的搭配问题。具体情况安排如表6-3。

表6-3　××中学高中二年级第一学期教学工作计划一览表

学期教学目标：

1. 运动技能目标：通过学期教学，让学生学习与掌握跳远、耐久跑、篮球、太极拳、单杠等项目的技战术。
2. 体能目标：学习各项运动技术的同时，促进学生速度、力量、耐力等身体素质的发展，特别是提高与改善学生的耐力和力量素质。
3. 健康行为目标：通过学期教学，使学生了解身心发展特点与参加体育活动的重要性；学习安全卫生知识与方法，学会自我保健知识与方法。
4. 体育品德目标：培养学生自信心，体验运动乐趣，促进学生社会交往，发展合作能力。

编号	教材内容	教材时数	上课时数	第一周		第二周		第三周		第四周		第五周		第六周		第七周		第八周		第九周		第十周		第十一周		第十二周		第十三周		第十四周		第十五周		第十六周		第十七周	
1	健康教育知识	2	2	*																									*								
2	挺身式跳远	6	6												*	*	*	*	*	▲																	
3	耐久跑	4	4																									*			*		*				▲
4	篮球	8	8																						*	*	*			*		*		*	*	▲	
5	太极拳	10	10		*	*	*	*	*	*	*	*	*	*																							
6	单杠	4																			*	*	*	*													
	说明	1. 本表中的 * 代表每次课，▲代表考核内容；2. 健康教育知识考核可安排在期末，以年级为单位统一进行																																			
	考核项目与标准	略																																			

四、单元体育教学工作计划

（一）单元体育教学工作计划的含义

单元体育教学工作计划（以下简称单元教学计划）是根据学期教学计划的规定与要求，按运动项目的内在结构与逻辑排列体育课次顺序、目标、内容与方法等，并提出考核或考查标准与方法的一种教学文件，如编制初中跨越式跳高单元教学计划。

2017年高中体育新课标实施以来，高中体育课程采用了选项教学与学分制，高中学生需学满12学分，除了田径与体育健康教育各为1个必修学分，体能1个必修学分，其余10个学分可从选修的6个模块5大类（田径、球类、体操类、水上冰雪类、民族民间类和新兴运动项目类）中获得。模块教学是以1学分（18课时左右）为模块单位的一种教学，模块教学工作计划实际上是一种大单元教学计划。

（二）编制单元教学计划的要求

（1）认真钻研单元教学内容的性质与教学难度。

（2）把握单元教学内容的内在结构与逻辑性。

（3）根据学生特点（体育基础、身体基本活动能力、兴趣爱好）、单元教学内容难度，合理安排单元教学时数与课次顺序。

（三）编制单元教学计划的步骤

（1）确定单元教学目标。

针对学期教学目标与要求，结合运动项目特点、学生特点等，从运动参与、运动技能、身体健康、心理健康与社会适应4个方面分别确定单元教学目标。

（2）明确单元教学的重难点。

单元教学是一个比较完整的结构，如跳高单元可以分为助跑、起跳、腾空、过杆和落地5个环节，前后环节紧密相连、不可分割。在整个环节中还有一个关键的环节，即教学重点，如助跑与起跳相结合就是跳高单元教学的重点。

（3）安排单元教学中每节课的教学目标与教材内容、教学重难点、学生学练步骤等。

按单元教学的内部结构、目标、重难点、学生特点与学校具体情况等，合理安排单元教学中每节课的教学目标与教材内容、教学重难点、学生学练步骤等。

（4）明确考试或考查内容、标准和要求。

根据学年、学期教学计划的要求，确定单元教学考核或考查项目与要求。

（四）编制单元教学计划示例

根据学期教学计划的要求，以高中第二学年第一学期田径教材中的挺身式跳远为例，说明单元教学计划的编制情况（表6–4）。为简化单元教学计划，在各课次的教学目标中略去了单元教学的具体目标。

表6–4　××中学高中二年级第一学期单元教学工作计划一览表

单元教学内容：挺身式跳远（共6学时） 教学对象：高中二年级男生			
单元教学目标： （1）认知目标：介绍跳远动作的结构和相关知识，激发学生学习积极性，使学生主动参与挺身式跳远动作的教学 （2）运动技能目标：学习和掌握挺身式跳远的技术 （3）体育品德目标：体验跳远的成功与快乐；通过合作教学，增强学生相互交流的意识和行为。 （4）体能目标：主要促进学生奔跑与跳跃能力发展			
单元教学重点与难点：重点是助跑与起跳的结合、空中挺身；难点是起跳技术			
课次	课次技能方面的目标	课次教学重难点	学练方式
第一课次	①学习助跑技术 ②复习单脚起跳、双脚落地动作 ③体会助跑与起跳结合动作	重点：助跑技术 难点：起跳技术	①助跑练习 ②单脚跳 ③跑3步单脚起跳、双脚落地练习 ④跑10～12米轻快助跑 ⑤上1步做踏跳板起跳练习 ⑥跑3～5步做踏跳板起跳练习
第二课次	①学习滚动式快速起跳技术 ②初步掌握腾空步的正确姿势	重点：助跑与起跳相结合技术、腾空步 难点：滚动式起跳技术	①跑跳步 ②滚动式起跳模仿练习 ③腾空步模仿动作练习 ④跑3～5步做踏跳板起跳后腾空步练习 ⑤跑5～7步做踏跳板起跳后腾空步练习 ⑥跑5～7步起跳后腾空步练习
第三课次	①巩固助跑与起跳相结合技术 ②掌握腾空步的正确姿势（起跳腿、摆动腿、手臂姿势） ③学习和初步掌握空中挺身姿势	重点：助跑与起跳相结合技术、腾空步 难点：空中挺身	①跑3～5步做踏跳板起跳后腾空步练习（前置皮筋） ②跑5～7步做踏跳板起跳后腾空步练习（前置皮筋） ③做原地挺身模仿练习 ④从高处跳下完成空中挺身动作 ⑤跑5～7步做踏跳板起跳后的挺身动作
第四课次	①掌握空中挺身动作 ②完整动作的练习	重点：空中挺身 难点：完整练习的节奏与效果	①巩固高处跳下完成空中挺身的动作 ②巩固5～7步做踏跳板起跳后挺身动作 ③跑5～7步做完整动作练习 ④体会完整练习
第五课次	①强化完整练习 ②关注各环节的练习细节	重点：完整练习 难点：提高远度	①巩固正确的助跑与起跳技术 ②巩固正确的腾空步技术 ③跑5～7步做完整动作练习 ④全程助跑做完整练习
第六课次	①复习与巩固完整技术 ②评价与考核	重难点：技术评定与测试成绩	①全程助跑在踏跳板上做完整练习 ②全程助跑做完整练习 ③相互评价，指出细节 ④考评

五、课时体育教学工作计划

（一）课时体育教学工作计划的含义

课时体育教学工作计划（以下简称课时教学计划或教案）是根据单元教学计划的规定与要求，在分析学情、学校场地器材条件等的基础上，合理设计每节课的教学目标、教学方法与手段、学练步骤、组织措施、运动负荷、练习密度、场地器材等的一种教学文件，如初一年级篮球原地投篮课时计划（共2课时中的第1课时）。

（二）编制课时教学计划的要求

（1）认真领会单元教学计划与要求，为编制课时教学计划做好准备。

（2）课时教学目标应具体、明确、可操作、可评价。

（3）认真钻研教材教法，有效把握教材内容的技术要领、重难点、易出现的错误动作及纠正方法。

（4）课时教学计划可以分为室内理论课计划与室外实践课计划。

（5）明确体育课的具体时间。一般来说，体育课时间为45分钟。由于国内各地日出、日落差别较大，再加上课改的需要，个别地方小学体育课调整为40分钟；中学体育课45分钟；大学体育公共课一次90分钟。

（三）编制课时教学计划的步骤

（1）确定课时教学目标。

针对单元教学目标与要求，结合运动项目特点、学生学情、单元课次、学校场地器材特点，从运动参与、运动技能、身体健康、心理健康与社会适应4个方面分别确定课时教学目标。

（2）明确课时教学重难点。

根据单元教学计划与要求，明确课时教学重难点。

（3）安排课的各个部分内容与时间。

一般来说，体育课由开始部分、热身部分、基本部分、放松部分和结束部分5个部分组成。各部分内容的具体安排和要求如第五章第一节体育课的类型和结构所述。

（4）确定课的主体教材教法与手段。

教法与手段的选择一般是针对体育教师而言的，教法主要有讲解法、直观法（示范法、图示法、模型演示法、助力与阻力等）、完整法、分解法、游戏竞赛法、循环练习法等；而教学手段则是为了达到体育教学目标所运用的物质方面的场地、器材、仪器、设备等，常用的体育教学器材与设备有挂图、模型、多媒体、哨、录音机等。

（5）安排课的学生学练步骤。

学练步骤是针对学生练习而言的，即在课堂教学中安排学生每个练习及其顺序，并估计各练习的时间、次数、组数等。

（6）明确课的教学组织形式。

体育课的教学组织形式主要有编班分组与分组教学两种形式，而分组教学又分教学分组和分组教学两种情况。

（7）预计课的运动负荷与练习密度。

根据教学内容特点、学生年龄特点、学生分组情况，估算好运动负荷与练习密度。如果该教材内容运动负荷不足，那么可以安排一些素质练习内容；如果练习密度不够，那么可以增加学生练习的组数与次数，减少休息时间等。

（8）提出课的场地器材方面要求。

根据教材内容的特点、学生人数、练习密度等因素，提出场地器材的要求。

（9）撰写教案，以文本或表格形式呈现。

（四）编制课时教学计划的格式

课时教学计划的格式一般有表格式和文字式。在体育教学的实践中，体育教师一般采用表格式，这样比较清晰，一目了然。有的课时教学计划也采用文字与表格相结合的形式，即把教学理念、学情分析、教材分析、重难点分析等用文字的形式先行呈现，之后再用表格的形式呈现。

（五）编制课时教学计划示例

根据单元教学计划的要求，以高中二年级第一学期挺身式跳远6学时中的第2次课为例，说明课时教学计划的编制情况。该课时教学计划在安排主体内容的基础上，选择了5分钟的上肢力量练习。具体课时教学计划安排见表6–5。

表6–5　××中学高中二年级第一学期挺身式跳远（第二次课）课时教学计划一览表

<table>
<tr><td>授课教师</td><td>赵××</td><td>单位</td><td colspan="2">××中学</td><td>上课时间</td><td>×年×月×日</td><td>地点</td><td>××中学</td></tr>
<tr><td>教学对象</td><td>高二年级</td><td>人数</td><td>50</td><td>是否男女分班</td><td colspan="4">男生</td></tr>
<tr><td>教学内容</td><td colspan="2">1. 挺身式跳远
2. 上肢力量素质</td><td>单元课次</td><td colspan="5">1. 挺身式跳远：共6次课的第2次课
2. 上肢力量素质练习：共1次课</td></tr>
<tr><td>重点</td><td colspan="2">1. 助跑与起跳相结合
2. 腾空步</td><td>难点</td><td colspan="5">1. 快速起跳技术
2. 保持一定腾空的时间</td></tr>
<tr><td>教学目标</td><td colspan="8">1. 认知目标：通过教学，使学生形成正确的助跑与起跳技术、腾空步的概念与知识，激发学生学习积极性
2. 运动技能目标：学习和掌握助跑与起跳技术；初步掌握腾空步的正确姿势
3. 情感目标：体验跳远的成功与快乐情绪；通过合作教学，增强学生相互交流的意识和行为
4. 体能目标：促进学生爆发力、上肢力量素质与身体协调性的发展</td></tr>
</table>

续表

课的部分	课的内容	组织与教法			练习情况	
		教法	学练法	组织队形与变换	次数	时间
开始部分（2分钟）	1. 体育委员整队，报告人数 2. 师生问好 3. 提出本课教学目标与要求 4. 检查服装，安排见习生	教师指定地点鸣哨集合，向学生问好，宣布课程内容，检查服装并安排见习学生 要求： 声音洪亮 精神饱满 表情自然	1. 体育委员按四列横队集合整队，向教师问好，认真听讲。 2. 集合时做到“静、快、齐”，服装符合上课要求	× ×		2′
热身部分（5分钟）	1. 绕圆圈慢跑 2. 热身运动 ——音乐伴奏操 （1）原地踏步 （2）体侧运动 （3）腰部运动 （4）下肢运动 （5）跳跃运动 （6）整理运动	教师用口令哨声指挥学生进行练习 教师领跳、教师边口令指挥边示范	听从指挥，积极模仿练习 配合教师口令、积极练习	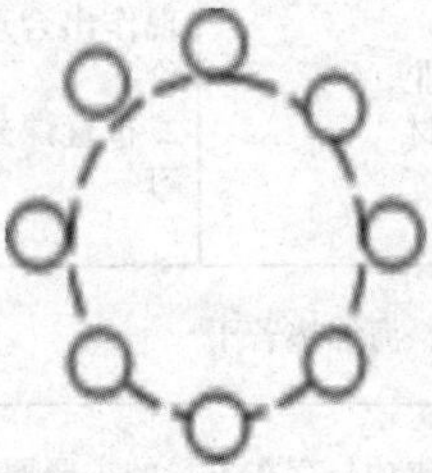 × 学生4列横队，前后左右按体操队形站立	2周 4×8 4×8 4×8 4×8 4×8 4×8	2′ 3′
基本部分（32分钟）	1. 挺身式跳远（第二次课） （1）助跑与起跳相结合技术要点： 助跑时动作放松，身体重心位置较高，步幅均匀，节奏明快、富有弹性。起跳时，上板快、摆臂摆腿快、蹬伸起跳快 （2）腾空步技术要求 摆动腿快速折叠前摆，在大腿摆至接近水平位置时制动，同时上体拔腰挺胸，起跳腿自然放松地留在身后，成“腾空步”姿势 容易出现的错误动作： ①步点不准，助跑最后几步减速；②起跳时上下肢动作不协调；③腾空步幅度小；④蹬地腿动作紧张，髋打不开 2. 上肢力量练习 学生分为4组，各组按次序做俯卧撑练习	教师运用示范法做正确的动作示范 2. 教师运用讲解法讲解动作技术要领 3. 教师运用直观法演示人体模型 4. 教师运用分解法指挥学生练习 5. 教师集中指导学生，纠正学生错误动作。 6. 教师巡回观察，进行个别辅导 教师指导与监督	1. 学生仔细观察教师的示范动作 2. 学生认真听讲运动技术要领和人体模型演示 3. 学生按教师的指令进行助跑起跳接腾空步练习，主要练习步骤有：①跑跳步；②滚动式起跳模仿练习；③腾空步模仿动作练习；④跑3～5步做踏跳板起跳后腾空步练习；⑤跑5～7步做踏跳板起跳后腾空步练习；⑥跑3～5步起跳后腾空步练习 学生按要求认真练习	× 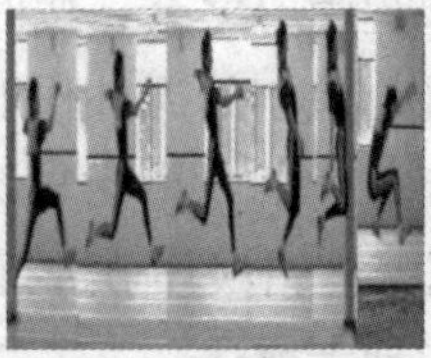 ×	6次 6次 5次 8次 8次 8次 8×3	2′ 2′ 3′ 3′ 3′ 5′ 5′ 5′ 4′

续表

放松部分（3分钟）	1. 放松活动 拉伸练习；手腿的放松	1. 放松动作示范 2. 引导练习	1. 按口令练习 2. 认真听讲	× ×	4 组	5′
结束部分（2分钟）	1. 小结 2. 布景作业 3. 回收器材	1. 对学生的表现作出合理评价 2. 布置课外练习	1. 认真听取老师的点评，反思自己行为 2. 回收器材		4 组	
场地器材	沙坑 2 个，海绵垫若干		练习密度 与运动负荷预计	练习密度：35% 左右 平均心率：120 ~ 130 次 / 分		
课后小结	分析本课成功与存在不足的主要原因，主要的心得体会，提出今后的设想和改进的具体意见					

六、各体育教学工作计划编制技能的培养与训练

（一）传授知识法

体育教师给学生传授水平、学年、学期、单元与课时教学计划编制的有关知识，方法与步骤，学生在课堂学习过程中做到认真听讲、仔细领会，为培养以上教学工作计划编制技能打好基础。另外，学生还可以在课余时间经常从杂志上、网络上学习一线体育教师的优秀教案，如《体育教学》杂志开辟了“实案选登”专栏，选登了全国中小学大量的优秀体育教案，可供参考与借鉴。

（二）作业练习法

学生在课程学习之余，按时完成体育教师布置的水平、学年、学期、单元与课时教学工作计划编制的课外作业，也可以组成水平相当的小组，相互讨论，共同编制水平、学年、学期、单元与课时教学工作计划，并做到及时上交，待体育教师批改之后，针对某些错误环节进行必要修正，弄懂产生错误的原因。

（三）实地考察法

体育教师可专门组织学生深入附近中小学，考察体育教研组编制的有关水平、学年、学期、单元教学工作计划的文件与资料，帮助学生从间接经验过渡到实践经验。

（四）实习锻炼法

学校组织的实习环节是培养和发展学生各类教学技能的最好途径。在实习过程中，学生可以在实习导师的指导下，查看实习学校的水平、学年、学期、单元、课时教学工作计划，把所学的理论知识、方法和初步获得的计划编制技能运用到实践中去，从而提高该方面的技能。

（五）活动竞赛法

学校职能部门定期举办各类教学技能的竞赛活动，如每年举办1次的“师范教学技能大赛”“实习前的基本功考核与竞赛”，每3年举办1次的全国体育院校体育基本功比赛等，这些竞赛活动往往还有各级选拔赛，如在学生全员参与条件下的班级选拔赛、学院选拔赛、学校选拔赛、省级竞赛、全国竞赛等。其中课时教学工作计划的编制是主要的竞赛内容，因此，通过各类竞赛，可有效锻炼、培养和发展学生的体育教学工作计划编制技能。

第二节　体育课堂教学实施技能

体育课堂教学实施过程中所涉及的教学技能众多，本节主要介绍动作示范技能、动作要领讲解技能、口令与队伍调动技能、动作诊断与错误动作纠正技能、保护与帮助技能、场地器材布置技能、课堂教学师生沟通技能、处理突发事件技能。

一、动作示范技能

运动技术传习是体育教学的本质特征，所以，动作示范技能是体育教师的“看家本领”，它是体育教师教学技能的重中之重。

（一）动作示范技能的含义

动作示范技能是指体育教师给学生演示正确动作的过程中所表现出来的一种较为稳定的教学行为方式。

（二）动作示范技能形成的要求

（1）动作示范正确、标准、优美。

（2）动作示范稳定、熟练。

（3）灵活运用各种形式的动作示范，如完整示范、分解示范、重点示范、正误示范等。

（4）准确运用各种示范面（正面、侧面、背面、镜面）与示范的速度（正常速度、慢速等）。

（5）把握动作示范的各种时机。

（三）动作示范技能运用案例

根据运动技术的特征选择不同的示范面：动作线路若是左右方向的（如徒手操等），可采用正面或镜面示范；动作线路若是前后方向的（如跳山羊等），可采用侧面示范；动作线路若是比较复杂的（如武术套路），可采用背面、侧面、正面等示范面进行示范。

根据学生排列的图形选择示范位置：如学生前后排列，体育教师可在队伍中间进行示范；学生4列横队站立，可让前两列学生下蹲，体育教师在队伍前面示范；学生圆形站立，体育教师可在圆心做正面与背面换位示范；学生自由站立，体育教师可在中间示范；学生器械周围站立，体育教师可在器械中间示范。体育教师示范的同时还要兼顾学生背风、背光的原则。

（四）动作示范技能的培养与训练

1. 运动技能强化法

掌握各种运动技能是培养学生动作示范技能的必备条件，因此，学生可在学校安排的各种课程中，根据自己的爱好、特长选择选修课程，努力学习各类运动技术，熟练掌握各项运动技能，尽量做到“一专多能”。学生或在职体育教师还可利用网络视频自学运动技术。

2. 观察学习法

学生可在学习各类运动技术的同时，认真观看体育教师的示范动作技能，如示范动作、示范的时机、示范的种类、示范面、示范的效果等。

3. 活动竞赛法

参加院（系）体育教育专业组织的各类技能竞赛活动，如师范技能大赛、教学基本功考核等，把动作示范技能作为一项比赛内容，要求全体学生参加，通过比赛方法，督促学生提高各项运动技术的动作示范技能。

4. 实习锻炼法

实习环节是培养和发展学生各类教学技能的最好途径。在实习过程中，体育课是锻炼与提高动作示范技能最有效的场所，学生可在不同类型的上课实践过程中培养、发展、巩固与熟练各项动作示范技能。

二、动作要领讲解技能

动作要领讲解技能与动作示范技能同等重要。在体育教师正确的动作示范基础上，通过简洁有效地讲解动作结构、原理、要领、方法，使学生对动作概念有一个准确的认知与理解。

（一）动作要领讲解技能的含义

动作要领讲解技能是指体育教师向学生讲解运动技术过程、结构、原理、重难点等过程中所表现出来的一种较为熟练的教学行为方式。

（二）动作要领讲解技能形成的要求

（1）动作要领讲解正确、生动、形象、清晰、精炼，符合学生年龄特点。

（2）动作要领讲解语言应具有启发性、逻辑性、层次性、条理性，口诀化、重点突出。

（3）灵活运用各种形式的讲解，如口头讲解、结合图示讲解、结合教学模型讲解、结合动作示范进行讲解；又如整体讲解、局部讲解、集中讲解、个别讲解等。

（4）掌握动作要领讲解的时机。

（三）动作要领讲解技能运用案例——海绵垫上的直腿后滚翻动作要领讲解

（1）可分阶段进行讲解。

这个动作可分为3个阶段来完成，具体的阶段与技术要领如下。

①准备姿势：站立开始，上体前屈。

②过程动作：重心后移，当臀部着地时，上体后倒、举腿翻臀、成屈体后滚，同时两手急速置于垫子肩上（手指向后、掌心向下），两肘内夹、身体上翻。当身体滚过肩部着地，两手用力推地，加速身体向后翻转，并立撑成站立。

③结束姿势：做好正确的站立姿势，离开垫子。

（2）可用简洁的口诀进行讲解。

上体前屈，重心后移—臀部着地，举腿翻臀—两手置肩，用力推地—身体后翻，立撑站立。

（3）可结合动作要领图示与自身示范进行讲解。

（四）动作要领讲解技能的培养与训练

1. 观察学习法

仔细观察体育教师或网络视频中体育教师动作要领讲解的技巧，特别是语言运用、词语准确性与合理性等，多收集一些动作要领讲解的口诀，使讲解的语言更加简练、到位。

2. 个人或小组自主练习法

在课余时间可选择一个空旷的地方，讲解事先准备的运动技术要领，这个方法较简便，干扰因素较少，适合于每一个学生；还可自主组成2人或多人小组进行动作要领的讲解练习，这个方法能起到相互学习、相互提示、相互提高的作用。有可能的情况下，还可以邀请体育教师进行点评。

3. 活动竞赛法

参加院（系）体育教育专业组织的各类技能竞赛活动，如师范技能大赛、教学基本功考核等，把动作要领讲解技能作为一项比赛内容，要求全体学生参加，通过比赛方法，督促学生提高各项运动技术的动作示范技能。

4. 实习锻炼法

实习环节是培养和发展学生各类教学技能的最好途径。在实习过程中，体育课是锻炼与提高动作要领讲解技能最有效的场所，学生可在不同类型的上课实践过程中培养、发展、巩固与熟练动作要领讲解技能。

三、口令与队伍调动技能

体育教师需要通过口令与队伍调动组织学生进行各种练习，口令与队伍调动技能是体育教师较为常见的教学技能之一，这方面的技能在青年体育教师中比较缺乏。

（一）口令与队伍调动技能的含义

口令与队伍调动技能是指体育教师运用简洁口头命令进行队列队形操练与队伍调动过程中所表现出来的一种较为熟练的教学行为方式。

（二）口令与队伍调动技能形成的要求

（1）掌握不同形式的口令。（表6–6）

表6–6　不同形式的口令的特点与案例

种类	短促口令	断续口令	连续口令	复合口令
特点	只有动令，发音短促有力，中间不拖音，不停顿，有时最后一个字拖音稍长	预令与动令之间有停顿	预令与动令相连，预令拖音稍长，动令短促有力	兼有断续口令和连续口令的特点
举例	立正、稍息、报数	“第 × 名，出列”，“1，3，5 报数”	“向后转”“立定”	“以 × 为基准，向左看齐”“左转弯跑步走”

（2）掌握队列队形方位与练习的基本术语。（表6–7）

表6–7　队列队形的基本术语

术语	含义
横队	左右并排在一条直线上的队形
列	横队的量词，如一列横队、二列横队等
纵队	前后重叠在一条直线上的队形
路	纵队的量词，如一路纵队、二路纵队等
间隔	相邻 2 人左右的间隔
距离	相邻 2 人前后的间隔
翼	队形的两端或两侧，左端为左翼，右端为右翼，横队方向变换时，处于转弯内侧的为轴翼，另一侧为外翼
排头	纵队之首或横队右翼者
排尾	纵队最后一名或横队左翼者
基准	指定作为整齐的目标
伍	2 列及以上横队中，各列同数的队列人员组成为一“伍”，若各列人数相等，各伍人数等于列数，则称“满伍”；若不相等，则称“缺伍”
步幅	1 步的长度（两脚跟间的距离）
步速	单位时间（以每分钟计算）行进的步数

（3）掌握原地队形变化与行进间队形变化。（表6–8）

表6–8　原地队形变化与行进间队形变化

原地队形与变化	定位基本动作	立正：口令为立正
		稍息：口令为稍息
		看齐：口令为向左（右）看齐
		报数：口令为报数
		踏步：口令为踏步
		集合：成某列（某路纵队）集合
	定位转法与变化	正方向转法：口令为向左（右）转
		斜方向转法：口令为半面向（右）转
		1 列变 2 列（3 列）横队及还原：口令为成 2 列横队（3 列）走、成 1 列横队走
		1 路变 2 路（3 路）纵队及还原：口令为成 2 路纵队（3 路）走、成 1 路纵队走
行进间队形与变化	步法移动	齐步走：口令为齐步走
		正步走：口令为正步走
		便步走：口令为便步走
		跑步走：口令为跑步走
		立定：口令为立定，动令落在右脚
		前后移动：口令为向前（后）“几步”走
		左右移动：口令为向左（右）“跨步”走
	行进间转法	左（右）转法：口令为向左（右）转走，动令落在左（右）脚
		向后转走：口令为向后转走，动令落在右脚

（4）下达的口令准确、清楚、洪亮、果断、突出主音，合理选择喊口令的位置。

（5）预令和动令的区别明显：预令清楚，音量稍低，并稍拖长音调，以提前让学生知道要做什么动作并做好准备。动令短促、果断、有力，音量最大、最强。

（6）队伍调动尽量用口令来进行，运用自然、沉着冷静、有序高效，省时省事。

（三）口令与队伍调动技能的实施案例

（1）原队形——4列横队。

（2）目的地——2列横队排在右侧跳远沙坑的两侧。

（3）口令与队伍调动运用（仅供参考）：向左转—4路纵队变2路纵队面向沙坑跑步走—（接近沙坑时）2路纵队面向沙坑两侧的白线分队便步走—踏步走—立定—面向沙坑中央向左、向右转。

（四）口令与队伍调动技能的培养与训练

1. 模仿练习法

在开始学习队列队形变化的动作时，体育教师可安排学生进行模仿练习，即在学生基本掌握了动作要领后，体育教师先喊口令，学生重复口令后，再做动作，主要目的是模仿体育教师的口令及锻炼口令能力。学生在熟记口令与队伍调动常识的基础上，也可经常观察体育教师或网络视频中体育教师口令与队伍调动的方法、策略与技巧。

2. 单独或多人自主练习法

学生可在课余较为安静处自己边喊口令边做动作，这样既训练了口令，又复习了动作要领；也可双人练习，即一对一地练习，一人喊口令，指挥另一人做动作；锻炼队伍调动技能时还可选择一块空地，组成5人及以上的小组进行轮流练习，提高口令与队伍调动的技能。

3. 体育基本功考核法

口令与队伍调动是体育教学的基本功，学院（系）通过安排教学基本功考核的方式强化学生加强口令与队伍调动的训练。

4. 实习、实践锻炼法

在实习或实践教学过程中，实习生或在职体育教师在体育课堂教学中能较好地锻炼口令与队伍调动的技能。对于上课过程中出现的口令与队伍调动错误要及时做好记录和反馈，使口令与队伍调动的技能不断地娴熟起来。

四、动作诊断与错误动作纠正技能

学生学习运动技术、掌握运动技能是一个不断克服错误动作的渐进过程，体育教师应善于观察学生动作、发现错误、分析原因，并给予纠正。

（一）动作诊断与错误动作纠正技能的含义

动作诊断与错误动作纠正技能是指体育教师在学生学练运动技术过程中进行细致观察、发现错误、分析原因，并选择适宜的教学方法与手段，纠正学生的错误动作而表现出的一种较为熟练的教学行为方式。

（二）动作诊断与错误动作纠正技能形成的要求

（1）学会观察与诊断错误动作。

（2）准确分析错误动作产生的原因。

（3）掌握纠正错误动作的方法，纠正错误动作有效、迅速。

（4）灵活运用不同形式的纠错法，如集中纠错、小组纠错、个别纠错等。

（三）动作诊断与错误动作纠正技能的实施案例——篮球传球时肘关节外展动作诊断与错误动作纠正

（1）动作诊断：篮球传球时肘关节外展。

（2）分析错误技术的主要原因：双手持球位置过高、传球距离太远。

（3）纠正方法：可降低持球的高度、缩短传球距离、传球时身体重心前移。

（四）动作诊断与错误动作纠正技能的培养与训练

1. 观察学习法

学生可仔细观察体育教师或网络视频中体育教师诊断学生动作、分析原因与纠正错误动作的方法，并经常观察上课过程中同伴的动作，分析正确动作和错误动作，如是错误动作，要深入分析错误动作产生的原因，并试图找到解决问题的方法。另外，学生可经常钻研教材教法，认真熟悉各项运动技术的重难点、关键技术、技术细节等。这些知识对于诊断与纠正错误动作会产生很好的作用。学生还可通过书本、教材、网络、体育教师、同学等多途径收集各种运动技术易范的错误动作、相关的纠正方法与手段等方面的资料，以备随时提取，为该方面技能的发展提供基础。

2. 学生自我体验法

运动实践是掌握运动技能的主要手段，而自我体验是一个最好的验证与实验途径。因此，学生可结合自身的运动经验，感受什么是正确动作、什么是错误动作、产生错误动作的根源在哪儿、纠正错误动作的方法是什么等，多去思考，这方面的技能自然就会有所提高与发展。

3. 网络交流法

学生可借助当今发达的网络系统或交流平台进行交流，如《中国学校体育》杂志与《体育教学》杂志都向全国中小学体育教师开通了交流论坛，如遇到如何诊断与纠正错误动作方面的难题，可以通过网络进行交流。这种方式节约资源、交流面广、收效显著。

4. 实习、实践锻炼法

在实习或教学过程中，实习生或新体育教师会遇到学生各种错误动作，这是一个锻炼该项技能最好的途径之一，因此，可对学生动作进行诊断，发现错误动作，分析原因，及时纠正，不断提高自己该方面的技能水平。

五、保护与帮助技能

体育课的学生安全问题非常重要，体育教师应具备很强的安全意识和保护与帮助技能，落实各种确保学生安排安全运动的措施，以避免或减少不必要的伤害事故。

（一）保护与帮助技能的含义

保护与帮助技能是指体育教师传授学生利用外力或外物进行自我或他人保护和帮助、安全顺利完成动作的过程中表现出来的一种较为熟练的教学行为方式。

（二）保护与帮助技能形成的要求

（1）熟练掌握各种保护方法：自我保护法、他人保护法（如运用接、抱、挡、拨等手法改变练习者的动作方向）、利用外物保护法（如运用海绵垫、海绵包、护具消除畏惧心理，确保安全）。

（2）熟练掌握各种帮助方法：直接帮助法（如利用托、顶、送、挡、拨、搓、扶、提、推等手法直接给予帮助）、间接帮助法（如运用信号、标志物、限制物提醒练习者而给予的一种帮助）、利用外物帮助法（如利用保护腰带、保护手套、台、桌、凳等作为帮助器具）。

（3）正确掌握选择保护与帮助的站位与时机。

（三）保护与帮助技能的实施案例——跳箱动作的保护与帮助（表6-9）

表6-9　跳箱动作的保护与帮助

合理选择站位	踏跳板与跳箱之间	跳箱的前侧方	练习者的侧方
充分掌握时机	当学生双脚起跳、双臂前撑时	当学生双脚越过跳箱的两侧，准备撑手时	当学生做完动作准备落地时
选择保护部位	托练习者的两腿或髋	握住练习者单侧手臂	扶住练习者的身体

（四）保护与帮助技能的培养与训练

1. 观察学习法

仔细观察与学习体育教师的保护与帮助的方法与策略；也可以选择网络资源，有针对性地观看授课体育教师的保护与帮助技巧，积累经验，做好记录，以备今后的教学之用。

2. 同伴交流法

在学习各项运动技术的同时，可经常与同学、同伴开展互相保护与帮助的活动，学习与探讨做好各种安全措施的方法与技巧。

3. 实习锻炼法

在实习过程中，向实习指导教师主动学习各种保护与帮助的方法与技巧，并在每节体育课中做好各种保护与帮助的措施，确保学生安全地进行体育活动，以提高自己保护与帮助的技能与水平。

六、场地器材布置技能

场地器材布置是体育课一项特有的任务，体育教师可以利用线条、颜色、器具等合理布置场地器材，以激发学生的无意注意，提高学生的学习兴趣和教学效果。

（一）场地器材布置技能的含义

场地器材布置技能是指体育教师充分利用学校资源、合理布置体育课场地与器材的过程中所表现出来的一种较为熟练的教学行为方式。

（二）场地器材布置技能形成的要求

（1）根据教学内容特点设计与布置场地器材。

（2）场地器材布置符合美学效果，有效激发学生的无意注意。

（3）场地器材布置具有一定创新性，有效合理地利用本校的各种资源。

（4）场地器材布置安全、整洁、高效，有利于提高学生的练习密度。

（三）场地器材布置技能的实施案例

【案例1】在纵箱跳跃的教学中，可在箱上画上学生撑手处的红色横线。它代表了起跳后"双臂前摆远撑"的位置，是一种运动技术上的要求，同时也可利用颜色视觉效果提示学生（图6–1）。

图6–1　纵箱跳跃的场地器材布置示例

【案例2】在跳远教学中，布置必要场地器材之后，体育教师还可在不同的练习阶段布置低箱、橡皮筋、气球、高地、海绵垫等用具解决运动技术的问题；在排球教学中，体育教师可以利用墙壁垫球，也可以利用箩筐提高学生传垫球的准确性等。

（四）场地器材布置技能的培养与训练

1. 观察学习法

在职前各项术科教学中，有意识地关注体育教师场地器材布置的各种方法与技巧；也可以选择网络资源，有针对性地观看授课体育教师场地器材布置的各种方法、图形与策略，积累经验。

2. 教研活动竞赛法

利用场地器材设计与布置的各种竞赛活动，提高体育教师场地器材布置技能。在各类竞赛活动中，可能会产生多种富有创意的设计与布置方案，如场地多用法［5支标枪（跳高架）和4条橡皮筋组成十字形代替4副跳高架及横杆、跳短绳教学中短绳既能连接成长绳来练习，又能用于各种形式接力跑的器械］；又如临近布置法（如前滚翻和分腿腾越教学，将4块体操垫一一对应放在4套山羊的前方5～8米处，学生成4组分别站在体操垫和跳箱之间。当学生练习完前滚翻后，马上向后转面向跳箱，即可直接练习分腿腾越技术，无需过多的队伍调动等）。

3. 实习锻炼法

在实习过程中，向实习指导教师学习各种场地器材布置技术，并做好每节体育课的场地器材布置工作，不断地锻炼与创新各种布置方法，以提高场地器材布置的技能。

七、课堂教学师生沟通技能

课堂教学是一种双边活动，教师为辅，学生为主。教师的作用在于辅助、引导学生。故而教师应积极引导学生、保持学生思维流畅，更好地发挥学生学习的积极性，产生良好的课堂气氛。

（一）课堂教学师生沟通技能的含义

课堂教学师生沟通技能是指体育教师在创立良好的课堂氛围、和谐师生关系、促进学生学习的过程中表现出来的一种较为熟练的教学行为方式。

（二）课堂教学师生沟通技能形成的要求

（1）主动热情，善于营造良好的课堂氛围。

（2）善于运用多种沟通技巧处理师生之间、学生之间的关系。

（3）正确客观地评价学生，建立实质性威信，而不是虚假性畏惧。

（三）课堂教学师生沟通技能的实施案例

（1）现象：有几个学生在练习过程中讲话、思想开小差。

（2）沟通策略：采取眼神暗示提醒—走进学生进行近距离暗示—明确提示—批评教育—重点关注—课后沟通。

（四）课堂教学师生沟通技能的培养与训练

1. 理论学习法

努力学习各类相关学科的理论知识（如心理学、教育心理学等），为师生心灵的沟通打好基础；了解学生不同的个性与心理，积累各种不同的沟通方法；培养良好的教师职业道德：热爱学生、以学生为本。

2. 性格调整法

学生或教师可根据教师的职业要求，适当调整自己的性格和课堂管理作风，如在上课过程中努力做到耐心、和善、循循善诱，不要随心所欲，更不能讥讽、谩骂、挖苦甚至殴打学生。

3. 实习锻炼法

由于实习生与学生年龄相差不大，师生沟通起来比较容易，因此，实习生应在课内外主动与学生进行沟通，不断发展与提高师生沟通的能力，但也要注意保持师生之间的距离。

八、处理突发事件技能

课堂教学是一个师生、生生多向互动的过程，意外情况和偶然事件在所难免，体育课堂教学更是如此，室外体育课受到外界干扰因素多，场地大，学生难以控制。因此，体育教师应具备处理突发事件的技能。

（一）处理突发事件技能的含义

处理突发事件技能是指体育教师较为迅速处理体育课堂意外事件、突发事件过程中表现出来的一种较为熟练的教学行为方式。

（二）处理突发事件技能形成的要求

（1）冷静与镇定对待体育课各类突发事件，过程得当、快捷高效。

（2）善于掌握“处理突发事件不影响教学”原则，能快速处理好各种突发事件，不把“事件”扩大化。

（3）处理突发事件过程中，要语言婉转、比喻贴切，不伤害感情与体罚学生。

（4）特别关注学生在练习过程中的安全事件，及时处理学生的运动伤害事故。

（三）处理突发事件技能的实施案例

（1）现象：体育课中学生出现了运动伤害事故。

（2）处理策略。

①轻微伤害（简单明显的擦伤、流鼻血、中暑、运动过度等）：由教师或体育委员陪至医务室做简单处理，事后了解情况。

②较为严重的受伤（不能判明情况的肢体、脏器损伤、昏迷、晕厥等）：第一时间通知校卫生员至现场诊断，由校卫生员决定是否送医院；如校卫生员不在，通知班主任，送医院；如班主任不在，通知教务处，送医院；如均不在，课堂由其他教师代管，本人亲自送医院。如遇特别严重的情况，必须与校卫生员一起，用最快速度（派校车或打120或叫出租车）送至医院。同时，在受伤者送医院途中必须立即通知家长、通知校方领导。事后，以书面形式呈交情况说明，并做好学生证词（情况说明）。

（四）处理突发事件技能的培养与训练

1. 理论学习法

主动学习与了解体育课堂突发事件的各种类型和相关理论知识，钻研业务，博览群书。经常查阅报刊，学习各种处理突发事件的方法，以备将来之用。

2. 观察记录法

善于关注他人课堂中出现的各类突发事件，并有意识地观察和记录教师处理突发事件的方法、策略与技巧，以备今后教学之用。

3. 实习锻炼法

在实习过程，体育课上会发生各类突发事件，这是锻炼体育课突发事件处理技能很好的途径之一。同时，实习生在实习期间应认真做好备课工作，详细分析学情，预计可能产生的各类突发事件及准备好各种预案。

第三节　说课技能与模拟上课技能

近年来，说课技能与模拟上课频繁出现在教师招考、教师业务类评比等活动中，它已逐渐成为教师入职考试、体育教研活动中的一种重要形式，所以，说课技能和模拟上课技能也是体育教师所应具备的一种教学实践技能。

一、说课技能

说课是教师在备课的基础上，面对评委、教师或其他听众，阐述自己的教学构想及其设计过程。职后教师的说课常用于教师之间的交流与研讨。

（一）说课技能的含义

说课技能是指职前学生或教师在规定时间内用简练语言，也可借助图示、媒体向评委展示教学理念、教学设计过程中表现出来的一种较为稳定的教学行为方式。

（二）说课步骤与方法

（1）确定说课内容。

（2）准备说课内容：①根据学生年龄、性别、个性特征、身体素质与前期学习情况制定课堂教学目标；②根据教学目标兼顾学校场地器材条件设计教学方法、教学手段、组织形式、学练步骤，预计课的练习密度与运动负荷；③形成合理的教学流程。

（3）现场展示（10分钟左右）。

（4）评分标准。

评分标准既具有引导性作用，又是最终的评判指标。以体育学院基本功考核中的说课为例，说明评分内容、指标与分值，仅供参考，见表6-10。

表6-10　体育学院基本功考核中的说课评价标准及要求一览表

项目	内容	评价标准	等级				得分
			A	B	C	D	
说课内容（50分）	说理念	体育课堂教学理念正确先进，符合新课标，并能在具体教学设计中得到体现					
	说教材	对体育课教材的地位、特点、作用、单元教学课次等情况说明清晰、分析到位					
	说学情	学情分析有针对性，特别能正确说明水平、年级、班级学生知识结构及体育基础					
	说目标	体育课堂教学目标分析合理、定位正确，符合新课标理念、教材、学校场地、学生实际					
	说重难点	运动技术教学重难点分析完整、正确					
	说教法	教法与学法选择正确，符合新课程要求，且说明清楚，具有针对性和可操作性					
	说过程	教学过程清楚、层次分明、解读正确、设题适当、引导巧妙、富有创意，能充分体现体育学科特点与规律					

续表

项目	内容	评价标准	等级				得分
			A	B	C	D	
语言表达（30分）	音准	咬字清楚，普通话准确					
	音质音量	音质优美，声音响亮					
	语速	语速控制恰当，自然流畅					
	语调	语调抑扬顿挫、富有感情、充满激情					
	规范	语言规范、语法正确、逻辑严密、形象生动					
神情体态（20分）	神情	神情丰富自然，与说课内容吻合					
	体态	体态语言丰富得当，辅助说课效果好					

（三）说课技能形成的要求

（1）说课内容娴熟，符合体育教学前沿知识。

（2）说课过程流畅，条理清晰、层次分明、突出重点。

（3）语言表达准确、术语规范、表情自然、富有情感、形象生动。

（4）板书设计合理，书写快速流畅，构图准确直观。

（四）说课技能的实施举例1——常规说课

各位老师，大家好！我的说课内容是：高中二年级篮球反弹传接球、耐久跑。本课确定反弹传接球为主教材，耐久跑为辅教材，下面分为8个部分来说课。

1. 说教材

篮球反弹传接球技术在篮球运动中运用较为广泛，在以往教学基础上，能发展学生的创造性、主动性，培养学生运球、传接球的能力及连接各种技术动作和实际对抗能力。篮球反弹传接球的教学重点是手控制球能力，时间、空间判断能力；难点是传接球的准确性、成功率。耐久跑的重点是掌握正确呼吸方法。

2. 说学情

本课教学对象为高二年级40名男生。篮球是他们所喜爱的一项运动，他们有一定的篮球基础，对篮球对抗性练习特别感兴趣，但对单个技术并不熟练。因此，在教学中可采取教学对抗练习形式，从而增强教学效果。

3. 说目标

（1）认知目标：学习与了解篮球反弹传接球技术原理及其作用、耐久跑中的一些基本知识。

（2）技能目标：使80%以上的学生掌握反弹传接球的反弹点位置；70%以上的学生能结合运球、移动、跑动和反弹传接球等各种技术进行综合练习；90%以上的学生能掌握正确耐久跑呼吸方法。

（3）品德目标：激发学生学习积极性和创造性，增强学生团结协作和安全保健意识。

（4）体能目标：发展学生手与球的协调能力与身体的灵活性。

4. 说教法

（1）采用尝试、比较教学法，使学生理解反弹传接球要点，再结合以往所学技术，进行练习，由浅入深，由易到难，逐步提高。

（2）耐久跑采用图形跑方法增加趣味性。

（3）采用练习法，使学生在多次练习中掌握技术；采用展示法，使学生的创造成果得到表现和肯定。

（4）整堂课采用收、放、松、紧相结合的组织方法。

5. 说学法

本课采用尝试—比较—讨论—创造—练习—评价—巩固学练流程，同时渗透德育和保健内容，让学生在体验、想象、演示、分析中形成正确动作表象，掌握技术和保健知识。

6. 说流程

（1）热身：运球进场、球操（音乐伴奏）。

（2）反弹传接球教学。

（3）辅教材（耐久跑）教学。

（4）整理：放松（音乐）、小结、作业。

（5）下课：回收器材。

7. 学生身心状态预计

整堂课练习密度为28%～31%，练习强度中等偏上。

8. 场地器材设计（略）

［对该说课稿的分析］该说课稿基本按常规说课流程进行设计，说课比较全面（说教材、说学情、说目标、说教法、说学法、说流程等），说的过程基本符合课的设计要求，体现了大众化的倾向，当然课中的教学设计，特别是教法还有待改善。

（五）说课技能的实施举例2——经过改造之后的简洁说课

各位老师，大家好！今天我说课的内容是挺身式跳远——第3课时，我说课的重点体现在以下3个方面。

1. 结合学情说教学内容重难点

由于在第一次课高中一年级女生已经初步学习了跳远的分解动作：助跑方法、腾空步练习，因此，本次课教学内容的重难点拟确定为“提高腾空步的质量”“初步体会空中挺身姿势”。

2. 结合教学内容说教学目标

根据以上教学重难点、学生前期学习情况，本课教学目标拟定为：①技能目标：巩固助跑起跳相结合技术，使90%的学生提高腾空步的质量；初步体会空中挺身姿势——摆动腿放脚、伸髋；起跳腿下压、挺胸展腹，并配合手臂姿势。②体能目标：促进学生奔跑与跳跃能力的发展。③情感目标：通过学习该动作，使学生体验跳跃成功的喜悦和快乐；通过相互观察方式，加强学生之间交往与交流。④运动参与目标：通过多变的教法，激发与调动学生练习积极性。

3. 结合教学目标说教学设计与教学步骤

为了达成预设的教学目标，本课设计了以下几个教学步骤、教学方法与手段。

（1）准备部分设计。

热身运动：准备活动操1～6节；专项准备活动：①30米快跑练习；②单脚跳练习。

（2）基本部分教学设计。

①教师集中全体学生，进行完整动作示范与技术要点的讲解。

②为了解决学生腾空步高度，本课设计了以下3个练习手段。

A.前拉一根低高度的橡皮筋，助跑5～7步做腾空步练习，要求学生做腾空步后越过橡皮筋。

B.前放低箱，助跑5～7步做腾空步练习，要求学生做腾空步的同时越过低箱。

C.前上方拉一根橡皮筋，中间挂1个气球，助跑5～7步做腾空步练习。要求学生头顶气球。

③为了体会腾空挺身动作，本课设计了以下2个练习手段。

A.从低箱上跳下做腾空步挺身练习。

B.前设踏跳板做腾空步挺身练习。

④教师集中全体学生进行正误对比示范练习。

⑤根据学生自身出现的问题，进行强化练习。

（3）结束部分与课后小结。

①结束部分安排“放松操”；②小结与课后作业：根据学生的学习情况做出评价，指出存在的问题，布置课后的学习内容重点——强化本课学习过的内容：复习与巩固挺身式跳远。

本次课场地器材要求：跳远场地2个、标枪2根、橡皮筋2根、踏跳板2个、气球2个、低箱2个。

我说课完毕，谢谢各位老师！

［对该说课稿的分析］该说课稿与前一个说课稿不同之处是：语言简洁、思路独特、环环相扣，体现了较为严密的教学设计，也展现了个性化设计特征，是一份

相对较好的说课稿。

二、模拟上课技能

首先，模拟上课与说课不同，说课是说教材内容、目标、重难点，而模拟上课则是说课的延伸和补充。其次，模拟上课与真实上课也不同：①模拟上课没有真实的学生，需要教师自导自演；②模拟上课是上课的某一精选片段。

（一）模拟上课技能的含义

模拟上课技能是指职前学生或教师在没有学生参与的情况下、在规定的时间内，选择课中的某一环节，运用模拟方式向评委展示教学过程时表现出来的一种较为稳定的教学行为方式。

（二）模拟上课步骤与方法

（1）确定模拟上课内容。

（2）准备模拟上课稿。

①根据课的教学设计，结合自身特长，有针对性地选择某环节进行细化设计，如口令较好宜选择开始部分或准备活动部分进行模拟上课，如动作要领讲解水平较高宜选择课堂基本部分进行模拟上课。

②在选择某片段的同时，要兼顾教师的各种技能展示，如口令、队伍调动、讲解、示范、保护帮助、教师指导与表扬等。

（3）现场展示（10分钟左右）。

（三）模拟上课技能形成的要求

（1）迅速进入上课角色，自导自演，富有激情。

（2）合理把握模拟上课的时间，不拖拉、不提前。

（3）灵活运用语言、手势、口令、哨子、姿态等。

（四）模拟上课技能的实施案例

各位老师，大家好！现在我选择正面双手垫球技术中的2个片段进行模拟上课。

（1）立正，向右看齐，向前看，稍息，同学们好。今天的这节课我们学习排球正面双手垫球技术，另外还安排了一些游戏。现在先做准备活动，障碍跑2圈。请第一排同学，在半个足球场内设置障碍物，最后一排同学收回障碍物。在第二圈的时候，请同学们领取排球。好，全体向左转，第一排同学，跑步走，后面跟上。

好，现在大家跟着我做练习。以排头的同学为基准，呈广播操队形散开。跟着我一起动起来，121（口号），动起来，121（口号）。

把肘关节抬高，对，加上手臂动作，1234（口号），很好，跟上，12345678（口号）。非常好，动作幅度大一点，56（口号）。

好，看着我的手，变换动作，脚伸出去（前伸），换脚，肘关节抬起来。幅度大一点，换腿（侧伸）。

很好，向后伸，换脚（后伸）。

好，跨一步，两腿抬起来，很好，动作幅度大一点，下蹲充分一点，对，56（口号），换脚，夹手臂，注意肘关节，换脚，肘关节朝外。

踏步，开合跳，加手臂动作，非常好。

踏步，试一试，向下，抬起来。

好，换一个动作（持球转体），换方向，肘关节抬起来。

踏步，再来一个简单的并步，换方向，同学们，跟我一起来，很好，夹手臂，再来，很好，再来一次。

好，我们试一下绕环式，脚步不变，踏步。

（2）现在我们来学习排球垫球动作，老师找同学出来做示范，老师将球正面抛给他，他将球垫起来。哪位同学愿意？好。看完这位同学的垫球后，下面这位同学将球抛给我，注意观察老师的动作。好，再来一次。

我刚才示范的动作就是我们这节课要学习的内容——排球正面双手垫球。通过你们的观察，同学们有没有发现老师的动作和这个同学的动作有什么区别？哪位同学来说？

好，这位同学说得很好，观察非常仔细，是准备姿势不同。同学们已经观察到了，在垫球之前，老师的动作并不是直立站着，而刚才这位同学在垫球之前是直立站着的。那么准备姿势应该怎样？两脚自然开立，双腿弯曲，上体自然倾斜，眼睛注视来球。还有没有其他的区别？

这位同学说得也很好。在垫球的时候，手臂应该是绷直的。同学们，现在请把手中的排球放下，跟我一起做，请把手举起来，两手掌根紧靠，双手合掌重叠互握，大拇指顺势下压。手腕注意下压，手臂外翻，同时手臂应该是绷直的，手臂外翻形成一个平面。

还有没有其他的不同？

对，这个同学观察得非常仔细。排球正面双手垫球技术中要注意击球的部位，击球的部位是两手臂外翻形成平面，这个平面就是为击球做准备的。排球过来之后应该是落在手臂上外翻、腕关节以上10厘米的平面上。

下面我把正确的垫球动作总结一下：准备姿势站好，大家跟我一起做，两脚自然开立、与肩同宽，膝关节弯曲，上体自然前倾。当正面来球至腹部时，注意“插、夹、抬、蹬、送”连贯完成，首先要把你的手臂向前下方插入球下，手臂夹紧。然后抬手臂，双脚蹬地，击球后向前送，完成“插、夹、抬、蹬、送”的动作。

下面我们来进行练习。2个口令，口令“1”时做好准备姿势，口令“2”时“插、夹、抬、蹬、送”完成垫球动作。2人1组，每人做5次。

非常好，大家练习做得都不错，希望大家学完这节课后，在业余时间里也要坚持练习，才能更好地掌握排球垫球的动作。

我的模拟上课结束，感谢各位老师！

［对该模拟上课的分析］该课选取了课的2个片段进行模拟，并做了较好的衔接。第一个片段是准备活动，第二个片段是运动技术的讲解与部分练习，这2个片段由于教师的口令多、讲解语言运用多，也正符合了在模拟上课过程中没有学生情况下自编自导的特点。其次，在模拟上课过程中，教师指挥比较到位，教师讲解也清晰，符合讲解要求，课中还运用了“提问法”，突出了教师的主导性与启发性。

三、说课技能与模拟上课技能的培养与训练

（一）知识传授法

教师在有关课程教学中，给学生传授说课与模拟上课的基本知识、过程与方法，为培养与发展学生的说课与模拟上课技能打好基础。

（二）个人或小组自主练习法

积极准备说课与模拟上课稿之后，找个教室或空旷的室外进行说课与模拟上课练习。也可组成学生小组进行说课与模拟上课锻炼，必要时请体育教师进行点评或在体育教师指导下进行说课与模拟上课。

（三）微格教学训练法

微格教学创始人之一是美国教育学博士德瓦埃．特．爱伦，他认为：“微格教学是一个缩小了的、可控制的教学环境，它使准备成为或已经是教师的人有可能集中掌握某一特定的教学技能和教学内容。”微格教学是在微型小教室中进行的，小教室安装了现场录像设备，可以录制学生说课或模拟上课过程中的每一个动作、表情、姿态、语言运用等情况。

微格教学的实施包括学习知识、观摩示范、分析讨论、编写教案、微格实践、评价反馈、修改教案等步骤。

（1）学习知识：在进行微格教学之前，指导教师首先应该向学生讲清楚本次教学技能训练的具体目标、要求，以及该教学技能的类型、作用、功能及典型事例运用的一般原则、使用方法及注意事项。

（2）观摩示范：为了增强学生对所培训的技能的形象感知，须提供生动、形象和规范的微格教学示范片（带）或教师现场示范。在观摩微格教学片（带）过程中，指导教师应根据实际情况给予必要的提示与指导。示范可以是优秀的典型，也可利用反面教材，但应以正面示范为主。培养学生勤于观察、善于观察的能力，吸收、消化他人教学经验的能力。

（3）分析讨论：在观摩示范片（带）或教师的现场示范后，组织学生进行课堂

讨论，分析示范教学的成功之处及存在的问题，并就“假使我来教，该如何应用此教学技能”展开讨论。通过大家相互交流、沟通，集思广益，为下一步编写教案作准备。

（4）编写教案：学生要根据教学目标、教学内容、教学对象、教学条件进行教学设计，选择合适的教学媒体，编写详细的教案。教案中首先要说明该教学技能应用的构想，其次还要注明教师的教学行为、时间分配及可能出现的学生学习行为及对策。

（5）微格实践：微格实践是微格教学中的重要环节，是学生训练教学技能的具体教学实践过程，即学生自己走上讲台讲演，扮演教师，因此被称作“角色扮演”。为营造出课堂气氛，由小组的其他成员充当学生。学生讲课时间视教学技能的要求而定，一般8～10分钟，整个教学过程将由摄录系统全部记录下来。

（6）评价反馈：评价反馈是微格教学中最重要的一步。在教学结束后，必须及时组织学生重放教学实况录像或进行视频点播，由指导教师和受训者共同观看。先由试讲人进行自我分析，检查实践过程是否达到了自己所设定的目标，是否掌握了所培训的教学技能，指出有待改进的地方，也就是自我反馈。然后指导教师和小组成员对其教学过程进行集体评议，找出不足之处，教师还可以对其需改进的问题进行示范，或再次观摩示范录像带（片），以利于受训者进一步改进、提高。

（7）修改教案：评价反馈结束后，学生需修改、完善教案，再次实践。在单项教学技能训练告一阶段后，要有计划地开展二次教学技能训练，以巩固初步掌握的技能。

（四）竞赛活动法

学校、院（系）可定期举办各类竞赛活动，如师范技能大赛、基本功考核与竞赛等，鼓励在校学生全员参与，培养学生说课或模拟上课技能。

（五）招考锻炼法

许多地市教育局招考普遍采用了说课或模拟上课的形式与环节，因此，学生应事先充分准备，主动积极参与各个地区、县市、学校的招考，积累说课或模拟上课经验，不断发展说课或模拟上课的技能。

第四节 体育教学反思技能

教学反思是指教师自觉地把自己、学生或其他教师的课堂教学实践作为认识对象进行全面或专题的思考和总结，找到优点，发现不足，以提高课堂教学质量的一种现象。体育教学反思技能是促进教师专业化成长的重要教学实践技能。本节主要介绍体育课中（后）小结技能、课后自我反思技能、看课技能与评课技能。

一、课中（后）小结技能

课中（后）小结是课堂教学中一个必要环节，它是教师对学生课中（后）学习情况的总结与反思，也是把学生零散孤立的知识贯穿起来，形成完整知识结构的过程。小结不仅仅应用于一节课的结尾，在教学过程中任何一个独立的教学阶段，也都需要教师恰当的小结。

（一）课中（后）小结技能的含义

课中（后）小结技能是指教师在课的某一环节或课的结束部分对学生课堂学习情况进行评价的过程中表现出来的一种较为熟练的教学行为方式。

（二）课中（后）小结技能形成的要求

（1）对学生学习行为做出客观、真实、公正评价。

（2）既有表扬，又有不足；鼓励为主、批评为辅。

（3）合理掌握时机，提高小结效果。

（4）课后小结简洁，并安排学生回收器材。

（三）课中（后）小结技能实施案例

（1）课中出现了以下教学情况：在教师安排的运动技术练习环节中，大多数学生出现了一些错误动作，只有几个学生的动作比较到位。

（2）课中小结技巧运用：可把全体学生集中起来，在评价学生练习情况的基础上，进行学生动作的正误对比演示，再辅以教师的正确示范。这样既可以总结前期学生学习的效果，又可以提醒学生练习的注意点，还可适当调节课堂气氛。

（四）课中（后）小结技能的培养与训练

1. 观察学习法

学生在各类课程学习过程中，有意识关注教师课中（后）小结的内容、原则、方法和技巧，为今后的教师职业打好基础。

2. 实习锻炼法

在实习环节中，首先，实习生可主动向有经验的体育教师学习课中（后）小结的技巧，特别是课中小结，要学习体育教师小结的时机、方式等。其次，在每节体育课上要仔细观察每个学生的表现，发现优点与不足，为课中（后）小结提供内容，并在实践锻炼中提高课中（后）小结的技能。

二、课后自我反思技能

课后自我反思是教师课后对整个教学过程进行自我思考、回顾与审视的现象，包括对教学观念、教学行为、学生表现、备课情况、教学成功与失败进行理性分析。我国著名心理学家、北京师范大学林崇德教授认为，教师才华的核心是教师自我监控能力。

（一）课后自我反思技能的含义

课后自我反思技能是指教师课后对教学过程进行全面、专题的自我反思，在总结经验、发现问题、促进自我专业成长过程中表现出来的一种较为熟练的教学行为方式。

（二）课后自我反思技能形成的要求

（1）课后反思言简意赅、内容深刻，避免长篇大论。

（2）反思内容既有成功之举、又有不足之处。

（3）既有全面反思，又有专题反思，并做好详细的反思记录。

（4）不断提高课后自我反思技能与课堂教学质量。

（三）课后自我反思技能的实施案例

（1）教学内容：模仿各种动物的攀爬；教学对象：小学二年级学生。

（2）上课教师对该课自我反思（主要优点）。

①该课教学设计体现了学生学习的自主性。

我在教学中，改变了传统的组织形式，让学生散点自练、分组结伴练习，如在创想活动这一环节中，通过言语启发、鼓励，让学生联系生活实际，模仿螃蟹、蜗牛、小蛇和毛毛虫等动物的爬行。小学生在模仿自主练习氛围中，学习积极性得到了很好的激发。

②激发了学生的想象空间。

小学生在“模仿各种动物的爬行、模仿各种动物的跳的接力”自主学习中，充分发挥了想象力，收到了很好的效果。

③有效促进小学生的合作学习。

在模仿各种动物的跳的接力时，我采用了学生分组合作的方式，显示出学生不再是孤立的学习者，而是愿意与小伙伴一起合作的学习者。

（3）上课教师对该课不足的自我反思。

①由于我没有掌握好创想活动的时间，只能把游戏环节省了，虽然只有短短的2分钟游戏，但却给我留下了不小遗憾，也使整节课显得不够完美，所以，在教学时间把握上，我今后要更加注意。

②在模仿各种动物的跳的接力的教学设计上，我还要动些脑筋，采用更多不同的教学形式，并注意小组成员间的通力配合。

③在巡视指导方面，我照顾的范围还有待进一步扩大，应更加注意对行为有偏差、完成动作不好的学生的帮助，使他们跟上其他同学的学习步伐，也让他们体会到进步、成功的喜悦。

（四）课后自我反思技能的培养与训练

1. 知识传授法

教师在相关课程教学中，给学生传授课后自我反思的知识、内容、方法与原则，为培养学生的课后自我反思技能做好准备。

2. 实习、实践锻炼法

实习生或职后教师可经常对自己上过的每节课做好详尽的记录，记成功之举、"败笔"之处，记教学机制、学生见解，记教学设计、教学管理、课堂气氛，并认真听取学生、同行的各种意见，进行认真地自我反思，并妥善保存课后自我反思的案例报告或文本。

三、看课技能与评课技能

看课与评课是教师教研活动的主要形式。通过看课活动，既能向上课教师学习经验，又能为评课做好必要的铺垫。通过评课活动，可对教师的课堂教学质量作出评价，并相互提高教师的课堂教学能力。

（一）看课技能

看课，也称听课。看课的主要目的是学习他人上课经验，缩小差距，提高水平，胜任教学。

1. 看课技能的含义

看课技能是指体育教师以观察者的角度对体育课前设计、课中过程进行整体的、专题的记录与分析，学习授课体育教师的经验、促进自我专业成长的过程中表现出来的一种较为熟练的教学行为方式。

2. 看课技能形成的要求

（1）熟悉目的与步骤，做好前期准备。

（2）做好看课的详细记录。

（3）学会用不同视角看课。

（4）不影响授课者及上课学生情绪。

3. 看课的步骤与方法

（1）仔细观察由授课教师提供的教案，并记录课堂教学基本信息，包括上课日期、地点、天气情况、授课教师姓名、上课班级、单元课次等。

（2）按教学顺序记录整个教学过程、优缺点。

看课教师可事先准备一份看课记录表，按上课流程进行详细记录。记录表可参考表6-11。

（3）把课中优点和不足进行分类整理。

表6-11　看课记录表

课堂教学过程	优点（教师活动与学生活动）	不足（教师活动与学生活动）
课前准备（分析教案中的教学目标、教学重难点、教学过程、教学方法与手段、场地器材与布置等）		
课的开始部分		
慢跑（或游戏）		
徒手操		
队伍调动		
讲解		
示范		
学生练习之一		
学生练习之二		
……		
……		
……		

4. 看课的视角

（1）看教学目标的科学性、可操作性及达成度。

（2）看课前教学重难点的分析、课中的把握与课后的解决程度。

（3）看教师情况：教师仪表、语言运用、示范技能、口令与组织、课堂常规实施、教学手段与教法运用、指导学生能力、课堂管理作风等。

（4）看学生情况：学习态度、积极性、组织纪律、参与程度、学生互助、学习效果、安全问题等。

（5）看课堂教学气氛：学生活跃程度、教师参与程度、师生交流互动等。

（6）看课堂组织管理与场地器材布置情况。

（7）看课的练习密度、运动负荷的预计和达成度等。

（二）评课技能

评课属于课堂教学评价范畴和教学研究范畴，评课实际上是一种价值判断。简而言之，评课就是对某一堂课进行价值评价，对师生在课堂教学中的活动及由这些活动所引起的变化进行价值判断。

1. 评课技能的含义

评课技能是指教师在整理看课记录的基础上，进行整体或专题的剖析，发现亮点、找出问题、评价课堂教学效果过程中表现出来的一种较为熟练的教学行为方式。

2. 评课技能形成的要求

（1）评课之前充分做好看课记录的整理工作。①分类整理记录中每个细节的优缺点；②形成评课者的观点。

（2）了解与熟悉评课形式与类型。评课形式有个别面谈式，研讨式自评、互评、总评，书面材料式，全面分析与专题分析，点名评议式，师生评议式，网上评课等。评课类型有观摩性评课、研究性评课、检查性评课、指导性评课等。

（3）重点突出、层次分明、以理服人，不要吹毛求疵、强词夺理。

（4）因人而异，符合教师年龄差异、性格差异和学生特点等。

（5）一分为二，既突出亮点与特点，又指出问题和建议。

3. 评课技能的实施案例

以某市一节公开课为例，评课过程如下，仅供参考。表6-12记录了该课的基本信息与看课情况。

表6-12　蹲踞式跳远课堂教学实例基本情况一览表

实例信息	教学内容	教学目标	教学方法	教学手段	课堂练习方法
地点：××初中 时间：2020年11月 教师：×× 教学对象：初二女生	1. 蹬踞式跳远（新授课） 2. 耐久跑	1. 激发学生跳远与耐久跑的积极性 2. 使85%的学生掌握蹲踞式跳远、耐久跑技术 3. 增强学生体质，培养学生刻苦耐劳的精神 4. 发展学生的合作精神	1. 教师讲解示范 2. 学生正误示范 3. 挂图直观提示	1. 踏跳板 2. 橡皮筋 3. 海绵垫 4. 沙坑	1. 跑3～5步做单脚起跳双脚落地于垫子练习 2. 跑3～5步踩踏跳板做单脚起跳双脚落地于垫子练习 3. 跑3～5步越过两人拉起的橡皮筋做单脚起跳双脚落地于垫子练习 4. 接力游戏

根据以上课堂基本信息与看课的简单记录，做以下几个方面的评课分析。

（1）该课的优点。

授课教师热情很高，体现了教师善于调动自身情绪的能力；教师基本功扎实，动作示范漂亮；语言运用情况很好：普通话标准、声音响亮、表达清晰、富有感染力；课的结构安排较为合理，各部分过渡比较流畅；师生互动情况比较理想，教师经常指导学生；场地器材布置干净、整洁；练习密度、运动负荷符合课的要求。

（2）该课存在的问题。

①从教学目标角度分析。

认知目标“激发学生跳远与耐久跑的积极性”比较空洞，没有涉及教学内容的原理、结构、方法，身体健康目标“增强学生的体质”泛泛而谈，没有结合运动项目特点；情感目标“培养学生刻苦耐劳的精神、发展学生合作学习精神”虽有形式，但没有课中落实措施，既没有合作学习的内容，迎面接力也与“刻苦耐劳”的关联不大。运动技能目标“使85%的学生掌握蹲踞式跳远、耐久跑技术”没有根据单元教学特点

（蹲踞式跳远第一次课）来制定，因为第一次课不可能使85%学生掌握蹲踞式跳远。

②从小学与初中教学内容的衔接性与教学重难点角度分析。

从不同年龄学生学习运动技术的特点来看，小学低段学生学习运动技术的主要目的是“体验”，就教学方法而言，采用完整教学为主。以蹲踞式跳远技术为例，小学生学习蹲踞式跳远主要的目的是体会助跑——单脚起跳、双脚落地的动作。但初中阶段学生已基本具备学习运动技术的能力，他们学习技术的主要目的就不能停留在“体验”上，而应深入到运动技术细节。因此，初中阶段的教学重点是助跑与起跳的结合，教学方法也应从完整教学法转化为分解教学法。但上例教学中还是以“单脚起跳、双脚落地”体验为主，造成了初中与小学阶段教学内容一定的重复性。

③从组织教法与教学手段运用角度分析。

由于教学目标、教学重难点有所偏差，那么接下来的教学方法、教学手段、练习步骤的选用也就自然存在问题了。也就是说，该课选用的“单脚起跳、双脚落地”系列练习不利于学生学习与掌握蹲踞式跳远技术。

④从学生学习的效果分析。

该课始终运用了完整教学法，但效果不够理想，因为学生没有掌握“跳远的关键技术”——腾空步，因此，做各种完整练习时动作就自然不能到位了。

（三）看课与评课技能的培养与训练

1. 理论学习法

在有关的课程教学中，给学生传授看课和评课的有关程序、知识与方法，学生也可以经常观看网络资源提供的各类课，观看后进行评价。学生还可以在各类课程学习过程中，从观察者的角度来审视、记录与分析授课者的优缺点。

2. 见习观摩法

学院（系）专门组织学生开展见习和组织观摩活动，让学生做好看课记录，活动之后检查学生看课记录与整理，并进行看课后的交流与分析，鼓励学生发表自己的观点，初步培养学生看课与评课技能。

3. 实习锻炼法

学院（系）要求学生在实习过程中做好定量保质的看课与评课任务与记录，实习生更要主动看指导教师的课、同学的课、评议课等，学习指导教师、同学的上课经验，并提出自己的观点与建议，不断提高看课与评课技能。

4. 教研活动法

目前各类教研活动比较频繁，教师可积极参与县市各类评优课、评奖课活动，通过不断的看课与评课，提高技能；同时，看课也是一面镜子，可不断反观自己、提升自己的上课水平。

思考题

1. 以水平五（高中）—高一年级—高一上学期—高一上学期篮球单元—高一上学期篮球单元教学中篮球急行上篮课时为线索，参照《普通高中体育与健康课程标准（2017 年版）》，安排出水平教学计划、学年教学计划、学期教学计划、单元教学计划、课时教学计划各一份。
2. 以排球传球（高二年级 40 个女生、4 课时中的第 2 次课）为例，拟定一份说课与模拟上课稿。要求小组合作完成，并在课堂中呈现。
3. 如何进行课后的自我反思？
4. 评课的步骤与视角有哪些？看一节体育课录像，做好记录，进行评课。

主要参考文献

[1] 童昭岗．体操 [M]. 北京：高等教育出版社，2009.

[2] 邵伟德．体育课堂运动技能教学有效性与例析 [J]. 中国学校体育，2010（12）：27-29.

[3] 邵伟德，王芳，李启迪．论体育教学技能的类别与要求 [J]. 体育教学，2015，35（8）：15-16.

[4] 邵伟德，黄婷．论教师评课技能发展的几个问题 [J]. 体育教学，2013，33（12）：17-19.

[5] 孟宪恺．微格教学基本教程 [M]. 2 版．北京：北京师范大学出版社，1998.

[6] 顾明远．教育大辞典 [M]. 上海：上海教育出版社，2002.

[7] 罗希尧．中学体育教材教法 [M]. 北京：高等教育出版社，2004.

（浙江师范大学　邵伟德）

第七章　学校体育教学研究

内容提要

学校体育教学研究是学校体育工作的重要内容之一，是提高体育教学质量的重要手段。教师要了解我国学校体育教研机构的职能和工作内容。本章简单介绍了体育教研机构及其职能，并对体育教研员的工作职责进行了归纳，在此基础上，介绍了体育教研工作的内容。

学习目标

◎知道我国特有的教学研究机构发展历史及其职责。

◎了解新时代体育教研工作的新要求。

◎了解体育教研员的基本职责、工作内容、途径和方法。

◎掌握校本教研的基本途径，能设计体育校本教研活动。

第一节　体育教研机构和职能

体育教学研究是学校体育工作的内容之一，是学校体育教学工作的重要组成部分。体育教学研究是指专职或兼职体育教研人员、教师开展的以解决教学实际问题为主要任务，以提高教学质量为目的的一般性科研活动。我国设置有专门的体育教学研究机构（简称体育教研机构）。

20世纪50年代，全国各地开始建立教学研究机构。目前，我国从中央到地方建立了比较完整的教学研究组织体系。教学研究组织建立之初，其主要任务是研究教学改进工作，随着工作推进和教学实践需求，教学研究组织的工作职责不断拓展，逐渐发展成为集教学研究、教学管理、教学指导和课程建设为一体的职能广泛、组织严密的教学业务研究机构。

一、体育教研机构的建立

中华人民共和国成立后，国家各项事业蓬勃发展，教育事业也逐步建立新的秩序和管理体制。中华人民共和国成立初期，由于受各种因素的制约和影响，特别是师资缺乏，教学效率和教学质量都不令人满意。为尽快提高教学质量，当时的教育部出台一系列文件，对各级各类教育以及学校的各项事务进行规范管理，学校教研制度就是在这个背景下逐步建立起来的。

教研室是教学研究组织机构中最典型的称谓，是地方教育行政部门设置的承担中小学教学研究和学科教学业务管理的事业单位。最早的地方教学研究室是上海市教育局教学研究室，成立于1949年10月1日，简称“市教研室”，是当时上海市教育局的直属事业单位。

（一）体育教研组的建立

学校体育教学研究组织机构的建立，最初源自各学校体育教研组的成立。

为提升学校各科教学水平，提高学校的教育质量，教育部于1952年3月颁发试行《中学暂行规程（草案）》（试行）。该规程第六章“组织编制及会议编制”第三十三条明确规定，“中学各学科设教学研究组，由各科教员分别组织之，以研究改进教学工作为目的”；第三十七条“中学建立下列各种会议制度”规定，“各科教学会议由各科教学研究组分别举行之，以组长为主席，校长、教导主任分别参加指导。其任务为讨论及制定各科教学进度、研究教学内容及教学方法”。

教育部于1952年3月同时颁布试行《小学暂行规程（草案）》。该规程第六章“组织、编制、会议制度”第三十七条“小学举行系列会议”规定：小学举行教导研究会议，教导研究会议由全体教师依照学科性质，根据本校具体情况，分别组织研究组，各组设组长1人，主持本组教导研究会议，研究改进教学内容和教导方法，并交流、总结经验。教导研究会议，每两周各举行1次，必要时得召集临时研究会议，并得联合各研究组，举行联席会议。规模较小的小学，不能举行教导研究会议的，得由同地区内几个小学联合举行。

两个规程发布以后，各地中小学校高度重视，条件好、教师比较多的中小学，成立了体育教研组；有的学校成立了体音美教研组，共同开展工作；有的中小学，联合相邻的学校成立了教研组，定期开展教研活动。

事实上，学校的体育教研组是我国体育教研组织最初的形态，是后来体育教研组织体系的基础。体育教研组作为学校的一个基本组织也在这个时期固定下来。

学校体育教研组这个时期的主要任务是围绕体育教学开展工作，研究教学计划，制定教学进度，分析教学内容，选择教学方法，交流教学体会和经验。

（二）体育教研组织体系的形成

学校各科教研组的成立对提高教学质量起到了积极的推进作用。但是，由于当时各学校师资数量不足、水平有限，工作开展缺乏高水平的引领。同时，中华人民共和国成立以后，在改造旧教育、发展新教育的过程中，为保证党的教育方针贯彻执行，需要对所有教师进行思想教育和业务指导，以便提高教师的思想认识，转变教师工作作风，强化教师业务能力。这种情况下，需要有一个权威的指导机构对各个中小学的教研工作进行指导。于是，建立专门的教研机构，专门负责教学研究和教学指导工作的条件逐步形成。

基于中华人民共和国成立初期教育发展形势，1956年以后，各地在教育行政部门的主导下，相继建立教学研究专门机构——教学研究室（部）。但是，各省（自治区、直辖市）级教学研究室（部）在管理体制上不尽相同，一般有两种不同的形式：一是直接在当地教育行政部门管理体制下成立教学研究室（部），其是教育行政部门领导下的事业单位，如山东省教学研究室、江苏省教学研究室等；二是在当地教育学院管理体制下成立教学研究室，如吉林省教育学院教研部、广西教育学院教研部等，其人员是教育学院事业编制，归教育学院管理，业务上受教育行政部门的指导。

进入20世纪80年代，各地教育系统机构进行改革，部分省（自治区、直辖市）相继成立教育科学研究所（随后改名为教育科学研究院）。在此轮机构改革中，部分省（自治区、直辖市）将教研室（部）合并入教科所（院），有的教研、科研合二为一，有的成为教科所（院）的一个独立机构。在中国高校合并的过程中，有的省（自治区、直辖市）教育学院也被大学合并，于是原来的教学研究室（部）也随之被并入大学，成为大学内设的机构，如沈阳师范大学教师专业发展学院（辽宁省基础教育教研培训中心）。

与省级教学研究室（部）的情况有所不同，地（市）、县一级的教学研究室（部）大部分是当地教育行政部门管辖的直属业务机构，独立设置。

随着教育事业不断发展和对教育事业的高度重视，经过半个世纪的努力，我国逐步建立了从省（自治区、直辖市）教研室、市（区）教研室、县教研室和（镇）中心教研组，到学校学科教研组的四级教学研究体系，形成了中国教育体制中特有的组织机构。

为提高工作效率、提高教学质量，有的教学研究室（部），特别是省级研究室（部），按照学科性质，逐步成立相对独立的学科教学研究室。体育作为一门学科，体育教学研究工作很早就得到了重视，被纳入各地教研室（部）工作内容，有的地方还开始逐步配置专门的体育教研员。但是，在1979年5月“全国体育卫生工作经验交流会”（学校体育“扬州会议”）之前，我国还没有独立的体育学科教学研究组织。

（三）体育教研组织体系的完善

我国相对独立的体育教学研究室是在20世纪90年代之后发展起来的。目前，部分省级教学研究室（部）有专门的体育教学研究室（有的与艺术学科组合在一起），如湖北省教学研究室中小学体育室。

需要说明的是，教学研究机构在国家层面没有明确的领导机构。由于教学研究主要涉及中小学各科教学，因此，从宏观上管理的角度看，教学研究工作由教育部基础教育司在方针上进行指导。同时，教育部直属单位中央教育科学研究所（2011年更名为中国教育科学研究院），其工作职责中有“为全国教育改革提供理论指导，对教育教学改革实践进行全国性、区域性指导”的规定，因此，在一定程度上，中央教育科学研究所对全国教学研究体系有业务指导职责。

1991年7月，国家教育委员会办公厅发文成立中央教育科学研究所体育卫生研究中心（2008年，经重组后，改名为体育卫生艺术教育研究中心，简称体卫艺中心）。体卫艺中心的任务之一是组织学校体育卫生的课题研究，为发展学校体育卫生事业和行政决策服务。其主要工作研究范围包括学校体育、学生卫生与健康教育。由于体卫艺中心同时也是全国中小学体育教学指导委员会的秘书单位，因此，从其工作性质、内容看，体卫艺中心实际上是全国体育教学研究系统的业务指导单位。

二、新时代的体育教研工作体系

2019年6月，中共中央、国务院印发《关于深化教育教学改革全面提高义务教育质量的意见》明确要求：“发挥教研支撑作用。加强和改进新时代教研工作，理顺教研管理体制，完善国家、省、市、县、校教研体系，有条件的地方应独立设置教研机构。”2019年11月，教育部《关于加强和改进新时代基础教育教研工作的意见》提出："进一步完善国家、省、市、县、校五级教研工作体系，有条件的地方应独立设置教研机构，暂不具备条件的地方应在相对统一的教育事业单位内独立设置，形成上下联动、运行高效的教研工作机制。各级教育行政部门要加强对教研机构的组织领导，上级教研机构要加强对下级教研机构的业务指导。"体育教研体系将乘着新时代教研工作体系建设的东风，得到进一步的强化。

三、体育教研机构的基本职责

1990年6月，针对教学研究人员不足、经费得不到保证，研究工作不能适应教育事业发展和改革形势需要等情况，国家教委发布《关于改进和加强教学研究室工作的若干意见》，就教学研究的方针和基本职责做了相应的规定。结合目前学校体育改革与发展形势以及各地学校体育教研工作实践的总结，学校体育教学研究工作的基本范畴有以下方面。

（一）体育教学研究的工作方针

1. 培养德智体美劳全面发展的人才，努力提高学生身体素质

学校体育教学研究，必须立足于培养有理想、有道德、有文化、有纪律的社会主义事业的接班人，以增强学生体质、提高学生健康水平为重要目标，为全面提高未来劳动者和整个民族的素质奠定基础。

2. 规范中小学体育教学，努力提高体育教学质量

学校体育教学研究，必须立足于规范体育教学，以大面积提高中小学教育质量为目标，面向所有的学校和教师，全面提高课堂的实效；面向全体学生，全面提高学生的体质与健康水平，促进学生全面发展。

3. 提高教师的整体素养，努力促进教师专业发展

学校体育教学研究，必须立足于提高教师的思想政治和文化、业务素质，以促进教师专业发展和职业生涯发展为目标，深入研究、探索、掌握教学规律，不断创新教学方法、改进教学工作。

（二）体育教学研究的基本职责

1. 贯彻国家教育方针，执行国家课程标准与教学政策

全面贯彻德智体美劳全面发展的国家教育方针，组织体育与健康课程标准的实施。根据本地实际，制定地方执行国家体育课程的政策和计划。

2. 实施教学研究，指导教学，推进教学改革

根据中小学体育教学需要，研究体育教育思想、教学理论、课程设置、教学内容、教学方法、教学手段和学科教学评价等，为国家体育课程改革提供参考，为教师开展体育教学提供科学指导。组织教改实验，探索教学规律；总结、提炼、推广教学经验，推动教学改革。

3. 组织教研活动，提高教学效果和教学能力

组织多层次、多形式的体育教学研究活动，帮助广大教师制订教学计划，钻研、掌握课程标准和教材，不断改进教学方法，努力提高课堂教学效果。组织教师开展课堂教学展示和教学技能交流，提高教学能力，指导和帮助教师开展学科课外活动，促进教师专业发展。

4. 构建教材体系，完善教材内容

研究分析经国家审定后的体育教材，组织教材培训，负责教材的实验和推广，为教材选择提供咨询意见。

5. 研究制定和组织实施体育教学质量标准

制定基于国家课程标准和地区实际的体育教学质量标准，参与组织对学科教学质量的监督和质量评估。受委托，制定本地区教师职称考核标准，组织或参与教师的职称评定。

进入新时代，《教育部关于加强和改进新时代基础教育教研工作的意见》要求："地方各级教育行政部门要进一步明确教研机构的工作职责，充分发挥教研机构在推进区域课程教学改革、教学诊断与改进、课程教学资源建设、培育推广优秀教学成果等方面的重要作用。"体育教学研究在完成原有职责的基础上，要进一步聚焦新时代工作职责，努力为学生的全面发展服务。

第二节　体育教研员的工作职责

体育教研员是指各地教育科学研究所（院）在编并从事学校体育教研工作的人员，是学校体育教研工作的主要承担者。按照规定，体育教研员属中小学教师，享有中小学教师的权利和待遇。自1979年"扬州会议"以来，体育教研员队伍得到不断加强。现在，全国大部分省（自治区、直辖市）建立了独立的体育教研室，从全国范围看，专职体育教研员有200多人，是推动我国中小学校体育事业发展的重要力量。

一、体育教研员及教研室主任的基本要求

（一）体育教研员的基本要求

2019年11月，《教育部关于加强和改进新时代基础教育教研工作的意见》明确了教研员队伍的专业标准。

（1）政治素质过硬。体育教研员要牢固树立"四个意识"，坚定"四个自信"，坚决做到"两个维护"，认真贯彻党的教育方针。

（2）事业心责任感强。体育教研员要有教育理想和教育情怀，热爱教研工作，

自觉为提高基础教育质量贡献智慧。

（3）教育观念正确。体育教研员要遵循教育规律和学生身心发展规律，坚持德智体美劳全面培养，积极践行发展素质教育。

（4）教研能力较强。体育教研员要具有扎实的教育理论功底，教学经验丰富，原则上应有6年以上教学工作经历，具有中级以上教师专业技术职称，在教育教学上取得优异成绩。

（5）职业道德良好。体育教研员要遵守教研工作学术道德，作风民主，有较强的服务精神，善于听取和总结基层经验，勇于探索教育教学改革创新。

这是新时代国家对每一位教研人员的基本要求，体育教研员作为教研队伍的一分子，应该对照专业标准，不断提升自身的专业素养。

（二）体育教研室主任的基本要求

体育教研室主任作为体育教研工作的组织者、领导者和管理者，相对于教研员，除了具备上述教研员的基本要求外，还应当具备较高的任职条件。

（1）体育教研室主任要具有体育专业本科及以上学历，具有教师资格并具有高级专业技术职务。

（2）体育教研室主任要了解国内外教育改革的趋势，熟悉体育教学改革的动态，具有开拓进取的精神，较强的组织管理能力、协调能力，具有丰富的体育教学工作经验和较强的研究能力。

（3）体育教研室主任要熟悉有关的法律、法规和方针、政策，廉洁自律。

二、体育教研员的基本工作职责

学校体育教学研究的具体工作由各级专兼职体育教研员承担。体育教研员依据教研机构的工作职责有计划地组织开展体育教研活动。同时，体育教研员根据体育教学实际，开展不同的专题体育教学研究，解决体育教学中的现实问题；承担学校体育科研课题，提高科研能力，提升对体育教育实践的指导能力。

（一）提供政策咨询

体育教研员要全面掌握国家有关教育、体育的重要方针、政策，重要的法律、法规，如党的教育方针、《义务教育法》《学校体育工作条例》等。体育教研员要能够提供教育、体育的政策咨询。同时，体育教研员要能够结合本地实际，具体分析政策实施的条件和问题，为体育教育政策调整提供实践依据。

（二）贯彻实施课程标准

体育教研员要研究国家体育课程的目标、功能、结构、内容、实施途径、评价标准，制定本地区贯彻实施体育课程标准的计划和管理办法，总结、分析体育课程标准实施过程中的经验和问题，及时调整体育课程实施策略。

（三）调查教学现状

体育教研员要深入学校和体育课堂，了解体育教学实际，掌握体育课开课、教师配备、体育场地器材配置、学生体质健康状况等情况，及时发现问题，为教育行政管理部门提供真实信息；同时要深入分析问题，提出解决问题的对策和建议，为教育行政管理部门提供决策参考。

（四）指导课堂教学

体育教研员要对体育教师的课堂教学进行指导。组织体育教师研究课程目标，分析教材，设计课堂教学方案，选择教学手段和方法，帮助体育教师解决体育教学问题，探索体育教学规律，以便体育教师提高教学质量和教学水平。

（五）组织教研活动

体育教研员要从体育教学实际出发，有计划地组织本级及下一级教研室开展不同层次、不同专题的体育教学研究活动；总结体育教研活动的特点和规律，形成有特色的标志性体育教研活动，如优质体育课展示、体育教师教学技能展示等，使体育教师提高教学质量和教学水平。

（六）实施教学评价和管理

体育教研员要依据体育课程标准、体育教材以及地方体育教学管理的相关文件，制定体育课基本规范和要求，对体育教学进行评价；要依据《学校体育工作条例》《义务教育体育与健康课程标准（2022年版）》等规定，制定体育教学质量标准，对体育教学过程进行有效管理和质量监控。

（七）开展教改实验

体育教研员要根据国家和地区体育课程改革的新情况、新要求，规划并组织开展本地区的体育教改实验；要依据地区、学校、教师等具体情况，组织不同形式、不同主题的体育教改实验；同时，做好体育教改实验的过程管理和成果总结。

（八）总结推广教学经验

体育教研员要善于发现先进的体育教学典型，为先进体育教学典型的成长和发展创造条件；同时，及时总结和推广体育教学经验，保证成功经验在更大的范围发挥作用。

（九）参与教育科研

体育教研员要结合体育教研工作中发现的问题，以解决问题为目的，开展体育科研课题研究，发现问题的症结，为解决体育教学中的问题提供对策；另外，要及时关注教育科研的动态，将研究成果及时引导到体育教学实践中，指导体育教学，以提高体育教学质量。

（十）指导开展校本教研

体育教研员要组建以教研员、体育骨干教师为主体的体育教研队伍，并以此为依托，开展不同层次的体育教研活动；要依靠体育骨干教师开展以学校为单位的体育校本教研；要指导学校建立体育校本教研计划和制度，设定体育校本教研的目标和内容。

三、体育教研员的专业发展

学校体育教学研究工作的质量和成效在很大程度上取决于体育教研员的工作成效。体育教研员的工作主要是将国家学校体育工作方针和政策转化成具体的体育教学实践要求，将国家课程标准细化为具体的体育教学行为的中介和桥梁规范。因此，体育教研员的专业水平，决定了学校体育教研工作的整体专业化程度和发展前景。

（一）体育教研员的专业素质

担任体育教研工作的专职、兼职教研员，其专业素质包含体育专业知识、专业技能和专业精神3个主要方面。其中，体育教学研究能力是体育教研员专业素质的核心。

体育教研员通常从教师中成长起来，一般要经历从普通教师、骨干教师、学科带头人到体育教研员的职业发展历程。具有高超的体育教学能力、丰富的体育教学实践经验，是优秀体育教研员的首要标志，也是体育教研员必备的专业技能。

（二）体育教研员的专业能力

体育教研员是体育教研活动的发起人、组织者和管理者，体育教研员的专业能力主要有以下几个方面。

1. 组织能力

体育教研员与教师之间，没有领导与被领导的关系。教研员担负引领学科发展、组织教研活动、管理教研工作的任务，从角色定位看，是实际上的学科指导者。因此，作为一名体育教研员，必须具备为了实现体育教研目标，灵活地运用各种方法，有效协调各种人际关系，合理利用各种教学资源，高效完成体育教研任务的能力。

2. 服务能力

体育教研活动的目标是提高体育教学成效、提高学生学习能力和体质健康水平。要达到这个目标，必须通过教师的落实才能实现。因此，体育教研员的工作要围绕教师的教学进行，不断满足教师的需求，最大限度地服务于教师。体育教研员要能够建立满足体育教师专业发展需求、可供体育教师共享的资源库或专业平台；能够有计划组织开展基于体育教师教学问题的教研活动；能够培养、发现、挖掘体育教学典型、教学经验并能够及时推广体育教师的教学成果。

3. 整合能力

国家体育新课程标准包含国家体育课程、地方体育课程和校本体育课程3个部分，这决定了体育教研员的工作不仅仅局限在制定、执行体育教学政策，指导体育课堂教学，保障体育教学质量等方面。体育教研员要能够依据地区社会、经济和文化发展实际，制定本地区实施国家体育课程的政策；能够结合本地区教育资源，制定地方体育课程；能够指导学校制定校本体育课程。体育教研员最重要的能力是将国家体育课程、地方体育课程和校本体育课程进行有机整合，形成学校体育课程的整体实施计划，保证体育课程的贯彻执行。

2019年，国家提出了教研员队伍专业发展的要求：加强教研员培训，将其纳入教师"国培计划"，教育部每年组织骨干教研员参加国家级示范培训；省、市、县级教育行政部门要建立教研员全员培训制度，每位教研员每年接受不少于72课时的培训；各级教育行政部门和教研机构，要根据教育教学改革需要，设立若干重点研究项目，组织教研员开展课题研究，提高教研能力和教学指导水平；为教研员的成长搭建平台。

第三节　体育教研活动的内容

教研活动是教研工作的实践形式。中华人民共和国成立以来，经过众多体育教研工作者和广大中小学教师的努力，以及长年的实践积累和课堂教学的检验，体育教研活动已经形成丰富多彩、行之有效的方式和模式。总体上看，教研活动的内容主要围绕研究、培训、教学3个重要环节展开。典型的体育教研活动有体育课堂教学展示活动、体育教学技能展示活动、体育课题研究活动、体育教研培训活动、体育校本教研活动等。

一、体育课堂教学展示活动

体育课堂教学展示活动即体育公开教学课，是基本的体育教研活动。体育课堂教学展示，是教师成长的必由之路。

（一）体育课堂教学展示活动的特点

体育课堂教学展示活动是综合展示体育教师教学思想、体育教学技能和体育教学艺术的平台，具有功能综合性、影响广泛性、信息交流迅捷性等特点。

1. 功能综合性

备课、试讲、授课、反思等环节，可以引导任课体育教师研究体育教学内容、了解学生、改进教法、提高质量，整体提高体育教师教学能力。

组织体育课堂教学展示，通过听课、评课等环节，可以促进体育教师之间相互学习、取长补短，共同提高思想认识，从而提升整体体育教学水平。

2. 影响广泛性

体育课堂教学展示是常见的体育教研活动形式，是最容易组织、最能够取得实效的体育教研活动。目前，我国基本形成了国家、省（自治区、直辖市）、地市及学校等不同层面的体育课堂交流与展示活动体系，参与体育教师人数众多，产生了广泛而深刻的影响。

3. 信息交流迅捷性

通过体育课堂教学展示，可以直接了解体育教学的实际。体育教师是否掌握新的体育教学理念，体育教师是否具备基本的体育教学能力等，都可以从体育课堂教学展示中得到反映。

（二）体育课堂教学展示活动的形式

体育课堂教学展示活动有学校组织的体育公开课，有跨学校甚至跨地区组织的体育示范课、体育研讨课和体育评比课等多种形式。

随着体育教学改革的推进，我国逐步发展创新出许多新的展示方式，如说课、片段教学等。还有一些体育课堂教学展示的形式，如送教上门、教学互访、校级赛课等，也在体育教学实践中得到应用。

为加强体育教学研究，提高体育教学质量，从2004年开始，教育部体育卫生与艺术教育司和中国教育学会体育专业委员会联合举办全国中小学体育教学观摩展示活动，每两年举办一届，从2004年至2019年，共举办八届，已经形成制度，参加的教师越来越多。特别是2010年在宁波举办的“第四届全国中小学体育教学观摩展示活动”，参加和观摩的教师达8000余名，成为全国知名的体育教学展示活动。以此为引领，全国各省、地、市、县也开展了相应的体育教学展示活动。

二、体育教学技能展示活动

体育教学技能展示，是为提高体育教师教学技能而开展的专门性展示活动，是国家体育新课程标准实施以来体育教研活动的创新形式，也是针对近20年来体育教师教学基本功水平下降的情况而创生的体育教研活动形式。

（一）体育教学技能展示活动的特点

体育教学技能展示活动，是以展示体育教师最基本教学素质为核心的体育教研活动。体育教学技能展示活动具有职业特点鲜明、专业特色突出等特点。

1. 职业特点鲜明

体育教师的教学技能，是体育教师必须具备的基本功和基本能力，是体育教师履行体育教学职责、胜任体育教学工作、完成教书育人任务所必需的能力，如具有较高的运动技术水平、较强的运动能力、良好的人格魅力等。

2. 专业特色突出

体育教师的教学基本功与体育教师的专业密切联系。不仅具备一般的教学基本功和教学能力，还具备特有的专业技术和教学技能，是体育教师区别于其他学科教师的专业素质，如讲解能力、示范能力、保护与帮助能力、组织实施课的能力等。

（二）体育教学技能展示活动的内容

体育教学技能展示活动可以通过比赛、考核、达标评比等形式进行，要求体育教师展示师德师风、专业知识、教学设计能力、课堂教学能力、教学技术应用能力等。

1. 师德师风

其要求体育教师师德高尚、事业心强、教风端正、诚信育人、为人师表。

2. 专业知识

其要求体育教师掌握学校体育法律法规知识，运动生理、心理学知识，体育教学法知识，熟知体育课程标准。

3. 教学设计能力

其主要展示体育教师设计课的能力，即体育教师能把先进的体育教学思想和方法设计到体育课堂教学理念、体育教学内容选编、体育教学步骤安排、体育教学方法选用等方面。

4. 课堂教学能力

其主要展示体育教师在课堂上执行教案的能力和组织开展课堂教学以及课堂管理的能力，具体表现为讲解能力、示范能力、运用口令与调动队伍能力、教学组织能力、教学评价能力、处理突发事件的能力等。

5. 教育技术应用能力

其主要展示体育教师运用多媒体技术进行辅助教学的能力。

三、体育课题研究活动

体育教学活动遇到复杂问题和难点问题时，普通教研活动在短时间内难以解决，需要组织专门的力量，用科学的方法进行专题研究，以探索解决问题的途径和办法。体育课题研究活动是体育教研活动向深度发展的必然选择，是体育教研活动需要科研引领的结果，是体育教研和科研日趋融合的重要体现。

（一）体育课题研究活动的特点

体育课题研究活动要选择真实的体育教学问题，明确研究目标，采用适当的研究方法，有计划、分步骤地开展。与体育公开课、体育教学研讨等教研活动不同，体育课题研究活动具有科学、规范、严谨的特点。体育课题研究要求信息采集真实、数据处理准确、分析论述逻辑性强、成果具有创新性。随着体育课题研究的广泛开展和教育改革的推进，体育课题研究在体育教学研究活动中所占的比例越来越大。

（二）体育课题研究活动的形式

作为体育教研活动的课题研究，实际是典型的行动研究，是以解决体育教学实际问题为导向的研究活动。

依据行动研究的理论，体育教研活动中的课题研究，一般的方法是“计划行动观察反思再计划……”。

在体育教研实践中，总结出来一些实用的课题研究方法，如“问题设计行动反思”方法、“问题综述调查计划设计实施总结”方法等。

目前，体育教学研究和体育课题研究不断结合与融合，成为一种趋势。

四、体育教研培训活动

体育教研培训活动是体育教研工作的重要工作内容。各地教研机构在当地教师培养工作中发挥了重要的作用。体育教研培训活动以提高教师的师德素养和业务水平为核心，以培养一支高素质、专业化的教师队伍为目标。

（一）体育教研培训活动的特点

与其他形式的体育教师培训相比，体育教研培训具有组织灵活、形式生动、参与广泛等特点。

1. 组织灵活

体育教研培训以解决体育教学中遇到的实际问题为立足点，培训内容不需要系统性、逻辑性，可以结合体育教学活动出现的问题、难题，随时进行。

2. 形式生动

体育教研培训主要以课堂展示的形式开展，体育教师参与课堂展示的全部活动，与同行交流学习，共同讨论课堂教学技能和技巧，有真情实感，具有生动、直观的特点，避免了“说教式”培训的枯燥和空洞。

3. 参与广泛

通过各级体育教研机构开展培训，能达到全体教师参与培训的结果。例如，通过国家集中式的体育骨干教师培训，可以培训各省（自治区、直辖市）的体育教研员和体育骨干教师；再通过省级集中培训，可以培训各地、市级体育教研员和体育教师，这样逐级下去，层层辐射，可以完成全国教师的培训。

（二）体育教研培训活动的形式

1. 新任体育教师岗前培训

新任体育教师岗前培训，即对所有新任体育教师进行岗前适应性培训和入职教育，帮助新体育教师尽快适应教育教学工作和学校管理制度，尽快融入教学团队，熟悉学校工作。

2. 在职体育教师岗位培训

在职体育教师岗位培训的重点是帮助体育教师更新教育理念，深入钻研业务，学习新知识，掌握新技能，提高教育教学实际能力。

3. 体育骨干教师研修

体育骨干教师研修的重点是帮助体育骨干教师总结体育教学经验，探索体育教学规律，进一步提升体育教学能力、体育教研能力、培训和指导青年体育教师的能力，促使体育骨干教师在推进素质教育和体育教师全员培训中发挥引领示范作用。

4. 体育学科带头人研修

体育学科带头人研修的重点是帮助体育学科带头人进一步总结体育教学经验和体育教学成果，掌握体育学科新理念，把握体育学科发展方向，有能力带领体育教师队伍开展体育教学研究，并取得创新成果的培训。

五、体育校本教研活动

体育校本教研是立足本校，从实际出发，以本校体育教师为主体，以解决体育教学过程中面临的具体问题为核心目标的实践性教学研究制度。体育校本教研活动是改进体育教学、提高体育教学质量、促进体育教师专业成长的基础性教研活动。体育校本教研也是当代体育教学研究发展的趋势之一。

（一）体育校本教研活动的特征

（1）体育校本教研的主体是体育教师。体育教师在教学实践中发现问题、明确问题，并以此作为自己的研究课题。体育教师在教学过程中以研究者的身份置身于教学情境之中，以研究者的眼光审视和分析教学理论和教学实践中的各种问题，对出现的问题进行探究，对积累的经验进行总结，使其形成规律性的认识。

（2）体育校本教研是在体育教育教学情境中生成的体育教学研究。体育校本教研不同于学术性的体育专业研究，而是基于学校、为了学校而进行的实践性体育教学研究。其研究的重心在学校，重点在课堂。校长是开展体育校本研究的第一责任人，体育教师是研究的主体，专家及其他教研人员是指导者和帮助者。

（3）体育校本教研的研究对象是本校体育教学中亟待解决的具体问题。体育教师在教学实践中，能够直接了解到体育教学的困难和问题，感知问题的所在。因而，体育教师最有条件也最有资格开展这种应用型研究，体育教学中许多问题如果脱离具体的教学实践去研究，无论理论上多完美，都经不起教学实践的检验。

（4）自我反思、同伴互助、专业引领始终贯穿在体育校本教研的过程之中。体育教师个人的自我反思、体育教师集体的同伴互助、体育专业研究人员的专业引领是开展体育校本教研和体育教师专业化成长的三种基本力量。自我反思是开展校本教研的基础和前提。体育校本教研只有转化为体育教师个人的自我意识和自觉自愿的行为，才能得到真正的落实和实施。体育校本教研是一种合作性的参与式研究，强调研究的民主性，包括体育教师之间、体育教师与专家、学校管理者、其他合作者之间的相互协作与支持。

（二）体育校本教研活动的形式

体育校本教研活动形式多样，针对不同的情况和要解决的问题，可以选择不同的形式。体育校本教研的活动主体是体育教师，所以，体育校本教研要以体育教师个人、体育教师集体和体育专业指导人员为要素，可以组成不同的活动形式。

1. 基于体育教师个人的校本教研

这类体育校本教研主要是指体育教学反思。体育教学反思是体育教师对自己的教学行为、教学效果和教学经验进行自我总结、自我反思的教研形式。这种形式是体育校本教研最基本的方式，是体育教师专业知识和专业能力提高的重要途径，是体育教师专业发展的核心动力。

2. 基于体育教师集体的校本教研

这类校本教研，通常指以学校体育教研组为单位，体育教师相互学习、共同讨论、交流经验的教研活动。其主要有主题学习、课例分析、听课评课、教学沙龙等活动方式。这种形式是体育校本教研最重要的方式，是体育教师依靠集体的力量和智慧，解决体育教学中共性问题和个性问题的最好途径，是体育教师共同成长的有效方式。

3. 基于体育专业指导人员的校本教研

这类校本教研，通常是指聘请体育专家、体育教研员、体育学科带头人或者体育骨干教师，对体育教师进行理论辅导、现场指导、教学咨询的教研活动。这种形式是校本教研的开放式活动方式，是提高体育教师理论修养、增强体育教师理论思维能力的最直接方式。体育专业指导人员引领的体育校本教研，教研主体还是体育教师，活动目的是拓宽体育教师视野，为体育教师提供更多的对外交流机会和展示才华的舞台。专家引领的体育校本教研是体育教师逐渐形成自己的教育概念和独特的教学风格，成为体育学科带头人的必经途径。

思考题

1. 简述体育教研机构的基本职责有哪些。
2. 体育教研员的基本工作职责有哪些？
3. 体育教研究活动内容有哪些？
4. 什么是体育校本教研？其特征是什么？
5. 新时代体育教研队伍的专业标准有哪几个方面？

主要参考文献

[1] 孙元清．为提高教学育人质量而不断奋斗——献给上海市教育委员会教学研究室成立70周年[J]．上海课程教学研究，2019（11）：3-7.

[2] 王春江、陈振国．地方教育智库建设：功能定位与运行机制——以地方教育教学研究机构为例[J]．智库理论与实践，2018，3（6）：52-57.

（中国教育科学研究院　吴键；首都体育学院　向静文；
北京教育科学研究院基础教育教学研究中心　李忠诚）

第八章　阳光体育运动

内容提要

“阳光体育运动”是个新术语。本章主要介绍了阳光体育运动产生的背景、阳光体育运动的主要内容以及其与学校体育的关系，在此基础上，重点阐述了“阳光体育运动一小时”的发展、内容、要求和做法。

学习目标

◎了解阳光体育运动产生的背景。

◎熟悉阳光体育运动的目标与内容。

◎掌握“阳光体育运动一小时”的基本要求与内容。

第一节 阳光体育运动的产生

“阳光体育运动”是全国亿万学生阳光体育运动的简称，是2006年出现在学校体育界的新术语，现在已经成为教育、体育及社会各界熟知的专用术语，阳光体育在某种程度上已成为学校体育的代名词。了解这一术语产生的过程对于做好学校体育工作和开展好“全国亿万学生阳光体育运动”很有必要。

一、阳光体育运动产生的背景

（一）“重智育、轻体育”的教育倾向

学校体育是我国教育的一个重要组成部分，是与德育、智育、美育、劳育平行并列的教育的一个方面，体育课程一直以来是我国各级各类学校课程设置中的必修课。但是，在实际中，由于种种原因，不少教育部门、学生和家长却存在着“重智育、轻体育”的倾向。体育与健康课程可以随意被挤占，学校体育场可以随意被侵占，学校体育公用经费可以随便减缩，教师同工不同酬等情况屡见不鲜。这种不重视体育的倾向，经过长期积累，导致出现了不利于开展学校体育工作的情况。

（二）学生体质状况引发社会关注

2006年9月18日，教育部、国家体育总局、卫生部、国家民族事务委员会、科学技术部于2005年共同组织实施的第5次全国大样本学生体质与健康调研结果正式发布。结果显示，与2000年相比，我国学生形态发育水平继续提高，营养状况继续改善，低血红蛋白等常见病检出率继续下降；但我国学生体质与健康状况存在突出问题，肺活量水平继续呈下降趋势，速度、爆发力、力量、耐力素质水平进一步下降，肥胖检出率继续上升，视力不良检出率仍然居高不下。其中，学生肺活量水平、体能素质持续下降，体能素质中的速度素质和力量素质连续10年下降，而耐力素质则连续20年下降；超重和肥胖学生的比例迅速增加，城市男生已达24%；视力不良率仍居高不下，小学生为31%，初中生为58%，高中生为67%，大学生为82%。这一结果公布后，引起了社会各界对学生体质健康水平的广泛关注，各种媒体争相报道，各方面专家激烈讨论，认为引起学生体质健康水平下降的原因主要有两个方面：一是由于片面追求升学率的影响，社会和学校存在“重智育、轻体育”的倾向，学生课业负担过重，休息和锻炼时间严重不足；二是由于体育设施和条件不足，学生体育课和体育活动难以保证。在责任归因时，有人认为是社会发展的责任，有人认为是体育管理部门的责任，有人认为是教育管理部门的责任，也有人认为是学校体育工作方面的责任，等等。总之，来自各方面的压力以及自身的责任迫

使各级政府及教育、体育等有关行政部门准备加强学校体育工作。

（三）北京2008年夏季奥林匹克运动会的催化作用

2001年7月13日北京成功申办2008年夏季奥林匹克运动会（简称奥运会）后，举国上下都在营造着北京举办2008年奥运会的良好气氛。在筹办北京奥运会的7年中，我国广大民众有了更多直接或间接接触体育的机会，大大提升了对于体育的关注和参与体育活动的热情，同时，体育知识得到了普及，奥林匹克精神得到了传播，人们对体育的认识更加全面和深刻。竞技体育、群众体育、学校体育都得到了各级管理部门和各级学校的重视。在北京2008年奥运会的筹备过程中，第五次全国学生体质健康调研的结果与全国形成的奥运会热情和重视体育的氛围形成巨大反差，从而催化和推动了学校体育工作的进程。

二、“全国亿万学生阳光体育运动”的诞生

为加强学校体育工作，提升学校体育的地位，努力增强学生体质，促进学生全面健康的成长，需要新的手段和方法。这个新手段、新方法需要能吸引大家的关注，引起社会的共鸣，具有新意，能得到社会各界的支持。由教育部牵头，在研究这项新工作时，专家们提出了可以借鉴20世纪五六十年代我国学习苏联而实施的《准备劳动与保卫祖国体育制度》即《劳卫制》的做法研究制定新工作。

《劳卫制》的基本要求是：根据身体全面发展、循序渐进的原则和性别、年龄的不同将人们分为少年级、一级和二级3个级别。各级别中对年龄级进行了详细的划分，规定了设立的运动项目（如田径、体操、举重等贯穿着速度、力量、耐力、灵巧的项目）和测验的方法，参加《劳卫制》锻炼的人通过规定运动项目的测验，及格后由国家体委（现为国家体育总局）授予相应级别的证章和证书，证章、证书有效期为3年，每隔3年复测1次，以鼓励人们经常参加体育锻炼、增强体质。1956年，为了贯彻执行好《劳卫制》，教育行政管理部门和学校，一方面将《劳卫制》中规定的运动项目编入体育教材，使学生通过体育课的学习，掌握《劳卫制》有关的知识和技能；另一方面要求学校将《劳卫制》作为课外体育活动的中心内容列入工作计划，学校领导和教师定点进行辅导、定期组织测验。《劳卫制》的实施，掀起了青少年积极参加体育锻炼的高潮，并且把获得证章、证书视为一种荣誉。到1957年底，全国有1000多万人经常参加各项体育活动，有168万人通过《劳卫制》，有等级运动员9.5万多人。当时的实践证明，实施《劳卫制》对增强青少年体质具有明显的效果。

在借鉴《劳卫制》名称及相关内容的基础上，我国针对学生从学校到家庭从教室到书房单一的学习生活方式，号召广大青少年走出教室、走到阳光下、走向操场户外积极参加体育锻炼，提出了“阳光体育运动”，并根据我国近三亿青少年的数

量，命名为“全国亿万学生阳光体育运动”，并决定以此名称为主推出一项加强学校体育和增强学生体质健康水平的新工作。2006年12月20日，为全面贯彻党的教育方针，认真落实“健康第一”的指导思想，在全国亿万学生中掀起体育锻炼的热潮，切实提高学生体质健康水平，教育部、国家体育总局、共青团中央下发了《关于开展全国亿万学生阳光体育运动的决定》，从2007年开始，结合《国家学生体质健康标准》的全面实施，在全国各级各类学校中广泛、深入地开展全国亿万学生阳光体育运动。

第二节　阳光体育运动概述

阳光体育运动作为学校体育特殊时期提出的一项新工作，不仅是个新术语，而且有特定的目标、内容和相关要求。在《关于开展全国亿万学生阳光体育运动的决定》中仅提出了3年的实施要求，而在2010年颁发的指导我国教育事业未来10年发展的《国家中长期教育改革和发展规划纲要（2010—2020年）》第二部分“发展任务”第四章“义务教育”第八条“巩固提高九年义务教育水平”中明确提出：“增强学生体质。大力开展‘阳光体育’运动，保证学生每天锻炼一小时，不断提高学生体质健康水平。”这样，阳光体育运动就成为一项从2010年开始仍将持续的活动。

一、阳光体育运动的目标

《关于开展全国亿万学生阳光体育运动的决定》明确提出了开展阳光体育运动的目的是“在全国亿万学生中掀起群众性体育锻炼的热潮，切实提高学生体质健康水平”，目标是“开展阳光体育运动，要以‘达标争优、强健体魄’为目标”。其中达标是指达到《国家学生体质健康标准》，争优是指在《国家学生体质健康标准》测试中争取达到优秀等级。其具体目标是：“用3年时间，使85%以上的学校能全面实施《国家学生体质健康标准》，使85%以上的学生能做到每天锻炼1小时，达到《国家学生体质健康标准》及格等级以上，掌握至少2项日常锻炼的体育技能，形成良好的体育锻炼习惯，体质健康水平切实得到提高。”

阳光体育运动的目标是从2007年开始，用3年的时间让我国大部分学生达到《国家学生体质健康标准》的要求，大多数学生的体质健康水平切实得到提高。

二、阳光体育运动的内容

《关于开展全国亿万学生阳光体育运动的决定》明确提出了开展阳光体育运动的内容，在实际工作中，阳光体育运动的内容得到了不断的丰富和充实，各地各学校对阳光体育运动内容做出了许多积极探索。

阳光体育运动的内容主要涉及《国家学生体质健康标准》、体育课堂教学、课外体育活动、舆论氛围、组织领导5大方面、12个小项和13条要求的工作（表8–1）。

表8–1　阳光体育运动的内容

工作范畴	具体内容	要求
全面实施《国家学生体质健康标准》	1. 建立和完善《国家学生体质健康标准》测试结果记录体系 2. 建立《国家学生体质健康标准》通报制度 3. 认真组织全体学生积极开展“达标争先”活动 4. 对达到《国家学生体质健康标准》优秀级的学生，颁发“阳光体育奖章”	1. 测试成绩要记入小学生成长纪录或学生素质报告书，初中以上学生要记入学生档案，并作为毕业、升学的重要依据 2. 定期通报各地《国家学生体质健康标准》实施的情况和测试结果
与体育课堂教学相结合	5. 坚持依法治教，规范办学行为 6. 深化教学改革，不断提高教学质量	3. 严格执行国家有关体育课时的规定，上足上好体育课，不得以任何理由挤占体育课时 4. 通过体育教学，教育、引导学生积极参加阳光体育运动
与课外体育活动相结合	7. 保证学生每天锻炼一小时 8. 将学生课外体育活动纳入教育计划，形成制度 9. 认真组织实施“全国中小学生课外文体活动工程”	5. 大力推行大课间体育活动形式 6. 积极创建中小学快乐体育园地 7. 加强学生体育社团和体育俱乐部建设 8. 通过广泛开展学生体育集体项目的竞赛、主题鲜明的冬季象征性长跑、具体地方特点和民族特色的学生体育活动等，不断丰富学生课外体育活动的形式和内容
营造良好的舆论氛围	10. 通过多种形式，大力宣传阳光体育运动，广泛传播健康理念 11. 建立评比表彰制度	9. 使“健康第一”“达标争优、强健体魄”“每天锻炼一小时，健康工作五十年，幸福生活一辈”等家喻户晓，深入人心 10. 对在阳光体育运动中取得优异成绩的单位和个人给予表彰，以唤起全社会对学生体质健康的广泛关注，吸引家庭和社会力量共同支持阳光体育运动的开展
加强组织领导	12. 成立相应领导机构	11. 教育部、国家体育总局和共青团中央共同成立全国阳光体育运动领导小组，制订实施细则，领导和组织全国阳光体育运动的开展 12. 各级教育、体育行政部门和共青团组织要成立相应的工作机构 13. 各学校要成立以校长牵头的领导小组，按照全国的统一部署，制定具体的措施，组织本地、本单位的阳光体育运动的实施

与阳光体育运动相关联的还有另外两项工作。一是推广传唱《阳光体育之歌》。2007年9月29日，教育部办公厅、国家体育总局办公厅和共青团中央办公厅下发了《关于推广传唱“阳光体育之歌”的通知》，希望各地和各级各类学校结合多种形式的阳光体育活动，对《阳光体育之歌》进行广泛宣传、播放，积极组织学生学唱，使《阳光体育之歌》尽快在广大青少年学生中得到普及，充分发挥其增强

广大青少年学生体育意识，促进他们积极参加锻炼的功能。二是实施“阳光体育奖章”制度。教育部、国家体育总局和共青团中央于2007年9月28日下发了《关于实施阳光体育奖章制度的通知》，要求各地从2007年新学年开始在全国普通中小学和中等职业学校全面实行阳光体育奖章制度，充分发挥“阳光体育奖章”的激励作用。

三、阳光体育运动与学校体育的关系

阳光体育运动和学校体育是两个相对独立的名称，均有各自的内涵，但二者在内容、工作范畴等方面却具有高度一致性。阳光体育运动和学校体育相互促进、相互补充。一方面，阳光体育运动的开展，为学校体育带来了新的发展机遇，对学校体育的发展提出了新的要求，丰富了学校体育的内涵；另一方面，学校体育是阳光体育运动的基础，为阳光体育运动提供了理论体系和支撑。

1. 阳光体育运动和学校体育的相同点

（1）二者目标一致，都是为了增强学生体质健康，但是阳光体育运动更具有明确性，有时间限制，有量化标准。

（2）二者实施途径一致，都依托于体育课堂教学、课间操、课外体育活动、课余体育训练与竞赛等，但是阳光体育运动更注重《国家学生体质健康标准》的实施和达标，更关注“学生每天锻炼1小时”体育活动的落实，更重视课外体育活动的开展。

（3）二者要求一致，都是积极贯彻国家的教育方针切实推进素质教育，认真落实“健康第一”的指导思想，要按照学校体育工作政策要求开展工作，要保证课时，要按课程标准教学，要配齐配强教师，要广泛开展课外体育活动，要加强学校体育设施器材保障，要确保学校体育安全，等等。

2. 阳光体育运动和学校体育的区别

（1）学校体育更多地依托于体育课，侧重教育、学科学理性。

（2）阳光体育运动以实施《国家学生体质健康标准》为基础，采用广泛开展各项课外活动，积极落实“学生每天锻炼1小时”阳光体育锻炼为手段，围绕在短期内提高学生体质健康的目标，侧重课外体育活动，侧重宣传和激励作用。

第三节　阳光体育运动一小时

“阳光体育运动一小时”是“学生每天锻炼一小时”的别称。近年来，随着阳光体育运动的广泛开展和阳光体育运动的家喻户晓，在现实生活和学校工作中，大家把在学校体育理论界专称的“学生每天锻炼一小时”转化为近口语的“阳光体育

运动一小时”，某些地方在文件中也用了这一称谓，如湖北省教育厅印发的《湖北省中小学校每天一小时阳光体育运动实施方案的通知》。本节沿用“阳光体育运动一小时”，其益处有：一是更好地发挥社会力量推动学校体育工作发展；二是使学校体育与开展阳光体育运动更好地结合起来；三是更有利于传播坚持体育锻炼的理念；四是更好地进行体育科学宣传与普及。

一、“学生每天锻炼一小时”的发展

（一）起始阶段

关于“学生每天锻炼一小时”的要求和提法是在20世纪50年代出现的，当时不是为了鼓励学生加强每天一小时体育锻炼提出的，而是为了限制学生过多地参加课外活动，避免影响身心健康提出的，与现在所倡导的“学生每天锻炼一小时”含义迥然不同。1951年8月6日，根据当时全国各级学校由于功课过重，社团活动过多，加以伙食管理不尽得法，卫生工作注意不够，影响了学生的身体健康，学生健康不良颇为严重，针对此种状况，中央人民政府政务院下发了《关于改善各级学校学生健康状况的决定》，提出：“学生每日体育、娱乐活动或生产劳动时间，除体育课及晨操或课间活动外，以一小时至一小时半为原则。通勤学生可酌量减少。学生从事生产劳动时，应避免过重的体力劳动。”这是起初对“一小时”的要求，其时间长度为一小时至一小时半，其内容不仅仅为体育活动，还可以是娱乐和劳动，而且体育课、早操和课间活动是不包括在学生每天锻炼一小时内的。

（二）立法阶段

“文化大革命”给当时的学校体育卫生工作带来了严重的破坏，导致学校体育教学秩序遭到破坏，场地设施严重损毁，学生体质健康状况普遍下降。为了扭转这种局面，恢复学校体育卫生工作，提高学生体质，1978年4月14日，教育部、国家体委、卫生部共同下发了《关于加强学校体育、卫生工作的通知》，文件指出：“要根据各地不同情况，积极推行《国家体育锻炼标准》，广泛开展群众性的体育活动。中小学要认真做好早操、课间操和眼保健操。课外体育活动，每周最少要有两节列入课表；每天平均保证有一小时有组织、有领导、有计划的体育锻炼（包括体育课、早操、课间操和群众性课外体育活动）。”同年9月22日，教育部发布的《全日制中学暂行工作条例》（试行草案）、《全日制小学暂行工作条例》（试行草案）提出：“学生的体育活动（包括体育课、课间操和课外锻炼）每天要有一小时。”1979年9月25日，《教育部、国家体委、卫生部、共青团中央关于贯彻全国学校体育、卫生工作经验交流会议纪要精神的通知》中提出：“从实际出发，积极开展学校体育、卫生活动，认真做好五项工作。”其中之一就是“抓好每天一小时的锻炼。要认真做好早操、课间操，提高做操质量。每周最少安排两节课外体育活动，列入课表，保证每天平均有一小时的体育锻炼”。1979年10月5日，教育部、国家体委关于试行《高等学校体育工作暂行规定》（试行草案）和《中小学体育工作暂行规定》（试行草案）。在《高等学校体育工作暂行规定》（试行草案）中关于课外体育活动方面提出：“课外体育活动是高校体育工作的一个重要方面，是增强学生体质的有效措施。学生要坚持每天做好早操和课间操，每周参加2课时以上的课外体育活动（列入课表）。未开体育课的3年级以上学生，要有领导地组织锻炼小组或运动队，有计划地进行体育锻炼。各年级学生都要保证平均每天有1小时以上的体育锻炼时间。”1982年6月12日，为了落实《教育部关于当前中小学教育几个问题的通知》文件中明确提出，必须保证中、小学生每天有一小时的体育活动。为了进一步保证全体学生每天一小时的有组织、有领导、有安排的体育活动，教育部下发的《关于保证中、小学生每天有一小时体育活动的通知》中再次明确了一小时的内容包括：“一是每天坚持眼保健操和课间操（或早操）；二是每周上好两节体育课；三是凡没有体育课的当天，都要安排一次课外体育活动。此外，要保证学生课间10分钟到室外休息或活动。”1990年3月20日，国家教委、国家体委发布实施了由国务院1990年2月20日批准的《学校体育工作条例》，其内容在关于课外体育活动方面提出了要求：“开展课外体育活动应当从实际情况出发，因地制宜，生动活泼。普通中小学校、农业中学、职业中学每天应当安排课间操，每周安排三次以上课外体育活动，保证学生每天有一小时的体育活动的时间（含体育课）。中等专业学校、普通高等学校除安排有体育课、劳动课的当天外，每天应当组织学生开展各种课外体育活动。”《学校体育工作条例》中明确学生每天体育锻炼一小时标志着“学生每天锻炼一小时”进入了立法阶段。

（三）全面实施阶段

教育部为保证学生每天的锻炼时间，2005年8月19日专门下发《关于落实保证中小学生每天体育活动时间的意见》，对保证中小学生每天一小时体育活动工作提出了指导性意见和相关要求，并进一步明确学生每天一小时体育活动包括体育课、课外体育活动时间和大课间体育活动。在这个文件中，第一次把“学生每天锻炼一小时”内容中的“课间操”变为由20世纪90年代后期发展起来的“大课间体育活动”。2006年12月20日，教育部、国家体育总局、共青团中央共同下发的《关于开展全国亿万学生阳光体育运动的通知》中提出：“开展阳光体育运动，要与课外体育活动相结合。配合体育课堂教学，保证学生平均每个学习日有一小时体育锻炼时间。将学生课外体育活动纳入教育计划，形成制度。”2007年5月7日，中共中央、国务院《关于加强青少年体育增强青少年体质的意见》中要求“确保学生每天锻炼一小时”，并对其相关方面提出了要求。2009年10月1日实施的《全民健身条例》第三章第二十一条中明确提出“学校应当保证学生在校期间每天参加1小时的体育活动”。2010年颁布实施的《国家中长期教育改革和发展规划纲要（2010—2020年）》明确规定“保证学生每天锻炼一小时”。2011年十一届全国人大四次会议批准的《政府工作报告》提出：“保证中小学生每天一小时校园体育活动。”这充分说明保证学生每天锻炼一小时对于全面推进素质教育、促进学生健康成长、切实提高学生体质健康水平具有重要意义。

随着学校体育的不断发展，“学生每天锻炼一小时”演变为“阳光体育运动一小时”，其内容从单纯的课外体育活动到体育课、早操、课间操和课外体育活动，到体育课、课间操和课外体育活动，再到现在的体育课、课外体育活动和大课间体育活动，经历了不断丰富和完善的过程。

二、“阳光体育运动一小时”的内容

“阳光体育运动一小时”是指由学校有组织、有领导、有计划地在学校对学生进行体育教学和集体锻炼的时间，主要包括体育课，大课间体育活动和课外体育活动的时间。特别要注意：第一，“阳光体育运动一小时”是指学生在学校里的一小时，所以，学生在上、下学路上的时间和在家里、社区体育活动的时间不列入“阳光体育运动一小时”的时间；第二，“阳光体育运动一小时”必须是由学校有计划组织的集体体育活动，学生自由的课间活动和个别学生自发的体育锻炼不列入“阳光体育运动一小时”的时间；第三，只有体育课、大课间体育活动和有组织的集体课外体育活动等才能算作是“阳光体育运动一小时”的时间。其具体包括以下3个方面。

（一）保质保量上好体育课

体育课是落实学生“阳光体育运动一小时”的主渠道，中小学要认真执行国家课程标准，保质保量上好体育课，其中小学1～2年级每周4课时，小学3～6年级和初中每周3课时，高中每周2课时。地方和学校不得以任何理由削减、挤占体育课时间，特别是毕业年级更要开足上好体育课。体育课的教学要根据国家体育与健康课程标准要求和条件与学生特点，教学内容要有利于学生体质健康的增强，有利于学生运动技能的掌握，有利于学生课间操、大课间、课外体育活动的开展和练习，体育课要加强管理和规范教学行为，适度增加学生练习密度和运动负荷，注意运动安全，注重课堂教学质量的提高。

（二）保证课外体育活动时间

课外体育活动是体育课的延伸，是学生练习运动技术、掌握运动技能的必要保证，是增强学生体质健康的重要途径。凡没有体育课的当天，学校必须在下午课后组织学生进行一小时集体体育锻炼并将其列入教学计划严格执行。寄宿制学校要坚持每天出早操。高等学校要把课外体育活动纳入学校日常教学计划，使每个学生每周至少参加3次、每次不少于30分钟的课外体育锻炼。学校要把开展丰富多彩、形式多样的课外体育活动作为日常教育工作和校园文化建设的有机组成部分；要掀起人人参与、个个争先的课外体育活动热潮；要努力建成生动活泼、生机勃勃、生龙活虎的校园体育文化氛围；要积极鼓励和引导学生周末、假期坚持体育锻炼。农村学校要根据校园环境和地域特点开展好课外体育活动。少数民族地区的学校应积极开展富有当地民族特色的课外体育活动。

（三）严格实行大课间体育活动制度

大课间体育活动是落实学生“阳光体育运动一小时”的重要内容，它对调节学生学习节奏、缓解学习疲劳、增强学生体质、增进学生健康有着重要的意义。中小学校要每天至少统一安排25～30分钟的大课间体育活动一次，要将大课间体育活动排入课表，形成制度；要认真组织学生做好广播体操、眼保健操；要因地、因校、因时不断丰富大课间体育活动的组织形式和活动内容，科学、合理地安排运动负荷；运动场地不足的学校可采用错时、分段、分年级等方法，想方设法为学生开展大课间体育活动。

三、保证“阳光体育运动一小时”的基本要求

（一）做好动员，统一思想，提高认识

学校要积极宣传，广泛动员，使全体教师、学生及家长充分认识“阳光体育运动一小时”的重要意义，要把开展“阳光体育运动一小时”作为切实加强学校体育和增强学生体质工作的重要内容；要把开展“阳光体育运动一小时”作为切实贯彻落实“健康第一”的指导思想的一个方面；要把开展“阳光体育运动一小时”与形成办学特色结合起来。学校要明确“阳光体育运动一小时”是增强学生体质的最低时间要求，是每个学生必须参加体育活动的日常要求；学校要把“阳光体育运动一小时”作为考核教师、班主任和年级主任的一项硬指标。

（二）建立机构，明确责任，确保工作落到实处

学校要建立领导机构，主管领导亲自抓，分管领导具体抓，明确学校校长是“阳光体育运动一小时”的第一责任人，把“阳光体育运动一小时”的开展情况作为评价校长工作的重要内容；要建立教导、政教、总务、体育组和各年级组联动的运行机制，并发动好班主任及全体教师积极参加，层层建立责任制，把各项工作落到实处。

（三）制定学年计划，做好详细工作方案

学校要根据学校场地情况、教师数量和学生规模，进一步整合资源，制定学年“阳光体育运动一小时”计划。首先学校要计算学校运动场地和教师数量，然后把各年级、各班的早操、大课间、体育课及课外班级体育锻炼的场地逐一分配，并明

确参与教师。其次学校要把“阳光体育运动一小时”纳入教学计划，列入课表。最后学校要做好详细工作方案，明确分工，建立安全机制。

（四）加大经费投入，配置好器材，合理计算教师工作量

学校要加大对学校体育经费的投入力度，把公用经费按一定的比例专项用于“阳光体育运动一小时”工作，并做到年年投入有增长。中小学校要按照《国家学校体育卫生条件试行基本标准》要求，配足建好开展“阳光体育运动一小时”工作所需的器材和场地设施。农村学校要因地制宜开发和利用各种体育资源，努力满足学生开展“阳光体育运动一小时”活动的需要。学校要全面实施校方责任保险，解决学校、家长及教师开展“阳光体育运动一小时”活动安全方面的后顾之忧。学校要合理计算教师参与“阳光体育运动一小时”的工作量，特别是体育教师要做到同工同酬。

（五）加强教学研究，探索科学评价方法

学校和教师要加强对“阳光体育运动一小时”的教学研究工作，不断丰富一小时体育锻炼的内容，积极探索一小时体育锻炼运动负荷的合理安排，制定“阳光体育运动一小时”的科学评价方法与手段，使“阳光体育运动一小时”的安排能真正地做到学生喜闻乐见，增强学生体质健康，丰富校园生活，陶冶学生情操。

（六）加强检查，建立评选表彰机制

学校要加强对“阳光体育运动一小时”的检查，要建立周周查、月月查、学期总结的督查机制。学校要将落实学生每天“阳光体育运动一小时”作为领导、校长工作考核的内容。另外，学校还要积极宣传“阳光体育运动一小时”的好处，建立定期评选，表彰先进个人、班级和集体的机制，以发挥典型和榜样作用。

四、“阳光体育运动一小时”安排案例

为进一步掌握和理解“阳光体育运动一小时”的组织与安排，本部分选择部分学校的案例供参考。

（一）杭州市育才教育集团“阳光体育运动一小时”安排案例

杭州市育才教育集团前身为杭州市育才实验学校，创办于1995年，已成为浙江省教育科学研究院实验学校、浙江省小班化教育研究重点实验基地、浙江省陶行知研究会实验学校、浙江省优质特色教学民办学校、浙江省体育达标先进集体、杭州市人民群众最满意单位、杭州市文明学校。

开展阳光体育运动，增强体能、促进健康是一项长期、复杂、艰巨的系统工程，需要全社会来关注，特别是在学校教育中要努力实践与勇于探索。为此，杭州市育才教育集团着力研究、规划学校阳光体育运动，合理组织体育课堂教学、大课间体育锻炼活动、体育艺术2+1活动、体育节、体育社团、家庭体育锻炼等活动途径。下面就杭州市育才教育集团（以下简称集团）组织的主题性“阳光体育运动一

小时”的做法进行介绍。

1.“一天一项目”——创建快乐活泼的大课间

阳光体育“一天一项目”活动以体育大课间为主要开展形式，依据不同年级身心发展规律选择不同项目进行一天一练习，目的是创新现有大课间活动，激发学生运动兴趣。为此，学校把大课间体育锻炼编入学校的课程表，列入作息时间表，保障大课间活动的正常开展，并对现有的大课间活动进行革新，提高学生体育锻炼的积极性。通过内容丰富、形式多样的大课间活动，激发学生的运动兴趣，引导学生在掌握体育基本知识、基本技术与基本技能的基础上，培养学生体育运动的好习惯，为终身体育意识夯实基础。

集团坚持一天一练，充分利用场地空间、器材，在活动中重实效、重健身、重群体，以季节为周期开设丰富多彩的体育活动内容，较好地激发学生的体育活动积极性，使学生体质明显增强，提高学生的参与兴趣，使学生掌握更多的体育技能，增强心理素质。大课间体育活动是人人参与、群策群力、组织合理、全校上下通力合作的系统工程，对提高师生的身体素质和健康水平颇有益处，深受师生欢迎。集团具体阳光体育大课间安排见表8-2。

表8-2　杭州育才教育集团阳光体育大课间安排

	六年级				五年级				四年级				三年级				二年级				一年级			
	1	2	3	4	1	2	3	4	1	2	3	4	1	2	3	4	1	2	3	4	1	2	3	4
星期一	实心球	立定跳远	定点投篮	定点投篮	踩高跷	仰卧起坐	滚铁环	毽子	篮球球性	篮球球性	折返跑	折返跑	呼啦圈	呼啦圈	跳竹竿	跳竹竿	拍球	拍球	折返跑	三人同足	跳绳	跳绳	跳圈游戏	跳圈游戏
星期二	投篮	投篮	立定跳远	实心球	滚铁环	乒乓球	踩高跷	仰卧起坐	呼啦圈	呼啦圈	跳竹竿	跳竹竿	折返跑	折返跑	篮球球性	篮球球性	跳圈游戏	跳圈游戏	跳绳	跳绳	拍球	拍球	踩高跷	踏石过河
星期三	踩高跷	仰卧起坐	滚铁环	滚铁环	立定跳远	实心球	定点投篮	定点投篮	折返跑	折返跑	篮球球性	篮球球性	跳竹竿	跳竹竿	呼啦圈	呼啦圈	折返跑	三人同足	拍球	拍球	跳圈游戏	跳圈游戏	跳绳	跳绳
星期四	滚铁环	毽子	踩高跷	仰卧起坐	定点投篮	定点投篮	乒乓球	实心球	跳竹竿	跳竹竿	呼啦圈	呼啦圈	篮球球性	篮球球性	折返跑	折返跑	跳绳	跳绳	跳圈游戏	跳圈游戏	踩高跷	踏石过河	拍球	拍球

2.“一月一主题”——搭建自主挑战的乐园

集团阳光体育“一月一主题”活动以“校本化开发、主题性实施”的方式开展，目的就是要通过月主题活动，吸引广大青少年学生走向操场、走进大自然、走到阳光下，打造学校体育特色品牌，激发学生主动参加体育锻炼。“一月一主题”活动提出“把时间还给学生、把空间留给学生、把方法交给学生、把健康带给学生”，保证活动时间，拓展活动形式，形成青少年参与体育锻炼的热潮。通过“一月一主题”阳光体育运动，转变了学校体育观念，实现了学校体育工作的4个改变：改变了以往学生参加体育锻炼不快乐的局面，提高了学生参加体育活动的积极性；改变了以往传统的体育活动形式，使单调、枯燥的体育活动变为形式多样、寓教于乐，并形成体育活动系列化；改变了以往少数参与体育活动为全员参与，达到乐中健体、乐中启智，乐中育德；改变了以往轻群体健身、心理状态重竞技体育为三者相辅相成，促进了学生身体、心理、社会适应能力协调发展。集团具体主题活动内容见表8–3。

表8–3　杭州育才教育集团阳光体育“一月一主题”活动内容

月份	阳光体育月主题	阳光体育活动内容
9月	小小飞人	50米短跑、“五五”折返跑、50米×8往返跑、团队迎面接力跑
10月	校园CBA	拍球、运球、投篮、三人制篮球赛
11月	毽球飞扬	跳绳、毽球
12月	齐心协力	搬运轮胎、拔河、掰手腕
1月	乡土体育	跳竹竿、踩高跷、火炬接力赛
3月	勇攀高峰	立定跳远、摸高
4月	车轮滚滚	搬运轮胎、车轮滚滚、掰手腕
5月	阳光伙伴	阳光体育田径运动会、阳光伙伴
6月	活力宝贝	健美操、呼啦圈转转转、轮滑

3.“一学年一节日”——学校体育文化的新支撑

阳光体育“一学年一节日”活动是各学校根据学生的需要设立的，以开展体育活动为主题的学校活动日，目的是通过体育节使校园体育文化的体育运动与艺术融为一体，丰富校园文化。体育节每学年组织1次，面向的是年轻、蓬勃、有朝气、富有幻想的学生，所以集团吸引学生积极参与体育节的整个活动，让学生真正尝尝过节的味道。例如，在学校体育节的宣传阶段，通过有效的征集，然后集中评审，综合各方的合理化建议，由学生与教师一起创作体育节会徽。集团体育节历届口号为“健身、健心、健美、健脑”“强身健体、团结奋进、勇于挑战”“我要参与，我要挑战，我要成才”“健康、活泼、快乐、自信”等，均通过师生推荐与学生投票产生，以此激发全校师生的热情。学校体育节的形式有很多，如知识竞赛、体育表演、体育比赛、体育游戏、体育对抗等，目的就是通过学校体育节提高学生的体育兴趣，调动学生体育锻炼积极性，增强学生体育素养，拓展学生知识面，提高学生技能，促进学生身心健康发展。

（二）北京市芳草地国际学校世纪小学“阳光体育运动一小时”安排案例

北京市芳草地国际学校始建于1956年，当时为外交部子弟小学。1973年，随着和我国建交国家的增多，在周恩来总理的亲切关怀下，学校开始大规模接收驻华使馆人员的子女和外籍及港澳台学生入学。该校以辉煌的办学业绩、充沛的师资力量、良好的校园环境，使学生享受着健康成长的快乐。学校也成为享誉海内外的京城名校，被誉为“小小联合国”和“世界小窗口”。北京市芳草地国际学校世纪小学（以下简称芳草地小学），成立于1998年，是北京市芳草地国际学校第一个分校，入选“首批北京市中小学文明校园名单”。

芳草地小学现根据学校的实际情况，依据各年级学生的身心特点及体质状况，积极开展有目的、有计划、有规律的体育锻炼，认真执行国家课程标准，保质保量地上好了两操两课（课间操、眼保健操、体育课、活动课）；保证1～2年级每周4课时，3～6年级每周3课时，没有体育课的班级，当天中午进行活动课，大课间（广播操）时间保证30分钟；学生按时到场进行锻炼，做到全员参与有考勤、有记录，保证学生的练习时间和练习次数，为学生体质的发展提供保障。芳草地小学具体活动安排节选见表8–4。

表8–4　芳草地小学活动安排节选

第一时段为：12:40—13:10、第二时段为：15:30—16:00

班级	活动时间安排	活动内容	活动场地
1年级（1）	周五第一时段	跳绳、坐位（站位）体前屈或游戏	田径场
1年级（2）	周二第二时段	跳绳、坐位（站位）体前屈或游戏	田径场
1年级（3）	周一第二时段	跳绳、坐位（站位）体前屈或游戏	田径场
1年级（4）	周三第一时段	跳绳、坐位（站位）体前屈或游戏	田径场
2年级（1）	周一第二时段	跳绳、坐位（站位）体前屈或游戏	田径场
2年级（2）	周一第二时段	跳绳、坐位（站位）体前屈或游戏	田径场
2年级（3）	周五第二时段	跳绳、坐位（站位）体前屈或游戏	田径场
2年级（4）	周三第一时段	跳绳、坐位（站位）体前屈或游戏	田径场
3年级（1）	周一第一时段；周二第一时段	跳绳、立定跳远、坐位（站位）体前屈或游戏	田径场
3年级（2）	周一第一时段；周五第一时段	跳绳、立定跳远、坐位（站位）体前屈或游戏	田径场
3年级（3）	周二第一时段；周四第一时段	跳绳、立定跳远、坐位（站位）体前屈或游戏	田径场
3年级（4）	周一第一时段；周三第一时段	跳绳、立定跳远、坐位（站位）体前屈或游戏	田径场
3年级（5）	周二第一时段；周三第一时段	跳绳、立定跳远、坐位（站位）体前屈或游戏	田径场

（三）广州市花都区新华街第六小学“阳光体育运动一小时”足球大课间方案

广州市花都区新华街第六小学是花都区一所足球特色学校。学校遵循“自信成就可能，以艺拓展潜能”的宗旨，每天开展45分钟足球大课间活动。通过这项活动，激发了全校师生参与足球的热情，在全校师生的共同努力和坚持不懈下，足球氛围越来越浓厚，大课间体育活动也取得了一个又一个佳绩。学校高度重视校园足球特色项目建设，在设计上紧紧围绕足球做文章。设计出足球操和足球基本功练习两大模块，做到足球运动普及与技能提高有机结合。

1. 活动内容

（1）快乐出操3分。

（2）特色足球操3.5分。

（3）拉力带操3.5分。

（4）手持球跑操6分：方阵跑、圆形跑、环形跑。

（5）足球基本功组合练习10分：足球运球与控球练习动作包括原地踩球练习、左右靠球练习、拉球练习、传接球练习、行进间运球练习、行进间踩球练习、足球绕杆练习等。

（6）放松操或柔韧操2分：放松操或柔韧操的技术动作包括站立后扶脚、双边倒V形、肘部后拉、坐式“V”形拉伸、坐式交叉腿手臂向前伸、拱桥、眼镜蛇姿势、金鸡独立、燕式平衡等。

（7）退场2分。

2. 活动时间

由于学校场地有限，采用分学段进行练习的形式，明确规定大课间活动时间为每天早上8:30—9:15（1~3年级）、下午4:15—5:00（4~6年级）。任何教师不得挤占大课间活动时间。若遇阴雨天，则改在室内进行。活动内容变为拉力带操和手指操等。

3. 组织形式

（1）全校性的活动。专业的草皮、标准的五人制足球场、全校师生人手一球，确保师生人人参与足球大课间体育活动。

（2）按年级分段活动。根据学生年龄组足球技能水平的不同，实行相同音乐但不同内容的训练形式，1~3年级以球性练习为主，4~6年级则以技能训练为主。

（四）北京市密云五中“阳光体育运动一小时”安排案例

北京市密云五中是“北京市（田径）体育传统项目校”“北京市百所中小学课间操优秀校”。学校以“每天锻炼一小时，健康幸福一辈子”为宗旨，逐步形成了体育特色教育，学校为保证每天一小时的体育活动制订了完善的活动计划方案，同时在课间操、大课间、校外体育活动的基础上，创新性地开展体艺类社团活动，丰富了学生的文化生活，促进了学生的健康发展。

1. 时间安排

合理安排时间，为学生锻炼身体提供保障：每天早上安排30分钟的课间操；下午安排30分钟的大课间跑操，保证学生锻炼一小时。初一、初二、初三每周3节体育课，并增加设置了每周1次选修课，全校学生自由选，以社团形式开展教学。

2. 内容安排

每天上午大课间除规定操外，还设计了2套学校自编的《瑜伽操——回归自然》《跆拳道操——激情绽放》；每天下午安排了创新设计的全校性大课间活动——大课间跑操，形式多样、整齐优美；每天保证2次眼保健操（分别在上下午大课间开始的前5分钟）。学校还录制了《课间操的视频材料》《体育活动光盘》一套，为校园体育文化的建设添砖加瓦。学校现已建成体育社团6个，涵盖了足、篮、瑜伽、跆拳道等项目。

（五）上海市虹口区丰镇中学“阳光体育运动一小时”安排案例

上海市虹口区丰镇中学创办于1988年，先后被评为上海市中小学课程教材改革研究基地、上海市家庭教育“十五”规划研究基地、虹口区体育传统学校等。学校学生3次荣获虹口杯足球赛冠军，连续6年获得虹口区学生运动会前六名，在全国武术比赛、华东地区青少年射击比赛、上海市学生艺术节单项比赛、上海市中学生少年健美操等体育比赛中表现优异。

1. 课外体育活动的形式保障

上海市虹口区丰镇中学在阳光体育活动的实践中，设计出了一系列的创新性组织形式，这些组织形式相辅相成，共同构成了具有学校特色的阳光体育活动体系。学校首先在原有早操和课间操的基础上，在下午放学后，增设了课余体育训练活动，之后又在下午的课间之中创新性地增加了体锻课和体育兴趣小组两项特色活动，进一步保证了学生每日锻炼一小时目标的落实。

2. 课外体育活动的时间安排

学校通过早操（全员20分钟）、课间操（全员25分钟）、体锻课（全员40分钟）、体育兴趣小组（初一、初二40分钟）、课余体育训练（训练队员70分钟）等活动，以全员和部分相结合的手段，落实了“阳光体育运动一小时”的目标。具体各项活动时间安排见表8–5。

表8–5　上海市虹口区丰镇中学课外体育活动安排情况表

组织形式	活动时间	活动内容
早操	8:05—8:25	1.《舞动青春》广播操 2. 自由活动 3. 配乐跳操
课间操	9:35—10:00	1.《舞动青春》广播操 2. 配乐跳操 3. 自由活动
体锻课	15:55—16:35	1. 队列 2.《舞动青春》广播操 3. 自由活动
体育兴趣小组	13:20—14:00	1. 足球 2. 排球
秋季运动会	11 月左右	传统的田径比赛
小型体育竞赛		1. 长短绳 2. 拔河
课余训练	6:30—7:40	1. 田径队 2. 足球队

目前，阳光体育运动已经深入人心，成为学校体育常态化工作，阳光体育运动

实施效果已基本达成，阳光体育后效应突出。一是“健康第一”的理念弥久坚持，成为国家、社会、学校、家庭和学生坚持的信念，成为教育教学的重要指导思想。二是越来越多的地方和学校更加重视阳光体育，把阳光体育运动列入年度工作计划，定期开展，如杭州市组织实施2021年杭州市中小学生阳光体育竞赛计划、2021年杭州市区高中学生阳光体育运动会田径比赛，又如南京市玄武区举办2021年中小学生阳光体育运动会，河南小扶沟县高级中学举办2021年冬季阳光体育运动会等。三是为“达标争优、强健体魄”实施的《国家学生体质健康标准》成为新时代学校体育工作评价的主要观测点。四是“阳光体育运动一小时”保证率越来越高，推动部分地区和学校增加体育课时，有的学校每天1节体育课，有的地方提出每天学生校内体育1小时和校外体育1小时。五是中小学生体质健康水平向好发展。2021年公布的第八次全国学生体质与健康调研结果显示，我国学生体质健康达标优良率逐渐上升，各年龄组男女生身高、体重、胸围指标均继续呈现上升趋势。在身体柔韧性、力量、速度和耐力等方面，中小学生出现了好转。

思考题

1. 阳光体育运动产生的背景是什么？
2. 阳光体育运动的主要内容有哪些方面？阳光体育运动与学校体育的关系如何？
3. “阳光体育运动一小时”是如何来的？
4. “阳光体育运动一小时”内容有哪些方面？做好“阳光体育运动一小时”的要求有哪些？

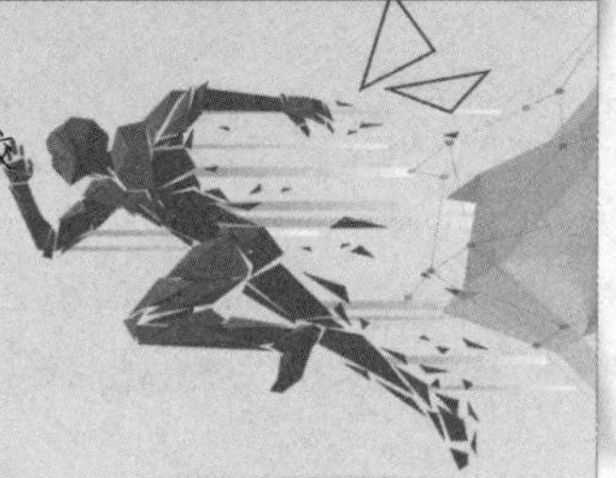

主要参考文献

[1] 国家教育委员会体育卫生司．学校体育卫生工作文件选编[M]. 沈阳:辽宁大学出版社，1988.

[2] 教育部体育卫生与艺术教育司．学校体育卫生艺术和国防教育工作文件汇编（1991-2005）上册[M]. 北京：高等教育出版社，2005.

[3] 教育部体育卫生与艺术教育司．学校体育工作重要法规文件选编（2008年版）[M]. 北京：人民教育出版社，2008.

[4] 刘海元．部分省市落实中央7号文件的现状调查与建议[J]. 首都体育学院学报，2009，4（3）：47-51.

[5] 陈雁飞，刘海元．阳光体育运动理论实践解读[M]. 北京：北京体育大学出版社，2010.

（首都体育学院　刘海元　程硕）

第九章　课外体育活动

内容提要

课外体育活动是学校体育工作的重要内容，是综合体育课程的一部分，是体育课堂的延伸，是“阳光体育运动一小时”的形式之一，开展课外体育活动非常重要。本章阐述了课外体育活动的含义、意义、特点与内容，并结合案例进一步具体说明了校内课外体育活动的组织和校外学校体育活动的组织。

学习目标

◎理解课外体育活动的含义及内容。

◎掌握校内课外体育活动的组织形式。

◎知道校内课外体育活动如何计划和实施。

◎掌握校外学校体育活动的组织形式。

第一节　课外体育活动概述

课外体育活动是学校课外活动的重要部分，是学校体育工作的重要内容，是综合体育课程的一部分，是体育课堂的延伸，是“阳光体育运动一小时”的形式之一。课外体育活动与体育课堂教学紧密相连，共同促进学生体质健康发展，实现学校体育目标。学校要因地制宜地利用各种形式开展课外体育活动，要做到人人有体育项目、班班有体育活动、校校有体育特色，要鼓励学生走出教室、走向操场、走进大自然，积极参加体育锻炼，掀起校园阳光体育运动的热潮，形成全校学生及教职工参与群众性体育锻炼的良好氛围。开展课外体育活动非常重要，体育教师必须掌握课外体育活动的基本知识和方法。

一、课外体育活动的含义

课外体育活动是指学校有计划、有组织地使学生在课余时间里进行各种身体练习并以练习课堂教学内容、发展身体、增进健康、提高运动技术水平和丰富业余文化生活为目的的体育教育活动。

课外体育活动可以是在校内组织的活动，即校内课外体育活动，如早操、课间操、大课间体育活动、班级体育活动等；也可以是在校外组织的活动，即校外学校体育活动，如与学校体育有关的家庭体育、社区体育、体育俱乐部活动等。

课外体育活动是评价学校体育工作开展效果的重要指标，是学生体育学业评价的重要内容。课外体育活动开展的状况直接影响学校体育整体工作成效，影响着学生体育学业完成的质量和达到《国家学生体质健康标准（2014年修订）》的水平。因此，学校要切实开展丰富多彩、形式多样的课外体育活动，这样既是对体育课堂教学的补充与延伸，又是对阳光体育运动内容的丰富，从而不断增强学生体质，实现综合体育课程目标。

二、课外体育活动的意义

要实现增强学生体质、增进学生健康、培养学生运动参与的习惯和终身体育意识，以及良好的人际交往等学校体育目标，仅依靠有限课时的体育课堂教学是远远不够的，必须与大量的、有组织的、有计划的课外体育活动相结合才能实现。

《学校体育工作条例》第十条也明确规定：“开展课外体育活动应当从实际情况出发，因地制宜，生动活泼。普通中小学校、农业中学、职业中学每天应当安排课间操，每周安排3次以上课外体育活动，保证学生每天有1小时体育活动的时间

（含体育课）。中等专业学校、普通高等学校除安排有体育课、劳动课的当天外，每天应当组织学生开展各种课外体育活动。”

中共中央、国务院《关于加强青少年体育增强青少年体质的意见》指出：各级各类学校要进一步端正办学思想，加强素质教育。中小学要切实纠正片面追求升学率的倾向，减轻学生过重的课业负担，使学生有更多的时间参加体育锻炼，并明确规定：“没有体育课的当天，学校必须在下午课后组织学生进行一小时集体体育锻炼并将其列入教学计划；全面实行大课间体育活动制度，每天上午统一安排25～30分钟的大课间体育活动，认真组织学生做好广播体操、开展集体体育活动；寄宿制学校要坚持每天出早操。高等学校要加强体育课程管理，把课外体育活动纳入学校日常教学计划，使每个学生每周至少参加三次课外体育锻炼。”

《关于全面加强和改进新时代学校体育工作的意见》指出：健全体育锻炼制度，广泛开展普及性体育运动，定期举办学生运动会或体育节，组建体育兴趣小组、社团和俱乐部，推动学生积极参与常规课余训练和体育竞赛。合理安排校外体育活动时间，着力保障学生每天校内、校外各1个小时体育活动时间，促进学生养成终身锻炼的习惯。加强青少年学生军训。

2021年7月，中共中央办公厅、国务院办公厅印发了《关于进一步减轻义务教育阶段学生作业负担和校外培训负担的意见》（简称“双减”），并专门成立了校外教育培训监管司，承担面向中小学生（含幼儿园儿童）的校外教育培训管理工作，指导校外教育培训机构党的建设，拟订校外教育培训规范管理政策。该意见明确提出“双减”工作目标，“学生过重作业负担和校外培训负担、家庭教育支出和家长相应精力负担1年内有效减轻、3年内成效显著，人民群众教育满意度明显提升”，同时指出要“科学利用课余时间……从事力所能及的家务劳动，开展适宜的体育锻炼”。

从以上有关文件和实践来看，课外体育活动对学校体育工作有着重要的意义，主要表现在以下方面。

（一）有利于增强学生体质

增强学生体质是学校体育工作的首要任务之一。广泛开展课外体育活动，有助于促进学生身体的生长发育，改善学生身体各器官和系统的功能，发展学生身体素质，培养学生良好的身体姿态，提高学生身体的基本活动能力和运动能力，提高学生适应环境的能力和对疾病的抵抗力。特别是在我国学生的视力不良检出率仍然居高不下，继续呈现低龄化倾向，各年龄段学生肥胖检出率持续上升的背景下，为了更好地增强学生体质，必须充分利用课余时间，发挥课外体育活动的功能和作用，并与体育课堂教学相结合。

（二）有利于培养学生运动习惯

培养学生的运动习惯、使学生养成终身体育的意识是学校体育的目标之一。而运动习惯的养成，需要对学生体育锻炼行为进行不断的强化，课外体育活动就是强化学生体育锻炼行为的有效途径。因此，广泛开展课外体育活动有利于培养学生的运动习惯，使他们树立终身体育的意识，养成自觉自愿、积极参加体育锻炼的健康生活方式。

（三）有利于丰富学生课余生活

课外体育活动是校园文化建设的重要组成部分，开展丰富多彩、形式多样的课外体育活动，不仅可以丰富学生课余生活，使学生缓解学习压力，陶冶情操，愉悦身心，增进同学友谊，提高学生社会化程度，增强学生体质，而且还可以有效促进学校体育工作，加强校园精神文明建设。

（四）有利于培养体育人才

课外体育活动是体育课堂教学的延伸，广大学生在体育课堂教学的基础上，利用课外活动时间，可以不断练习运动技术，掌握运动技能，提高运动水平。所以，广泛开展课外体育活动对培养体育骨干、选拔优秀体育后备人才具有重要的作用。

（五）有利于减轻学生学业负担

2021年7月，中共中央办公厅、国务院办公厅印发了《关于进一步减轻义务教育阶段学生作业负担和校外培训负担的意见》，对于有效减轻义务教育阶段学生过重作业负担和校外培训负担带来积极影响。然而，由于中考、高考的压力，学生学业负担依然很重，对于青少年学生的身心健康带来不良影响。广泛开展课外体育活动，有助于学校领导、教师、学生树立“健康第一”的思想，使学生减轻学习压力，缓解身心负担，提高学习效率。

三、课外体育活动的特点

（一）内容广泛性和空间广阔性

课外体育活动的内容丰富多彩，远远超出了体育课堂教学的内容。它从学生自发松散的游戏活动到仪式正规的运动竞赛，从娱乐性体育活动到竞技性运动项目等，无所不包。课外体育活动的空间非常广阔，从环境优雅的校园到校外广阔的空间，到处都是体育活动的场所，处处可见进行课外体育活动的学生。

（二）形式多样性和方法灵活性

课外体育活动的形式多种多样，方法灵活可变。例如，课外体育活动可以是早操、课间操、大课间体育活动、班级体育锻炼及校外学校体育活动；可以是个人活动、小组活动、班级活动；可以是年级甚至全校的方式进行的课外体育活动；可以是体育兴趣小组、学生体育社团等形式开展的课外体育活动。

（三）学生主体性和教师辅助性

体育教师在课外体育活动中只起到指导咨询的辅助性作用，这就为学生提供了一个充分发挥自己在体育活动中的积极性、主动性和创造性的良好机会，有利于培养学生的运动才能、组织才能和创造才能，使学生主体地位和作用得到充分的体现和发挥。

（四）对象群众性和训练精英性

课外体育活动中的大多数活动，如早操、大课间体育活动、群众性体育展示等，体现了参与对象的群众性，不仅参加的学生人数多，而且参加组织的人员也多，有校领导、班主任、教师、行政干部、团组织和少先队干部等，学校只有各方面协调配合，才能组织好有关的课外体育活动。但课外体育活动中也有少数运动水平高的学生参加的课余体育训练，如花样跳绳、篮球、足球等。这些学生具有运动项目特长，通过课外体育训练，可以提高运动技术水平。

（五）课堂延伸性和体系独立性

体育课的学时有限，很难满足学生身心两方面对运动的需要。因此，课外体育活动能够补偿学生体育课运动的不足，它是体育课堂教学的延伸，是体育教学的第二课堂。但是，课外体育活动相对于体育课来说，又具有相对的独立性，它并不等于体育课堂。课外体育活动具有自己的体系和自己相对的独立性。

四、课外体育活动的内容

课外体育活动的内容十分丰富，只要条件允许，凡是对学生身心健康有益的体育方法和手段，都可以作为课外体育活动的内容。

（一）课外体育活动内容的分类

考虑到课外体育活动与体育课的关系，根据课外体育活动开展的实际状况，课外体育活动内容可划分为与体育课堂教学有关的内容和学生喜爱的体育运动项目两个方面。

1. 与体育课堂教学有关的内容

体育课堂教学是学校体育的中心工作，是实现学校体育目标的主要渠道，从一定意义上说课外体育活动是体育课堂教学的延伸，它为学生提供了进一步巩固复习体育课学习内容的实践条件。因此，在课外体育活动中，大多数学生把复习巩固体育课教材作为锻炼的重要内容。

这类内容较为丰富，涵盖了体育课大多数教材，特别是那些难度较大的或考试的或锻炼价值高的或需要反复练习才能掌握的教材项目。例如，田径运动的跑、跳、投项目；队列队形练习、广播体操、健美操、韵律操、舞蹈等体操项目；篮球、排球、足球、乒乓球、羽毛球等球类项目；游泳、滑冰等季节性项目；太极拳、少年拳、青年拳等武术项目；多种运动性游戏、民间传统体育项目如跳绳、踢毽、跳皮筋、丢沙包等；各种形式的身体素质练习手段，等等。这些与体育课堂教学相关教材的复习和锻炼，弥补了体育课练习时间的不足，进一步巩固了体育课的学习效果，提高了对体育课教材的掌握程度和体育教学质量，同时，也达到了强身健体、增进健康的锻炼目的。

2. 学生喜爱的体育运动项目

课外体育活动中，还存在大量的按学生个人兴趣选择的锻炼内容，这也是课外体育活动与体育课的重要区别之一。这种选择形式是课外体育活动中体现学生主体性的重要方面，是提高学生锻炼兴趣和锻炼积极性的重要措施，也是课外体育活动中区别对待的必然要求。目前，篮球、足球、排球、乒乓球、羽毛球等球类项目，游泳、滑冰等季节性项目，单双杠等体操项目以及健美操、跳绳、踢毽、长跑等，都是多数学生喜爱的课外体育活动内容。

（二）课外体育活动内容的选择

如何选择课外体育活动内容，是课外体育活动中一个十分重要的问题，是关系到活动效果、学生参与积极性和学生良好体育情感态度的关键所在。因此，在选择课外体育活动内容时，应该注意以下几点。

1. 根据活动目的性选择内容

要根据具体的课外体育活动的目的和任务来选择具体的活动内容。要明确参与课外体育活动目的是复习巩固运动技术还是增加锻炼时间，是提高运动技术水平还是营造学校体育文化，是丰富课外活动还是满足学生需求，等等。针对不同的目的，课外体育活动内容的选择侧重点也不同，要求及组织形式也不同。

2. 根据锻炼实效性选择内容

不同的项目和内容均有不同的效果，在选择课外体育活动内容时要注重它的锻炼价值，不要贪多，正所谓“应诸方之用者其法宜多，锻一己之身者其法宜少”，力图少而精，注重锻炼实效。

3. 根据活动全面性选择内容

由于学生正处在生长发育的关键时期，保持和促进全身各器官系统的正常生长发育，是体育锻炼的重要目的。所以，在选择课外体育活动内容时要考虑到学生身体健康发育的全面性，尽可能选择那些具有综合性锻炼价值的项目，以期能对身体的各个器官系统都产生良好作用。

4. 根据项目趣味性选择内容

趣味性强的活动项目，不仅有利于调动学生的积极性，而且能有效地提高锻炼效果。因此，选择课外体育活动内容时要尽可能与学生的兴趣结合起来，以利于提高学生活动的积极性和活动效果。

第二节　校内课外体育活动

课外体育活动是学校体育工作的重要内容之一，是落实“阳光体育运动一小时”的重要保证，是学生经常性参加校园体育活动的重要途径。所以，各级各类学校一定要高度重视课外体育活动，充分发挥课外体育活动对课内的影响和促进作用，认真组织好课外体育活动，不断提高学生体质健康水平。校内课外体育活动常见组织形式有早操、课间操、大课间体育活动、班级体育锻炼等。

一、校内课外体育活动的组织形式

（一）早操

早操（早锻炼或晨操）是指清晨进行的体育锻炼，是作息制度中规定的体育活动。它具有健身、振奋精神和培养意志品质的作用，也是管理学生（住校生）的手段。通过早操可使学生以清醒的头脑、充沛的精力和饱满的热情投入每天的学习和生活，从而提高学习效率；早操也有助于培养学生运动能力、习惯以及终身体育意识。早操的时间一般是15~20分钟。早操的运动负荷要适宜，可选择跑步、广播操、健身健美操、武术和发展身体素质的练习等运动负荷不大的内容，以免造成学生过分兴奋或过分疲劳，影响文化课学习。早操应根据季节、环境和条件等因素的变化进行调整；为增加坚持性，避免单调、枯燥，可经常更换早操的内容。早操的组织，可根据学校场地的大小选择全校、全年级、全班集体进行，也可以锻炼小组或个人方式进行。

寄宿制学校要坚持每天出早操，并将早操列入学校体育工作计划进行管理。

（二）课间操（大课间体育活动）

课间操通常指每天上午第二节课后休息时间内进行的体育锻炼，是作息制度中规定的体育活动，是我国中小学最普遍、最有保障的一种课外活动形式，是落实学生每天一小时体育活动最重要的措施之一。

课间操过去主要指大、中、小学学生在上课间隙时间集体做广播体操。随着社会的发展、学校规模的变化以及学生需求的改变，课间操的内容更丰富，组织形式更灵活，学校组织课间操的自主权更大，更容易满足学生的需要。课间操的时间也有了新的调整，由原来的15~20分钟调整为目前的25~30分钟，课间操的名称也相应地改成了大课间体育活动，但也有一些学校仍然没有条件开展大课间体育活动，所以，还是保留原来15~20分钟的课间操。

为了开展好课间操，教育部组织专家编制了中小学生系列广播体操，目前实行的是《第三套全国中小学生系列广播体操》，它由《七彩阳光》《希望风帆》《舞动青春》《放飞理想》4个操组成，具有鲜明的教育性、健身性、科学性、适应性、艺术性和新颖性。

课间操组织上可采用合操或分操的方式进行。合操是指全校或年级所有班，集合一起做操。它的特点是规模大，地点集中，便于统一管理。合操还能起到互相学习、互相促进的作用。但合操需要较大场地，难以做到区别对待。分操是以班或体育锻炼小组为单位进行。它的特点是分散，组织调动灵活，内容与形式多种多样，能区别对待、激发学生情绪，但不便于统一管理，因而必须培养好学生干部，充分发挥他们的组织作用。课间操应根据学校面积大小、学生人数多少等学校实际情况，灵活地采用组织形式，保证每个学生都能参与。

课间操有助于促进学生身体正常发育、消除疲劳，起到保护视力、调节精神、保护脑力、提高学习效率的作用。集体组织形式的课间操也是培养学生集体主义精神，进行组织性和纪律性教育的重要手段，对学生养成锻炼身体的习惯、培养终身体育意识具有重要意义。

（三）班级体育锻炼

班级体育锻炼是作息制度中规定的体育活动，被列入正式课中，一般与体育课错开安排，每周安排2次，每次1个小时左右，是以班或锻炼小组为单位，在教师的指导下，由班体育委员或锻炼小组长带领学生进行的体育活动。

班级体育锻炼的内容丰富，可与体育课结合，复习、巩固体育课上所学的基本技术与技能；与学校传统的体育项目结合；与学生的兴趣和爱好结合。还应根据季节、场地器材等条件的变化，灵活多样地选择。

班级体育锻炼有助于巩固体育课的效果，是实施“达标争优”的重要方式，是培养学生体育兴趣与习惯的重要途径，有助于发展学生个性、培养优良品质。

二、校内课外体育活动工作计划与实施

（一）校内课外体育活动工作计划

课外体育活动有较大的自愿、自主、自觉的特点，表现出学生较大的自由度，所以要做好课外体育活动工作计划，以保证课外体育活动科学、有序地开展，同时也能有针对性地增强学生体质，开展好学校体育工作。课外体育活动工作计划是全校教育和体育工作计划的组成部分，主要包括全校课外体育活动工作计划、班级体育活动计划和个人体育锻炼计划3种。

1. 全校课外体育活动工作计划

全校课外体育活动工作计划一般由体育教研部（室、组），根据上级有关精神，结合本校实际条件，在广泛征求有关部门意见的基础上研究制定出来的，经过学校主管领

导研究批准后执行。全校课外体育活动工作计划一般以学年（或学期）为单位，其主要内容包括：指导思想和目标；早操、课间操、大课间体育活动的组织与措施；班级体育锻炼的安排；学生体质健康标准和其他相关体育锻炼制度的实施与要求；体育干部的培训措施；群众性小型体育竞赛活动的安排；宣传教育、检查评比的办法；等等。

2. 班级体育活动计划

班级体育活动计划是根据全校课外体育活动工作计划要求，结合班级的实际情况制定的。班级体育活动计划是班级体育活动顺利进行和落实“阳光体育运动一小时”的重要保证。其内容主要包括：班级体育活动的目标和要求；活动小组的组成；活动时间、内容和形式的基本安排；检查评比的办法等。制订班级体育活动计划首先要学习了解全校计划，广泛听取同学意见，在班主任和教师的指导下，可由体育委员起草经全班同学讨论通过后公布实施。班级体育活动计划应根据学校课外体育活动的时间、场地、项目轮流表，结合本班实际具体做出安排。

3. 个人体育锻炼计划

个人锻炼计划是根据班级体育锻炼计划结合个人实际情况，对个人每次或每周参加课外体育活动所做的具体安排。个人锻炼计划应强调针对性，发展个人的爱好和特长，改变个人的落后和不足，合理的个人锻炼计划能有效地保证个人参加课外体育活动，促进个人体育锻炼特点和风格的形成。其主要内容有锻炼的目标、内容、方法、时间以及自我评价要求和标准等。个人锻炼计划可在征求教师、同学、家长等意见的基础上，由学生自己制订。

（二）校内课外体育活动实施的要求

1. 领导重视、积极参与

学校领导是学校教育工作的领导者，也是党的教育方针的贯彻者。学校领导重视课外体育活动是做好学校体育工作的前提和最重要的组织保证，而学校领导积极参与课外体育活动能给师生起到良好的示范和带头作用，有利于做好课外体育活动工作。

2. 周密计划、统筹安排

教师是学校体育工作的专业教师，做好课外体育活动等学校体育工作是教师的基本职责，也是其专业水平和专业能力的体现。教师必须发挥主导作用，动脑筋、想办法，创造性地开展工作，根据学校场地情况、学生人数、体育传统，规划、统筹、组织和管理好全校的课外体育活动。

3. 课内外相结合

为了更好地巩固、掌握体育课所学的内容，熟练掌握运动技能，课外体育活动的内容应考虑选择与体育课相关的内容，做好与体育课的衔接，使课外体育活动与体育课相互支撑、相互促进。

三、校内课外体育活动实施的案例

为更好地掌握课外体育活动的组织形式，根据实际情况，灵活地选择内容、组织形式，开展好课外体育活动，本节选择了课间操与全校课外体育活动2种组织形式的案例来具体说明课外体育活动实施过程，仅供参考。

（一）全校课间操实施案例

××中学为了响应由教育部、国家体育总局、共青团中央举办的以“阳光体育与祖国同行”为主题的长跑活动，磨炼学生的意志品质，培养学生良好的锻炼习惯，有效提高学生体质特别是耐力素质，进一步掀起阳光体育运动高潮，制订了××年度第一学期课间操跑步的方案。

1. 跑步地点

学校煤渣跑道上安排6个班级，其余班级分别在篮球场、田径场的内场地，环教学楼和食堂的水泥路。其具体安排如下。

（1）环教学楼和食堂的水泥路：初三年级、初二（1）（2）班和教职工队伍。

（2）篮球场：初一（5）～（10）班。

（3）田径场的内场地：初二（3）～（10）班和初一（1）～（4）班。

2. 跑步队形

初三年级、初二（1）（2）班、初一（5）～（10）班采用3路纵队；初二（3）～（10）班和初一（1）～（4）班采用4路纵队。

3. 跑步流程

跑操流程共分4个步骤，即集队→跑步→放松→收操。跑操期间各班学生须按照学校跑操方案中的要求认真执行。

（1）集队。

音乐：当听到出操号（也就是第一个军号）时，做好各项准备工作。

①第二节下课铃响后学生迅速地将自己的凳子放于桌下，体育委员迅速召集本班学生在教室前的走廊集队（快、静、齐，30秒）。

②各楼层的班级从教室前的走廊到集合地的队形必须是男、女学生2路纵队，下楼时各班的走楼梯位置与原来一样。如教师拖堂，班长举手提醒教师及时下课。

③集队出操时快步走到达指定场地，中途不停顿，要求快、静、齐。

④各班到达指定集合地点后马上调整为跑步队伍，集合地详见图9-1。

⑤各班指定2人（男女各1人）做领跑员，领跑员须并列站在队伍最前面。

⑥各班到位并调整为跑操队伍后，体育委员马上发指令检查是否系紧鞋带。

⑦全体学生都应参加跑操，因身体原因而不能参加的学生，应向班主任请假，同意后，可以免跑或安排散步等适宜练习。

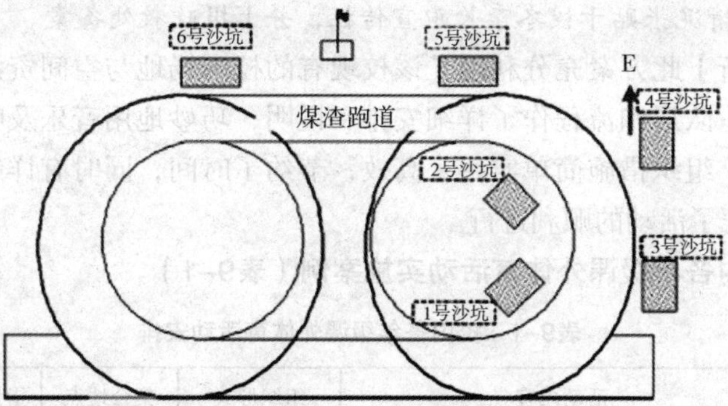

图9-1　活动场地示意图

（2）跑步。

音乐：听到第二次军号时，即开始跑步。

①全校30个班级同时开跑。

②跑步过程中必须保持好各班级之间的距离，前后距离在10米左右，后面班级不允许超越前面的班级。

③在跑步过程中每个学生应听从教师或体育委员的口令指挥。要求队伍整齐，步调一致，学生严禁说话、打闹，推、挤、撞等现象发生。

④在跑步过程中全体师生要跟着跑操音乐中的口号声一起高喊。

⑤跑步中若发生鞋带松散，不得原地蹲下系鞋带，而是离开队伍，在队伍的边上系好鞋带后重新归队。

⑥跑步中若感觉体力不支，可离开班级队伍，在队伍的左侧慢跑或慢走。

⑦各班主任可在本班队伍的前面（或后面）领（监）跑。

（3）放松。

音乐：继续播放跑操音乐。

①各班跑完规定的圈数后，回到跑操集队位置进行压腿、放松等活动。

②各班在放松时要基本上保持好队伍队形。

（4）收操。

音乐：听到第三次军号声时，各班可原地解散。

解散后，各班学生要有序地按原路线返回或在操场上休息。

4. 评分

（1）值周教师、教师负责对各班考评，做好记录。

（2）跑操的评分计入班级考核。

（3）没有跑操的班级一次扣20分，其他情况酌情扣分（主要是集队速度、跑步时的队形和精神状态）。

（4）扣分情况张贴于校冬季长跑宣传栏，并上报政教处备案。

【案例分析】此方案充分利用了该校现有的校内场地与空间资源，对全校课间操跑操的地点、队形和流程作了详细安排和说明，巧妙地用音乐及吹号声、充分考虑了安全因素，组织措施简单实用、高效，节约了时间，同时有详细的评分细则及管理措施，保证了活动的顺利进行。

（二）校内各年级课外体育活动实施案例（表9-1）

表9-1　校内各年级课外体育活动安排

年级	星期	活动内容	组织形式	集合地点	指导教师	班级负责人
初一	一	50 米趣味跑、呼啦圈等	以班级为单位	田径场	××	××
	四	技巧运动	以班级为单位	田径场	××	
初二	一	篮、排球、跳绳、呼啦圈	以班级为单位	田径场	××	××
	三	40 人 ×200 米接力赛	以班级为单位	田径场	××	
初三	一	足球、立定跳远、发展柔韧、力量等素质	以班级为单位	田径场	××	××
	四	乒乓球、羽毛球等	以班级为单位	田径场	××	
高一	二	技巧运动	以班级为单位	田径场	××	××
	五	田径、排球、跳绳等	以班级为单位	田径场	××	
高二	三	男子篮球对抗赛等	每班 10 人	篮球场	××	××
	五	男子篮球对抗赛等	每班 10 人	篮球场	××	
高三	二	足球、乒乓球、羽毛球	以班级为单位	田径场	××	××
	五	足球、跳高等	以班级为单位	田径场	××	

备注：1. 跑步和立定跳远无需器材，可直接到场地进行活动，值日教师做好巡回指导工作；
2. 除参加竞赛的学生外，跑步是每位学生必须先进行的练习；
3. 除安排的活动内容外，如果场地许可，可增加活动的项目或内容；
4. 为了缓解学校场地和器材的压力，鼓励学生自带练习器材；
5. 在开展活动时，除教师外，班主任也是责任教师等。
6. 如遇雨雪天气，各班安排室内棋类活动，室内空地的羽毛球、跳绳等活动。

第三节　校外学校体育活动的组织形式

校外学校体育活动是由学校组织的、学生在校外进行的体育活动。校外学校体育活动与校内课外体育活动相互联系和密切配合，共同构成了学生的课外体育活动，是学生体育生活的重要组成部分。虽然校外学校体育活动是在校外发生的，但它仍属于学校教育活动范畴，是学校体育的延伸，具有为实现学校体育目标服务的功能。校外学校体育与社会体育中的社区体育和家庭体育所指不同，校外学校体育多是以完成体育教学作业和学校体育社会实践任务为主而开展的。学校是校外学校体育活动的组织者和策划者，家庭和社区是校外学校体育活动的配合者和支持者。所以，学校要与家庭和社区加强沟通，共同为增强青少年体质而努力。

中共中央、国务院《关于加强青少年体育增强青少年体质的意见》指出：充分发挥共青团、少先队、妇联组织的优势和特色，开展多种形式的课外体育锻炼活动。青少年活动中心、少年宫、妇女儿童中心和其他校外教育机构要把开展青少年体育活动作为重要职能。积极倡导和鼓励创建青少年体育俱乐部和青少年户外体育活动营地。《关于深化体教融合　促进青少年健康发展的意见》指出：开展丰富多彩的课余训练、竞赛活动，扩大校内、校际体育比赛覆盖面和参与度，组织冬夏令营等选拔性竞赛活动。通过政府购买服务等形式支持社会力量进入学校，丰富学校体育活动，加强青少年学生军训。《关于全面加强和改进新时代学校体育工作的意见》指出：健全体育锻炼制度，广泛开展普及性体育运动，定期举办学生运动会或体育节，组建体育兴趣小组、社团和俱乐部，推动学生积极参与常规课余训练和体育竞赛。合理安排校外体育活动时间，着力保障学生每天校内、校外各1个小时体育活动时间，促进学生养成终身锻炼的习惯。加强青少年学生军训。

丰富多彩的校外学校体育活动，不仅可以充实学生的课外生活，还可以把更多的学生吸引到健康向上的体育活动中来。一般来说，校外学校体育活动的组织主要有：校外个人自我锻炼；家庭体育活动；节、假日体育活动；体育夏（冬）令营活动；青少年体育俱乐部活动；青少年户外体育营地活动；等等。

一、校外个人自我锻炼

校外个人自我锻炼是指学生在校外，根据学校体育课堂教学或课外体育活动的要求，为了完成体育作业或练习内容，自觉进行的个人体育锻炼。例如，在体育课程学习中，某学生发现某些运动项目技术难以掌握，除在校内课外体育活动练习外，放学回到社区后，根据课堂学习动作技术的要求，利用社区体育设施进行自我练习；某学生经《国家学生体质健康标准（2014年修订）》测试后，发现自己耐力比较差，每天晚上在居住地附近进行800～1000米中等强度的跑步；某学生酷爱篮球，可约定好朋友，每周至少3次定期打篮球等。校外个人自我锻炼虽是离开了学校的一种个人自主体育锻炼，但它仍然与学校体育有着一定的联系，是校园体育活动的延伸，可以弥补体育教学、校内课外体育活动时间的不足。

校外个人自我锻炼的空间广阔、内容广泛，但个人在安排校外自我锻炼时，应与学校体育的内容紧密结合，如巩固校内所学的各项运动技术、进行针对性的身体素质练习、与朋友进行趣味性体育活动等。校外个人自我锻炼对于复习所学知识和运动技术、养成体育锻炼习惯、丰富校外文化生活、增强体质、结交朋友、建立健康的生活方式有重要的作用。

在进行校外个人自我锻炼时要注意安全问题，对于难度大、技术复杂的动作，尽可能要有同伴保护与帮助。若单独一个人进行自我锻炼时，宜选择简单或自己有能力完成的项目进行练习。校外个人自我锻炼可以独自一人进行，也可相约几人进行。在没有安全保障的条件下，学生个人不得独自在危险的场所，如湖泊、马路、深山等进行体育活动。

二、家庭体育活动

从广义上说，家庭体育活动是指以家庭为单位组织的由学生与家庭成员一起进行的身体练习和家庭文体活动。而校外学校体育活动中的家庭体育活动是指由学生和家长共同完成学校体育课外作业或进行体育社会实践而组织的体育活动。

家庭体育活动可以以家庭体育作业的形式来完成。2021年颁布的《〈体育与健康〉教学改革指导纲要（试行）》中指出，"鼓励利用大数据平台实施体育家庭作业制度"。例如，某班级经《国家学生体质健康标准（2014年修订）》测试后，发现本班男生普遍上肢力量较弱，所以，教师要求在本学期每位男生每天放学回家后要抽时间至少做20 ~ 30个俯卧撑，并要求家长监督，需家长签字后才能上交完成情况的书面记录；体育课学习了营养知识、合理膳食，教师布置家庭作业，要求学生回家后，用所学知识与父母共同分析、计算自己家某一天三餐的热量是多少，饮食搭配是否合理；学校为了促进学生体质健康，要求家庭积极配合学校督促学生进行体育锻炼，并定期举办全校"小手拉大手"即学校与家庭共同开展的体育活动。诸如此类的家庭体育活动都属于校外学校体育活动。

从组织形式上来看，家庭体育活动主要是以学生个人为主、家长为辅的体育活动，主要目的是使学生继续在校未完成的体育学习、提高运动技能、培养良好的体育锻炼习惯、提高学生体质健康水平等。

可供选择的家庭体育活动内容很多，如假期家庭晨跑、暑期家庭游泳、家庭球类活动（乒乓球、羽毛球、网球等）、家庭跳绳比赛、家庭身体素质专项练习等。

三、节、假日体育活动

节、假日体育活动是指由学校安排和要求的，学生在节、假日期间利用校外社区、公共体育场地器材资源而开展的各种体育活动。学校要在节、假日前，积极与体育行政部门、青少年体育宫、妇女儿童中心以及有关社会各团体积极协调，采用就近安排原则，设计学生假期体育计划，鼓励学生在假期积极参加体育活动，为学生假期进行体育活动提供便利条件。按照有关规定，公共体育场馆和运动设施应免费或优惠向周边学校和学生开放，学校体育场馆在课余和节假日应向学生开放。

青少年假日活动中心是近年来出现的新生事物，它是由各地教育部门组建并成立的。其主要目的是丰富学生校外课余生活、积极开展各种素质教育活动。这是国家为学生"减负"的一个有力措施，也是素质教育与能力培养的有效活动。青少年假日活动的组织单位是学校，承办单位是各地教育部门成立的青少年假日活动中心。

青少年假日活动的形式与内容很多，主要以组建各类小组开展各种兴趣活动，如思维训练班、科技发明组、趣味英语等，其中体育兴趣班是青少年假日活动的一个重要内容，具体有篮球兴趣班、乒乓球兴趣班、跆拳道兴趣班、武术兴趣班、游泳学习班等。这些兴趣班组建之后，可向学校公布，并由学校学生进行自愿自主选择。一般来说，要掌握"尊重学生的兴趣爱好，注重培养学生特长""合理收费，保本微利""安全第一，规范管理"的原则。

开展青少年假日体育活动既可以深入培养学生兴趣爱好、提高学生运动技术水平，为校内各项学校体育活动奠定基础，又可以强身健体、陶冶情操，培养学生吃苦耐劳的意志品质。

四、体育夏（冬）令营活动

夏（冬）令营活动是实施素质教育的有效途径，它是提高未成年人思想道德教育的重要渠道，是学校教育和家庭教育的良好补充。体育夏（冬）令营是以体育活动为主题的夏（冬）令营活动，如大家熟知的"王者归来"篮球夏（冬）令营、"运动总动员"多项体育走训营和"国球小将"乒乓球夏（冬）令营等。《关于深化体教融合　促进青少年健康发展的意见》指出：开展丰富多彩的课余训练、竞赛活动，扩大校内、校际体育比赛覆盖面和参与度，组织冬夏令营等选拔性竞赛活动。充分利用冬夏令营活动，以体育传统特色学校为主要对象，实施体育项目技能培训，并组织力量提供专业体育训练和指导，提高体育传统特色学校运动水平。《体育强国建设纲要》中指出：构建社会化、网络化的青少年体育冬夏令营体系，开展青少年体育技能培训，使青少年掌握2项以上运动技能。

体育夏（冬）令营通常是一种综合性的活动，在内容上综合了德、智、体、美、劳各方面的教育内容，如安排游泳、攀岩、篮球、乒乓球、羽毛球、定向运动等，并结合参观、野炊、露营、联欢、营火晚会等形式，通过学生参加体育活动，来达到增强体质、全面发展的目的。

从组织形式上而言，学校可在寒、暑期以班级为单位，或以三好学生为单位、以体质较弱者为单位、以体育爱好者为单位等，组织部分学生进行体育夏（冬）令营活动，也可以由学生自主自愿报名，学校安排有关人员带队进行体育夏（冬）令营。

《中国青少年体育发展报告（2018）》显示，2018年国家体育总局资助开展了2506个青少年体育冬夏令营活动，以鼓励青少年积极参与体育活动，提升其身体健康素质与体育技能水平。该活动覆盖范围广，全国31个省（区、市）参与青少年体育冬夏令营的学员总计414980人；活动内容丰富多样，包括技能培训、身体测试、比赛交流、体育文化等多个类别；涉及跆拳道、篮球、足球、羽毛球等近120个体育运动项目；通常每节课时长为60～90分钟，充分满足青少年体育锻炼和技能学习的需要。

在体育夏（冬）令营活动过程中，每个学生都能积极参与，不仅学习与巩固了各种运动技能，为体育教学打好基础，又可以通过体育活动加强学生之间的社会交往、提高学生的社会适应能力，还可以极大地提高学生自理自立的能力，培养学生吃苦耐劳的品质。

五、青少年体育俱乐部活动

青少年体育俱乐部主要是指依托学校、体育协会、社区、公共体育场所、业余体校等，用体育彩票公益金创建的青少年体育活动中心。青少年体育俱乐部活动则是由学校组织学生，通过加入青少年体育俱乐部会员的形式而进行的体育活动。青少年体育俱乐部的主要管理模式是运动项目会员制，经常参加青少年体育俱乐部活动有助于促进青少年利用业余时间进行课余体育锻炼、发挥体育特长。

2017年，国家体育总局等7部门联合印发的《青少年体育活动促进计划》提出，要“继续开展全国青少年体育俱乐部联赛、全国青少年户外体育活动营地夏（冬）令营等传统赛事和活动”。《体育强国建设纲要》也提出，“促进青少年体育俱乐部、青少年户外体育活动营地等发展”。《关于深化体教融合　促进青少年健康发展的意见》指出：“支持大中小学校成立青少年体育俱乐部，制定教师在课外辅导和组织竞赛活动中的课时和工作量计算等补贴政策。”

近年来，青少年体育俱乐部在全国各地迅速发展，目前俱乐部总数已经超过了6000所，每年平均增加超过300所，北京、上海、浙江、江苏、广东、山东、四川等省市发展速度较快。例如，湖北省目前有216所国家级青少年体育俱乐部、59所省级青少年体育俱乐部、55所地市级青少年体育俱乐部；北京市有200所国家级青少年体育俱乐部，广西壮族自治区有121所国家级青少年体育俱乐部、64所自治区级青少年体育俱乐部。除国家体育总局和各个地方政府资助的青少年体育俱乐部之外，出于青少年体育的重视和健康的追求，民办的青少年体育俱乐部得以迅速发展。例如，北京的万国体育，拥有包含击剑世界冠军在内500人的教练团队，超过2万名的青少年会员；成立于哈尔滨宏远时代，有自全国主流体育学院及师范大学的教练4000人，来自全球8个国家的职业球队或体育大学的外教近百人，与27个城市的近千家体育场馆建立合作关系，服务学生及家长近百万余人。

青少年体育俱乐部活动教会了青少年多种运动技能，培养输送了大量的运动后备人才，而且社会效益和经济效益获得双丰收。全国每年大约有30余万名青少年从中受益。

六、青少年户外体育营地活动

青少年户外体育营地活动是国家体育总局新时期探索适合我国国情的青少年体育活动阵地的一项新举措，是对“全民健身工程”模式的补充和为青少年建设更多校外活动场所的有益尝试，具有示范性、探索性特点。学校应鼓励和组织学生从校内走向校外、从室内走向户外，认识大自然，拥抱大自然，保护大自然，在大自然中强健体魄、陶冶情操，促进青少年思想道德建设，提高青少年体质健康水平。《体育强国建设纲要》指出：构建青少年体育社会组织管理和支持体系，促进青少年体育俱乐部、青少年户外体育活动营地等的发展。国家体育总局及其他相关部门也积极推动营地建设，并于2018年4月发布《全国青少年户外体育活动营地建设规范》《全国青少年户外体育活动营地器材目录》，进一步规范了青少年户外体育活动营地建设。

青少年户外体育营地活动类似于体育夏（冬）令营活动，但两者活动场所和运动项目不同，青少年户外体育营地活动的场所都在户外特殊的场地（营地）进行，营地占地面积大，项目与服务齐全，如有户外活动区、室内活动区、露营区、服务区等，同时可提供住宿、餐饮、会议、棋牌室等服务；运动项目奇特多样，如射击、攀岩、高空抓杠、高空绳网、高空断桥、高空泸定桥、天梯、缅甸桥、毕业墙、抱石墙、相依、背摔等。例如，黄石市国家青少年户外拓展体育活动营地是经国家体育总局、国家教育局批准成立的国家级青少年户外拓展体育活动示范营地之一（又名黄石市国家户外体育活动营地），开营以来培训100000人次以上，其中包括由学校组织的学生团体，受到社会各界的一致好评。该营地占地面积达100多亩，有户外活动区、室内活动区、露营区、服务区等。目前已运行了40多个拓展项目，取得了良好的社会效应。

自2004年国内第一批营地创建以来，全国各地的营地单位本着以人为本的管理理念，不断加强包括硬件设施、管理团队在内的各项保障措施的建设力度，进一步增强营地的服务意识和服务水平，极大地丰富了青少年参与体育活动的形式与内容，有效地推动了新时期青少年体育工作的发展。

思考题

1. 什么是课外体育活动？有何意义？其特点是什么？
2. 课外体育活动的组织有哪些？请分别简述。
3. 请选取一所中（小）学，去了解该校开展课外活动的组织形式有哪些，并分析其安排的原理。
4. 校外学校体育活动的组织有哪些？请分别简述。

主要参考文献

[1] 周登嵩．学校体育学 [M]. 北京：人民体育出版社，2004.
[2] 罗映清，曲宗湖，刘绍曾．学校体育学 [M]. 北京：北京体育学院出版社，1990.
[3] 金钦昌．学校体育学 [M]. 北京：高等教育出版社，1998.
[4] 学校体育大辞典编委会．学校体育大辞典 [M]. 武汉：武汉工业大学出版社，1994.
[5] 王立伟，曹卫东，朱英，高峰．中国青少年体育发展报告（2018）[M]. 北京：社会科学文献出版社，2020.
[6] 包长春，杨志，康博舒．我国青少年体育俱乐部多元协同治理研究 [J]. 体育文化导刊，2021（4）:35-40.

（成都体育学院　宋晓东；首都体育学院　展恩燕）

第十章　大课间体育活动

内容提要

大课间体育活动是学校体育活动的一部分，是近年发展起来的学校体育活动新形式。本章介绍了大课间体育活动的产生背景、特点、意义；大课间体育活动内容及选择的依据、原则、组织形式；大课间体育活动设计的界定、分类、程序以及实施的要求、注意事项等。

学习目标

◎了解大课间体育活动产生的背景和意义。

◎说出大课间体育活动的特点、内容与组织形式。

◎掌握大课间体育活动设计理论，能进行自主创编。

第一节 大课间体育活动概述

大课间体育活动是在原课间操基础上发展和演变形成的学校体育活动新形式，是学校体育活动的一部分，是落实、保证学生每天参加“阳光体育运动一小时”的重要内容，具有促德、调智、健体、审美等功效，对调节学生学习节奏、缓解疲劳、增强体质、增进健康以及培养终身体育意识等有着重要的意义。

一、大课间体育活动产生的背景

近年来，我国学生体质健康调研与监测结果显示，学生体能和健康状况持续下降，尽管造成这种现象的原因是多方面的，但学生校内外体育锻炼时间严重不足应该是其主要原因。作为学校体育教育重要组成部分的课间操，由于受传统教育思想和时间长短的限制，不能发挥更好的作用。

20世纪80年代，伴随着我国教育形势的转变、教育政策的导向等外界环境变化，在推进素质教育的过程中，一些学校为了加强学校体育工作，开始由传统课间操活动逐渐向大课间体育活动转变。北京古城二小、上海育才中学、辽宁台山一中等学校开始率先改革课间操，实施大课间体育活动。到20世纪90年代，天津市和辽宁省营口市已着手进行大面积的大课间体育活动实验并进入推广阶段。教育部体育卫生与艺术教育司也分别于1999年、2002年，先后在我国辽宁营口、鞍山，河北唐山等地召开了大课间体育活动现场观摩会，进一步总结交流大课间体育活动经验，并逐步推广实施。随后，大课间体育活动在全国各地城乡学校蓬勃发展起来。2006年12月，《关于开展全国亿万学生阳光体育运动的通知》中要求“全国各级各类学校大力推行大课间体育活动形式”。2007年5月，中共中央、国务院《关于加强青少年体育增强青少年体质的意见》明确提出：“中小学校要确保学生每天锻炼一小时，全面实行大课间体育活动制度，每天上午统一安排25～30分钟的大课间体育活动，认真组织学生做好广播体操、开展集体体育活动。”

大课间体育活动是由学校统一安排，学校领导和班主任、教师管理和指导的一种有组织、有计划的校内全校性体育活动。活动时间一般为25～40分钟，活动内容丰富多彩，组织形式灵活多样。和以往的课间操相比较，大课间体育活动时间较长、活动量较大、练习强度适宜，对学生身心有较大的锻炼作用，同时对场地和器材也没有严格要求，可因地制宜、因校制宜，实效显著。目前，大课间体育活动已逐渐替代课间操，在我国各城乡学校迅速发展壮大起来。

二、大课间体育活动的特点

（一）多样性

大课间体育活动一般有统编内容和自选内容2个部分。统编内容包括教育部组织编排的可以在全国范围内推广实施的校园集体舞、广播体操、武术健身操和不同地区根据所在地区气候、自然环境以及民俗民风等实际情况设计、规定的内容；自选内容丰富多彩，包括各种健身健美操、武术操、球类、游戏等基本功训练、民俗民间体育项目、休闲与健美体育项目等。在组织形式方面，大课间体育活动并不拘泥于某一种固定的“套路”，各地区各学校可根据自己学校现有的资源条件、活动的内容、季节随机调整，可以全校集体开展，也可以以兴趣小组为单位，还可以开展以组或以班为单位的小型比赛。

（二）愉悦性

大课间体育活动讲究艺术性，在内容选择、组织调动、动作编排、音乐效果、队形变化、服装颜色等方面都包含着丰富的艺术成分。学生在各种身体练习中不仅能强身健体，而且能在优美的旋律中、不断变幻的队形中感受运动的乐趣，获得美的享受，培养欣赏美和创造美的能力，从而激发浓厚的兴趣与热情，进而主动锻炼，形成锻炼的意识和习惯。

（三）适中性

大课间体育活动旨在促进学生主动锻炼，激发学生运动参与的积极性与兴趣，发展学生的个性。与体育课、班级课外体育活动、运动训练和竞赛等活动相比较，大课间体育活动的运动负荷保持中等强度较为合适；运动负荷太小，则会使大课间体育活动形如走马观花，流于形式；运动负荷太大，不仅不利于学生的身心发展，而且会影响随后其他课程的学习。因此，整个大课间体育活动的内容设计安排要吸引学生积极参与，最好从静到动，节奏由慢到快，以中等强度为主。大课间体育活动运动负荷的适中性特点也决定了大课间体育活动内容必须简单、学练容易。

（四）群体性

由于大课间体育活动要求全校学生在同一时间从事各种体育活动，学生人数多，场地器材设备使用率较高，组织过程比较困难，管理也比较复杂，需要较多的人员参与组织和管理。因此，在学校大课间体育活动中，除了体育组（部）全体教师要积极组织承办各种体育活动之外，校长、教务处的教师、班主任、其他任课教师甚至全校员工也应参与其中，在协助体育组（部）管理的同时，也可以积极投身于学生的大课间体育活动中，与学生一起享受健身的快乐。

三、大课间体育活动的意义

（一）大课间体育活动是保证学生“阳光体育运动一小时”的有效手段

大课间体育活动是落实学生“阳光体育运动一小时”的重要内容，它对调节学生学习节奏、缓解学习疲劳、增强学生体质、增进学生健康有着重要的意义。落实“阳光体育运动一小时”必须要开展好大课间体育活动，中小学校要每天至少统一安排一次25～30分钟的大课间体育活动。

（二）大课间体育活动有利于培养学生的健康生活方式

“健康第一”是我国当前教育的指导思想，适度的体育锻炼不仅是学生保持身心健康的重要手段，更是学生养成良好生活方式的重要内容。大课间体育活动的内容、组织形式能够很好地激发学生的锻炼兴趣，培养学生的体育意识和习惯。大课间体育活动的内容源于生活、贴近生活，选取与学生生活关系密切的体育活动作为内容，便于学生课后进行体育锻炼，对培养学生健康的生活方式有重要意义。

（三）大课间体育活动是展示校风、校貌的重要窗口

大课间体育活动是学生每天都参加的全校性、大规模的集体活动，长期有组织、有计划的大课间体育活动，对培养学生团结向上、遵规守纪、勤奋认真的良好品质起着重要作用。大课间体育活动有助于学生良好品质的形成，这些优良的品质会潜移默化地影响学生的社会行为，规范他们的行动，进而成为学生不断努力进取的动力。大课间体育活动生动活泼、形式多样，能充分体现学校良好的教学秩序和生活秩序，反映学校管理工作的系统性、严密性和组织性，反映学生的精神面貌和学习态度，同时也反映出学校各级领导严谨的工作态度和教职员工的整体素质。大课间体育活动不仅能锻炼学生的身体、陶冶学生的情操，也是学校精神文明建设的窗口。

第二节　大课间体育活动的内容和组织

一、大课间体育活动的内容

（一）大课间体育活动的内容分类

大课间体育活动必须依附于本地本校的实情才能得以开展。根据性质不同，大课间体育活动的内容可以分为统编内容和自选内容2个部分（图10–1）。

1. 统编内容

大课间体育活动的统编内容包括国家统编内容和地区（方）统编内容2个部分。

国家统编内容是指教育部组织编排的可以在全国范围内推广实施的校园集体舞、广播体操、武术健身操等项目；地区（方）统编内容则指不同地区根据所在地区气候、自然环境以及民俗民风等实际情况设计、规定的内容。

- 大课间体育活动内容
  - 统编内容
    - 国家统编内容
    - 地区（方）统编内容
  - 自选内容

图10–1　大课间体育活动内容分类图

2. 自选内容

大课间体育活动的自选内容是指各学校根据本校的师资力量、器材设备等具体条件筛选、设计的活动内容，可以包括如下类别。

（1）学生很感兴趣的各种趣味游戏。

（2）民间、民俗、民族的体育项目，如踢毽子、抖空竹、竹杆舞、滚铁环、跳绳、跳皮筋等。

（3）学校、学生自编、自创的各种韵律操、健身操、校操、特色操等。

（4）学校特色项目，如校园足球、篮球等。

（5）体能练习，如跑操、身体素质练习等。

（二）大课间体育活动内容的选择

不同年龄阶段的学生具有不同的兴趣爱好和身心特点。因此，在选择大课间体育活动内容时一定要确定好活动对象，分析了解活动对象的特点和需求，根据其特点和需求才能选择出适合该年龄段的内容。

1. 大课间体育活动内容的选择原则

（1）健身性与趣味性相结合原则。

大课间体育活动的根本目的就是保证学生“每天锻炼一小时”，改善学生健康状况，提高学生的身体素质，培养良好的心理素质和道德修养。因此，内容的选择上要符合学生的身心特点，应具有健身性、教育性。趣味性是大课间体育活动能够坚持长久的一个重要原因，因此在坚持活动内容健身性的同时还要注重活动的趣味性，考虑学生的兴趣和爱好，充分调动和发挥学生参与大课间体育活动的积极性，寓教于乐，让学生在快乐中达到锻炼身心的目的。

（2）规范性与多样性相结合原则。

大课间体育活动的规定内容是要求各个学校必须开展和完成的，具有一定的规范性。但同时，每一所学校、每一个地区的资源、条件各有不同，同一学校中不同年龄阶段的学生也会有不同的兴趣爱好、体育需求，这就要求大课间体育活动内容的多样性。例如，可以做室外、室内徒手操、健美操、韵律操、武术操、持器械体操

（绳操、持“拍”操）等；可以配上优美的音乐，选择新教材教学内容中的发展身体能力的活动，如跑、跳、投、单杠、技巧、室内体育活动等；可以选择新教材教学内容中的球类活动，如篮球、排球、羽毛球、乒乓球、网球、足球等项目的基本功训练；可以选择新教材教学内容中的休闲与健美体育项目，如跳绳、轮滑、呼啦圈、飞镖、飞环等；可以加入一些带有民族特色的体育项目，如毽球、蹴球、竹竿舞、搏击操等；还可以选一些新教材教学内容组合成一些活动性的室内、室外游戏等。

（3）有效性与简易性相结合原则。

选择的大课间体育活动项目首先要具有健身、娱乐等功效，要能有效地发展、培养、教育学生，但由于大课间只有30分钟左右，活动过程中几乎没有讲解和组织教法等工作，练习密度较大。所以，在选择大课间体育活动内容时，应挑选那些简单易学、技术难度不高且运动负荷适中的项目，确保大课间体育活动能够顺利实施。

2. 大课间体育活动内容的指导

（1）农村大课间体育活动内容的指导。

大多数农村学校体育场地比较充足，但器材设施较落后、短缺，师资力量薄弱，在选择大课间体育活动内容时，可以结合农村各种体育教育资源的特点，以徒手操、民族舞蹈、地方游戏为基础来创编形式多样具有民风的韵律操、农业生产操和学生喜闻乐见的游戏活动，如踩高跷、跳竹竿、走板鞋、抽陀螺、爬杆、坐跷跷板、滚铁环、玩草龙、划龙舟、扭秧歌、赶猪样、播种操、插秧操、收割操等；可以将现代体育娱乐项目结合农村的条件加以简易化，如土保龄球等；也可充分利用农村地区的自然环境、自然资源，组织学生参加有益于身心健康的远足、野营等野外户外活动，使广大农村中小学生在大自然中磨炼意志、锻炼身体、陶冶情操。

（2）城镇大课间体育活动内容的指导。

城镇学校与农村学校相比较，经济、文化、师资等条件较好，场地器材较多，活动内容可以选择跑操、体能练习、篮球、软式排球、足球、乒乓球、羽毛球、踢毽、跳绳、滚铁环、拔河、跨越障碍等。

（3）城市大课间体育活动内容的指导。

城市学校体育师资、器材设备充足，但活动场地比较紧张，适合开展的项目有跑操、体能练习、篮球、软式排球、滑板、滑旱冰、足球、武术、跆拳道、航空模型、车模、乒乓球、橄榄球、台球、羽毛球、踢毽子、跳绳、滚铁环、拔河、攀岩、速降、跨越障碍、负重搬运、攀登爬越等。

二、大课间体育活动的组织形式

根据人体生理机能活动能力变化规律以及课间操的时间、内容性质等特点，一个完整的大课间体育活动通常由6个部分组成，其基本框架包括：有序出操；自由活动；分组（分班、分年级）活动；学校自编自创的校操、校舞、韵律操、特色操、武术操等；国颁操；回归（齐队、并队、合队、分队、队形变化走等）。各学校在具体实施中根据各地方实际，科学、合理地进行系统组合，大致形成了4种基本组织形式：先合后分、先分后合、分合交替和分合轮换。

（一）先合后分

先合后分组织形式是指组织学生进行大课间体育活动时，先全校统一进行某些练习，然后再分开活动，如图10–2和图10–3所示。

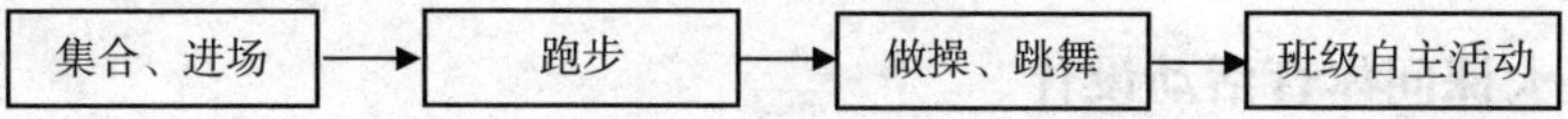

图10–2　大课间活动先合后分组织形式一

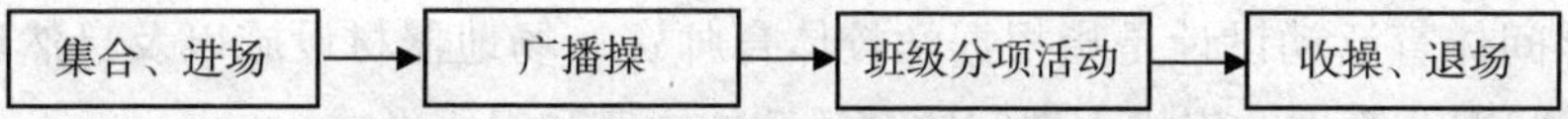

图10–3　大课间活动先合后分组织形式二

（二）先分后合

先分后合组织形式与先合后分组织形式刚好相反。例如，某学校的大课间体育活动程序可以这样安排：刚开始，大课间体育活动音乐响起，各班同学都到教室外本班级的活动区域内，开展小范围的自主活动；几分钟之后，听到踏步音乐响起，各班同学站到做操的位置上，听音乐进行踏步练习；接着全校集体依次进行国颁操、自编操以及瑜伽练习；最后音乐结束，各班同学回到教室（图10–4）。

图10–4　大课间活动先分后合组织形式

（三）分合交替

分合交替组织形式是指大课间体育活动过程中分开练习与集体活动交替进行（图10–5）。

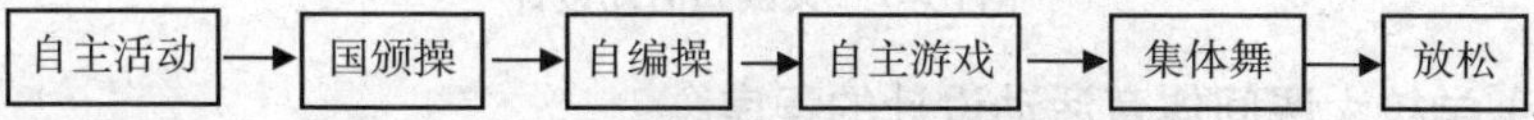

图10–5　大课间活动分合交替组织形式

（四）分合轮换

分合轮换组织形式是指大课间体育活动过程中采用分开练习与集体练习轮流互换的方式进行。一般在活动场地不足的学校采用较多，如图10–6。

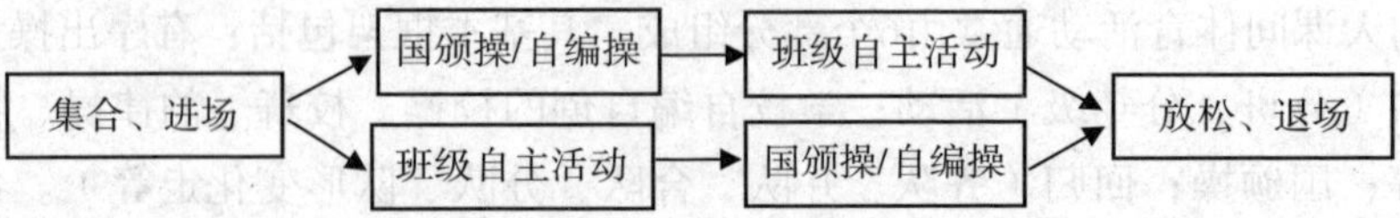

图10-6　大课间活动分合轮换组织形式

第三节　大课间体育活动设计与实施

一、大课间体育活动设计

（一）大课间体育活动设计的界定及分类

大课间体育活动设计是指根据学校体育师资、场地器材设施以及自然环境等条件和资源状况，策划、安排大课间体育活动的内容和组织形式。

基础教育课程改革之后，我国开始实行国家、地方、学校三级课程管理体系。根据大课间体育活动的设计主体不同，我们可以把大课间体育活动设计划分为3个级别：最高层次是国家大课间体育活动设计，中间是地区（方）大课间体育活动设计，最低层次是学校大课间体育活动设计（图10–7）。

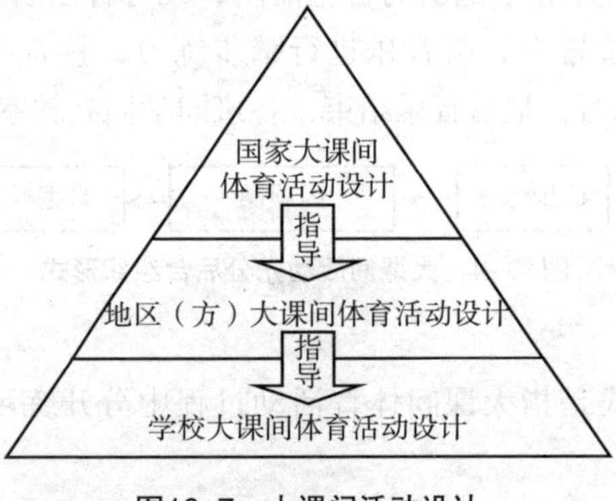

图10–7　大课间活动设计

（二）学校大课间体育活动设计的程序

（1）成立大课间体育活动领导小组，明确分工。大课间体育活动领导小组通常由负责学校体育工作的主管领导、体育组（部）成员、班主任等人员构成，负责本校大课间体育活动的管理、实施等各项工作。

（2）确立大课间体育活动指导思想。

（3）构建大课间体育活动内容体系。

（4）设计大课间体育活动的地点、组织形式和时间安排。

（5）规定大课间体育活动实施的程序和要求。

（6）形成大课间体育活动方案。

（三）大课间体育活动设计的原则

大课间体育活动的设计必须根据大课间的性质、特点、构成要素及具体功能目标，遵循一定的原则进行。

1. 适宜性原则

不同年龄阶段的学生，有着不同的身心发展特点和兴趣爱好；即使是相同年龄阶段的学生，其身心发展也会表现出个体差异。而且，我国地域宽广，不同的地区有着不同的地域文化特点、民族风情，地区之间也存在着巨大的差异。在进行大课间体育活动设计时，要充分了解当地的文化背景和学生身心发展特点、需求以及现有水平，尊重学生主体的需要，如低学段学生要多从体育的趣味性、体育意识的培养着手；而高学段学生应多从学生的自主性、创新性、团队合作性、终身体育意识、习惯的养成着手。

2. 科学性原则

大课间体育活动内容、音乐、活动形式的选择，运动负荷的安排，场地器材的选择及配备，以及活动过程（程序）的安排等要依据一定的科学原理，进行合理的设计。例如，内容要适合学生的身心发展，要健康、有益，有一定的教育性，能寓教于乐；音乐的选择要适合于学生的年龄特征和兴趣，能给学生一定的美的陶冶和享受；运动负荷的安排要适合学生年龄身心发展的实际，循序渐进，并能保证一定的活动量，同时还要照顾到活动后其他学科课的有效质量；场地器材的选择、配备及安排也要科学、合理、简单、适用、安全、有效，能够因地制宜、因陋就简，有利于激起学生的兴趣和调动其积极性。上述各相关因素要科学、合理地组合在一起，发挥出最大的作用和效果，才能够吸引学生，让学生始终保持旺盛的活力、高涨的情绪和轻松愉快的学习活动氛围。

3. 教育性原则

大课间体育活动是学校教育不可分割的部分，肩负着以活动为载体全面育人的重任，可以培养学生的道德修养、组织纪律、团队精神；同时它又是一种体育生活和校园文化，是学生校园生活和整个人生的重要组成部分，为培养未来需要的社会人才起着不可低估的作用。在进行大课间体育活动设计时一定要注重教育性，要有利于学生的健康成长。

4. 优化组合原则

大课间体育活动内容、要素复杂多样。在设计大课间体育活动时，要加以合理的组织安排，考虑到各种因素，如时间、地点、人物、环境、气候、负荷、规章制度等，制订周详计划，统筹安排，不能顾此失彼，应通过不断探索，逐渐达到最优化组合，确保在已有的物质基础条件下用最少的物质和精力获得最大的活动效果。

5. 因地制宜原则

由于我国幅员辽阔、人口众多，各地区经济、文化的发展极不平衡，城乡学校差异很大，各个学校的物质、精神文化环境也各不相同；即使是同一所学校，各班学生的实际心理、生理、运动参与、运动技能也存在一定的差异性。所以，在具体设计安排时，要因校制宜、因班制宜，有些活动甚至应因人制宜，克服不足，充分挖掘和利用地区的优势条件，创造性地开展具有地方特色的大课间体育活动，形成多种不同特色的校本大课间体育活动。

二、大课间体育活动实施的注意事项与要求

大课间体育活动在具体实施时，要根据不同地方、不同学校、不同年龄段学生实际进行操作安排。

（一）大课间体育活动实施的注意事项

1. 分清主辅活动

大课间体育活动是全校师生每天在同一时间进行的体育活动，其组织复杂而严密，一般以集体做操为主、分班活动为辅。

2. 确保学生健康

练习手段要适应学生身心需求，坚持“健康第一”，注重学生身心安全；注重过程与评价，尤其要注重学生过程中的参与、体验尝试及情感态度的展现。在兼顾场地、活动空间的充分利用的同时，尽量做到全体师生参与。

3. 加强组织管理

由于基本模式都涉及学生自由活动，其组织管理要求较高，在实施时要求班主任、指导教师、骨干分子起好督促、管理、示范作用。

4. 控制运动负荷

运动负荷以中等强度为宜，同时也要注意学生参与活动的密度，尽量避免使用一些等待时间较长的活动项目，如荡秋千等。

5. 渲染现场气氛

有条件的学校，可以在大课间体育活动过程中适当采用一些背景音乐，通过音乐渲染活动气氛，产生一定的感染力。音乐的选择要适合学生，以欢快、健康为主，避免音乐成人化。

6. 因时因地制宜

在具体实施过程中要注意气候、季节、环境的变化（雨季较多的地方，应有室内操及室内活动安排）；学校还要充分利用自然环境，因地制宜地开展活动。

（二）大课间体育活动实施的要求

为了更好、更深入地开展大课间体育活动，落实每生每天1小时的体育锻炼，使大课间体育活动有序、科学、高效地长期坚持下去，达到真正育人育体的宗旨，在具体实施时须注重以下几个结合。

1. 注重与学校整体改革相结合

大课间体育活动是学校体育工作的一部分，是学校教育工作的一个方面，是学校整体改革的一个点，要与学校整体改革思路、方向相一致。在活动形式、内容、管理以及特色的打造上，必须紧紧围绕学校的发展与改革来进行，与学校、学生的具体实际相结合，与校园文化建设相结合。

2. 注重与学生的未来发展相结合

大课间体育活动不应只注重学生的兴趣爱好，还应进一步深化，从素质教育角度出发，与学生未来的发展相结合。在具体实施时，应从内容、形式、课程资源的开发上充分体现人本观念，关注学生身心发展，从学生运动参与、运动技能、情感意志、社会适应能力、团队合作精神以及心理健康等多方面给予培养和渗透，使学生能身心健康、全面发展，很好地适应未来社会。

3. 注重与体育课程改革相结合

大课间体育活动不单纯是一种活动形式，它是体育课堂教育的延伸和拓展，应努力做到大课间体育活动内容与课堂教学内容紧密衔接。从某种意义上来讲，大课间体育活动已成为一门体育活动课程，所以它应与我国当前的课程改革相结合，体现出新的课程理念。在具体实施时，可以按照课程来进行管理，从内容到组织再到考核、评估都要做到规范、科学，符合我国课程改革的思路和趋势。有条件的学校还可以此为契机开发校本体育活动教材，打造本校的育人特色。

4. 注重与音乐相结合

音乐可以陶冶情操。如果把大课间体育活动比作花朵，那么美妙动听的音乐伴奏就犹如片片绿叶，把鲜花点缀得更加艳丽。为此，音乐要具有鼓舞性和震撼力，要充分考虑活动内容、性质、学生兴趣爱好挑选合适的音乐，以音乐为线索串联各练习内容，激发学生参加练习的欲望和激情。大课间体育活动中的音乐有选乐、编辑、应用、完善等步骤，音乐内容一般有出场音乐、准备音乐、练习音乐、放松音乐、退场音乐5个部分，许多大课间体育活动在全程音乐或背景音乐的伴奏下完成的。

5. 注重与场地器材改革相结合

学校的场地器材，直接影响着学生参与的兴趣。大课间体育活动的开展要与场地、器材改革相结合，因地制宜可以“土洋”结合、因陋就简地合理利用校园现有环境与周围环境。例如，农村学校利用校外小山、松林坡地开展大课间体育活动，让学生走到阳光下、走到操场上、走到大自然去；或利用树林、沙地搭建快乐园；

利用墙沿坡地做攀爬墙等；利用废报纸做成纸球；利用可乐瓶、易拉罐装上沙（或水）做保龄球瓶等。还可以让学生充分发挥想象，自己动手制作器材，把场地由成人化、竞技化转变成儿童化、健身化，使大课间体育活动更具有趣味性和实用性。

三、大课间体育活动的案例

为了进一步掌握大课间体育活动的设计、安排和组织，这里提供2个大课间体育活动案例，供学习参考。

【案例10-1】

江苏省赣榆市海头镇中心小学阳光体育大课间体育活动方案

一、指导思想

健康的体魄是青少年为祖国和人民服务的前提，是中华民族旺盛生命力的体现，为全面贯彻落实党的教育方针和《关于深化教育改革全面推进素质教育的决定》《关于加强青少年体育增强青少年体质的意见》精神，坚持“人人健康、健康第一”的指导思想，遵循“一切为了学生”的理念，全面实施素质教育，培养德智体美劳全面发展的人才，以阳光大课间体育活动作为重要载体，保证学生每天一小时体育锻炼时间，增强学生的体质，培养学生参与体育活动的兴趣和爱好，使学生形成自觉锻炼身体的习惯和“终身体育”的意识，同时培养学生良好的心理素质、道德素质，特制订本方案。

二、活动原则

（1）科学性与娱乐性相结合。开展阳光大课间体育活动的根本目的，是为学生“每天锻炼一小时”创造条件，提高学生的身体素质，培养学生良好的心理素质和道德素质，因此活动的内容和组织形式要富有科学性。在坚持育人宗旨的同时，要遵循小学生的年龄特点和身心发展规律，注重活动的娱乐性，寓教于乐，让学生在活动中健身、在活动中娱乐身心。

（2）规范性与自主性相结合。为保障阳光大课间体育活动的有序开展和每个学生的运动量，学校将活动分为2个部分：一是规范性的集中活动，做武术操；二是自主性的分散活动，各班根据学生的年龄特点组织1～2项体育游戏活动。规范性与自主性的结合，使大课间体育活动更加丰富多彩，真正成为师生喜爱的活动时间。

（3）传统性和创新性相结合。阳光大课间体育活动既有跳皮筋、武术操、跳绳、健美操等传统项目，又有结合我校经典诵读特色创立的花样皮筋、竹竿舞、篮球操等创新项目，将艺术、体育与游戏融为一体。

三、领导小组成员及职责

组长：××（全面督促大课间体育活动的落实情况）

副组长：××（具体规划大课间体育活动的活动方案及督导落实）

组员：××（负责全校大课间体育活动落实）

××（负责住校班学生活动组织及指导）

××（负责全校大课间体育活动指导）

××（负责一年级大课间体育活动组织及指导）

××（负责六年级大课间体育活动组织及指导）

××（负责健美操方阵活动组织及指导）

××（负责篮球操方阵活动组织及指导）

××（负责竹竿舞活动组织及指导）

××（负责大课间体育活动的音乐剪辑和播放）

班主任和科任教师（负责本班活动的组织及指导）

四、活动过程

活动时间阶段内容活动音乐：

10:10—10:16，入场，播放《运动员进行曲》，班主任在前，科任教师在后，带领学生跑步进入操场；

10:16—10:19，集体活动，全校学生做《武术操》；

10:19—10:33，开展大课间分组活动，播放韵律操音乐，方阵学生做健美操、篮球操，其他班级学生分组活动；

10:33—10:36，学生做放松活动；

10:36—10:40，退场，师生排队回教室。

五、活动内容及地点安排（表 10-1、图 10-8）

表10-1　江苏省赣榆市海头镇中心小学阳光体育大课间活动安排表

春季

年级	星期一	星期二	星期三	星期四	星期五
一年级	自选	溜手绢	游戏	老鹰捉小鸡	钻山洞
二年级	钻山洞	老鹰捉小鸡	自选	编花篮	溜手绢
三年级	胯下传球	踢毽子	自选	呼啦圈	蟹形赛跑
四年级	竹竿舞	自选	花样皮筋	羽毛球	韵律操
五年级	韵律操	跳皮筋	篮球	自选	运球接力
六年级	往返接力跑	篮球	跳绳	跳皮筋	自选

冬季

年级	星期一	星期二	星期三	星期四	星期五
一年级	跳房子	自选	丢沙包	踢毽子	兔子舞
二年级	丢沙包	跳房子	背球接力跑	跳绳	自选
三年级	自选	踢毽子	跳绳	背球接力跑	二人三足

续表

年级	星期一	星期二	星期三	星期四	星期五
四年级	仰卧起坐	兔子舞	自选	踢毽子	跳绳
五年级	跳皮筋	跳绳	二人三足	自选	仰卧起坐
六年级	跳绳	跳皮筋	踢毽子	自选	踢毽子

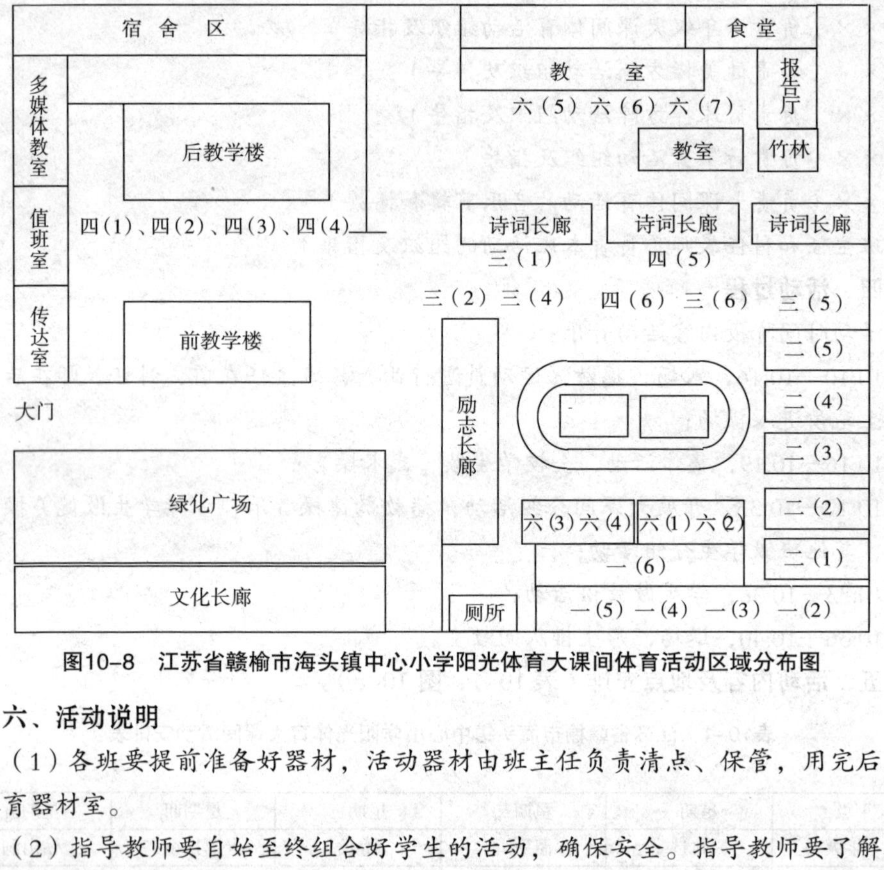

图10-8　江苏省赣榆市海头镇中心小学阳光体育大课间体育活动区域分布图

六、活动说明

（1）各班要提前准备好器材，活动器材由班主任负责清点、保管，用完后交还到体育器材室。

（2）指导教师要自始至终组合好学生的活动，确保安全。指导教师要了解参加本项活动学生的身体状况，对不适合参加活动的学生要妥当安置，在活动中若有特殊情况，要及时与分管领导联系，在第一时间采取相应的措施。

【案例10-2】

长庆二中入学新生艺术大课间训练方案

艺术大课间活动是我校加强校园文化建设、提高办学品位的一项特色品牌活动，是落实“每天锻炼一小时”的重要举措，是我校阳光体育的一大特色和亮点，更是展示我校学生精神面貌的重要窗口。此项活动实施九年来，长庆二中通过对各环节内容及管理模式等不断改进优化，整体运行流畅高效，具有持续性开展、常态化展示、自主化管理等特色。这项活动对促进我校学生养成良好的行为习惯，提高团队精神、责任意识和自控力，培养学生阳光自信，积极进取的学习、生活、做人、做事态度发挥了良好的促进作用，充分发挥了体育活动的德育功能，在体育活动与德育工作的相互渗透和融合方面做了许多有益的探索，效果显著。在未央区和石油普教中心组织的多次展示交流活动中，中心领导及上级主管部门给予充分肯定，广大家长也非常支持。2013年，艺术大课间活动获得陕西省优秀大课间活动案例一等奖；2015年，艺术大课间活动通过陕西石油普教中心首批特色品牌验收并获得挂牌表彰。艺术大课间活动是二中学子必须熟练掌握的一项基本技能，是展示个人风采、展现班级风貌、锻炼身体素质和提高个人素养的一节必修课。

一、参训人员

初一、高一年级全体学生、班主任、年级组长、全体教师。

二、训练分工

高一年级：田建国　张　浩

初一年级：张晓勇　李先华　李　凡　刘为卿　李　鹏　赵　吉

三、训练时间、地点、内容

（1）8月31日晚自习：以班为单位观看艺术大课间专题片。

地点：各班教室。

组织实施：班主任。

（2）9月1—3日，上午7:30—11:00（3日为7:30—9:30）。

地点：校田径场。

内容：队形队列基本技能；艺术大课间各环节内容。

组织实施：教师、相关班主任。

四、训练内容及要点

（1）倒卷帘入场定位。以班为单位成两路纵队，以规范的跑步动作入场，队伍整齐，口号洪亮，排头同学到达规定的位置后迅速向后转，面向跑进方向成立正姿势定位。其他同学依次以此种方式从已定位同学同侧入场，前后对正，左右看齐，保持立正姿势定位。要求动作迅速，定位准确，姿态优美无小动作。

（2）军姿训练。保持立正姿势，集中注意力，培养自控力，平心定气，凝神聚力保持一分钟。

（3）做第三套中学生广播操《放飞理想》。

（4）快速成跑操队形集合。听到信号后，快速沿既定路线在跑道指定位置成六路纵队集合，班与班保持规定距离。

（5）集体跑步。当跑步信号发出后，全体学生在同一时间用同一节奏步伐迈步启动，达到全体统一行动。在练习时要注意：一是全体统一速度，保持好班与班之间的距离，培养速度感；二是前后排同学最少保持一臂距离，防止同时同步启动时发生踩踏；三是班级联动，随时微调以保持好速度和距离。

（6）大幅度摆臂走。动作要点是在齐步走的时候，伴随着音乐节奏，抬头挺胸，两手半握拳，肘关节伸直以肩为轴紧贴躯干前后用力摆动，前摆与肩同高，拳心向下，后摆达最大幅度，大幅度摆臂，小步幅、快节奏迈步，整个动作整齐划一，协调紧凑，摆臂有力，姿态优美，动作与精神面貌俱佳。

五、训练形式

分初、高中以班为单位由指定教师组织训练，班主任跟班协助，对训练内容采取先分解后组合，按流程，分步骤，先以班为单位进行训练，基本掌握动作要领后，进行班级，年级及初、高中之间的动作整合串联练习。

六、训练流程

①分班列队→（两路 、六路队形）→②集合队形、队列训练（稍息、立正、看齐、报数、军姿、原地转法、下蹲、起立、前后左右间距、整体身体姿态等）→③集体跑步（队形、跑步—立定、抱拳、摆臂、看齐、步点、步频、步幅、速度、队形基准点、前后左右间距、节奏、整体身体姿态等）→④大摆臂走（握拳、摆臂动作要点及路线、摆臂与步伐配合、步频、步幅、看齐、队形基准点、前后左右间距、节奏、整体身体姿态等）→⑤倒卷帘入场（队形、路线、定位、看齐、身体整体姿态等）→⑥军姿训练（身体各部位动作要点、整体身体姿态、心理状态等）→⑦各环节动作整合（两路纵队集合—倒卷帘入场—军姿训练—指定点集合—跑步—大摆臂走—退场）→⑧年级合练展示（以年级为单位整体进行）。

七、训练要求

（1）按时到位，全员参加。

（2）遵守纪律，严格要求，服从指挥，精神面貌佳。

（3）认真听讲，仔细观察，刻苦练习，掌握正确的动作要点、要领。

长庆二中视频

思考题

1. 大课间体育活动有什么特点？
2. 选择大课间体育活动的内容时应遵循哪些原则？
3. 什么是大课间体育活动的设计？具体包括哪些程序？
4. 大课间体育活动设计应遵循哪些原则？
5. 实施大课间体育活动时有哪些要求？

主要参考文献

[1] 曲宗湖，王龙龙．大课间体育课活动的设计与开发 [M]. 北京：人民体育出版社，2005.
[2] 陈雁飞，刘海元．阳光体育运动理论实践解读 [M]. 北京：北京体育大学出版社，2010.
[3] 王德福．大课间操 [M]. 辽宁：辽宁大学出版社，2007.

（陕西师范大学　李艳茹）

第十一章　国家学生体质健康标准

内容提要

本章重点介绍了《国家学生体质健康标准（2014年修订）》的内涵、功能、测试项目与实施办法、组织与测试方法，并结合案例进一步具体说明了《国家学生体质健康标准（2014年修订）》组织与测试的过程、测试数据的具体运用。

学习目标

◎了解《国家学生体质健康标准（2014年修订）》测试项目及实施办法。

◎学会《国家学生体质健康标准（2014年修订）》组织与测试方法。

◎掌握《国家学生体质健康标准（2014年修订）》测试数据运用的形式与步骤。

第一节　《国家学生体质健康标准（2014年修订）》概述

一、《国家学生体质健康标准（2014年修订）》的内涵

《国家学生体质健康标准（2014年修订）》（本章简称《标准》）是测量学生体质健康状况和锻炼效果的评价指标，是国家对不同年龄学生体质健康方面的基本要求，是学生体质健康的个体评价标准。由于健康的概念很宽泛，既包括身体健康，又包含心理健康、社会适应能力等，因此，选用了“体质”作为“健康”的限定词，表明《标准》中的健康是指与学校体育密切相关的学生身体健康。

中华人民共和国成立以来，党和政府非常重视学生体质健康工作，在不同历史时期曾先后制定了一系列文件制度，如《准备劳动与卫国体育制度暂行条例和项目标准》《国家体育锻炼标准》《大学生体育合格标准》《中学生体育合格标准》《小学生体育合格标准》等，这些文件与制度对于促进学生参加体育锻炼、增强体质起到了重要作用。但随着社会与科技的进步与发展、生存环境的改变，原有的一些标准在实践过程中不能很好地适应实际需要。为了更好地、全面地测试学生体质，2002年教育部和国家体育总局专门组织研制了《学生体质健康标准》，发布了《学生体质健康标准（试行方案）》，在全国范围内分阶段组织实施。经过5年的实践，取得了很好的成绩与经验，并在原有的基础上进行了修订与完善，于2007年正式颁布《国家学生体质健康标准》，并在全国范围内全面实施。2014年根据全国学生体质调研反馈与存在的问题分析，对2007年的《国家学生体质健康标准》进行了修订，并研制与颁布了《标准》。

二、《国家学生体质健康标准（2014年修订）》的功能

（一）评价功能

《标准》是学生体质健康的个体评价标准，《标准》中设置了相对科学的能综合反映学生体质健康状况的各项评价指标，因此，通过《标准》的测试，可对每一个学生个体及不同阶段学生体质的动态变化作出较为准确的评价。

《标准》测试的结果在一定程度上反映了学校体育工作成效。因此，《标准》的实施也是检查、评价学校体育工作的一个重要环节，它将成为学校反思体育教学、阳光体育运动、班级体育活动、大课间体育活动、运动训练与竞赛的重要手段，并有助于进一步深化我国学校体育各项工作的改革，找出问题，制定对策，促

进我国学校体育工作的健康发展，全面提高学生的体质健康水平。

（二）反馈功能

由于各级各类学校在规定的时间内都应把学生体质测试结果上报至中国学生体质网“国家学生体质健康标准数据管理系统”，该系统拥有完整的学生体质记录。而中国学生体质网是“国家数据库MIS”的对外窗口和交流平台，是以发布《标准》测试统计数据和相关信息为主要内容的网站，该网站可供用户（各级教育行政部门、学校、学生、学生家长）进行在线查询和在线评估。因此，对学生个体而言，《标准》测试系统可为学生及其家长提供在线查询和在线评估服务，向学生提供个性化的身体健康诊断，有助于学生对自身体质状况有一个客观了解，发现不足、确定今后努力方向；对学校、教育行政部门、政府机关而言，可提供翔实的测试数据，以便进行数据的统计与分析，发现学生体质健康存在的问题，及时采取科学的干预措施，制定符合实际的政策与法规。

（三）引导功能

《标准》具有很好的引导作用。《标准》实施是促进学生、家长与社会对体质健康有一个更为明确的认识与理解，帮助他们树立科学的健康观念，形成重视健康的意识，引导学生积极参加体育活动。《标准》内容简单易行，具有较强的针对性，可为学生提供指导性的锻炼项目，有助于加强体育锻炼的实效性。另外，学生可查询到自身体质的状况和具有建议性的运动处方，从而更好地进行体育锻炼。

（四）激励功能

中共中央、国务院《关于加强青少年体育增强青少年体质的意见》中明确指出：“全面实施《国家学生体质健康标准》，把健康素质作为评价学生全面健康发展的重要指标。”这个指导性的文件将有助于激励个人、学校、教育行政部门把实施《标准》作为一项重要的工作来做。

《标准》实施方法中规定，学生测试成绩评定达到良好及以上者，方可参加评优与评奖；成绩达到优秀者，方可获体育奖学分。这些定性和定量的评价指标具有激励学生积极参与体育锻炼，“达标争优、增强体质”，促进学生体质健康发展的作用。同时，《标准》实施情况也是各级各类学校进行教育教学评估的基本指标，也是进行表彰的基本依据，对学校也具有一定的激励作用。

三、《国家学生体质健康标准（2014年修订）》测试项目及实施办法的说明

（一）《标准》的测试项目与分值

2014年教育部、国家体育总局联合下发了实施《标准》的通知，并规定了《标准》的测试项目与分值，具体详见表11–1。

表11–1　《标准》测试项目（评价标准）与权重一览表

测试对象	单项指标	权重（%）
小学一年级至大学四年级	体重指数（BMI）	15
	肺活量	15
小学一、二年级	50 米跑	20
	坐位体前屈	30
	1 分钟跳绳	20
小学三、四年级	50 米跑	20
	坐位体前屈	20
	1 分钟跳绳	20
	1 分钟仰卧起坐	10
小学五、六年级	50 米跑	20
	坐位体前屈	10
	1 分钟跳绳	10
	1 分钟仰卧起坐	20
	50 米 ×8 往返跑	10
初中、高中、大学各年级	50 米跑	20
	坐位体前屈	10
	立定跳远	10
	引体向上（男）/1 分钟仰卧起坐（女）	10
	1000 米跑（男）/800 米跑（女）	20

注：体重指数（BMI）= 体重（千克）/ 身高^2（米^2）。

（二）《标准》实施办法的简要说明

（1）本标准将适用对象划分为以下组别：小学、初中、高中按每个年级为一组，其中小学为6组、初中为3组、高中为3组。大学一、二年级为一组，三、四年级为一组。

（2）小学、初中、高中、大学各组别的测试指标均为必测指标。其中，身体形态类中的身高、体重，身体机能类中的肺活量，以及身体素质类中的50米跑、坐位体前屈为各年级学生共性指标。

（3）本标准的学年总分由标准分与附加分之和构成，满分为120分。标准分由各单项指标得分与权重乘积之和组成，满分为100分。附加分根据实测成绩确定，即对成绩超过100分的加分指标进行加分，满分为20分；小学的加分指标为1分钟跳绳，加分幅度为20分；初中、高中和大学的加分指标为男生引体向上和1000米跑，女生1 min仰卧起坐和800 m跑，各指标加分幅度均为10分。

（4）根据学生学年总分评定等级：90.0分及以上为优秀，80.0～89.9分为良好，60.0～79.9分为及格，59.9分及以下为不及格。

（5）每个学生每学年评定一次，记入《〈国家学生体质健康标准〉登记卡》。特殊学制的学校，在填写登记卡时可以按规定和需求相应地增减栏目。学生毕业时的成绩和等级，按毕业当年学年总分的50%与其他学年总分平均得分的50%之和进行评定。

（6）学生测试成绩评定达到良好及以上者，方可参加评优与评奖；成绩达到优秀者，方可获体育奖学分。测试成绩评定不及格者，在本学年度准予补测一次，补测仍不及格，则学年成绩评定为不及格。普通高中、中等职业学校和普通高等学校学生毕业时，《标准》测试的成绩达不到50分者按结业或肄业处理。

（7）学生因病或残疾可向学校提交暂缓或免予执行《标准》的申请，经医疗单位证明，体育教学部门核准，可暂缓或免予执行《标准》，并填写《免予执行<国家学生体质健康标准>申请表》，存入学生档案。确实丧失运动能力、被免予执行《标准》的残疾学生，仍可参加评优与评奖，毕业时《标准》成绩需注明免测。

第二节　《国家学生体质健康标准（2014年修订）》组织与测试方法

实施《标准》的组织与方法，既是学校体育不可或缺的重要工作，又是一项较为复杂的工作，因此，学校要切实做好《标准》的组织工作，并采用符合学校性质、学生特点的测试方法，确保《标准》测试工作的顺利进行。

一、实施《国家学生体质健康标准（2014年修订）》的组织

《标准》的组织工作涉及范围较广，从组织体系角度看可分为2个层面：第一个层面是国家、省（直辖市、自治区）、地（市）、县（区）、乡（镇）的教育、体育行政部门及教研机构这一线路；第二个层面是学校系统层面，包括校（院）领导、教务（导）处、学生工作部、辅导员或班主任、教师、校医以及学生会、共青团、少先队、学生体育组织这一线路。从组织工作过程看，包括组织分工、制定计划、组织实施、检查总结等阶段；从组织工作内容看，包括宣传教育、日常锻炼、测试、评价、反馈、统计分析、上报、评比奖励等各个环节。组织过程的各个方面、阶段和环节，彼此紧密联系、互相制约，构成了一个完整的组织体系。

本节把《标准》实施的组织工作具体表述为以下几个阶段：《标准》测试的准

备阶段，具体测试阶段，测试结果上报阶段，安排补测工作阶段，测试结果的整理与分类归档阶段，表彰先进阶段。

（一）《标准》测试的准备阶段

1. 成立测试领导小组，明确岗位分工

学校要成立由主管校长为组长的《标准》实施领导小组，并协同教务（导）处、团委、学生工作部、辅导员或班主任、教师、校医、学生体育骨干等共同开展具体的测试工作。具体分工如下。

（1）学校领导：主要负责实施《标准》部署，筹划场地、器材和经费，把握实施工作方向。

（2）教务（导）处：主要负责实施《标准》过程的计划调控和时间安排等协调工作，学生工作部主要负责措施落实、检查评比和总结。

（3）体育部（组）：主要负责教学活动、指导锻炼、具体测试、体育骨干培训以及对测试数据的上报和分析研究工作。

（4）辅导员或班主任：负责班级实施《标准》具体工作；团委、学生体育组织主要配合做好实施《标准》宣传工作。

（5）学生体育骨干：负责组织日常锻炼，协助体育教师进行具体测试。

2. 制订测试计划，发布测试通知，做好测试宣传

测试是学校实施《标准》工作中较复杂的环节，也是一项严肃任务。测试工作计划包括测试时间安排、测试人员培训、场地器材和仪器准备以及安全措施落实等一系列过程。学校应把实施《标准》工作列入学校体育工作的近期计划和长远规划之中，建立一套比较完善的测试实施制度和办法，做好计划布置、检查和总结工作，并形成制度，才能保证测试工作的顺利进行。

测试计划制定完成之后，学校相关职能部门应及时发布测试通知，做好各种宣传工作，使学生积极投入测试工作，并做好各项测试前的身体上、心理上、时间上的准备。

3. 加强测试人员的培训

培训一支业务能力强的测试队伍是提高《标准》测试数据准确性的保证，要做到既能适应集中测试的需要，又能满足同一时间内分别进行测试的要求。这支队伍应以教师为主，并结合学生体育骨干和一些学生志愿者协助测试。

4. 做好测试前的各项准备工作

《标准》测试前要充分做好各项准备工作，提高测试时间利用率和测试效果。准备工作一般包括准备测试场地，调校测试仪器，准备测试成绩登记表，提前填写受测学生的名单顺序，测试人员熟悉测试规则、方法和要求，安排测试过程的安全措施，指导受测学生做好身体与心理的准备等。

（二）《标准》具体测试阶段

《标准》具体测试一般采用流水作业或分散测试，严格按照学校编排的班级、时间、地点进行测试，要充分发挥辅导员或班主任、体育教师和学生体育骨干的作用，保证测试的秩序。同时要安排好校医的任务，对于测试过程中出现的问题与应急现象应及时处理，确保测试工作安全性，如遇学生在测试过程中有身体不适现象，应马上提出并停止运动，尽快向医疗中心求助。

（三）测试结果上报阶段

各学校每学年开展覆盖本校各年级学生的《标准》测试工作，《标准》测试数据经当地教育行政部门按要求审核后，通过“中国学生体质健康网”上传至“国家学生体质健康标准数据管理系统”，测试和数据上传时间由教育行政部门确定。

（四）及时安排补测工作阶段

对于一些有特殊情况并及时办理过请假手续的学生和在第一次测试中不及格的学生，准予本学年度补测一次，补测仍不及格，则学年成绩评定为不及格。

（五）测试结果的整理与分类归档阶段

《标准》测试结果和评分成绩，既是检查《标准》实施效果的重要指标，也是对学生身体健康状况进行追踪研究的宝贵资料。学校要健全学生体质健康档案制度，妥善保存每学年测试的原始数据和统计资料，建立学生《标准》登记卡，在毕业后放入学生档案。小学列入学生成长记录或学生素质报告，初中以上学校列入学生档案（含电子档案），作为学生毕业、升学的重要依据。每学年各项最终测试成绩，应以年级、班级为单位登记造表，清楚、准确地记录学生姓名、性别、年龄和各测试项目最后的评分成绩。表头应标明年级、系别、班次、学年度、造表日期和造表人，以及其他能反映锻炼效果的材料（如学生常见疾病等）。

（六）表彰先进阶段

表彰先进是学校开展《标准》实施的动力之一，实施《标准》情况要列入学校目标管理之中，并与年终奖励挂钩，对参加组织实施《标准》测试工作的教师应记入教学工作量。同时，各行政部门要建立好各层次表彰制度，对于一些《标准》实施好的单位与学校要定期进行评比与表彰，充分调动学校积极性；对于一些实施《标准》情况较差的学校应通报批评，并提出改进意见。

对达到及格以上成绩的学生颁发证章，对认真上好体育课、积极参加体育活动、每天锻炼时间达到一小时者，其《标准》学年成绩奖励5分。学生达到《标准》良好等级及以上者，方可评为三好学生、获奖学金或保送；达到优秀成绩者，方可获奖学分。《标准》还增设了附加分，对成绩超过100分的加分指标进行加分，满分为20分；小学的加分指标为1分钟跳绳，加分幅度为20分；初中、高中和大学的加分指标为男生引体向上和1000米跑，女生1分钟仰卧起坐和800米跑，各指标加分幅度均为10分。

二、《国家学生体质健康标准（2014年修订）》的测试方法

实施《标准》测试方法的原则是以课外测试为主，采用课内测试与课外测试相结合、集中测试与分散测试相结合、测试与比赛相结合，因地制宜、充分利用学生在校时间、学校场地器材条件，在不影响与冲击体育课正常教学的情况下有序进行。学校可根据本校性质、场地器材特点、学生群体的特点等，选择不同的方法进行《标准》的测试。常用的具体测试方法主要有以下几种。

（一）结合体育课考核测试法

凡与教材一致的项目（如50米跑、50米×8往返跑、男子1000米跑/女子800米跑、仰卧起坐、立定跳远、1分钟跳绳等项目），学校可选择体育课单元教学考核法进行测试。一方面可以节约测试的时间，另一方面可以与体育课堂教学有机地结合起来。

（二）课外单项或多项测试法

可以利用课外活动的时间安排单项或多个项目在不同的地点同时进行测试，也可结合季节特点进行，组织班级单项达标比赛。因课外活动时间相对不足，测试项目较多，因此，这种测试方法可能会造成测试时间过长的现象。

（三）运动会测试法

由于测试过程相对比较乏味，因此，可以通过召开测试运动会的方式进行测试，这种方法有利于提高测试的趣味性，还可以通过竞赛方式提高测试成绩，也可以活跃校园体育文化氛围，起到多重作用，该测试法一般适宜在小学阶段开展。

（四）体检测试法

有些测试项目（如身高、体重等）无需体育教师参与，可以结合每年体检进行测试，有条件的学校可自行组织校医务室进行测试，没有条件的学校可以组织社区、街道、保健所等医务人员进行体检测试。

（五）周末集中测试法

首先，由于高等学校与中小学体育课程有较大的区别，高校体育课往往由不同院系的学生组成；其次，由于高校体育课程采用学分制管理，以学期为单位，教学时数较少，教学任务较重。因此，高校学生《标准》的测试可采用周末集中测试法进行。高校学生体质测试一般有2类情况：一是对新生入学时的体质测试；二是对老生一年来的体质变化情况的测试。

三、《国家学生体质健康标准（2014年修订）》组织与测试方法案例

由于学校性质、规模、场地器材条件各有不同，在具体测试过程中会遇到各类

困难与问题。本节以××小学与××大学为例，具体阐述测试的组织与方法。

（一）××小学《标准》测试运动会案例

该小学安排了为期2天的测试运动会，身高、体重、肺活量3项数据直接通过当年体检时测得数据，其他项目则安排在运动会上测试。测试项目有：小学一二年级50米、1分钟跳绳；小学三四年级50米、1分钟跳绳、1分钟仰卧起坐；小学五六年级50米、50米×8折返跑、1分钟跳绳、1分钟仰卧起坐。具体测试项目、班级、时间安排见表11-2（说明：“六（1）”是指小学六年级一班）。

表11-2　××小学《标准》测试运动会案例

第一天上午测试安排

测试项目	测试时间	测试班级	测试班级	说明
50米×8往返跑	8:20	六（1）（2）（3）		
50米跑	8:10	五（1）五（5）		
	9:10	五（7）四（1）四（5）		
1分钟跳绳	8:20	二（1）	二（2）	2个场地
	9:20	二（2）	二（4）	2个场地

测试项目	测试时间	测试班级	测试时间	测试班级	说明
1分钟仰卧起坐	8:20	三（1）	8:40	三（2）	
	9:00	三（3）	9:20	三（4）	
	9:40	三（5）			
	10:00	三（6）			
	10:20	三（7）			
	10:40	三（8）			

第一天下午测试安排

测试项目	测试时间	测试班级	测试班级	说明
50米×8往返跑	1:20	六（4）（5）（6）		
50米跑	1:10	一（1）—（6）		
	2:10	四（6）四（7） 三（1）三（4）		
1分钟跳绳	1:20	二（5）	二（6）	2个场地
	2:20	二（7）		
1分钟仰卧起坐	1:20	五（1）		
	1:40	五（2）		
	2:00	五（3）		
	2:15	五（4）		
	2:30	五（5）		

续表

测试项目	测试时间	测试班级	测试班级	说明
1 分钟仰卧起坐	2:40	五（6）		
	3:00	五（7）		

第二天上午测试安排

测试项目	测试时间	测试班级	测试时间	测试班级	说明
1 分钟仰卧起坐	8:20	三（1）	8:40	三（2）	
	9:00	三（3）	9:20	三（4）	
	9:40	三（5）			
	10:00	三（6）			
	10:20	三（7）			

测试项目	测试时间	测试班级	测试班级	说明
50 米 ×8 往返跑	8:20	五（1）（4）		
50 米跑	8:20	三（5） 三（8） 二（1）		
	9:20	二（3） 四（7） 一（7）		
1 分钟跳绳	8:20	一（1）	一（2）	2 个场地
	9:20	一（3）	一（4）	2 个场地
1 分钟仰卧起坐	8:20	六（1）		
	8:40	六（2）		
	9:00	六（3）		
	9:20	六（4）		
	9:40	六（5）		
	10:00	六（6）		

第二天下午测试安排

测试项目	测试时间	测试班级	测试班级	说明
50 米 ×8 往返跑	1:20	五（5）（7）		
50 米跑	1:20	六（1）（6）		
	2:10	三（1）三（4）		
1 分钟跳绳	1:20	一（5）	一（6）	2 个场地
	2:20	一（7）		
1 分钟仰卧起坐	1:20	四（1）		
	1:40	四（2）		
	2:00	四（3）		
	2:15	四（4）		

续表

测试项目	测试时间	测试班级	测试班级	说明
1 分钟仰卧起坐	2:30	四（5）		
	2:40	四（6）		
	3:00	四（7）		

［案例分析］该小学集中了2天时间，通过运动会形式开展了测试，组织工作比较充分，时间安排比较紧凑，学校场地得到了很好的利用，同时也激发了学生运动竞赛的积极性，可谓一举多得：既高质量完成了测试任务，又调动学生参与运动的热情，也丰富了校园体育文化。

（二）××高校大学生《标准》周末集中测试案例

该高校大学生人数达21891人（包括17个学院），由于人数较多，该校安排了周末集中测试法进行测试：全校一个年级安排3天测试时间，3个年级共安排9天测试时间（包含周五晚的3个周末）完成测试的全过程（四年级学生由于实习另外安排）。具体安排情况如下。

（1）三年级安排3天：12月10日晚开始（周五）、12月11日全天、12月12日全天；

（2）二年级安排3天：12月17日晚开始（周五）、12月18日全天、12月19日全天；

（3）一年级安排3天：12月24日晚开始（周五）、12月25日全天、12月26日全天。

因学生人数很多，编排非常复杂，本例限于篇幅，以该校教育学院二年级大学生为例，说明测试时间安排与测试过程。

（1）根据班级测试人数，安排不同的测试时间（表11–3）。

表11–3　XX高校教育学院二年级大学生测试时间安排

	专业	班级	人数	测试时间
教育学院	教育学	091 班	57	12 月 11 日：15:30　18:00
	教育技术学	091 班	22	12 月 11 日：16:00　18:00
	应用心理学	091 班	38	12 月 11 日：16:00　18:00

（2）测试过程中，大学生可在规定时间内按顺序选择测试点并排队测试、也可任意选择测试点（根据测试点的人数多少而定）进行测试。学校安排的测试点有5个：身高、体重、素质、肺活量、台阶试验测试点。

（3）对参加测试的大学生提出严格要求：大学生必须持本人体质IC卡和学生证参加测试。没有携带证件者，不准参加测试。对弄虚作假、徇私舞弊、冒名顶替者，一经发现取消该大学生的测试资格。

［案例分析］该高校大学生《标准》测试的组织与方法体现了以下特点。

（1）测试时间集中有效。每个年级大学生集中在周末3天内完成测试，该校15000人左右（四年级学生例外）集中在3个周末完成，这种集中测试方法解决了大学生数量多、平时各学院大学生时间难以统一的困难，也不会影响与干扰正常的体育课堂教学。

（2）组织方式快速有序。由大学教务处、学生处统一下达“测试通知”到各学院教务办、学工办，再由学院学工办下达到各个班级，这样的组织方式确保了测试工作有序进行。

（3）测试人员安排独特。由于测试大学生人数很多，参加每次测试的教师却有限。该校在轮流安排部分测试教师的基础上，招募了一些有经验的大学生志愿者，组成一个测试团队。这是一个很好举措，既解决了测试过程中人手不足问题，同时也发展了大学生志愿者的测试水平与能力。

第三节 《国家学生体质健康标准（2014年修订）》测试数据运用

各级各类学校《标准》的测试工作，是一项必须完成的任务，它为学校、社会、国家提供了学生体质健康的测试结果，但这仅仅完成了《标准》测试任务，另一部分也容易被忽视的工作是如何合理运用《标准》测试的各种数据。后者的工作也很重要，因为它涉及《标准》的反馈与指导功能。因此，学校、各级教育与体育行政部门要特别注重把《标准》测试的结果与学校体育各项日常工作紧密结合起来，在分析测试数据的基础上，找出学生体质薄弱环节与根源，提出改善学生体质方案，有效指导学校体育各项工作。

一、《国家学生体质健康标准（2014年修订）》测试数据运用的形式

数据可分为以下几种类型：现在数据、过去历年数据；横向对比数据，纵向对比数据；男女不同性别数据；不同年龄段数据等。而测试数据的运用可根据不同的对象，划分为学生个人数据的运用；学校数据的运用；各教育行政部门数据的运用。

（一）学生个人数据的运用

学生通过学校权限入口，可以查询到国家体质测试数据库中的个人信息。这些信息反映的是学生个人体质健康状况；同时，测试数据库还可以对学生个人的体质健康进行在线评估及运动指导。因此，学生可以根据数据库提供的个人体质健康数据、个人运动处方、历年来个人体质健康状况，并结合个人的身体条件与家庭特点，制定出适合个人体育锻炼的内容、时间、强度、密度、组数或次数等体育锻炼

计划或运动处方，针对性地进行体育锻炼，达到增强体质的目的。

（二）学校数据的运用

由于学校每年都要对本校学生进行体质健康测试，在上报数据的同时也保留着整个学校学生体质测试的各种数据。因此，学校要充分利用这些测试数据，进行统计与分析，找到本校学生体质薄弱环节和原因，构建本校学生体质健康水平的改善方案，并在学校体育各项活动中加以针对性实施，同时还需对实施过程进行监控与反馈，有条件的学校则应开展跟踪测试与研究，以评定实施效果并为制定下一阶段的运动处方提供依据。如此循环，学生体质中薄弱指标就能不断得到改善。

（三）教育行政部门数据的运用

教育行政部门可以查询到本地区学生体质健康状况的测试数据。因此，教育行政部门可根据查询到的数据与历年数据，进行深入的统计与分析，找到本地区学生体质健康方面的问题，针对这些问题提出改善与提高本地区学生体质健康状况的方案，做好统筹规划，并在各项体育实践活动中加以运用和干预。

二、《国家学生体质健康标准（2014年修订）》测试数据运用的步骤

由于测试数据运用的形式有3类，为了便于理解测试数据运用的整个过程，本节以“学校数据的运用”为例，阐述《标准》测试数据运用的步骤。

（一）整理与统计

对于学校来说，每年都要开展学生体质健康的测试，因此，测试数据的收集比较容易，这些测试数据的收集可为下一步数据的运用提供必要基础。

对于收集到的资料，从表面来看是杂乱无序的大量数据，显示不出任何规律性和有价值性的特征，因此，就需要对数据进行有序加工与整理：首先，应对原始数据进行审查、整理，把其中有误的或可疑的数据予以更正，以保证数据的可靠性；然后对数据进行分类整理。

如以学校为单位，可从以下几个方面进行数据整理。

1. 对班级学生体质测试数据的整理与统计

以班级为单位，对班级内所有学生的体质测试成绩进行整理与统计，并以列表的形式呈现，同时还可以列出过去1～3年本班级学生体质测试的数据，以作之后的对比分析之用。

2. 对年级学生体质测试数据的整理与统计

把年级内各班级的测试数据汇总在一起，就形成了一个以年级学生为单位的测试成绩汇总表，并以列表的形式呈现，同时可以列出过去1～3年各年级学生体质测试的数据，以作之后的对比分析之用。

3. 对全校学生体质测试数据的整理与统计

把学校内各年级的测试数据汇总在一起，就形成了一个全校学生测试成绩汇总表，并以列表的形式呈现，同时可以列出过去1～3年该学校学生体质测试的数据，以作之后的对比分析之用。

（二）制表或绘图

在原始数据整理与分类后，需将有关统计的数据用表格或图示绘制出来，可以较为直观地反映它们之间的数量关系，以利于之后的计算、对比与分析。

以高中学生的身高、体重与肺活量及其1000米跑（男）/800米跑（女）、立定跳远、坐位体前屈为例，通过列表的形式呈现（表11-4）。

表11-4　高中学生测试项目表

测试项目		身高 /cm			体重 /kg			肺活量 /mL			1000 米跑（男）/800 米跑（女）			立定跳 /m			坐位体前屈 /cm		
		样本数	平均值	标准差	样本数	平均值	标准差	样本数	平均值	标准差	样本数	平均值	标准差	样本数	平均值	标准差	样本数	平均值	标准差
高中一年级	男																		
	女																		
高中二年级	男																		
	女																		
高中三年级	男																		
	女																		

也可以把测试的等级以列表的形式呈现（表11-5）。

表11-5　测试等级表

年级		样本数	优秀 /%	良好 /%	及格 /%	不及格 /%
高一年级	总体					
	男					
	女					
高二年级	总体					
	男					
	女					
高三年级	总体					
	男					
	女					

续表

年级		样本数	优秀/%	良好/%	及格/%	不及格/%
高中总体	总体					
	男					
	女					

（三）视角与方法

数据的整理与统计只是做好了分析前的基础性工作，关键是要对呈现的各种数据进行深入分析。如何进行分析，可以考虑以下几个方面。

1. 测试数据的分析视角

（1）班级、年级、全校学生体质测试数据的性别差异分析。

从班级、年级、全校学生测试成绩表中分类出男女生不同的测试成绩，可以分析班级、年级、全校男生与女生之间的体质差异，还可以结合历年来班级、年级、全校男生与女生测试成绩变化情况，从中分析男生与女生各学年体质差异的变化情况与规律。

（2）各班级、年级之间学生体质测试数据的差异分析。

根据以上整理与统计的测试数据，可对各班级之间、各年级之间、各学校学生之间的体质测试数据进行横向的比较分析，也可以进行历年来的纵向比较分析，从中找出差距与变化的规律。

（3）对各层面的学生体质情况作总体水平与等级的分析。

首先，可以从班级入手，分析班级全体学生体质总体水平与等级，其中还要分析体质较好学生的状况、体质较差学生的状况，特别是要仔细了解班级中体弱学生、肥胖学生的身体状况，以便于实施对策。同理，各年级、学校的学生情况分析以此类推。

（4）对各层面学生的具体测试项目成绩的分析。

因不同的学校各选测项目有所差别，而且不得每年重复，因此，需要深入到每个具体的测试项目，分析各具体项目在各个层面上的差异、历年变化特点与规律等。

2. 测试数据的分析方法

从体育统计学角度来看，数据分析的方法很多，难易程度也各有不同，这里简单介绍几种数据分析方法。

（1）平均数、标准差分析方法。

在学生体质测试数据的统计分析与简单评价过程中，常常需要把若干样本合并为一个大样本，并需要求出大样本的平均值和标准差，在这种情况下，就需要进行平均数和标准差的合成计算，这是最为简单的数据分析方法。

（2）相对数分析方法。

学校之间仅仅用数据的绝对值是无法反映他们之间的真实关系的，如两所学校学生体质达到优秀的人数为500人与900人，虽然这两所学校达到优秀的人数有很大差别，但仍无法判断这两所学校学生体质达到优秀人数的水平，因为还必须考虑到两校学生的总数，这就需要引入相对数的概念。有了相对数，这类问题就容易解决了。

（3）动态分析方法。

动态是指各种现象在不同时间的发展过程，用动态数列分析某些指标随着时间变化而发展的趋势、基本特征与规律就成为动态分析。这种分析方法适用于对个人、班级、学校学生体质测试的历年数据分析。

（4）假设检验方法。

在学生体质具体研究工作中，需要检验样本统计量之间或样本统计量与总体数之间是否存在着一定的偏差，这时就要用假设检验方法进行计算分析。例如，班级之间、年级之间、学校之间或班级与年级、学校之间是否存在差异，各层面男女性别之间是否存在差异等。具体检验方法有对已知变量分布的检验，如t检验、U检验等，一般来说，t或U>0.05或0.01，说明两者之间没有显著差异；t或U<0.05或0.01，说明两者之间有显著差异。

其他的假设检验方法还有χ^2、方差分析等，由于这些分析方法难度较大，这里不作具体阐述。以上各种方法中的具体计算方法可参见统计学方面的教科书。

（四）问题与分析

影响学生体质健康的因素众多，包括遗传、环境、作息、卫生习惯、学校体育活动等，其中学校体育活动是影响学生体质的一个重要因素，分析学校体育活动影响学生体质的原因可从以下几个方面入手。

1. 体育教学与学生体质

体育课堂教学是实现学校体育目标的主要途径，也是影响学生体质的重要因素，因此，学校要深入体育教研室，检查体育课堂教学工作的质量，探讨体育课堂教学是否激发了学生体育学习的热情，教学内容是否满足了学生的兴趣，练习的强度、密度、运动量是否符合学生生长发育的特点，体育课是否照顾了体弱学生和身体超重学生等，通过反思，找出学生体质健康薄弱在体育教学方面的原因。

2. 课外体育活动与学生体质

体育课学时有限，要确保每个学生每天锻炼一小时的体育活动，就需要利用课外活动时间来弥补每天锻炼时间的不足。因此，课外体育活动是影响学生体质的重要因素，学校应做好课外体育活动的反思工作，包括早操是否常规化、大课间体育活动的内容是否满足学生的兴趣爱好、活动时间是否充足、活动形式是否多样化、班级和年级运动竞赛是否常态化、学校运动会是否调动全体学生参与的积极性等。通过反思，找出学生体质健康薄弱环节在课外体育活动方面的原因。

3. 其他方面与学生体质

影响青少年学生体质的因素是多方面的，他们正处于生长发育阶段，除了运动之外，营养、睡眠、生活方式等因素也是非常重要的，因此，学校领导、家长、教师、其他学科教师等群体应紧密结合学生体质方面的薄弱环节，认真反思营养卫生工作、课业安排、睡眠休息时间、日常生活方式等方面的原因，并制定相应对策。

（五）方案与实施

针对学校学生体质的薄弱环节，学校要引起高度的重视，在全面调研与反思日常学校体育各项工作的基础上，分析原因，构建改进学校体育工作、提高学生体质的方案，上报学校领导讨论通过，达成统一的意见，并指导上述各项学校体育工作。

三、《国家学生体质健康标准（2014年修订）》测试数据运用的案例

本部分以某校高一年级（男生236人、女生306人）为例，说明《标准》测试数据运用的整个过程。

1. 呈现高一年级学生体质测试结果与统计情况

以肺活量、1000米跑（男）/800米跑（女）、立定跳远、坐位体前屈为例，以列表形式呈现高一年级学生体质测试结果与统计情况（表11-6）。

2. 对测试数据进行分析，找出学生体质薄弱环节

从该校高一学生各项测试结果来看，优秀率较高的测试项目是男生1000米（22.88%）、女生800米（23.20%）和坐位体前屈（27.45%）；不及格率较高的测试项目是男生肺活量体重指数（21.19%）、女生肺活量体重指数（15.36%）。这些数据表明该校高一学生的耐力还不错（男生1000米、女生800米不及格率分别为6.78%、2.62%），但男女生肺活量体重指数不及格率偏高。而肺活量体重指数影响因素有2个（肺活量、体重），若学生肺活量较好，那么学生耐力素质就相对较好，1000米和800米的成绩也会较好，这与上面的指标是相吻合的；从体重层面来看，出现2种情况。其一是该校男生偏轻和过轻的比例达66.42%，女生达73.3%；其二是男生肥胖人数偏多，占总数的9.32%。这说明高一学生“豆芽型”的人数偏多，这个现象必然会使肺活量体重指数偏高（肺活量体重指数=肺活量／体重），这也解释了为什么学生耐力不错，但肺活量体重指数偏高的现象。因此，首先要加强学生力量素质锻炼，如肌肉力量等。其次，还要针对肥胖的学生这一特殊群体实施特别的锻炼方案，以减少肥胖学生的人数。

表11-6　某校高一年级学生体质测试结果与统计情况

测试项		样本数	优秀 /%	良好 /%	及格 /%	不及格 /%
肺活量	男	236	5.93	26.69	46.19	21.19
	女	306	8.82	29.41	46.41	15.36
1000 米跑	男	236	22.88	41.95	28.39	6.78
	女					
800 米跑	男					
	女	306	23.20	49.67	24.51	2.62
坐位体前屈	男	236	9.32	38.14	46.19	6.35
	女	306	27.45	38.89	32.35	1.31
立定跳远	男	236	16.95	37.29	36.02	9.74
	女	306	13.73	29.08	52.29	4.90

年级		样本数	过轻 /%	偏轻 /%	标准体重 /%	超重 /%	肥胖 /%
肺活量	总体	542	13.10	53.32	25.46	1.66	6.46
	男	236	17.37	55.93	14.41	2.97	9.32
	女	306	9.80	51.31	33.99	0.65	4.25

3. 构建改善本校学生体质中力量素质的计划与方案

（1）在每节高中体育课中适当安排力量素质练习。

体育课应坚持身体素质“课课练”原则，每节体育课可以安排3～5分钟的力量素质练习，长期坚持，并在每个教师的课堂教学中贯彻实施。这样既可以达到改善力量素质的作用，同时学生又不会对身体素质练习产生厌倦感。

（2）在大课间体育活动中安排一些力量素质练习的内容。

大课间体育活动除了安排指定的锻炼内容之外，还可以有意识地增设一些力量素质的锻炼内容并持之以恒，也能达到预期的效果。

（3）在课间休息过程中鼓励学生参与力量素质锻炼。

课间休息时间虽少，只有10分钟左右。但这短暂的10分钟，也十分有用。期间可以鼓励学生到室外操场上进行一些单杠、双杆、爬杆等练习，这样既可以达到课间休息、调整视觉、加强交往的目的，又对学生力量素质的发展起到了很好效果。

（4）开展各类课余趣味竞赛活动。

为了激发学生力量锻炼的热情和习惯，教师可以安排各种力量的竞赛活动，如“拔河”“投远”“大力士杯”等，这些活动将有助于增加学生力量锻炼的乐趣，提高力量素质的锻炼效果。

（5）加强学生的营养。

对于寄宿制的学生，学校食堂要加强投入，提高伙食的质量。

（6）对于肥胖的学生，要特别组织人员、安排时间，进行定期、定量的有氧运动训练。

4. 选择力量素质练习的内容和减肥训练内容

（1）合理选择发展学生力量素质的内容，如俯卧撑、引体向上、掷实心球、力量训练游戏等。

（2）合理选择促进学生减肥的有氧运动内容，如长跑、长距离游泳等。

5. 教研组统筹安排各项具体的实施方案

教研组全体教师在教研组长的带领下统一思想、步调一致、构建方案、集体布置、统筹安排，在学校体育各个活动中实施学生力量素质发展的方案与计划，使预期的目标落到实处。

6. 平时监控、学期总结与调整

平时要经常监控计划的落实情况，并在学期末对实施的计划与方案进行及时的总结与调整，肯定成绩、发现不足，以便在下一个学期或阶段中更好的实施，产生更佳的效果。

思考题

1. 比较 2007 年版与 2014 年修订版的《国家学生体质健康标准》的异同点。
2.《国家学生体质健康标准（2014 年修订）》有哪些激励机制？
3.《国家学生体质健康标准（2014 年修订）》组织测试方法有哪些？
4. 联系附近一所中（小）学，找到该校学生一学年《标准》测试数据，与学校教师共同整理该年级学生体质状况，并发现问题，提出对策。

主要参考文献

[1] 学生体质健康标准编写组．学生体质健康标准研究 [M]. 北京：人民教育出版社，2006.

[2] 国家学生体质健康标准研究解读编委会．国家学生体质健康标准研究解读 [M]. 北京：人民教育出版社，2007.

[3] 罗希尧．中学体育教材教法 [M]. 北京：高等教育出版社，2001.

[4] 丛湖平．体育统计学 [M]. 2 版．北京：高等教育出版社，2007.

[5] 佚名.《国家学生体质健康标准(2014 年修订)》测试工作的实施策略 [J]. 中国学校体育，2020，39（11）:71-74.

[6] 张强峰，刘花云，孙洪涛．论《国家学生体质健康标准》测试项目的调整 [J]. 武汉体育学院学报，2016，50（12）:90-95.

[7] 徐荥，蒲毕文，徐焰．《国家学生体质健康标准（2014 年修订）》实施制约因素的调查与分析 [J]. 体育学刊，2015，22（5）:121-123.

（浙江师范大学　邵伟德）

第十二章　学校运动训练

内容提要

学校运动训练是学校体育工作的重要内容之一，是我国运动训练体制的初级形式，是培养体育特长生、输送体育后备人才的主要途径，是丰富校园体育文化的重要手段。本章重点阐述了学校运动训练的概念、意义和任务，学校运动训练的组织形式以及体育特长生培养的有关问题。

学习目标

◎了解学校运动训练的意义和任务。

◎掌握学校运动训练的组织形式。

◎熟悉体育特长生的培养途径。

第一节　学校运动训练概述

《学校体育工作条例》第十二条规定："学校应当在体育课堂教学和课外体育活动的基础上，开展多种形式的课余体育训练，提高学生的运动技术水平。"《中华人民共和国体育法》第二十条规定："学校应当组织多种形式的课外体育活动，开展课外训练和体育竞赛，并根据条件每学年举行一次全校性的体育运动会。"学校运动训练是学校体育的重要组成部分，也是我国竞技体育的战略基础。学校应根据学校体育的总体规划与目标，针对学生的身心特点，根据学校的具体条件，认真组织、开展好学校运动训练。所以，积极开展学校运动训练有利于培养造就一批优秀的体育后备人才和学生群众性体育活动的骨干力量。体育教师要掌握学校运动训练的基本知识和方法。

一、学校运动训练的概念

学校运动训练是指利用课余时间，对部分在体育方面有一定特长和爱好的学生，通过运动队、代表队、俱乐部等形式进行系统训练，全面发展他们的身体素质，有效地增强体质，提高运动技术水平，创造优异运动成绩，为培养竞技体育后备人才而专门组织的一种体育教育过程。

相对于专业运动训练和职业运动训练，学校运动训练具有业余性和基础性2个基本特点。业余性是指学生根据自愿原则，利用课余时间，在不影响完成文化学习任务的前提下进行的训练；基础性是指从运动训练阶段性和运动员成才规律而言，学校运动训练处于基础训练阶段，主要任务是掌握基本技术，全面发展身体素质，为今后提升运动技术水平、创造优异成绩打下良好的基础。

二、学校运动训练的意义

学校体育是我国国民体育的基础，是我国竞技体育的战略基础，学校运动训练是学校体育工作的重要方面，对全面实现学校体育目标具有重要作用。学校运动训练的意义主要有以下几个方面。

（一）促进学校体育的普及与提高

学校体育工作要坚持"以普及为主，在普及的基础上提高，在提高的指导下普及"的原则。首先，学校要贯彻"以普及为主"的指导思想，开足体育课，提高体育教学的质量与效果；其次，要积极开展校内课外体育活动（如早操、大课间、班级体育锻炼）和校外体育活动等阳光体育运动，着眼于全体学生体质健康水平的提高，进而培养学生的运动兴趣、运动习惯和良好的体育生活方式。

在搞好学校体育全体普及的基础上，要提高全体学生的体育运动水平，且对那些有运动天赋和特长的学生，学校要积极创造条件满足他们发展的需要，要广泛开展运动训练，提高运动技术水平，创造优异运动成绩，为上一级学校或专业运动队输送更多的优秀体育人才，为国家的竞技体育作出贡献。同时，学校在运动训练方面的提高必然会推动学校体育的普及，高水平的运动队和优异的运动成绩会激发更多的学生热爱、支持和从事运动训练。

（二）探索优秀运动员体教融合培养体制

体教融合是指体育与教育的融合，是体育系统和教育系统融合起来共同为培养德智体美劳全面发展的竞技体育优秀人才的新体制。实施体教融合，就是把青少年儿童训练纳入体、教两家共同管理，共同创建青少年训练网络，形成从小学、初中、高中到大学相衔接“一条龙”的优秀体育后备人才培养新体系。加强体教融合，既有利于发现和培养优秀体育后备人才，又能使体育后备人才得到全面发展，真正造就高素质的竞技体育人才。

各类高校的体教融合实现难度和意义都各不相同。2020年东京奥运会的中国高校金牌榜中，就有着“北体模式”（世界冠军班+国家队与学校联办的模式）、“清华模式”（知名综合大学通过附中运动员培养机制创新和高校高水平运动队积极参与国家青训竞赛的模式）、“南体模式”（将省体工队与省体育院校合二为一的模式）、“武体模式”（利用特殊条件将省级乃至国家的某个项目训练基地办在体育院校的模式）、“师范大学模式”（利用传统的师范体育专业将高水平运动队与专业人才培养融合推进的模式）等各种模式的存在，各个模式的机制不同，其中体教融合的含义和深入度也不同，它们之间相互的借鉴性不强，对其他类别院校的推广性也有限。这说明中国的体教融合还在广泛的探索之中，各种经验也还有待于不断成熟和可推广化。

（三）为体育特长生提供成长途径

在学校体育各项工作中，体育教学、大课间、课外体育锻炼和校外体育等活动只能满足一般学生的需求，这些活动对于一些具有体育天赋的学生是远远不够的，所以，学校要在提高体育教学质量、开展阳光体育和做好课内外、校外体育活动的基础上，对部分体育基础较好并具有一定运动天赋的学生进行系统的运动训练，进一步发展他们的身体素质，提高其运动技术水平，使他们成为推动学校体育各项工作的中坚力量，同时也为各级优秀运动队输送更多的体育后备人才。学校运动训练是我国竞技体育运动训练体制的初级形式，通过学校运动训练，可以为上一级学校及专业队输送各类体育人才。所以，学校运动训练为具有体育特长的学生提供了一个较好的成长途径。通过学校运动训练，促进这些具有体育天赋的学生在身体、技术、战术、心理、思想品德等方面的发展，并在此基础上不断发展他们的运动专项素质，提高其专项运动能力与成绩，为他们进入上一级学校，进入少体校省、市运动队，国家队打好坚实的基础。

2020年东京奥运会产生了数名“金牌大学生”，这些“金牌大学生”有以下几种情况存在。（1）挂着某个高校的学籍，但几乎所有时间都在专业队里进行训练，待将来退役后再来学校进行学习的“暂时挂名学生运动员”；（2）在专业体育院校中边学习边训练，但以运动训练为主的“体育院校大学生”；（3）在具有很好专项运动训练条件的综合大学里一边学习一边训练的“运动员大学生”；（4）在没有很好的专项运训条件的综合大学里学习但在校外俱乐部训练的“体育特长大学生”（如赛马这样的冷门项目）；（5）在没有很好的专项运训条件的综合大学里学习在国外训练和竞赛的“国际性体育大学生”（如高尔夫项目的运动员）等。这些模式都是未来体教融合的培养模式，但上述（2）和（3）模式应是体教融合的主流模式；（4）和（5）模式则是补充性模式，适用于那些偏项、小项和特项运动项目；（1）的模式则是不尽理想的模式，但却是在先行条件下保障高水平训练最可行的模式，也是此次“金牌高校运动员”的主要培养模式。

（四）加强校园体育文化建设

校园体育文化是指在学校这一特定的范围内所呈现的一种特定的体育文化氛围，是人们在教学和训练实践过程中所创造的体育精神财富和物质财富的总和。学校开展运动训练，首先要建造供青少年运动员使用的运动场地、器材与设备等，这些体育物质文化可为学校增添一道亮丽的风景，使学生感受一种浓厚的校园体育文化氛围。其次，学校运动训练组织与体制，一方面可使具有一定体育特长的学生直接感受到运动项目的魅力和运动训练的严格规范性，直接体验运动训练过程中的运动观、价值观、方法观；另一方面，这些组织形式也营造了一种文化的环境，能吸引普通学生在业余时间欣赏本校运动员的训练过程，进而激发运动兴趣，培养运动锻炼的习惯。

总之，这些不同层面的校园体育文化可直接或间接地作用于学生的日常行为，对学生终身体育理念的形成和发展发挥着重要的作用。学校通过实施运动训练，培养优秀的青少年运动员，为上一级学校或专业运动队输送各类体育人才，同时借助运动训练所需场馆和设备的建设，加强校园体育文化建设，并结合运动项目特点，在文化走廊上介绍该项目优秀运动员的事迹、本校运动员所取得的历年优秀成绩与奖项。这一系列举措都有助于构建一种和谐、大众、丰富的校园体育文化氛围，使其为校园文化添彩、为学校人才培养服务。

三、学校运动训练的任务

学校运动训练是培养体育后备人才的重要途径。其主要任务是对运动有兴趣和特长的学生进行全面的、基础的训练，使这些学生掌握运动项目的基本技术和基本战术，为进一步的专项化训练打好身体、技术、战术、心理和思想品质的基础。

由于各学段学生的身心发展水平不同，因此各学段学校运动训练工作的具体任务有所差异。不同学段学生的训练任务主要体现在以下几个方面。

（一）小学阶段学校运动训练的任务

（1）促进学生身体正常生长发育，提高学生各器官系统的机能，进行全面的身体训练，发展学生各项身体素质和基本运动能力。

（2）培养学生对运动的兴趣，提高学生对体育的认识，初步学会某一运动项目的基本知识、技术和战术。

（3）培养学生团结协作、吃苦耐劳、顽强的意志品质。

（4）为上一级学校或优秀运动队培养体育后备人才和体育骨干力量。

（二）中学阶段学校运动训练的任务

（1）进一步加强学生全面的身体训练，促进学生各项身体素质全面协调的发展。

（2）形成学生对运动的爱好，掌握某一运动项目的基本知识、技术和战术。

（3）培养学生团结协作、吃苦耐劳、顽强的意志品质。

（4）让学生积极参加各类运动竞赛，争取优异成绩。

（5）为上一级学校或优秀运动队培养体育后备人才和体育骨干力量。

（三）大学阶段学校运动训练的任务

（1）全面、协调地发展学生各项身体素质，提高学生专项运动素质水平。

（2）让学生形成专项的情感与爱好，较全面、准确、熟练地掌握某一运动项目的技术和战术，并能灵活自如地运用。

（3）让学生形成顽强的意志、拼搏的精神等良好心理品质。

（4）提高学生竞技能力，创造优异运动成绩，为学校和国家争光，为群体性体育活动培养骨干力量。

根据以上不同阶段的学生训练任务，可制定不同运动训练内容与计划，以达预期的训练目标。学校运动训练内容主要包括学生的身体训练、技术训练、心理训练、战术训练、体能训练、品德与比赛作风等；学校运动训练的计划主要有多年训练计划、年度训练计划、阶段训练计划（大周期）、周训练计划（小周期）、课时训练计划等。具体有关运动训练方面的知识和内容在运动训练课程中掌握。

第二节　学校运动训练的组织形式

我国运动员的培养可分为两个系统：一是体育系统，有业余体校、体育运动学校、省市专业运动队、国家运动队等；二是教育系统，有普通中小学校运动队、体育传统项目学校运动队、普通高等学校高水平运动队等。这两个系统正在整合资源，结合起来共同培养竞技体育优秀人才，即体教融合。这里重点介绍学校运动训练的组织形式。

一、普通中小学校运动队

普通中小学校运动队是我国学校运动训练最基础、最普遍、最富有活力的运动训练组织形式。学校应当在体育课堂教学和课外体育活动的基础上，开展多种形式的运动训练，提高学生的运动技术水平。有条件的普通中小学校也可经省级教育行政部门批准开展培养国家高水平体育后备人才的训练。

对于普通中小学校，学校运动队一般挑选学习努力、身体健康、具有一定运动特长或具有运动潜力的学生进入运动队，进行科学系统的运动训练。部分中小学也可把具有运动天赋的学生组织成体育特长班，进行针对性、专门性的运动训练，提高体育特长班学生的总体运动水平。

普通中小学校运动队又可分为班级代表队、年级代表队和学校代表队等。班级代表队、年级代表队是校内以班级、年级为单位组建的代表队，主要是为参加校内运动会、班级、年级之间的比赛为目的。学校代表队是以学校为单位而组建的代表队，在训练时间、地点、学生、教师都相对固定的条件下开展运动训练，主要是代表学校参加校际之间和校外的比赛。

学校对参加运动训练的学生，应当处理好运动训练与学习科学文化知识的关系，切实安排好学生文化课的学习，注意改善他们的营养，并加强思想品德教育，确保学生德智体美劳全面发展。

二、体育传统项目学校运动队

体育传统项目学校（简称传统校）是指开展学生体育活动形成传统，并在至少2个体育运动项目技能上具有特色的中小学校。传统校应在广泛普及学生课外体育活动、增进学生身心健康、积极开展特色项目训练、提高学生运动技术水平、培养体育后备人才等方面发挥骨干示范作用。传统校应当从实际出发，在坚持群众性、广泛性、趣味性的基础上，开展特色项目的运动训练，必须遵循青少年学生特点进行科学的系统训练，严禁超负荷训练；广泛组织班级、年级、校际之间的比赛，并形成制度；代表队应积极参加上一级体育、教育部门组织的体育竞赛活动，以提高运动训练水平。

传统校起源于20世纪60年代，兴盛于80年代，以整体办学条件较好的学校为主。传统校分为国家级、省级、地市级，实行审定命名制度。

地市级传统校申报的基本条件是:（1）学校重视学生体育工作，有健全的体育工作组织管理机构和相应的管理办法、规章制度。（2）学校体育工作经费充足，能保障传统项目课余训练和竞赛工作需求。（3）学校体育场地、器材设施及体育师资必须达到国家规定的配备标准，并满足开展传统项目课余训练竞赛需要。（4）学校开齐开足上好体育课并开展传统项目课程教学，切实保证学生每天一小时校园体育活动，全校学生基本能掌握本校传统项目的运动技能和有关知识。（5）学校全面实施《国家学生体质健康标准》，并在学校内公布学生体质健康总体状况，学生体质健康达到国家标准并在当地处于领先水平。（6）学校积极开展传统项目的活动和竞赛，形成班班有团队、周周有活动、月月有竞赛和学生全员参赛的制度。设有校传统项目运动代表队，全校运动会形成制度，并将传统项目列为主要比赛项目。（7）积极营造校园体育文化，广泛开展学生体育社团工作，大力传播与传统项目有关的文化和知识，深入宣传健康第一的生活理念。（8）学校传统项目代表队能够按照全国青少年教学训练大纲进行科学系统训练，校运动队保证每周训练3次以上，每次训练不少于90分钟。每天训练时间原则上控制在2.5小时以内（含早操）。（9）按有关要求，实施学校体育场馆设施向公众开放。

2013年4月2日，国家体育总局、教育部公布了《国家级体育传统项目学校评定办法、标准及评分》，国家级传统项目校由各省（区、市）体育、教育行政部门向国家体育、教育行政部门提出申报，国家体育、教育行政部门共同组织专家审核并命名，每3年进行1次。具体评定标准由国家体育、教育行政部门联合制定。

近三十年来，各级各类传统校全面贯彻党的教育方针，在普及学校群众性体育活动、增强学生体质、提高学生运动技术水平方面作出了突出贡献，促进了体育和教育事业的发展，已成为我国培养体育后备人才、贯彻素质教育、培养学生终身体育兴趣和锻炼习惯的重要基地。

目前，我国传统校的主要运行模式有：体育传统校的独立为主的模式；体育传统校和体校、专业队联合办学模式；体育传统校和青少年体育俱乐部联办模式；体育传统校与体育俱乐部联合模式；体育传统校与高水平运动队联办模式；体育传统校与培养体育后备人才试点学校相结合模式。

三、国家高水平体育后备人才基地运动队

为进一步贯彻落实《奥运争光计划纲要》，推动各级各类体育学校的建设与发展，促进高水平体育后备人才的培养，全国范围内建立了一批“国家高水平体育后备人才基地”（以下简称“基地”）。2021年3月21日，国家体育总局颁布了《国家高水平体育后备人才基地认定办法》。“基地”实行申报、认定制度，认定条件是认定工作的唯一标准，认定过程中所涉及的项目为奥运项目。认定分数满分为100

分，90分及以上为优秀。

“基地”采用国家认定的方法实施，“基地”认定工作按奥运会周期每4年进行1次。具体时间安排是：①每届奥运会举办当年9月为学校申报和自评时间；②每届奥运会举办当年10月为各省（区、市）体育局复评时间；③每届奥运会举办当年11月为各省（区、市）体育局向国家体育总局申报“基地”备选学校和有关运动项目管理中心复审时间；④每届奥运会举办当年年底为国家体育总局统评和公布认定结果时间。

经统评达到“基地”条件的学校，由国家体育总局统一命名为该奥运周期的“基地”，凡被命名“基地”的学校，国家体育总局将予以表彰奖励，在本周期内每年对学校进行适当资金投入，“基地”学校所在省（区、市）体育行政部门应按照不低于1∶1的比例进行配套投入。资金投入主要用于“基地”学校改善训练、科研、教学等条件。

凡是体育运动学校、竞技体育学校、单项运动学校、少年儿童体育学校、体育中学均可申请参加“基地”认定，但根据“基地”认定条件，对达到“基地”认定条件优秀标准，且大赛成绩满40分的学校可作为“基地”备选学校进行申报。

“基地”认定的条件主要有以下3个方面。一是基本条件，包括：①教练员的职称、学历、培训、论文；②训练计划（年度训练计划、阶段训练计划、周训练计划、课时训练计划、年度训练总结）；③具有保证全天候训练的标准设施设备；④训练大纲考核；⑤训练常规管理；⑥人才库。二是人才质量输送率，包括向上级单位输送人才。三是人才效益大赛成绩等。

凡被认定为“基地”的学校，应根据奥运项目的要求来设置运动队，并严格按学校运动训练的要求进行训练，实现培养高水平体育后备人才的预期目标。

四、普通高等学校高水平运动队

1986年11月11日，国家教委（现教育部）与国家体委（现国家体育总局）印发了《关于开展学校业余体育训练，努力提高运动技术水平的规划》（1986—2000年），提出“发展学校体育，提高运动技术水平，是我国学校体育的基本任务，也是我国教育事业和体育事业的重要方面”。1987年起，在全国51所条件较好的高等学校开展高水平运动队的试点工作。1995年，国家教委（现教育部）重新确立了53所高校举办高水平运动队。2005年4月，经教育部组织专家评审后，确定全国235所高校举办高水平运动队。2010年，经过教育部组织专家评审后，确定北京大学等268所高校具有招收高水平运动员资格。2020年，根据《教育部关于进一步加强普通高校高水平运动队建设的实施意见》和《教育部办公厅关于2019年高水平运动队建设项目调整有关事项的通知》要求，经各校自我评估、省级教育行政部门审核等程序，北京大学等283所高校被确定为2020年举办高水平运动队的学校。并且，对于橄榄球、龙舟、棋（牌）类、定向越野、手球、垒球、射击、赛艇、攀岩、健美操等10项生源不足或能从普通在校生中选拔培养的高水平运动队项目，要逐步停止高水平运动队招生，向足球等国家重点发展项目、校园普及性较强和增强体质效果较好的项目进行调整。其中，冰雪项目主要限于自由式滑雪（空中技巧）、单板滑雪（U型场地技巧）、跳台滑雪、自由式滑雪（雪上技巧）、花样滑冰、冰壶、越野滑雪、高山滑雪、单板滑雪（平行大回转）、冬季两项、速度滑冰、短道速滑、冰球等项目。

2022年，教育部发布的《关于进一步加强普通高等学校高水平运动队建设管理的意见》指出，高校高水平运动队建设要纳入国家竞技人才培养体系，需要在内涵建设、竞赛组织、评价考核和组织管理等方面进一步完善，促进高校高水平运动队服务于学校体育发展和国家竞技人才培养。要深化体教融合，健全协同育人机制，促进高校高水平运动员文化学习与体育训练、竞赛协调发展，全面解决高校高水平运动队建设管理工作的难点问题。要重点安排群众基础好、社会普及程度高、竞技性强的体育项目，探索试点建设大中小“一体化”的人才培养体系，引领学校体育课余训练与竞赛的改革与发展，为我国培养全面发展的高水平体育人才。并在各管理主体职责、运动员学籍和学分管理、规范运动员伤退离队与退学管理、运动员的奖励与处罚管理等方面提出了具体要求。

第三节　体育特长生的培养与输送

体育特长生是学校运动训练的主体，是指在体育方面（或某一体育项目上）有特长、有发展潜能、从事学校运动训练的学生。培养体育特长生是学校教育的任务之一、是学校体育的任务之一、是学校运动训练的重要内容。体育特长生的培养按时间进程可划分为选拔、培养和输送3个环节。从年龄和学段分，有小学、初中、高中和大学体育特长生。本节主要阐述小学、初中、高中体育特长生的培养与输送。

一、小学体育特长生的培养与输送

（一）选拔

运动队的组建工作是学校运动训练的前提和关键，而运动员选材的科学性是训练管理工作的重点。小学体育特长生选拔的对象主要有：①身体素质较好、运动能力突出的小学生；②具有运动潜力的小学生；③运动兴趣浓厚的小学生。

选拔小学体育特长生的途径主要有以下几种：①在体育课程教学中表现出具有较好的身体素质和运动能力的小学生可以作为选拔对象；②在班级、年级、全校性课外体育活动表现出具有较好的身体素质和运动能力的小学生可以作为选拔对象；③在运动竞赛和运动会上运动成绩突出的小学生可以作为选拔对象。

（二）培养

1. 小学体育特长生培养的目标

小学体育特长生培养要以发展身体全面素质为核心，以基本运动技术为内容，以激发小学生运动兴趣、使其具有初步展示运动的能力为目标。

2. 小学体育特长生培养的要求

（1）在选项建队方式上要根据小学生的身心特点、兴趣爱好，抓好1～2个特色项目运动队的建设；在训练时间安排上，充分利用学生每天锻炼一小时的时间进行训练。

（2）在训练内容上，不要过早进行专项化训练，不能拔苗助长，要根据小学生身体素质与运动项目发展敏感期安排训练的内容与方法。注重身体训练的全面性，促进身体素质的全面发展。

（3）在训练负荷上，运动量和运动强度不宜过大，以免形成过度疲劳，影响学习和身体健康，并注意训练中的安全性。

（4）鼓励小学体育特长生参加校内或校际运动竞赛，以提高运动成绩。

（5）加强小学体育特长生文化课学习，合理解决学训矛盾，使其至少要达到义务教育阶段小学段基本水平。

（三）输送

小学体育特长生输送渠道有升入普通初中、体育传统项目学校（中学）、体育运动学校、竞技体育学校、省级或国家级运动队等。

二、初中体育特长生的培养与输送

（一）选拔

初中体育特长生选拔的对象主要有：①小学、初中体育特长生；②具有较突出的身体素质和运动能力的初中学生；③运动兴趣浓厚的初中学生。

选拔初中体育特长生的途径主要有以下几种：①查看初中新生入学档案，是否具有体育爱好、特长，是否是小学体育特长生；②身体素质测试和具体项目的测试，从测试成绩中挑选一批身体素质好的学生成为校运动队的预备队员；③观察运动会比赛，每次春、秋季运动会结束后，对单项前六名的学生进行选拔，尊重其意愿，可选送到学校代表队；④从日常体育竞赛中选拔，从学校日常比赛中选拔出一批优秀的体育苗子加入校运动队。

（二）培养

1. 初中体育特长生培养的目标

初中体育特长生的培养则应在培养小学阶段运动兴趣、初步专项化的基础上，深化训练专项运动的技术、战术、身体素质，较大幅度地提高专项运动成绩，同时还要鼓励初中体育特长生参加校外、市（区）、省级和国家有关方面的运动竞赛，培养学生的运动竞赛经验、能力与水平。

2. 初中体育特长生培养的要求

（1）在常规管理上，可将初中体育特长生打乱分入各个班级，同时特长生还要遵守有关学校关于体育特长生的规定。体育教师负责学生的训练，班主任和科任教师负责学生的学习和教育，实行三方联合管理，并建立鼓励学生积极参加运动训练和为学校争取荣誉的奖励规定和有关违反运动训练的罚则。

（2）在训练内容上，要在做好基础训练、身体全面训练的基础上，结合运动专项的特点，学习和掌握运动专项的基本知识、技术、战术，提高专项运动成绩，并合理安排初中三年的训练计划、年度训练计划、周训练计划和课时训练计划。

（3）在训练负荷上，要逐渐加大运动量和运动强度，但也要防止过度疲劳，影响学习和身体健康。

（4）要重视兼顾初中体育特长生的文化学习和运动训练的矛盾，培养初中体育特长生良好的文化学习习惯，明确文化成绩的重要性。

（三）输送

初中体育特长生输送渠道有：可升入普通高中、体育传统项目学校（高中）、体育运动学校、竞技体育学校、省级或国家级运动队等。

三、高中阶段体育特长生的输送

经高中阶段训练的体育特长生可以通过几种途径进行输送：一是选送进入国家、省（市）体育运动队进行高水平运动训练，创造更大的优异成绩。二是体育特长生高考加分，即具有一定体育特长，并具有一定资格的高级中等教育阶段学生，在参加全国普通高等学校招生统一考试（普通高考），经招生录取后进入高校学习训练。三是通过参加普通高等学校体育专业招生考试，经招生录取后进入体育学院（系）体育教育或社会体育专业学习训练。四是参加普通高等学校运动训练、民族传统体育专业单独招生考试，经招生录取后进行体育学院（系）运动训练或民族传统体育专业学习训练。以下重点介绍后3类输送途径。

（一）普通高等学校体育教育或社会体育专业

1989年2月24日，国家体委（现国家体育总局）、国家教委（现教育部）发布了《普通高等学校体育专业招生工作暂行规定》，此规定是根据普通高等学校体育专业的特点，依照《普通高等学校招生暂行条例》制定的补充性文件。文件从报名、招生办法、考试、录取、推荐生、对《普通高等学校招生体检标准》的补充规定、其他等6个方面进行了详细说明。目前，各地在对报考普通高校体育教育和社会体育专业的高级中等教育阶段的学生进行由省（自治区、直辖市）级招生委员会办公室组织的统一体育专业考试，经体育专业技术考试合格后，发放合格证书，获得合格证书的考生可报考普通高校的体育教育或社会体育专业。如2022年河北省普通高校普通体育类体育专业考试为100米跑、立定三级跳远、原地推铅球、800米跑。

考生报考条件一般为：符合当年普通高考报名条件，身体健康，热爱体育事业，有一定的体育运动基础。男生身高不得低于1.70米，女生身高不得低于1.60米，裸眼视力不低于4.7，年龄不超过22周岁。

通过参加普通高等学校体育教育或社会体育专业向高等学校进行输送，一般来说，学生体育具有一定特长，运动水平处于中等，身体素质较为全面，属体育课堂教学骨干分子，文化课学习成绩处于中等水平，符合此种情况的体育优秀学生建议可通过此种途径进行输送。

（二）普通高等学校运动训练、民族传统体育专业

运动训练、民族传统体育专业是教育部、国家体育总局批准的实行单独提前招生的2个专业。文化考试由教育部考试中心组织命题，体育专项考试执行国家体育总局制定的统一的考试办法和评分标准。由招生院校组织实施文化、体育专项考试及录取工作，录取名单报生源所在省高招办和国家体育总局备案。根据国家体育总局、教育部2021年11月22日下发的《2022年普通高等学校运动训练、民族传统体育专业招生管理办法》精神，运动训练、民族传统体育专业的招生实行文化考试和体育专项考试相结合的办法。文化考试由国家体育总局科教司统一命题并组织实施，试卷由招生院校组织评阅；体育专项考试由招生院校负责组织实施，执行国家体育总局制定的《普通高等学校运动训练、民族传统体育专业体育专项考试方法与评分标准（2022版）》。各省（自治区、直辖市）级招生委员会办公室负责指导、监督本行政区域内相关院校按本办法招生的有关工作。凡报考运动训练、民族传统体育专业考生应当符合的条件：高中毕业或具有同等学力；具备所招生项目之二级运动员（含）或二级武士（含）以上技术等级资格；身体健康；年龄原则上不超过22周岁，具备所招生项目之一级运动员（含）或一级武士（含）以上技术等级资格的，年龄可放宽到35周岁。

2021年北京体育大学、上海体育学院等101所高校设置运动训练专业。冬季项目有速度滑冰、短道速滑、花样滑冰、冰球、冰壶、越野滑雪、高山滑雪、跳台滑雪、自由式滑雪（雪上技巧、空中技巧）、单板滑雪（平行大回转、U型场地技巧）、冬季两项。其他项目有射击、射箭、场地自行车、公路自行车、山地自行车、BMX小轮车、击剑、现代五项、铁人三项、马术、帆船、赛艇、皮划艇静水、皮划艇激流回旋、蹼泳、滑水、摩托艇、举重、柔道、自由式摔跤、古典式摔跤、拳击、跆拳道、田径、游泳、公开水域游泳、跳水、水球、花样游泳、体操、艺术体操、蹦床、技巧、手球、曲棍球、棒球、垒球、足球（十一人制）、篮球（五人制、三人制）、排球、沙滩排球（二人制）、乒乓球、羽毛球、网球、橄榄球、高尔夫球、围棋、象棋、国际象棋、登山、攀岩、空手道。

招收武术与民族传统体育专业的普通高等学校有北京体育大学、上海体育学院等55所，规定招生项目为：武术套路、武术散打、中国式摔跤。

一般报名时间冬季项目为每年的1月份，其他项目为每年3月，考试时间为每年的3～5月，文化考试科目有：语文、数学、政治、英语。

通过这种途径向普通高等学校输送学生，学生的条件一般为，运动单项成绩突出，并至少取得国家二级运动员技术等级证书及以上称号，文化课成绩相对一般，参加全国普通高考招生被录取的可能性较小。此种情况，建议通过普通高等学校运动训练、民族传统体育专业单独招生来输送学生。

（三）普通高等学校高水平运动队

普通高等学校招收高水平运动员是另一种输送体育特长学生的途径。

1987年，为提高高校体育运动技术水平，培养全面发展的高水平学生运动员，国家教委（现教育部）印发《关于部分普通高等学校试行招收高水平运动员工作的通知》，明确在清华大学等51所高校启动高水平运动队建设试点工作。多年来，高水平运动队建设及招生相关政策不断完善，试点高校范围逐步拓展，运动项目数量及招生人数稳步增长。

2021年，高水平运动队报名考生1.5万人，录取学生4000余人，共涉及足球、篮球、排球、沙滩排球、乒乓球、田径、网球、羽毛球、游泳、武术、跆拳道、击剑、棒球、冰雪等14个项目。其中，足球、游泳等7个项目由国家体育总局组织全国统考，其余项目由招生高校组织校考。

2021年9月，教育部、国家体育总局下发了《关于进一步完善和规范高校高水平运动队考试招生工作的指导意见》（以下简称《指导意见》），《指导意见》明确高校高水平运动队招生工作的定位是，选拔培养德智体美劳全面发展且具有较高体育竞技水平的学生，为奥运会、世界大学生运动会等重大体育比赛和国家竞技体育后备人才培养体系提供人才支撑。

《指导意见》对报考条件提出了更高的要求，规定自2024年起，获得国家一级运动员（含）以上技术等级称号者方可以报考高水平运动队。2027年起，获得国家一级运动员（含）以上技术等级称号且近三年在国家体育总局、教育部规定的全国性比赛中获得前八名者方可以报考高水平运动队。

《指导意见》适度提高了对报考考生的文化课成绩最低要求，并设置了过渡期。明确从2024年起，招收高水平运动队的“世界一流大学建设高校”，对考生的高考成绩要求须达到生源省份本科录取最低控制分数线；其他高校对考生的高考成绩要求须达到生源省份本科录取最低控制分数线的80%。同时，对于体育专业成绩突出、具有特殊培养潜质的考生，允许高校探索建立文化课成绩破格录取机制，破格录取工作将接受社会的严格监督。

《指导意见》指出，高水平运动队招生采取“文化考试+专业测试”相结合的考试评价方式。2024年起，高水平运动队考生文化考试成绩全部使用全国统一高考文化课考试成绩。专业测试全部纳入全国统考，由国家体育总局牵头组织实施，高校不再组织相关校考。2024年前，高水平运动队尚未纳入全国统考的项目专业测试，原则上应采用国家体育总局审定的运动训练、武术与民族传统体育专业考试方法与评分标准。

《指导意见》明确，从2024年起，高水平运动队录取学生中，高考文化课成绩不低于招生高校相关专业在生源省份录取分数线下20分的学生，可申请就读相应的普通专业；其余学生限定就读体育学类专业，原则上不得转到其他类专业就读。

通过此种途径输送的体育特长学生，一般情况为具有较高的运动技术水平，曾在国际、全国性运动会上获得过较好名次，或曾在国家、省级优秀运动队集训过，有一定培养前途，文化课学习成绩一般的学生，建议通过此种途径进行输送。

思考题

1. 什么是学校运动训练，开展学校运动训练有什么意义？
2. 学校运动训练有哪些组织形式？
3. 考察某所初（高）中，说明初（高）中体育特长生的选拔、培养和运动队训练等管理规定？
4. 举例说明我国体教融合的培养机制。

主要参考文献

[1] 钟秉枢．问题与展望：体教融合促进青少年健康发展[J].上海体育学院学报，2020，44（10）：5-12.

[2] 王凯珍，刘海元，刘平江，等．我国普通高等学校高水平运动队建设现状及发展对策[J].首都体育学院学报，2011，23（2）:126-132.

[3] 郭振，茹亚伟，毕金泽．我国大学高水平运动队的体教融合研究":清华模式"的探索[J].北京体育大学学报，2021，44（1）:9.

[4] 刘海元．当前加强普通高等学校高水平运动队建设的若干问题探讨[J].首都体育学院学报，2018（5）:422-427，449.

[5] 毛振明，罗帅呈．东京奥运后谈“举国体制”和“体教融合”[J].体育教学，2021，41（9）:11-14.

（首都体育学院　刘海元　李海燕；成都体育学院　宋晓东）

第十三章　学校运动竞赛

内容提要

本章介绍了学校运动竞赛的含义和意义，学校运动竞赛的种类，并以中小学的运动竞赛为例介绍了竞赛的策划和实施。竞赛策划主要包括竞赛年度计划、方案、规程及竞赛项目的设计，竞赛实施主要有竞赛的组织、方法、计分和奖项设置。

学习目标

◎了解学校运动竞赛的意义和种类。

◎学会制订学校运动竞赛计划。

◎学会组织学校运动竞赛。

◎掌握学校运动竞赛的计分方法。

第一节　学校运动竞赛概述

学校运动竞赛是学校体育的重要组成部分，是实现学校体育目标的基本途径之一。学校运动竞赛已经发展成为一种以体育运动项目竞赛为主要载体，融入文化、艺术、教育、体育等要素，以对学生进行教育为主要目标的综合性的学校教育活动。在实施素质教育中，学校运动竞赛在培养学生终身体育意识、提高学生体质健康水平、丰富校园文化生活，以及在培养学生智力、道德、人格等方面都发挥着重要的作用。

一、学校运动竞赛的意义

学校运动竞赛是指学生在校内外参加的所有体育运动项目比赛的总称。其既包括学校（本校或外校）组织的比赛，也包括各级教育、体育等有关部门组织的比赛以及国际体育组织的有关学生的国际性体育比赛等。

（一）有利于促进学生身心健康发展

学校运动竞赛是指体育运动项目的比赛，要求参与者全身心地投入其中，这既可以锻炼学生的身体，又可以提高学生的心理素质，对学生身心健康的发展具有不可替代的作用。

（二）有利于促进校园体育文化建设

学校运动竞赛一般安排在课余时间进行。在课余时间开展丰富多彩的体育运动比赛，不仅可以丰富学生的课余文化生活，而且对营造一种健康向上的校园文化氛围、促进校园文化建设具有重要的意义。

（三）有利于发现、培养体育后备人才

学校运动竞赛是检查学校运动训练和教学工作效果的重要手段。通过比赛，可以总结交流训练和教学工作经验，相互学习、共同提高，因此，有利于提高学校运动训练和教学的质量，提高学生竞技运动水平，发现、培养体育后备人才。

（四）有利于培养学生团队合作精神

学校运动竞赛中很多活动都是以团队形式展开的，团队的共同目标，如战胜对手、取得优胜，都深刻地吸引着学生。这种特点弥补了体育课堂中团队意识教育之不足，使广大学生在团队活动中既满足了个人交往的欲望，又获得了置身于一个集体的归属感，在相互协力朝向共同目标奋进的过程中集体的凝聚力得到了增强、团队精神得到了培养。

二、学校运动竞赛的种类

学校运动竞赛的种类很多，根据竞赛进行的空间可分为校外竞赛和校内竞赛。

（一）校外竞赛

校外竞赛是指学校学生参加非本校主办的体育竞赛。校外竞赛主要有国际学生体育比赛（如世界大、中学生运动会）、全国学生体育比赛、省市学生体育比赛、县（区）学生体育比赛、镇（乡）学生体育比赛等。

1. 世界大学生运动会及单项竞赛

世界大学生运动会是国际大学生体育联合会（FISU）主办的世界性综合运动会，每2年1届，素有“小奥运会”之称，只限在校大学生和毕业不超过2年的大学生（年龄限制为17～28岁）参加的世界大型综合性运动会。世界大学生运动会始办于1959年，其前身为国际大学生运动会，由3大赛事组成，即世界大学生夏季运动会、世界大学生冬季运动会、世界大学生体育锦标赛。起初，世界大学生夏季运动会和冬季运动会分别在单数和双数年举行，从1981年起改为在同一年举行。截至2019年，世界大学生夏季运动会已举办过30届，世界大学生冬季运动会已举办过29届。世界大学生夏季运动会正式规定的比赛项目一般有田径、游泳、跳水、水球、体操、击剑、网球、篮球和排球9项，但承办国有权再增加1项；世界大学生冬季运动会比赛项目有速度滑冰、短道速滑、花样滑冰、高山滑雪、越野滑雪等，每2年还组织1次越野、野外定向、自行车、手球、乒乓球、赛艇、羽毛球、象棋等项目的世界大学生锦标赛。

2. 世界中学生运动会及单项竞赛

世界中学生运动会始办于1974年，由国际中学生体育联合会（ISF）主办，是只允许17岁以下的在校中学生参加的国际综合性运动会。1990年以前，每2年举办1届，后改为每4年1届。截至2018年，已举办过17届。世界中学生运动会比赛项目通常有田径、游泳和体操3项，但偶尔比赛项目也略有增减。除举办综合性运动会外，国际中学生体育联合会还每年举办一些单项的锦标赛，如足球、手球、篮球、体操、滑雪、田径、越野跑等单项国际比赛，且集体项目的参赛者须来自同一所学校。

3. 全国学生运动会

全国学生运动会（全称中华人民共和国学生运动会）是全国最高级别的学生体育赛事，由原全国大学生运动会和全国中学生运动会合并，由教育部、国家体育总局、共青团中央联合主办，分届次由不同省、市人民政府承办。全国学生运动会以省（直辖市、自治区）为单位组团，不直接以学校为单位报名参赛。每3年举办1届，每届按大学生组、中学生组分类，同时同地举行。截至2021年，已举办过14届。参加全国学生运动会体育竞赛的运动员必须是取得学籍的在校大学生、中学生，并符合参赛项目竞赛规程中有关“运动员条件”的各项规定，其中大学组年龄为18～28周岁，中学组年龄为18周岁及以下。

4. 中国大、中学生体育协会单项竞赛

中国大、中学生体育协会以及由中国大、中学生体育协会授权的各单项分会，每年可主办1～3次全国性大、中学生单项体育竞赛，各省（直辖市、自治区）以学校为单位报名参赛。但在举办全国学生运动会的当年，凡已列入运动会比赛的项目，不再安排该项目的单项比赛。

5. 省、市中学生体育运动会及单项竞赛

省、市中学生体育运动会及单项竞赛，一般由各省、市教育部门和体育局主办，也可由相应的人民政府主办。一般1～3年举行1次，比赛项目由主办单位设置，通常有田径、篮球、排球、足球、乒乓球、武术等。各省、市中学生运动会主要是检验本省、市学校运动训练工作水平，同时选拔优秀学生准备参加全国（省）学生运动会及单项比赛。

6. 县（市、区）、镇（乡）学生体育竞赛

县（市、区）级学生体育竞赛是由相应的教育、体育行政部门主办，镇（乡）级学生竞赛一般由所在镇（乡）的中心校主办。它是基层学校参加上一级体育竞赛最为频繁的赛事，一般分成小学组、初中组和高中组进行比赛。比赛性质包括综合性运动会和单项比赛，单项比赛通常有田径、排球、篮球、足球、乒乓球等项目，综合性运动会一般2～3年举行1次，单项比赛每年举行1次。这种比赛主要是为了检阅和推动学校体育工作的正常开展，提高学生的身体素质和体育水平。同时，选拔一批优秀学生参加上一级体育比赛。

7. 校际体育竞赛

校际体育竞赛是指2所以上学校相互间开展的体育比赛，一般以单项比赛为主，基本上是运动队之间的交流。目的是增进学校之间的友谊，检验校运动队的技战术水平，同时也为了宣传学校，提高学校的知名度。

8. 学校、社会一体化体育竞赛

这种竞赛是指学校和社会合办的一种体育比赛，主要有学校与所在社区或当地企业联合举办的集娱乐性、趣味性和表演性于一体的体育竞赛；学生参与社会体育俱乐部或社会团体的各种体育比赛。这种竞赛从不同空间，让学生体育活动能力得到持续发展，从而促进学生的终身体育观，推动全社会全民健身的发展。

（二）校内竞赛

校内竞赛是指由学校主办的学生体育竞赛。其目的是激励学生积极参加体育活动、展示学校体育工作成果、提高运动技术水平和培养体育后备人才。根据竞赛项目的多少，可分为综合性竞赛和单项竞赛。综合性竞赛是指一次赛事中安排2个及2

个以上不同项目的比赛，如最常见的学校运动会。单项竞赛是指一次赛事中只安排1项运动项目的比赛，如跳绳比赛、拔河比赛、广播操比赛等。

校内竞赛也可根据竞赛的性质和任务，分为运动会、友谊赛、选拔赛、表演赛、体育联赛、周期赛等。

1. 运动会

运动会是学校组织的由多个运动项目组成并在同一时段进行的比赛。它是学校体育竞赛的一种重要形式，由于项目多、参加人数多，所以组织工作较为复杂，影响较大。

2. 友谊赛

友谊赛是指班级或小组之间为了增进友谊、加强交流、切磋技术而自发组织的体育比赛。其特点是涉及人数少、组织方便，可安排在课余时间或节假日进行，主要目的在于相互学习、相互促进、交流经验、共同提高。

3. 选拔赛

选拔赛是指为选拔优秀运动员，组成校代表队参加校外比赛而组织的比赛。

4. 表演赛

表演赛是指学校为扩大体育运动的影响，推广运动项目和促进经验交流及满足学生体育欣赏需要而举行的比赛。其作用是宣传示范，如广播操、健美操、武术、团体操等表演赛。

5. 体育联赛

体育联赛是指同年级有3个班级及以上参加的体育比赛。比赛方式一般采用循环赛，最后以积分多少排列名次。由于这种比赛时间周期长，基本上安排在课余时间。项目设置一般应结合学校体育特色，如篮球、排球、乒乓球、足球、羽毛球等。

6. 周期赛

周期赛是在一定时间跨度内组织的群众性课余体育活动的比赛。这是开展学校群众性体育竞赛的好办法。时间有1周、1月、1学期，甚至是1学年，如早操、课间操竞赛周，又如冬季长跑优胜班级评比，周期可横跨2个学期。

三、学校运动竞赛的组织形式

随着体教融合的深入推进，学校运动竞赛形式多样、内容丰富，且不断创新，逐渐倡导全员运动会。目前，常见的中小学学校运动竞赛组织形式主要有以下几种。

（一）学校运动会

学校运动会是学校规模最大的体育竞赛活动，主要指每年春秋两季的田径运动会以及趣味运动会、阳光体育运动会、亲子运动会等。近年来，随着阳光体育运动和体教融合的深入推进，运动会正向综合性运动会发展，具有全员性、趣味性和锻炼性等特征。运动项目设置有竞技项目和趣味项目结合、个人项目与集体项目结合，并逐渐发展为加大后者比例的新模式，如全国各地的中小学里掀起了召开“全员运动会”的热潮，改变了过去中小学运动会“少数人赛，多数人看”的现象。

（二）单项竞赛

单项竞赛具有组织工作方便、项目单一和比赛规则灵活的特点。根据比赛内容可分为单项运动竞赛和单项趣味比赛。

单项运动竞赛是指只进行一个运动项目的比赛，如各种球类比赛、田径比赛中的某一个项目、越野跑、广播操等单项比赛。

单项趣味比赛是指民间体育、师生自创和学生喜闻乐见的体育比赛，如跳绳、拔河、踢毽子、滚铁环、定点投篮等。这类比赛对技能要求不高，比赛的内容、方法、规则由学校酌情自定，为不同层次的学生提供了展示自己的舞台，使每个学生都有机会参与其中，提高了学生的学习兴趣和参与积极性。

（三）体育节

体育节是指在一定时段内开展以体育为主题的系列活动，包括体育竞赛、体育表演、体育知识竞赛、体育知识讲座、体育征文、体育摄影等活动。根据活动要求和时间长短，其也可称为体育周、体育月、体育文化节、体育健身节、阳光体育嘉年华等。体育节将竞赛与表演、参与与观赏、普及与提高有机结合以发现体育人才、传播体育文化、发扬团队精神、弘扬体育精神、丰富师生的课余生活、营造浓厚的学校体育文化氛围，对提高学生素质和促进学生身心健康发展等具有十分重要的意义。

（四）校园体育吉尼斯

校园体育吉尼斯是指根据学生生理特点，选择适宜的运动项目，并组织开展具有挑战自我、冲击极限、挖掘潜能等特点的竞赛活动。校园是一个充满活力、积极向上、人才辈出的场所，与吉尼斯活动宗旨相当契合。让吉尼斯活动走进校园，通过“挑战自我，超越自我”来培养学生个性特长，在课余时间为学生搭建一个展示特长与参与竞争的大舞台，让学生从中充分认识和挖掘自身潜能，提高竞争意识、增强自信心，可以开展如金鸡独立、低腰过杆、垫排球、手指转球、颠足球、纵跳摸高、引体向上等项目。

（五）节日体育比赛

节日体育比赛是指在我国传统节日或具有鲜明地方传统文化特色的特定时期举办的体育竞赛，如举办“五四”广播操比赛、六一趣味运动会、庆“七一”篮球赛、端午龙舟赛（可旱地龙舟赛）、迎元旦接力跑、迎国庆中秋庆体育比赛等群众性的体育竞赛活动。这种比赛能紧密结合思想教育，有利于对学生进行爱国主义教育、集体主义教育和革命传统教育，被许多学校所采用。

第二节　学校运动竞赛的策划

随着教育教学改革的不断深入，学校运动竞赛越来越显示出其独特的教育价值和发挥出其独特的育人作用。为了有效地增强学生体质、营造校园文化氛围、提高学生的锻炼积极性，学校运动竞赛逐渐向全员参与的综合性运动会、体育节等形式发展，因此其策划就显得更为重要。竞赛策划根据竞赛的目的和任务分为竞赛计划和竞赛项目设计两个方面。为此，本节以中小学体育竞赛为例，对中小学校内竞赛的策划进行阐述。

一、竞赛计划

学校运动竞赛的策划是根据学校具体情况制订学校体育竞赛计划。学校体育竞赛计划一般包括学年度竞赛计划（年度计划）、竞赛方案和竞赛规程3个部分。

（一）年度竞赛计划（年度计划）

年度竞赛计划是对全（学）年的体育竞赛活动所做的全面规划和安排。其内容一般包括竞赛项目、竞赛地点、参赛单位、参赛人数和主办单位等。年度竞赛计划是在主管校长的领导下，由体育教研组根据本校教育工作计划的安排和实际情况，结合上级有关部门的竞赛计划和要求，与相关部门（学生会、共青团、教务处、政教处、总务处等）协商后制订，并由校长批准后执行。

【案例13-1】

浙江省玉环市坎门一中2020学年度校内体育竞赛计划（表13-1）

表13-1　浙江省玉环市坎门一中2020学年度校内体育竞赛计划

序号	竞赛项目	竞赛日期	竞赛地点	参赛单位	参赛人数	主办单位	备注
1	校体育运动会	9月29—30日	田径场 篮、排球场	各班	全体	校竞赛 委员会	
2	篮球运球比赛	10月下旬	篮球场	各班	全体	体育组	
3	冬季长跑优胜赛	2019年11月— 2020年1月	校园内	各班	全体	学生会 团委	周期赛
4	跳绳积分赛	11月中旬	篮球场	初二	每班男女各10人	初二段	
5	校体育吉尼斯	12月下旬	篮球场	全校	自由报名	体育组 团委	
6	迎元旦长跑赛	12月底	田径场	各班级	全体	体育组	

续表

序号	竞赛项目	竞赛日期	竞赛地点	参赛单位	参赛人数	主办单位	备注
7	排球自垫球积分赛	1月上旬	排球场	初三	全体	初三段	
8	3分钟“8”字跳绳	3月上旬	篮球场	初一	全体	初一段	
9	三大球联赛	3－4月	各场地	各班	待定	体育组 政教处	乒乓球 个人赛
10	“庆五一，迎五四” 广播操比赛	4月下旬	篮球场	各班	全体	团委 体育组	
11	第三届趣味运动会	5月中旬	田径场	各班级	全体	体育组	
12	棋类比赛	6月上旬	体育活动室	初一、二 年级	每班每项 限报3人	体育组 团委	
13	庆建党百年拔河比 赛	6月中旬	田径场	初一、二 年级	每班男女各12人	团委	

注：本计划不包括班级体育计划，请各班级根据有关要求自行制定活动计划。

【案例13-2】

浙江省玉环市坎门一中2020学年度校外竞赛计划（表13-2）

表13-2　浙江省玉环市坎门一中2020学年度校外竞赛计划

序号	竞赛项目	竞赛日期	竞赛地点	参赛单位	参赛人数	主办单位	负责人	备注
1	市中小学生田径 运动会	11月6—8日	玉环中等职 业技术学校	校田径队	男女 各6人	市教育局	××	
2	市初中男子 篮球赛	12月17—19 日	城关一中	校篮球队	10人	市教育局	××	
3	市乒乓球赛	4月中下旬	城关小学	校乒乓球队	男女各4人	市教育局	××	
4	市初中女子 排球赛	5月中下旬	玉环中等职 业技术学校	校排球队	12人	市教育局	××	
5	省帆板帆船 锦标赛	8月份	宁波象山	校帆板队	注册队员	省体育局	××	

注：浙江省玉环市坎门一中是浙江省帆船帆板特色学校，校帆板队是“市队县办”项目，直接参加省级比赛。

（二）竞赛方案

竞赛方案是按计划有步骤地制订每一项竞赛的具体方案。在制订竞赛方案时首先要进行细致的调查研究，并将结果提供给有关领导。

1. 调查研究

策划一次竞赛方案，先要调查、了解，从学校现状中收集有关的资料，发挥其参谋作用，为组织者决策提供建议。开展调研工作的内容如下。

（1）了解参赛班级的学生情况。如参赛人数、参赛学生的身体素质情况及学生对哪些项目感兴趣或对哪些项目困难等。

（2）了解近期学校的工作安排。由于学校工作多、事务忙，每个阶段都有不同的任务。而举行体育竞赛需要一定的时间，虽然多数学校将其安排在课余或节假日进行，尽量避免占用正常的教学时间，但有时仍会利用正常的教学时间。因此，组织者一定要选择适宜的时间进行比赛，尽量避开冲突的时间，以免影响学校正常教学秩序。

（3）了解竞赛项目所需的场地与器械。要清楚地知道学校的场地大小、性质和体育器械等情况。

（4）了解组织者与裁判员的素质与水平，然后决定组织者与裁判员的培训时间。

（5）了解赛事所需要的经费情况。组织者要根据比赛项目、参加人员、录取名次、奖励方法及所需物品等做出活动经费预算，以便于学校领导决策，保证赛事顺利进行。

（6）了解当地近阶段的天气状况。我国大多数中小学校没有室内体育场馆，比赛基本上在室外举行，会受到高温、大风、下雨、严寒等各种天气的影响。为此，组织者要根据本地的天气状况，早打算、早计划、早安排。

2. 赛事筹备

（1）成立组织机构。

可根据规模设立组织委员会，并设立政宣组、竞赛组、裁判组、器材组、后勤组等机构，分工负责活动的组织工作。一般情况下由体育组负责操作。

（2）确定时间。

可根据竞赛的规模、性质来确定。例如，单项小型比赛可利用课余时间；小型综合比赛半天为宜，设置3～5个项目；全校性的运动会需要1～2天；体育节一天内不能完成的竞赛工作可变为先分散后集中的办法进行，把赛事的各项预赛、球类比赛项目、观赏性不强的个人项目和集体项目提前一两周进行，最后一天进行闭幕式、入场式、各项决赛、总结表彰等环节。

（3）选择场地。

根据项目来确定场地，一般都在田径场、球场、平坦场地进行。

（4）宣传工作。

通过拟订活动方案、发布通知、张贴海报、悬挂宣传横幅、网络媒体宣传等多种方式来营造浓厚的舆论氛围。

（5）准备所需器材及物品。

比赛器材一般利用学校现有的体育器械，也可根据比赛项目自制、租借或根据经费情况购置一部分器材。

3. 确定方案

比赛的组织者在调查、设计的前提下，先草拟订一个初步方案，然后在征求和商讨的基础上做必要的修改，最后制定出正式的竞赛方案。

（三）竞赛规程

竞赛规程是根据学校年度竞赛计划中的赛事所做的具体详细的法规性文件，它是指导学校体育竞赛工作的重要依据。竞赛规程的内容一般包括以下几个方面。

1. 竞赛名称

竞赛名称是根据竞赛的性质和内容确定，如“××学校××年春季田径运动会”“××学校第××届全员运动会（体育节）”“××学校‘庆五一、迎五四’拔河比赛”等。

2. 竞赛的目的任务

这是由竞赛的目标所确定的。例如，“为了推动阳光体育活动的蓬勃发展”“为了丰富学生课余文化生活”等，一般都写在规程的开始。

3. 竞赛时间和地点

准确地通告竞赛的时间和地点，可以使参与者较早地做好各种准备。

4. 参赛单位、人数及分组

这是确定赛事规模的必要部分，对竞赛的组织工作有决定性的意义。

5. 竞赛项目

其包括赛事中的大小项目，必须全部列入。

6. 竞赛方法

其包括竞赛规则、录取名次、记分方法、奖励方法等。

7. 报名方法

其包括各项目参加人数、报名资格、手续和截止日期等。

8. 注意事项

其包括运动员服装、号码、参赛者资格审查及处理办法等。

【案例13-3】

关于举行2021年坎门一中“庆五一·迎五四”广播操比赛的通知

各班级：

为了丰富校园文化生活，增强学生身体素质，提高我校学生广播体操质量，发扬团结友爱、奋发向上的体育精神，值此“五一”“五四”到来之际，特举行广播操比赛，请各班主任在思想上要高度重视，切实以这次广播操比赛为契机，加强班级班风建设，充分利用学生课余时间认真组织训练，争取获得优异的成绩。现将比赛有关事项通知如下。

一、比赛时间：2021年4月30日（第九周）下午第三节课。

二、比赛地点：田径场。

三、参加对象：初一、初二。

四、比赛内容：第三套全国中学生广播体操《舞动青春》。

五、参赛注意事项：

（1）以班级为单位参加年级段比赛，各班全员参加（特殊体质除外，需在赛前2天以书面形式向体育组提出申请说明），届时对不足人数的班级，按每人0.1分在总分中扣除；

（2）做操队形规定四路纵队，从低至高排列，一人担任领操；

（3）各班赛前10分钟到达指定位置集合，然后再进行入场、做操和退场等比赛程序。

六、评分标准（总分为10分）：

（1）服装整齐统一（1分）；

（2）领操员表现：要求动作准确、有力、到位，举止端庄、大方，报告时声音洪亮、有力（1分）；

（3）出入场整齐有序、队形新颖有变化、纪律严明、精神饱满（2分）；

（4）广播操质量：要求动作准确、合拍、整齐、有力、到位（6分）。

七、评定方法：

按年级段设一等奖2名，二等奖3名，三等奖5名。

八、比赛顺序：赛前抽签决定。

九、评委：以教师为主，并抽调部分教师和学生。

十、本规程解释权归体育组，未尽事宜另行通知。

体育组

2021年3月16日

二、竞赛项目设计

竞赛项目是指具有竞赛特点和一定技术要求的某项体育运动项目的统称。竞赛项目设计要根据学校体育工作不同阶段的需要和竞赛项目的特点来选择适合的内容，并设计出合理的工作步骤。学校运动竞赛可供选择的项目众多，根据学校体育工作的阶段需要，可以选择一些具有特色的项目进行组合与创编。

（一）竞赛项目的特点

1. 竞争性

学校运动竞赛之所以称为竞赛，是其与竞技比赛一样具有竞争性。竞赛是体育运动最能吸引人之处，也是体育运动的基本特征之一。从学生的身心发展特点来看，在群体之间、个体之间的竞赛中出现对抗、较量、争先、取胜等意识行为符合学生的心理特点，能有效激发学生参与运动竞赛的动机，有利于调动学生参加运动的积极性。

2. 全员性

学校运动竞赛应改变“少数人赛，多数人看”的局面，设计或引入一些大多数学生乐于参与的趣味性、竞技性、群众性的竞赛项目，使学生都能找到适合自己的竞赛项目，做到“人人有参与，人人有赛比”，以此调动学生的积极性，让更多的学生参与其中、乐在其中，让学校运动竞赛名副其实地成为全体学生自己的运动盛会，使之成为全体学生展现风采、释放活力的舞台。

3. 多样性

学校运动竞赛的组织形式灵活、项目种类繁多，既有学校规模最大的运动会（如全员运动会、田径运动会、趣味运动会、体育节），还有规模相对较小的单项体育比赛或年级比赛，再有班级间或小组间的小比赛。竞赛内容不仅限于传统的竞技运动项目（如田径、体操、球类），可以是民俗体育项目（如拔河、跳绳、踢毽子），还可以是新兴或创编的体育项目（如轮滑、校园定向、趣味体育），也可以是体育文化、卫生保健知识竞赛，只要是学生喜欢又有利于促进学生身心健康发展的内容，都可以组织比赛。

4. 教育性

学校是教育和培养人的地方，学校运动竞赛也是教育的一个重要手段。学生通过运动竞赛，既可以学习体育文化和体育知识技术，又可以培养学生良好的心理素质与品行，如培养学生遵守竞赛规则、不畏困难、勇于挑战的意志品质；树立团结协作、互相配合、奋勇争先的精神。

（二）竞赛项目的选取与创新

当前，竞赛项目有田径、球类、体操、趣味体育、体育知识类、设计制作类、民族民间传统体育、新兴体育、水上（冰雪）运动等项目。学校要立足于实情，结合学生的身体条件、兴趣爱好和运动技能等方面的个体差异与不同需求，科学、合理地进行选择，确定适宜本校开展的竞赛项目，也可以开发一些新的竞赛项目。

1. 筛选传统竞赛项目和民间体育项目

对现有的田径和球类竞赛项目进行筛选，保留原有竞赛项目中观赏性较强、学生喜欢的内容，如100米跑、跳高、篮球等项目。另外，对学校长期开展的体育特色项目及民族民间传统体育项目要合理地传承下去，如掷陀螺、滚铁环、跳格子等项目。

2. 征集学生喜欢的竞赛项目

体育竞赛的主体是学生，给予学生自主选择活动的权利和机会，广泛征集他们的想法和建议。向学生征集竞赛项目，采纳其中健康安全、科学合理、新颖有趣的项目，集思广益，不断扩大影响，借此充实和完善竞赛的内容，如骑慢车、踏石过河、过独木桥等项目。

3. 选用学校体育中的学练内容及考核项目

学校体育由体育课、大课间、课外体育活动等活动组成。体育课堂教学是学生体育学习的主要渠道，大课间、课外体育活动则是体育课的延伸与补充。因此，竞赛项目设计要紧密联系体育课、大课间、课外体育活动，以更好地发挥三者的功能，让教、学、练、赛成为一体，如实心球掷远、篮球直（曲）线运球、排球自垫球、立定跳远、跑操等有关体育教学方面的内容。同时，也可以选择《国家学生体质健康标准（2014年修订）》中的测试项目。

4. 借鉴网络媒体上的体育运动项目

随着现代信息技术的不断发展，世界已经进入互联网时代，为推广和普及体育运动起到了推波助澜的作用，网络中有众多的体育竞赛项目，内容丰富且更新快，给学校体育提供了有益的学习与借鉴。同时，精彩纷呈的各类电视体育娱乐节目也为学校竞赛提供了不少有价值的素材，如《城市之间》《男生女生向前冲》《奔跑吧兄弟》等电视体育娱乐融合类节目，还有微信、抖音、快手等平台中分享的众多原创体育作品。

5. 引入新兴体育项目

现代体育教学日新月异不断发展，新兴体育项目不断涌现，深受学生的喜爱，引入适合学校开展的新兴体育项目，如攀岩、轮滑、滑板、定向运动、素质拓展、飞镖、跆拳道等，能极大地丰富校园体育运动的形式和内容，为校园体育文化注入新的活力，促进学校体育教学的蓬勃发展。

（三）创新竞赛项目的设计

竞赛项目应将健身性、娱乐性、竞争性有机结合，一般除传统的田径、球类项目外，还有趣味体育、民族民间体育项目等。为了吸引更多的学生参与竞赛，学校应不断地调整内容和规则，不断出新招。下面介绍如何设计一个新竞赛项目。

1. 竞赛项目构思

（1）明确目的任务。

设计竞赛项目首先应明确目的任务，一般包括技能、体能、德育、智育、美育任务，尽量具体清晰地确定每一个竞赛项目最直接的目的任务或目的任务的侧重点。

（2）确定名称。

竞赛项目名称通常根据活动动作、活动方式的特点，并结合参加对象的性别年龄、运动能力和心理特点等因素进行选择，也可以依据前述的竞赛项目的选取与创新的5个来源来确定主题与素材。

（3）设计比赛方法。

比赛方法力求简单易行，具有一定的大众性，适宜大多数学生，可充分借鉴现代体育教学方法、运动训练方法和其他体育手段的练习方法来丰富自己的设计。

（4）制定规则。

科学的规则是设计和推广竞赛项目过程始终要遵守和执行的规范性标准与要求。没有共同确认的统一规则，任何简单的竞赛项目都不可能进行。根据《裁判学》的有关理论，竞赛项目规则应本着确保安全和健康、发展身体活动能力、提高项目技术战术水平、培养意志和作风、平等参加公平竞争、区分性别和年龄、保障竞赛顺利进行等特点制定。

（5）设计场地器材。

竞赛项目赖以进行的物质条件具有更大的灵活性与多变性，因而其设计具有更广阔的空间。当前，场地器材的设计应强调简易、方便、安全、多功能和大众化。

（6）成文绘图。

竞赛项目各部分设计后需要写文说明，必要时应绘图示意。文字要求简明、准确。绘图要求直观、形象、简洁、明了。

2. 实验修改

设计竞赛项目的第二步是对新设计的竞赛项目有目的地进行演练、论证、修改，并接受实践的检验，从而进一步完善。

3. 定稿推行

经过小范围的实践验证和精心的修改完善，新设计的竞赛项目才能最终定稿，正式放到学校竞赛中推行。

第三节　学校运动竞赛的实施

学校运动竞赛的实施是对学校运动竞赛策划进行具体操作，包括分阶段的组织工作和竞赛选用的方法以及计分和奖励的细则制定。

一、学校运动竞赛的组织

学校运动体育竞赛的组织是一项复杂而细致的管理工作。学校运动竞赛的组织工作可分为赛前准备、赛中组织和赛后工作3个阶段。

（一）赛前准备

（1）确定比赛的名称、目的任务、比赛的规模、比赛的组织机构与经费预算。

（2）建立竞赛组织机构（领导小组）。学校举办的各种竞赛活动必须成立专门的竞赛组织委员会，负责组织领导体育竞赛的各项工作。竞赛组织委员会主要是全面负责组织与领导竞赛的全部工作，制定竞赛中的各种计划、竞赛规程、通知文件等。在竞赛组织委员会的领导下，根据工作需要，还设立若干个组织机构：

竞赛办公室（秘书处）：负责召开组委会会议，制订组委会工作计划，主持赛会日常工作，检查督促各项工作的进行，并执行组委会决议。

宣传部（组）：负责宣传教育、会场布置、开幕式和闭幕式的组织、奖状奖品的发放等工作。

竞赛部（组）：负责编制秩序册、培训裁判员以及竞赛裁判员等工作。

后勤部（组）：负责场地与器材准备，奖品的购置，比赛期间生活、医疗保障，音响设备等工作。

（3）制定竞赛规程。竞赛规程是根据年度体育竞赛计划制定的关于某次比赛详细的规定。它是组织者、管理者和参与者的指导性文件，也是保证参与者能公平参与比赛的法规性文件。

（4）宣传工作。充分利用校园广播、宣传窗、黑板报、海报、微信公众号等宣传媒体，为比赛宣传造势，营造浓厚的比赛氛围。

（5）编排竞赛秩序册。秩序册是一种组织管理竞赛和指导运动员、教练员、裁判员的手册。其编制方法和内容包括以下几个方面。

①封面。其包括比赛名称，“秩序册”3个大字，赛会会徽，比赛时间、地点，主办、承办、协办和赞助单位。

②目录。按照秩序册内容的编排顺序列出相关内容的主要标题。

③竞赛规程。直接列出竞赛规程。

④竞赛组委会（领导小组）、工作人员、仲裁委员会、裁判员名单。根据比赛规模和技能要求进行安排，其中裁判员可由学生担任。

⑤精神文明评选办法。其主要针对参赛者和参赛单位，可以设置优秀运动员和优秀裁判员，精神文明先进、道德风尚奖（个人或集体）等奖项。

⑥开、闭幕式程序。

⑦竞赛日程表。其包括比赛的场次、项目、比赛时间、比赛地点。对于多个运动项目的比赛，在设置竞赛日程时，一定要结合学校的场地情况，估算各项比赛所需的时间，参赛对象的参赛项目是否冲突等情况进行安排。

⑧代表队成员名单。

⑨最高纪录。列出过去此项目的最高成绩，供参赛单位和运动员参考。

⑩比赛场地平面示意图。

竞赛秩序册应参照上述内容编印，并力求从简和实用的原则。如果学校条件有限，可以做相应删减。

（6）训练准备。在班主任组织和体育教师的指导下，以班级为单位，利用大课间活动和课余时间组织训练，以提高比赛质量。

（7）准备场地器材及设备。检查、准备好比赛所需的场地器材、扩音设备等，并在场地上画好比赛用线。

（8）召开领队、教练员会议，组织裁判员培训。

（二）赛中组织

（1）组织开、闭幕式工作。

（2）全面协调和维护赛场秩序，掌控赛事进程。

（3）医务防护措施。

（4）偶发事件的及时处理。

（5）赛期记录公告及赛会简报。

（6）比赛成绩记录与统计。

（三）赛后工作

（1）公布、整理比赛成绩。竞赛结束后，要及时整理比赛成绩资料，并存档，必要时可编印成绩册。

（2）奖励优胜。按照比赛规程，对获奖的单位和个人进行精神奖励和适当的物质奖励。

（3）清理场地器材及设备。

（4）总结工作。

二、学校运动竞赛的方法

学校运动竞赛可以根据竞赛的目的任务，选取最适合的方法，一般有顺序法、淘汰法、循环法、轮换法等，也可以根据需要将几种竞赛方法进行混合，甚至可以创新出更适合学生身心发展的竞赛方法。

（一）顺序法

顺序法是指竞赛中参赛者按一定先后顺序表现成绩的比赛方法。这种竞赛方法在基层竞赛中采用较多，一般适用于以时间、次数、远度、高度、重量、环数等客观标准确定成绩的项目，如田径项目、单项运动竞赛项目、广播操比赛等。顺序法可以使参赛者的竞赛条件基本相同，比赛更为合理、公平，体现对抗性、竞争激烈，有一定的观赏性。根据竞赛项目的特点，顺序法可分为分组和不分组2种形式。

（1）分组顺序法是指将参赛者分成若干组，然后按组序分别进行的竞赛方法，如田径项目中的短跑和中长跑、单人跳绳等竞赛。根据竞赛规模与场地大小，竞赛组数可以一次竞赛（决赛）决定成绩，也可采用预赛、次赛、复赛、决赛的方式来决定成绩。

（2）不分组顺序法是指同一竞赛时间内只能有一人或一队依次进行的竞赛方法，如田径竞赛中的跳远、跳高、垒球等；或是要求裁判员一致的比赛项目，如广播操、健美操、武术、技巧等竞赛。不分组顺序法在参赛者较多的情况下，存在竞赛时间长和难以评定全部名次的缺陷。

（二）淘汰法

淘汰法是指在竞赛过程中逐步淘汰成绩差的，最后决出优胜者的一种竞赛方法。淘汰法一般适用于短时间内进行、参赛者又多的比赛。此方法除了确定第一名外，其他名次不能合理地确定，胜负具有一定的偶然性，且相互学习的机会也相应减少。为了弥补不足，可采用种子法和补赛法等作为补充。种子法是赛前经过调查了解，经过协商，确定若干实力较强的参赛者或参赛队作为种子选手或种子队，也可以根据上一次竞赛的名次来确定。然后有目的、有计划地编排，使其最后相遇，尽量防止他们过早相遇而被淘汰出局，也尽可能客观反映出竞赛水平。补赛法是在决赛后用补充竞赛来确定第二名以后名次的方法。淘汰法分为单淘汰和双淘汰2种。

（1）单淘汰是指参赛者按编排秩序进行竞赛，胜者进入下一轮竞赛，负者被淘汰，直到决出冠军。这种方法合理性差，不完整性和随机性强，每个参赛者只能有一次失败机会。为此，对种子正确的编排至关重要。

（2）双淘汰是指参赛者按编排秩序进行竞赛，失败2次即被淘汰，全场最后胜者为冠军。这种方法可以避免一次失败就被淘汰的缺点，失败一次的参赛者也有可能最终获得冠军。但由于编排较为复杂，基本不用。

（三）循环法

循环法是指在竞赛中参赛者都要按照一定次序相互轮流进行1次或2次竞赛，最后按成绩计算名次。这种竞赛较多运用于球类竞赛和其他对抗性项目的竞赛（如拔河、棋类等）。这种方法可以使参赛者相互学习、相互交流，并且合理、客观地评定参赛者的名次，但需要较长的赛期。循环法可分为单循环、双循环和分组循环3种。

（1）单循环是所有参加竞赛的参赛者均能相遇1次，最后按参赛者在全部竞赛中得分决定名次。单循环一般在参赛者不多，比赛时间、场地较为充足下运用。

（2）双循环是所有参加竞赛的参赛者均能相遇两次，最后按参赛者在全部竞赛中得分决定名次。双循环通常在参赛者不多，比赛时间、场地较为充足，想创造更多的竞赛机会时采用。但不足是赛期较长。

（3）分组循环是把所有的参赛者先分成若干个小组，在组内进行单循环竞赛，然后排出各小组的名次，再根据各小组名次重新分组进行循环，直到最后决出优胜者的一种竞赛方法。这种竞赛方法一般在参赛者较多、赛期有限的情况下采用，既不过多地增加竞赛场次，又能客观地反映出各队名次。

（四）混合法

混合法是竞赛中采用2种方法进行的竞赛。一般把竞赛分成2个阶段进行，根据竞赛性质采用较多的为循环、淘汰混合法和资格、正赛混合法2种。

（1）循环、淘汰混合法，第一阶段采用分组循环法，第二阶段采用淘汰法，也可先淘汰后循环。在决赛阶段采用淘汰法时，大多数采用“交叉赛”或“同名次赛”来决定名次。其一般出现在篮球、排球、乒乓球等项目。

（2）资格、正赛混合法。也就是把竞赛分成资格赛（及格赛）和正赛2个阶段，参赛者只有通过第一阶段的资格赛或及格赛，方可参加正式竞赛。一般由竞赛组织者根据实情，制定一个评定标准在资格赛中作为评判依据，正赛中可安排顺序赛、循环赛或淘汰赛。

（五）轮换法

轮换法是指竞赛时将参赛者分成若干组，并在同一时间内按规定的轮换顺序分别进行不同项目的竞赛，最后综合各项目的成绩来决定名次的竞赛方法。通常出现在竞技体操和综合性项目。这种方法能节省比赛时间，但参赛者参加竞赛项目顺序不同，对参赛者存在一定影响。

三、学校运动竞赛的计分

竞赛计分是公平竞争的具体体现，使用不同的计分方法对竞赛能否达到预期目标具有重要意义。学校运动竞赛的计分一般有循环赛记分法、定额记分法、人人得分法、团体项目加倍记分法。

（一）循环赛记分法

循环赛记分法是在循环赛中根据竞赛规则规定的一种记分方法，一般使用于篮球、排球、足球、乒乓球、拔河等比赛项目。记分方法各个项目略有不同，基本上分为胜、负、平、弃4种方式，如篮球、乒乓球、拔河比赛均为胜1场得2分，负1场得1分，弃权得0分。例如，排球比赛结果为3∶0或3∶1，则胜队得3分，负队得0分；比赛结果为3∶2，则胜者得2分，负者得1分；弃权得0分。足球比赛为胜1场得3分，平1场得1分，负1场得0分。积分高者名次列前，如出现2个或者2个以上的代表队或个人出现积分相同，则按他们之间比赛的胜负比率（或胜者）决定名次。

（二）定额记分法

定额记分法是组织者根据参赛人数来确定竞赛项目的录取优胜数，并按名次先后顺序依次给予规定分数的记分方法。一般使用于田径运动会、趣味运动会、体育节中的单项竞赛。定额记分法通常有高分记分法和低分记法2种。

（1）高分记分法是按名次先后顺序依次由高分至低分的记分方法。这是一种国际惯例的记分法，一般第一名与第二名相差2分，之后名次均相差1分，如9分制是取前八名，分别得9、7、6、5、4、3、2、1分计入团体总分；7分制是取前六名，分别得7、5、4、3、2、1分计入团体总分。组织者也可以酌情制定计分方式，如相连名次之间相差1分、2分、3分等。

（2）低分记分法是按名次先后顺序依次由低分至高分的记分方法。帆板帆船运动项目就是采用这种记分方法，一般按名次分别给予1分至录取名额数。如录取前八名，分别计为1、2、3、4、5、6、7、8分；如取前20名，第一名得1分，第二名得2分，以此类推。此法得分与名次相同，简单易记，最后积分低者名次列前。

（三）人人得分法

人人得分法是指所有的参赛者都有得分的记分方法。记分方法有高分和低分2种，由组织者选定。例如，初一男子组100米跑有25人参加比赛，采用高分记分法，按比赛最终成绩排名计分，第一名得25分，第二名得24分，……，第25名得1分。这种记分方法让每一个学生都可以为班级争分立功，使学生意识到参与的重要性，极大地提高了学生参与比赛的积极性和增强了集体荣誉感，让学校运动竞赛真正面向全体学生，有利于推动学校群众性体育活动的开展。但此方法增加了裁判员的工作量和难度。

（四）团体项目加倍记分法

通常运动会中的集体项目是在个人项目得分上翻1倍计入团体总分，这样对于学生的激励作用不大。如果针对不同集体竞赛项目，结合参赛人数、完成的难易度等来分析，给出是个人项目的1倍、1.5倍、2倍、3倍等各种加倍计分，将更加激发班级及学生参与的积极性，也可以促进每一个学生更加积极、主动地锻炼。

四、学校运动竞赛的奖项

学校运动竞赛的举办不仅仅是为了决出竞赛的结果，更重要的是在于参与竞赛的过程。因而，竞赛后不能仅以运动成绩的好坏来评价，应结合平时的训练和参与竞赛过程中的各种积极现象进行全面评价，并多设一些奖项，尽量让大多数参加者得到鼓励性的评价。

（一）奖项设置的注意事项

1. 增加竞赛组别

学校运动竞赛一般以年级段为组别、以各班为单位进行竞赛，如初中分初一、初二和初三组，高中分高一、高二和高三组。这样分组符合当前我国学校的实际情况和同一级别参赛学生的年龄结构，具有自然、合理、科学的特点。

2. 增加录取优胜数

根据参赛项目的人（队）数，可适当增加团体录取优胜人数，也可全员录取。如初一男子100米跑有25人，通常取前六名计入团体总分（跑道数为6条），可调整为录取前十二名计入团体总分。

3. 增加奖项

根据竞赛规模和性质尽量多设奖项，奖项可以是按成绩的名次，也可以是按表现、组织、参与、成效等方面来综合设置。每次竞赛设置奖项数至少能使2/3以上的班级或学生获奖。

（二）奖项设置方法

1. 名次法

名次法是根据参赛者竞赛成绩或积分优劣评定名次，按照规程要求录取一定名次的方法。这种方法突出了竞赛的竞争性，对成绩划定明显。如果获奖名额有限，有时会打击参赛者的积极性，为此组织者赛前要酌情设置。

2. 等级法

等级法是根据参赛者的数量，按照一定比例设置等级来录取优胜者的方法。等级法增加了获奖数，具有一定的兼顾性，对参赛者的积极性能起到一定的激励作用。一般采用一、二、三等奖，各个等级的名额比例由组织者根据参赛者数量商讨确定。

3. 优胜法

优胜法是指竞赛或活动中对成绩优秀、组织得力、效果显著的参赛者给予平等奖励的方法，常见的有优胜奖、先进奖、组织奖、精神文明班、道德风尚奖等，还有优秀运动员、体育精神奖、优秀通讯员、最美志愿者、最佳表现奖、最佳稿件奖等。优胜法由于没有名次、等级的区分，拉近了参赛者的距离，不会让学校运动竞赛过于竞技化。

思考题

1. 学校运动竞赛有哪些种类？
2. 如何做好学校运动竞赛的方案？
3. 如何进行学校运动竞赛项目的设计？
4. 试述学校运动竞赛的组织过程？
5. 学校运动竞赛的计分方法和奖项设置方法有哪些？

主要参考文献

[1] 国家体育总局．改革开放30年的中国体育[M]. 北京：人民体育出版社，2008.
[2] 陈文卿．学校体育学[M]. 广西：广西师范大学出版社，2000.
[3] 孙建华，张志成．学校体育竞赛组织管理与编排[M]. 北京：光明日报出版社，2010.
[4] 运动竞赛编写组．运动竞赛学[M]. 北京：北京体育大学出版社，1994.
[5] 张孝平．体育竞赛组织编排[M]. 北京：北京体育大学出版社，2006.
[6] 胡靖平．试论学校体育竞赛的改革[J]. 山西体育科技，2006（2）：68-71.
[7] 教育部体育卫生与艺术教育司．学校体育工作重要法规文件选编[M]. 北京：人民教育出版社，2008.

（浙江省玉环市坎门海都小学　叶海辉）

第十四章　学校体育管理

内容提要

学校体育管理是学校体育工作的重要内容，科学、有效的管理对加快学校体育发展、加强学校体育建设有重要的意义。本章在阐述学校体育管理含义、特点和内容的基础上，介绍了我国学校体育管理的基本体制，并对学校体育有关的重要法律法规做了简要介绍。

学习目标

◎了解学校体育管理的含义和任务。

◎明确学校体育管理体制。

◎熟悉学校体育管理相关的法律法规。

第一节　学校体育管理概述

学校体育是教育的重要组成部分，是德、智、体、美、劳全面发展的党的教育方针的重要方面，是国家体育事业的重要组成部分，是青少年体育的主要方面。所以，加强学校体育管理，对贯彻党的教育方针、加强学校体育、增强学生体质、发展教育和体育事业、培养全面发展的社会主义建设者和接班人具有重要的作用。

一、学校体育管理的含义

学校体育管理是指按照党和国家以及教育、体育等部门颁发的有关教育、体育和学校体育方面的法律、法规、部门规章等规范性法律文件，遵循学校体育工作的客观规律，结合实际，运用现代管理科学的原则和方法，充分发挥有限的人力、财力、物力、信息和时间等因素的作用，以最佳的手段和方法，对学校体育工作进行计划、组织、控制和评估等一系列活动的总称。

二、学校体育管理的目标和任务

学校体育管理的目标是最大限度地发挥管理部门的职能，积极整合资源，保质保量地贯彻和执行国家及各级政府部门对学校体育工作有关的法律、法规和规章等，确保学校体育各项工作如期开展，确保学校体育目标按计划实现。

学校体育管理的主要任务如下。

（1）根据社会、教育、体育等事业的发展，规划、制定国家或地方的学校体育发展战略、目标、计划及工作任务。

（2）建立和健全学校体育的各级管理机构和组织，制定相关管理法规并明确各级管理机构和人员的管理职责。

（3）组织开展学校体育各方面工作，确保学校体育各项工作高效、顺利实施。

（4）发现学校体育工作中存在的问题和困难，并及时提出解决方案。

（5）协调学校体育工作中有关各方面的关系，整合资源，为学校体育提供必要的物质、技术、信息等基础条件。

（6）制定、评定与检查学校体育的标准和方法，客观评价学校体育工作的效果，督导各级政府和教育机构开展好学校体育工作。

三、学校体育管理的特点

（1）复杂性。学校体育管理的复杂性是指学校体育管理因素较多，牵涉范围较广，理顺各方面关系较复杂，工作难度较大。这一特点是由学校体育管理内容的广泛性决定的。学校体育管理内容主要有教育教学质量、场地建设、器材设备配置、人事编制、投入保障、安全防范等方面。与之对应，涉及的管理部门有教育部门、财政部门、规划部门、基建部门、人事部门、体育部门等。在协调、联合这些部门关系共同为学校体育工作服务时较为复杂。

（2）多样性。学校体育管理的多样性是指大、中、小学各学段学校体育内容不同，各地学校体育发展情况不同，学校体育管理具有多样性。这一特点是由学校体育内容的规定性和发展不均衡决定的。由于大学、高中、初中和小学在学校体育目标和教学内容方面存在差异，所以，各个学段的学校体育管理也具有差异性，呈现多样化。

（3）层次性。学校体育管理的层次性是指学校体育管理可以分不同的层次，如可分为政府部门的管理、学校的管理、教研室（部）的管理、课堂的管理等。这一特点是由学校体育管理主体不同决定的，因对学校体育管理实施的主体不同，其管理内容、特点和侧重面各不相同，如政府部门对学校体育的管理和学校对体育的管理在性质和方式上不相同，政府部门侧重于研制和颁发法规，学校则侧重于执行法规。所以，学校体育管理具有层次性的特点。

四、学校体育管理的内容

学校体育管理的内容是实施学校体育管理的具体实践，是开展学校体育工作的主要方面。根据认识角度的不同可对学校体育管理的内容进行不同的划分，如按实施学校体育目标的途径来看，可以划分为体育课程管理、体育教学管理、课外体育活动管理、学校竞技体育管理、学生体质健康管理等；如按学校体育管理范围来看，可以分为学校体育宏观管理和学校体育微观管理；如按实施学校体育管理的主体来看，可以划分为政府管理、教育行政部门管理、学校管理和教研室（部）管理等。本部分结合学校体育管理实践，主要从政府、教育行政部门、学校和教研室（部）4个层面介绍学校体育管理的内容。

（一）学校体育政府管理的内容

学校体育政府管理是指中央及各地人民政府对学校体育实施的管理，按层次可分为国家、省（区、市）、市（区、盟）、县（区、市、旗）4个层级，其管理内容大致相同，只是体现了逐级指导与被指导、宏观到具体、要求到操作的特点。学校体育政府管理内容主要有以下几个方面。

（1）制定法律、法规、规章和指导性文件。学校体育管理的依据是国家机关及各级人民政府及有关部门颁布的各项法律、法规和规章等规范性文件，所以，各级人民政府进行学校体育管理的关键和首要内容就是根据学校体育发展目标和实际情况，研制并颁布学校体育有关法律、法规和规章等规范性文件，如《中华人民共和国义务教育法》《学校体育工作条例》《关于加强青少年体育增强青少年体质的意见》《关于深化体教融合　促进青少年健康发展的意见》《关于全面加强和改进新时代学校体育工作的意见》《湖南省深化体教融合　促进青少年健康发展实施方案》《关于全面加强和改进新时代学校体育工作的行动方案》《北京市加强中小学体育增强学生体质健康二十条措施》等。

（2）设置行政机构，划分行政部门职责。各级人民政府是由多个行政部门组成的，在实施学校体育管理时，政府首先要设置行政机构，如县一级政府设有教育局或体育局，也可合并二者，设教育体育局；其次要明确各行政部门的职责，并确定议事规则和制度。其中，教育行政部门是学校体育管理的主要职能部门。

（3）统筹发展，实施重大决策。各级人民政府行使职权之一是执行国民经济和社会发展计划、预算，管理本行政区域内的经济、教育、科学、文化、卫生、体育事业等行政工作。所以，各级政府应对辖地学校体育发展负责，在实施学校体育管理时，政府要统筹社会、经济、民族、教育、体育等各方面情况，制定与实施学校体育发展的重大决策，编制学校体育发展规划，制定发展目标，提出具体措施。学校体育发展规划有独立的，如××省“十四五”学校体育事业发展规划；也有体现于总教育规划中的，如《中国教育现代化2035》中提出了全面强化学校体育工作，强化对学生身体素质和运动技能测评等。

（4）实施学校体育行政监督。按照我国宪法和行政法，上级政府对下级政府具有行政监督职能，所以各级政府对于所辖下一级政府行使学校体育管理行政监督职能，督促下一级政府更好地开展学校体育工作，实现政府提出的学校体育发展目标。

（二）学校体育教育行政部门管理的内容

教育行政部门作为各级政府的行政职能部门，主管权限内教育工作，执行本级政府及上一级政府的教育决策和决定，如国务院负责教育职能的部门是教育部，北京市人民政府负责教育职能的是北京市教育委员会。所以，各级教育行政部门对本级学校体育进行统一管理。其管理内容主要有以下几个方面。

（1）执行各级政府学校体育决策和决定。作为负责学校体育管理工作的部门，教育行政部门要坚定不移地执行政府部门有关学校体育的各项决策和各种决定，负责行使政府的教育管理职能，并积极指导下一级教育行政部门开展工作。

（2）制定学校体育规章制度。根据国家法律、法规和学校体育发展形势，研究、制定有关学校体育的规章制度或代本级政府起草学校体育各项制度草案。

（3）协调政府有关部门，共同开展工作。教育行政部门虽然主要负责学校体育工作，但因学校体育工作涉及政府许多部门，所以，教育行政部门要负责牵头，协调其他部门及各有关单位达成一致意见，共同对学校体育进行管理，如某一市要加强青少年体育工作，一般会由教育局来协调发改、财政、人力资源和社会保障、体育、卫生等行政部门以及共青团、妇联等单位共同开展工作。

（4）制定学校体育各项标准。实施标准化管理是现代管理的一种手段，也是管理科学化的一种方法，更是管理的基础内容。各级人民政府对学校体育的管理逐渐向标准化管理转变，实施标准化学校体育管理，有助于规范学校体育工作，有助于提高学校体育教育教学质量，有助于科学评价学校体育工作。近年来，国家及有关部门制定实施了一些学校体育标准，如《义务教育体育与健康课程标准（2022年版）》、《国家学生体质健康标准（2014年修订）》、《中小学体育器材和场地》国家标准、《学校体育卫生条件试行标准》等，但学校体育管理标准化还有许多方面亟待建立和完善，特别是体育教学质量标准、学生体育学业评价标准、教材编写和评审标准方面。

（5）加强学校体育基础建设。学校体育工作的开展对场地、设施、器材的依赖比较高，各级政府部门有责任按照国家有关规定把学校体育基础建设纳入建设规划，不断完善学校体育基础设施建设，如根据需要修建学校田径场，改造学校体育场地、新建体育馆、配齐所需教学器材等。所以，政府管理学校体育，加强学校体育基础建设是其内容之一。

（6）确保学校体育经费投入。根据《中华人民共和国教育法》的规定，国家建立以财政拨款为主、其他多种渠道筹措教育经费为辅的体制，逐步增加对教育的投入，保证国家举办的学校教育经费来源的稳定。根据《中华人民共和国义务教育法》，国务院和地方各级人民政府用于实施义务教育财政拨款的增长比例应当高于财政经常性收入的增长比例。所以，教育行政部门在随教育经费增长的同时，也要确保学校体育经费的投入和增长。

（7）加强体育师资队伍建设。教育发展，教师是基础。学校体育要发展，加强体育师资队伍建设是关键。所以，国务院及各级地方人民政府在实施学校体育管理时，对学校体育师资的培养、质量、资格和配备等方面要做出宏观管理与调控；要对高等院校体育教育专业的设置、招生规模、培养过程和就业做出指导，进行管理。

（8）举办各项体育活动。根据有关规定，积极举办各项体育活动，以展示、交流学校体育工作新面貌，进一步激励学校体育工作更好地开展，如每4年举办1次全国大学生运动会、每3年举办1次全国中学生运动会，各省、各市、各县每年（或每2年）举办的全辖地学生运动会，教育部组织的每3年举办的全国体育课堂教学观摩展示活动，等等。另外，国务院有关部门和各级人民政府还要组建队伍，开展运动训练，积极加入世界学生体育运动组织团体，参加开展的有关竞赛和活动。

（9）开展学校体育教学、科学研究。学校体育教学、科学研究对推动学校体育事业科学发展、提高学校体育工作科技含量、提高管理效益、培养学校体育专业人才具有重要的作用。教育行政部门要对学校体育教学、科学研究做出规划和指导，积极鼓励教师及其他教育教学相关人员从事学校体育教学、科学研究，主要体现为有关部门每年组织申报或委托的学校体育教学科学研究项目和课题。

（10）全面监测学生体质健康状况。学生体质健康程度是评价教育质量的指标之一，也是国民体质健康状况的重要方面，因此对学生体质健康状况进行监测是教育行政部门管理学校体育的内容之一。通过对学生体质健康的监测，可以了解学生的体质健康状况，及时调整管理目标和管理手段。

（11）掌握学校体育工作信息。学校体育管理，掌握信息非常重要，对学校体育信息进行管理也是教育行政部门必须进行的。掌握学校体育信息的方法比较多，有教育统计法、集中调研法、召开座谈会法等。学校体育信息内容也比较广泛，有学校体育各方面基础数据，如全国或地方教师的数量；全国或地方体育器材达标情况；全国学校体育经费投入比例情况；学校体育开展工作情况；等等。

（12）学校体育评估与督导。评估是管理过程中的重要内容，是管理的必要环节，是管理控制职能的具体应用。只有通过学校体育评估与督导，教育行政部门才能了解预先确定的学校体育目标实施的状况，才能知道学校体育管理过程中存在的问题。

（13）加强学校体育工作的宣传。学校体育宣传对营造学校体育良好的工作氛围，转变学校体育的观念，贯彻落实“健康第一”和“立德树人”的思想，表彰先进、激励工作具有重要的意义，是做好学校体育管理的重要内容。所以，教育行政部门在管理学校体育的过程中要积极广泛地加强学校体育宣传，特别是要对学校体育工作中涌现出的好经验、好做法和优秀的先进集体、个人进行大力宣传。

（三）学校体育学校管理的内容

学校体育学校管理是指各级各类学校按照国家及当地人民政府有关学校体育的规定，结合本校实际情况，协调各方因素，综合利用学校资源，积极有效开展学校体育工作的过程。学校体育学校管理是国家及地方人民政府对学校体育管理的执行和操作环节，是学校体育目标实现的决定性环节，所以抓好学校体育学校管理非常关键。学校体育学校管理的主要特点是执行和落实政策的刚性和结合实际的灵活性。一般学校体育学校管理的内容主要有以下几个方面。

（1）制定体育管理制度。学校进行体育管理，首先要制定必要的本校体育管理制度。学校要根据国家、地方政府和教育行政有关部门的规定依法开展学校体育工作，要根据学校实际情况建立健全学校体育规章制度，如××学校体育工作议事制度、××学校阳光体育开展方案、××学校体育特长生招生制度等。各级各类学校在制定体育规章制度时不能违反上级政府及有关行政部门学校体育的法律、法规、规章和政策文件，有关标准不得低于国家和地方标准的要求。

（2）建立体育管理机构。学校体育工作开展和制度的落实需建立校内体育管理机构，进一步明确分工，落实责任，要明确主管校长和分管校长以及教务、思政、团委等各部门的职责。学校一般会成立在学校体育委员会领导下的组织管理机构，并设置机构岗位和配备人员，一般主要负责部门是体育教研室或体育教研组，在普通高等学校一般称为体育部。

（3）制定体育发展目标。学校进行体育管理，要根据学校实际发展情况和办学指导思想，随着学校的发展及时制定体育发展目标，提出体育发展思路，确定保障措施。学校体育发展目标有五年规划目标、学段发展目标、年度发展目标等。

（4）国家课程校本化实施。学校体育目标的实现主要依靠体育课程的实施来完成，2001年实施国家体育与健康课程标准以来，实行国家、地方和学校三级课程管理方式。学校在执行国家课程和地方课程的同时，可开发或选用适合本校的课程。实际上，无论是国家体育课程、地方体育课程，还是学校体育课程，均得转化为适合本校体育设施、学生体育基础、体育教师数量和教学能力等实际因素的校本课程来实施，也就是所谓的国家、地方课程校本化，这是学校管理体育的重要内容和主要方面。

（5）加强体育教学质量管理。学校体育是教育的一个重要方面，提高体育教学质量就是提高学校教学质量，加强体育教学质量管理就是提高学校办学质量。加强体育教学质量可以通过科学制订体育教学工作计划、学校统一开展教研活动、加强体育教学考核评价、提高课堂教学效率等途径实现。

（6）组织开展课外体育锻炼。课外体育锻炼管理是学校体育课程管理的一个组成部分，学校要安排时间，列进课表，制订方案，利用场地设施，积极开展以班级为单位的课外体育锻炼。

（7）组织开展学校竞技体育。学校要为体育特长生和爱好体育的学生开展学校竞技体育活动，通过组建运动项目代表队或招收体育特长生等途径为学生提供运动训练，以发挥他们的潜能，输送体育竞技人才。学校竞技体育管理也是学校体育管理的一部分。

（8）举（承）办体育活动。按有关要求，学校一般每年要召开春、秋两季全校运动会。另外，有条件的学校还可举办各种学生群体性体育竞赛，还可承办地区或全国性的学生体育活动。

（9）体育场地设施使用与维护。学校体育场地设施是开展学校体育工作的基础条件。一般情况下，特别是义务教育阶段，政府在投入改造和新建体育场地设施后供学校使用与维护，所以，学校要对体育场地设施使用与维护进行管理。

（10）体育器材购置与使用。一般来说，在义务教育阶段大部分学校体育器材由政府投入、学校使用，但一些低值易耗体育器材，如篮球、乒乓球、羽毛球、跳绳、标志物等需要学校购置。所以，学校对此类体育器材要做好经费、使用和维护等方面的管理。

（11）学校体育师资配备与培训。基础教育阶段学校要根据学生规模、数量和教师工作量，向当地教育行政部门提出学校教师编制的数量和配备要求；高等学校体育部门要向学校人事部门提出配备教师数量和要求。学校还要制定教师培训计划，使教师接受继续教育。

（12）学生体质健康测试与公告。学生体质健康状况是评价和考核学校体育教育教学质量的指标之一，学校要组织学生每年度进行体质健康标准测试，并统计分析测试结果，向全校师生及家长报告学生体质健康状况。

（13）学生体育社团管理。学校要充分发挥学生组织的功能，如利用学生兴趣小组、青少年体育俱乐部、各种体育协会等，广泛开展学校体育活动，对学生体育社团进行管理。

（14）校园体育文化建设。学校除了要加强学校体育硬件建设、提高体育教学质量之外，还要积极加强校园体育文化建设管理。校园体育文化非常重要，不仅对提高体育教学质量有重要作用，而且对活跃校园气氛、形成学校传统、建设学校精神有重要意义。

（四）学校体育教研室（部）管理的内容

学校体育教研室（部）管理是学校体育管理的具体操作环节，主要是根据政府、学校对学校体育提出的有关要求和规定转化为实际工作，作用于学生，从而实现学校体育目标。可以说，政府、学校对学校体育的管理最终是通过体育教研室（部）的管理而实现的，所以学校体育教研室（部）的管理非常重要，在实践工作中绝对不能忽视。体育教研室（部）管理与学校对体育的管理在一定程度上相重叠，因为学校对体育管理时有许多工作是由体育教研室（部）直接参与的，但二者侧重又各不相同，体育教研室（部）的管理更注重操作、更注重细节。体育教研室（部）管理的内容主要有以下几个方面。

（1）制定体育管理制度。体育教研室（部）制定体育规章制度一般有2种情况，一种是代学校研制、起草学校体育规章制度、发展目标以及各种体育管理办法，上报学校经通过后，以学校名义实施。另一种是制定体育教研室（部）内部管理制度，如教师备课制度、器材借用及归还制度、体育课基本规范、办公室管理制度、教研室（部）会议制度等。

（2）制订体育教学方案。学校体育的实施须转化为每日体育的工作方案，所以体育教研室（部）要按照有关要求，制订年度体育教学方案、学期体育教学方案、单元体育教学方案、每周体育教学方案、每日体育工作方案，按要求把体育工作排进课表，并指导和督促每位体育教师做好体育课时教学方案。

（3）加强体育教学过程管理。提高体育教学质量的关键职能部门在体育教研室

（部），体育教研室（部）要以校本教研为主，加强体育教学过程各环节的管理，随时监控体育教学质量。例如，可采用集体备课、定期说课、定期评课、定期邀请专家指导、举办体育教学技能比赛、论文评选等方式来加强教研，科学地设计体育教学内容，改进体育教学方法，探索体育教学评价，不断提高体育教学质量。

（4）体育器材利用与开发。体育教研室（部）及全体教师不仅需要充分利用现有体育器材教学，还需要不断开发体育器材，特别是农村学校还需要自制体育器材来满足体育教学实践的需要，所以，利用和开发好体育器材属于体育教研室（部）管理的内容。

（5）安排每天阳光体育一小时。按照有关规定，学生每天要进行阳光体育一小时锻炼，体育教研室（部）要制订好方案，并协同学校其他部门确保落实。要坚持早操制度，要坚持实施大课间，要开足开齐体育课，要在没有体育课的当天安排学生至少半小时的班级体育锻炼。

（6）开展学生竞技体育。体育教研室（部）按学校要求，开展学生竞技体育，主要工作有选拔组建学校运动项目代表队、招收有体育特长和有培养前途的运动苗子、选拔教练员、制订训练计划、安排每日运动训练、选派队伍参加比赛等。

（7）组织学生学业评价。体育教研室（部）及任课教师是对每位学生进行学业评价的主要组织者，学生学业评价主要包括课堂、单元、学期和学段毕业学业评价。

（8）举办各类群体性活动。体育教研室（部）要经常性地组织班级、年级及全校师生参加各种群体性体育活动；通过组织学校体育活动，激励学生积极参加体育锻炼，做到人人有项目、班班有团队；按期负责组织全校运动会或体育节；积极营造校园体育氛围。

（9）组织学生体质健康测试。按照《国家学生体质健康标准（2014年修订）》有关要求，体育教研室（部）每年要组织全校学生进行体质健康标准测试，具体负责组织方案制订、各指标测试、数据记录并及时向中国学生体质健康网上报数据。测试完成后，要整理统计和分析全校学生体质健康状况，向学校汇报具体情况，并提出建议。

（10）教师基本管理。体育教研室（部）在对体育教师实施管理时，主要有根据教学总工作量，安排每位体育教师工作量及任务分工；按学校要求，在教师评定职称、评选先进或年度考核时，对体育教师做出初步鉴定；向学校推荐或选送体育教师培养和进修及参加会议等外派工作；向学校提出增聘体育教师需求和要求。

（11）体育教学档案、图书建设。体育教研室（部）要按档案管理要求，及时对体育教学档案分类、编辑、整理和保存。体育教学档案主要有教学文件、教学方案、教学进度、体育课表、教案、体育比赛成绩、教研情况、学生体质健康档案、教学评优等。另外，体育教研室（部）还要根据需要向图书馆提出体育图书及教辅资料及杂志、报刊的建设意见。

第二节　学校体育管理体制

学校体育管理体制是学校体育管理机构设置、权限划分、工作职能和运行方式等方面的体系和制度的总称。它是实现学校体育目标的重要保障，也是体育管理的重要渠道。按照学校体育管理主体分类，学校体育管理体制一般分为各级政府学校体育管理体制和各级各类学校内部管理体制2种类型。高等教育、职业教育管理体制有别于基础教育，本节主要介绍基础教育阶段学校体育管理体制。

一、各级政府学校体育管理体制

各级政府学校体育管理体制是指各级政府为实现学校体育目标、开展学校体育工作、提高学校体育教育教学质量、增强学生体质而确定机构设置、职能划分、并进行逐级指导与管理的体系。

（一）学校体育管理组织机构

国务院是我国学校体育管理的最高行政机关，具体管理工作由教育部和国家体育总局分别负责，教育部由其体育卫生与艺术教育司负责管理，具体工作部门为其内设的体育与卫生教育处；国家体育总局由其青少年体育司负责管理，具体工作部门为其内设的发展指导处。地方各级人民政府是地方学校体育管理的最高行政机关，具体管理工作由地方教育行政部门和体育行政部门分别负责，但是，县（区、市）由于近年来政治体制改革，大部分地区，把原设有的教育局和体育局合并为教育体育局或教体局。各省级教育行政部门，除北京、天津、上海、重庆4个直辖市称为教育委员会外，其他各省（自治区、直辖市）基本都称为教育厅。省级教育厅（教委）内设体育卫生与艺术教育处、地市级教育局内设体育卫生与艺术教育处、县市级教育体育局内设基教股或体育股管理属地学校体育工作。此外，各级教育行政部门的教研单位也对各级学校体育进行指导，教育部直属教研机构为中央教育科学研究所；各省级、市级教育行政部门相应设置教研单位，有的称为教育科学研究院（所），有的称为教育研究院（所）；县级教育行政部门教研单位一般称为教研室。我国政府学校体育管理组织机构如图14–1所示。

如图14–1所示，在各级政府学校体育管理运行机制里，教育部、国家体育总局可以对下一级人民政府和其所属行政管理部门教育厅（教委）、体育局进行业务指导；教育部内设体育卫生与艺术教育司、国家体育总局内设青少年体育司可以对下一级教育厅（教委）、体育局进行业务指导。省级政府及教育厅（委）、体育局对所辖地方政府及其教育局、体育局的业务指导原理基本同上。教研单位逐级进行业务指导，县级教研室对学校可直接进行指导。

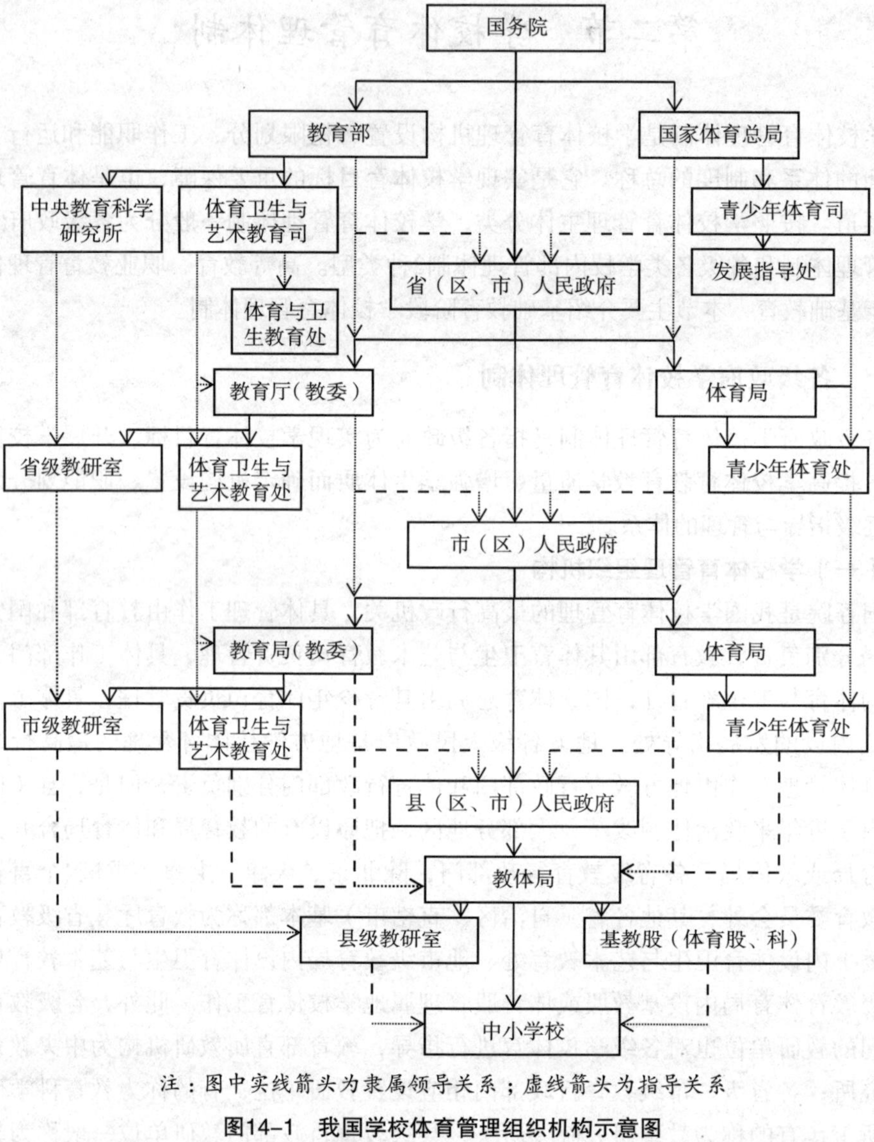

注：图中实线箭头为隶属领导关系；虚线箭头为指导关系

图14-1　我国学校体育管理组织机构示意图

（二）各级学校体育主要管理机构职能简介

1. 教育部体育卫生与艺术教育司

教育部体育卫生与艺术教育司是教育部负责管理全国大中小学校体育的主要职能部门。其学校体育主要职能有：指导大中小学体育、卫生与健康教育，艺术教育，国防教育工作；拟订相关政策和教育教学指导性文件；规划、指导相关专业的教材建设以及师资培养、培训工作；协调大中学生参加国际体育竞赛和艺术交流活动。

2. 国家体育总局青少年体育司

（1）指导和推进青少年体育工作，拟订青少年体育工作的有关政策、规章、制度和发展规划草案。

（2）指导和监督《国家学生体质健康标准（2014年修订）》的实施和学生体质监测。

（3）指导和推动青少年体育服务体系建设。

（4）组织开展青少年体育工作检查监督和评估表彰。

（5）指导竞技体育高水平后备人才培养工作。

（6）拟订青少年业余训练管理制度，完善青少年业余训练体系，指导全国各级各类体育运动学校、体育传统项目学校、青少年体育俱乐部、各运动项目后备人才基地建设和有关学生文化教育工作。

（7）参与指导全国青少年体育竞赛工作，参与审核全国青少年比赛计划和竞赛规程，参与指导青少年运动员注册和运动技术等级管理。

（8）组织协调重大综合性青少年体育比赛和体育交流活动。

（9）指导开展青少年体育工作研究和相关培训。

（10）承办国家体育总局交办的其他事项。

3. 省级教育厅（教委）体育卫生与艺术教育处

省（自治区、直辖市）教育厅（教委）体育卫生与艺术教育处是省级教育行政部门负责辖地大中学校体育工作管理的主要职能部门。其主要职能与教育部体卫艺司职能相对应，但具有权限特点。如江苏省教育厅体育卫生与艺术教育处的体育职能是：统筹协调学校体育，指导全省学校体育、卫生与健康教育，艺术教育，国防教育工作；拟订相关政策和教育教学指导性文件；组织、指导全省性学生体育、艺术竞赛与交流活动；协调、指导、组织参加全国性、国际性学生体育竞赛和艺术交流活动；指导、协调普通高等学校和高中阶段学校学生军事理论教学、军事技能训练及其相关活动；指导、协调教育系统双拥工作；指导学校食品安全工作；会同有关部门建立学生体质健康监测机制；协调有关部门做好校园食品安全和疾病防控等相关工作；完成厅领导交办的其他工作，配合其他处室做好相关工作。

4. 市级教育局体育卫生与艺术教育处

市（区）教育局体育卫生与艺术处的主要职能是指导和管理本地区学校体育工作。但目前，不是全国所有的市（区）教育局都专设有体卫艺处机构，一部分市级教育局把学校体育管理的职能划入基础教育处或其他处室。例如，通过济南市体育卫生与艺术教育处的职能可了解市级体卫艺处的管理职能。济南市体卫艺处的职能为指导全市学校体育、艺术、卫生健康、国防教育工作；拟订相关政策并组织实施；参与拟订高中阶段学校相关招生政策；负责组织学生体质健康、艺术素养调查和监测工作；协调指导学生体育竞赛、艺术展演和学校卫生防控等重大活动；指导学校食堂及食品卫生监管工作；协调指导学校开展学生军训工作。

5. 县级教育体育局基教股（体育股、科）

县（区、市）教体局是县级人民政府管理学校体育的主要职能部门。目前，全国各地县级教育体育局内设机构不一样，有专设体育股的、有把体育职能划入基教股或教育股的；直辖市的区（县）教育局一般设有体卫艺科。例如，北京市海淀区体育和健康教育科的职能包括：统筹管理本区学校体育教育工作，编制本区教育系统体育教育工作总体规划和计划；负责学生身体素质评估、研究，并依据评估研究结果提出针对性的报告和提升计划；负责指导中小学校体育设施配备；组织开展或参加区级及以上的各类体育竞赛和活动；负责核准初中升高中特长生资格推荐和认定；协助高中体育会考工作；负责空气重污染天气的预警发布、检查督导和预警解除工作；指导本区教育系统（含培训机构、无证园、未经审批随迁子女学校）卫生保健工作；完成领导交办的其他事项。

二、学校内部体育管理体制

学校内部体育管理体制是指学校按照有关规定，根据需要对学校体育的管理进行职能分配和设置机构，并配备相应人员实施学校体育管理，为高效地开展学校体育工作、提高体育教学质量、增强学生体质健康服务。

（一）学校内部体育管理组织机构

大多数中小学校体育管理机构是由校领导分管，相关部门组成学校体育运动委员会，具体工作由体育教研室（部、组）牵头教师、年级主任、班主任、其他文化课教师等开展体育管理的机构设置形式。学校内部体育管理组织基本结构如图14–2所示。

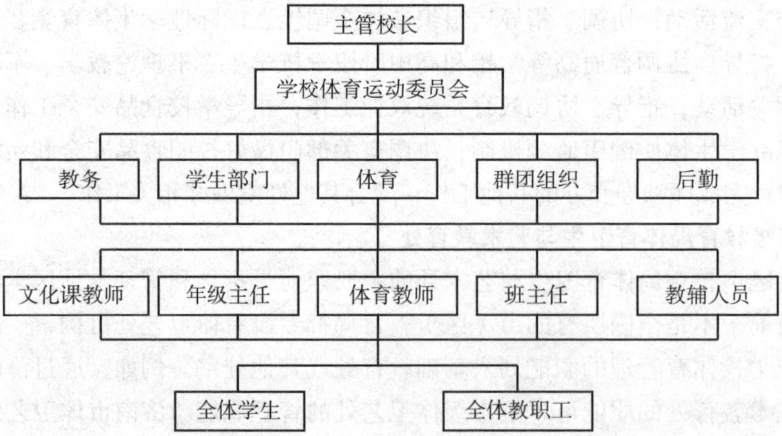

图14–2　学校体育内容管理组织机构示意图

如图14-2所示，学校内部体育管理组织机构的基本运行机制是在主管校长负责下开展本校体育工作。一般情况，学校会在主管校长领导下建立本校体育运动委员会或本校体育领导小组，体育运动委员会或领导小组由学校内部有关部门组成，体育教研室日常行使校体育运动委员会职能，体育教研室通过组织教师协调年级主任、班主任、其他文化课教师和教辅人员共同向全体学生和教职工开展学校体育工作，增强学生和教职工的体质。

（二）学校内部体育管理机构职能简介

（1）主管校长。大多数学校会选派一位副校长主管学校体育。其工作职责主要有：向学校校委会（党委、党支部）提请学校体育重大决策建议、总体规划、大型活动等重要事项的审核和讨论；负责学校内部日常体育管理工作；协调体育工作有关部门关系；布置体育工作任务；检查、督导学校体育工作。

（2）学校体育运动委员会。有部分学校设置有体育运动委员会，有的学校又称为学校体育领导小组，其成员单位主要由体育教研室（部）、教务（导）、学生管理、群团和学校后勤（总务）等部分组成，是学校体育管理的重要决策机构。一般情况下，体育教研室为学校体育运动委员会秘书工作处，日常情况下代理学校体育运动委员会开展工作、行使职能。

（3）体育教研室。其是学校体育工作管理的具体职能部门，主要职责有代拟学校起草本校体育规章制度、组织体育教师开展教学工作、开展体育教学研究、开展群体活动、组织运动训练、举办学校运动会（节）、负责体育场地器材使用与维护、组织学生体质健康标准测试、反映学校体育存在的问题等。

（4）教师。教师是学校体育管理的具体组织者和执行者。其主要职责有：积极参与或制定学校体育工作方案和有关规章制度；保质保量开展好体育教学，不断提高自身素养和教学、训练、教研业务能力；积极开发体育课程资源；努力搞好运动训练和运动竞赛工作；坚持组织早操、大课间和课外班级体育锻炼；指导学生增强体质、增进健康；做好教学档案等工作。

（5）年级主任、班主任、文化课教师、教辅人员。学校除教师外的其他教职员工是学校体育工作和管理的重要力量，发挥好他们的作用对全面开展学校体育工作有重要的意义。这些教职员工对培养学生体育意识和坚持体育锻炼习惯养成具有举足轻重的作用，特别是在学校教师数量不足，在学校开展以班级为主的群体活动如早操、大课间、课外体育锻炼时，他们作用更大。

第三节 学校体育法律法规

从事学校体育管理必须依法进行，依法管理就必须依法行政，依法行政是指一切行政活动都必须符合法律，也即学校体育行政管理活动都必须符合法律、行政法规、行政规章和各类规范性文件的规定。了解学校体育法律法规是从事学校体育管理和教学的前提，对明确体育教学责任、提高体育教学质量都有重要意义。

一、学校体育法律法规的含义

这里所指的学校体育法律法规是统称，即指由全国人民代表大会和全国人民代表大会常务委员会、国务院、省（自治区、直辖市）、省和自治区政府所在市和经国务院批准的市人大及其常委会和人民政府、国务院各部委等制定的有关学校体育法律、行政法规、地方性法规、自治条例和单行条例、部门规章和地方政府规章等规范性法律文件。

根据行政法律规范制定主体的不同，学校体育法律法规制定主体和权限也不同。法律由国家最高权力机关，全国人民代表大会及其常务委员会制定；国务院作为国家最高行政机关，根据宪法和法律，可以制定行政法规；省、自治区、直辖市人大及其常委会作为地方国家权力机关，在不与宪法、法律、行政法规相抵触的前提下，可以制定地方性法规；民族自治地方（自治区、自治州、自治县）的人民代表大会，有权根据当地民族政治、经济、文化的特点，制定自治条例和单行条例；国务院各部委作为国务院的行政管理部门，可以根据法律和国务院的行政法规、决定、命令，在本部门的权限范围内，制定部门规章，规章须经过法制工作部门审核，并经部长办公会议审议通过，以部长令的形式发布。法律、行政法规、地方性法规、自治条例、单行条例可以作为司法审判的法定依据之一。

目前还没有学校体育专门性的法律，只是部分教育、体育法律中包含学校体育的内容，这些法律如《中华人民共和国义务教育法》《中华人民共和国教育法》《中华人民共和国体育法》等；关于学校体育行政法规，目前有一专项行政法规是《学校体育工作条例》；有关学校体育的规章，目前没有专项规章，大多是含于其他规章中，如《学生伤定事故处理办法》；关于学校体育规范性文件有很多，如《关于强化学校体育促进学生身心健康全面发展的意见》《关于深化体教融合 促进青少年健康发展的意见》《关于全面加强和改进新时代学校体育工作的意见》《关于进一步完善和规范高校高水平运动队考试招生工作的指导意见》《关于全面加强和改进新时代学校卫生与健康教育工作的意见》等。

制定和遵守学校体育法律法规，对学校体育管理的意义重大。学校体育法律法规是调整学校体育工作各方面关系的法律规范，是被国家制定或认可的学校体育社会规范，是规定学校体育权利和义务的社会规范，是由国家保证实施的社会规范。所以，学校体育法律法规的学习和掌握对于依法行政、依法管理、依法教学有着重要的意义，对于教师明确自身责、权、利和开展工作有着重要的保障，对于各类人群、社会各方面监督学校体育工作有着重要的作用。

二、学校体育法律法规简介与节选

为了进一步了解学校体育法律法规相关内容，本部分节选了涉及与学校体育管理有关的宪法、法律和行政法规进行介绍。如需全面了解，建议查找全文并进行仔细研读。

（一）《中华人民共和国宪法》简介与节选

《中华人民共和国宪法》是我国的根本大法，在我国法律体系中具有最高的法律地位和法律效力，是制定其他一切法律、法规的根据和基础。现行宪法是1982年12月4日第五届全国人民代表大会第五次会议通过，1982年12月4日全国人民代表大会公告公布施行，后又根据1988年4月12日第七届全国人民代表大会第一次会议通过的《中华人民共和国宪法修正案》、1993年3月29日第八届全国人民代表大会第一次会议通过的《中华人民共和国宪法修正案》、1999年3月15日第九届全国人民代表大会第二次会议通过的《中华人民共和国宪法修正案》、2004年3月14日第十届全国人民代表大会第二次会议通过的《中华人民共和国宪法修正案》、2008年3月11日第十三届全国人民代表大会第一次会议通过《中华人民共和国宪法修正案》。全文共有四章一百四十三条，其中涉及有学校体育的内容如下。

第一章　总纲

第二十一条　国家发展体育事业，开展群众性的体育活动，增强人民体质。

第二章　公民的基本权利和义务

第四十六条　中华人民共和国公民有受教育的权利和义务。国家培养青年、少年、儿童在品德、智力、体质等方面全面发展。

（二）《中华人民共和国义务教育法》简介与节选

《中华人民共和国义务教育法》于1986年4月12日第六届全国人民代表大会第四次会议通过，1986年4月12日中华人民共和国主席令第38号公布自1986年7月1日起施行；后于2006年6月29日第十届全国人民代表大会常务委员会第二十二次会议于2006年6月29日修订通过，自2006年9月1日起施行。全文共有八章六十三条，其中涉及学校体育的内容如下。

第一章　总则

第三条　义务教育必须贯彻国家的教育方针，实施素质教育，提高教育质量，使适龄儿童、少年在品德、智力、体质等方面全面发展，为培养有理想、有道德、有文化、有纪律的社会主义建设者和接班人奠定基础。

第二章　学生

第十四条　禁止用人单位招用应当接受义务教育的适龄儿童、少年。根据国家有关规定经批准招收适龄儿童、少年进行文艺、体育等专业训练的社会组织，应当保证所招收的适龄儿童、少年接受义务教育；自行实施义务教育的，应当经县级人民政府教育行政部门批准。

第四章　教师

第二十九条　教师在教育教学中应当平等对待学生，关注学生的个体差异，因材施教，促进学生的充分发展。教师应当尊重学生的人格，不得歧视学生，不得对学生实施体罚、变相体罚或者其他侮辱人格尊严的行为，不得侵犯学生合法权益。

第五章　教育教学

第三十四条　教育教学工作应当符合教育规律和学生身心发展特点，面向全体学生，教书育人，将德育、智育、体育、美育等有机统一在教育教学活动中，注重培养学生独立思考能力、创新能力和实践能力，促进学生全面发展。

第三十七条　学校应当保证学生的课外活动时间，组织开展文化娱乐等课外活动。社会公共文化体育设施应当为学校开展课外活动提供便利。

（三）《中华人民共和国教育法》简介与节选

《中华人民共和国教育法》于1995年3月18日第八届全国人民代表大会第三次会议通过，1995年3月18日中华人民共和国主席令第45号公布，自1995年9月1起施行。随后，根据2009年8月27日第十一届全国人民代表大会常务委员会第十次会议《关于修改部分法律的决定》第一次修正，根据2015年12月27日第十二届全国人民代表大会常务委员会第十八次会议《关于修改〈中华人民共和国教育法〉的决定》第二次修正，根据2021年4月29日第十三届全国人民代表大会常务委员会第二十八次会议《关于修改〈中华人民共和国教育法〉的决定》第三次修正。全文共有十章八十六条，其中涉及学校体育的内容如下。

第一章　总则

第五条　教育必须为社会主义现代化建设服务、为人民服务，必须与生产劳动和社会实践相结合，培养德智体美劳全面发展的社会主义事业的建设者和接班人。

第十五条　国务院教育行政部门主管全国教育工作，统筹规划、协调管理全国的教育事业。县级以上地方各级人民政府教育行政部门主管本行政区域内的教育工作。县级以上各级人民政府其他有关部门在各自的职责范围内，负责有关的教育工作。

第五章 受教育者

第四十五条 教育、体育、卫生行政部门和学校及其他教育机构应当完善体育、卫生保健设施，保护学生的身心健康。

第六章 教育与社会

第四十六条 国家机关、军队、企业事业组织、社会团体及其他社会组织和个人，应当依法为儿童、少年、青年学生的身心健康成长创造良好的社会环境。

第五十一条 图书馆、博物馆、科技馆、文化馆、美术馆、体育馆（场）等社会公共文化体育设施，以及历史文化古迹和革命纪念馆（地），应当对教师、学生实行优待，为受教育者接受教育提供便利。

（四）《中华人民共和国体育法》简介与节选

《中华人民共和国体育法》于1995年8月29日第八届全国人民代表大会常务委员会第十五次会议通过，自1995年10月1日起施行，2009年8月27日第十一届全国人民代表大会常务委员会第十次会议《关于修改部分法律的决定》进行修正。全文共八章五十四条。其中涉及学校体育方面的内容如下。

第一章 总则

第一条 为了发展体育事业，增强人民体质，提高体育运动水平，促进社会主义物质文明和精神文明建设，根据宪法，制定本法。

第五条 国家对青年、少年、儿童的体育活动给予特别保障，增进青年、少年、儿童的身心健康。

第七条 国家发展体育教育和体育科学研究，推广先进、实用的体育科学技术成果，依靠科学技术发展体育事业。

第三章 学校体育

第十七条 教育行政部门和学校应当将体育作为学校教育的组成部分，培养德、智、体等全面发展的人才。

第十八条 学校必须开设体育课，并将体育课列为考核学生学业成绩的科目。学校应当创造条件为病残学生组织适合其特点的体育活动。

第十九条 学校必须实施国家体育锻炼标准，对学生在校期间每天用于体育活动的时间给予保证。

第二十条 学校应当组织多种形式的课外体育活动，开展课外训练和体育竞赛，并根据条件每学年举行一次全校性的体育运动会。

第二十一条 学校应当按照国家有关规定，配备合格的教师，保障教师享受与其工作特点有关的待遇。

第二十二条 学校应当按照国务院教育行政部门规定的标准配置体育场地、设施和器材。

学校体育场地必须用于体育活动，不得挪作他用。

第二十三条　学校应当建立学生体格健康检查制度。教育、体育和卫生行政部门应当加强对学生体质的监测。

第六章　保障条件

第四十四条　县级以上地方各级人民政府应当按照国家对城市公共体育设施用地定额指标的规定，将城市公共体育设施建设纳入城市建设规划和土地利用总体规划，合理布局，统一安排。城市在规划企业、学校、街道和居住区时，应当将体育设施纳入建设规划。

第四十五条　公共体育设施应当向社会开放，方便群众开展体育活动，对学生、老年人、残疾人实行优惠办法，提高体育设施的利用率。

第四十六条　国家发展体育专业教育，建立各类体育专业院校、系、科，培养运动、训练、教学、科学研究、管理以及从事群众体育等方面的专业人员。国家鼓励企业事业组织、社会团体和公民依法举办体育专业教育。

（五）《学校体育工作条例》

《学校体育工作条例》于1990年2月20日国务院批准，1990年3月12日国家教育委员会令第8号、国家体委令第11号发布实施。其共有总则、体育课堂教学、课外体育活动、课余体育训练与竞赛、教师、场地器材设备和经费、组织机构和管理、奖励与处罚和附则等九章、三十一条。《学校体育工作条例》是20世纪80年代后我国学校体育工作发展的主要依据，是我国学校体育取得当今成就的有力保障。虽然从现在来看，《学校体育工作条例》有部分内容已不适合当今需要，但其仍然是我国现今唯一的学校体育专门法规。2012年颁布的《关于进一步加强学校体育工作的若干意见》中提出“组织修订《学校体育工作条例》和《学校卫生工作条例》”，2020年颁布的《关于深化体教融合　促进青少年健康发展的意见》中也提出“健全学校体育相关法律体系，修订《学校体育工作条例》”，2020年颁布的《关于全面加强和改进新时代学校体育工作的意见》中再次提出“完善学校体育法律制度，研究修订《学校体育工作条例》”，加强学校体育工作的制度保障。建议教师授课时指导同学们仔细研读《学校体育工作条例》。

（六）《关于加强青少年体育增强青少年体质的意见》

2007年5月7日，中共中央、国务院在分析2005年我国学生体质健康监测结果的基础上，为进一步加强青少年体育、增强青少年体质，全面落实科学发展观，深入贯彻党的教育方针，大力推进素质教育，培养中国特色社会主义事业的合格建设者和接班人，下发的《关于加强青少年体育增强青少年体质的意见》指出，当前和今后一个时期，加强青少年体育工作的总体要求是：认真落实健康第一的指导思起，把增强学生体质作为学校教育的基本目标之一，建立健全学校体育工作机制，充分保证学校体育课和学生体育活动，广泛开展群众性青少年体育活动和竞赛，加强体育卫生设施和师资队伍建设；全面完善学校、社区、家庭相结合的青少年体育网络，培养青少年良好的体育锻炼习惯和健康的生活方式，形成青少年热爱体育、崇尚运动、健康向上的良好风气和全社会珍视健康、重视体育的浓厚氛围。通过5年左右的时间，使我国青少年普遍达到国家体质健康的基本要求，耐力、力量、速度等体能素质明显提高，营养不良、肥胖和近视的发生率明显下降。通过全党全社会的共同努力，坚持不懈地推动青少年体育运动的发展，不断提高青少年乃至全民族的健康素质。建议教师授课时指导学生仔细研读“中央7号文件”。

（七）《关于强化学校体育促进学生身心健康全面发展的意见》

强化学校体育是实施素质教育、促进学生全面发展的重要途径，对促进教育现代化、建设健康中国和人力资源强国、实现中华民族伟大复兴的中国梦具有重要意义。党中央、国务院高度重视学校体育，党的十八届三中全会作出了强化体育课和课外锻炼的重要部署，国务院对加强学校体育提出了明确要求。为进一步推动学校体育改革发展，促进学生身心健康、体魄强健，经国务院同意，下发了《关于强化学校体育促进学生身心健康全面发展的意见》（国办发〔2016〕27号文件）。总体要求是：全面贯彻落实党的十八大，十八届三中、四中、五中全会和习近平总书记系列重要讲话精神，全面贯彻党的教育方针，按照《国家中长期教育改革和发展规划纲要（2010—2020年）》的要求，以“天天锻炼、健康成长、终身受益”为目标，改革创新体制机制，全面提升体育教育质量，健全学生人格品质，切实发挥体育在培育和践行社会主义核心价值观、推进素质教育中的综合作用，培养德智体美全面发展的社会主义建设者和接班人。坚持课堂教学与课外活动相衔接，坚持培养兴趣与提高技能相促进，坚持群体活动与运动竞赛相协调，坚持全面推进与分类指导相结合。到2020年，学校体育办学条件总体达到国家标准，体育课时和锻炼时间切实保证，教学、训练与竞赛体系基本完备，体育教学质量明显提高；学生体育锻炼习惯基本养成，运动技能和体质健康水平明显提升，规则意识、合作精神和意志品质显著增强；政府主导、部门协作、社会参与的学校体育推进机制进一步完善，基本形成体系健全、制度完善、充满活力、注重实效的中国特色学校体育发展格局。

（八）《关于全面加强和改进新时代学校体育工作的意见》

学校体育是实现“立德树人”根本任务、提升学生综合素质的基础性工程，是加快推进教育现代化、建设教育强国和体育强国的重要工作，对于弘扬社会主义核心价值观，培养学生爱国主义、集体主义、社会主义精神和奋发向上、顽强拼搏的意志品质，实现以体育智、以体育心具有独特功能。为贯彻落实习近平总书记关于教育、体育的重要论述和全国教育大会精神，把学校体育工作摆在更加突出位置，构建德智体美劳全面培养的教育体系，2020年10月15日，中共中央办公厅、国务院办公厅印发了《关于全面加强和改进新时代学校体育工作的意见》。其总体要求是：以习近平新时代中国特色社会主义思想为指导，全面贯彻党的教育方针，坚持社会主义办学方向，以“立德树人”为根本，以社会主义核心价值观为引领，以服务学生全面发展、增强综合素质为目标，坚持“健康第一”的教育理念，推动青少年文化学习和体育锻炼协调发展，帮助学生在体育锻炼中享受乐趣、增强体质、健全人格、锤炼意志，培养德智体美劳全面发展的社会主义建设者和接班人。以“改革创新，面向未来”“补齐短板，特色发展”“凝心聚力，协同育人”为工作原则，全面加强和改进新时代学校体育工作，实现“到2022年，配齐配强教师，开齐开足体育课，办学条件全面改善，学校体育工作制度机制更加健全，教学、训练、竞赛体系普遍建立，教育教学质量全面提高，育人成效显著增强，学生身体素质和综合素养明显提升。到2035年，多样化、现代化、高质量的学校体育体系基本形成”的目标。

（九）《全民健身条例》

为强化第29届夏季奥林匹克运动会在北京举办过程中全国形成的浓厚的全民健身氛围，进一步推动全民健身计划的开展，2008年8月30日由中华人民共和国国务院令（第560号）公布2009年8月19日国务院第77次常务会议通过的《全民健身条例》，决定自2009年10月1日起施行。全文共六章四十条，其中涉及学校体育的主要如下。

第一章　总则

第一条　为了促进全民健身活动的开展，保障公民在全民健身活动中的合法权益，提高公民身体素质，制定本条例。

第二章　全民健身计划

第八条　国务院制定全民健身计划，明确全民健身工作的目标、任务、措施、保障等内容。县级以上地方人民政府根据本地区的实际情况制定本行政区域的全民健身实施计划。制定全民健身计划和全民健身实施计划，应当充分考虑学生、老年人、残疾人和农村居民的特殊需求。

第九条　国家定期开展公民体质监测和全民健身活动状况调查。公民体质监测由国务院体育主管部门会同有关部门组织实施；其中，对学生的体质监测由国务院教育主管部门组织实施。

第三章　全民健身活动

第十二条　每年8月8日为全民健身日。县级以上人民政府及其有关部门应当在全民健身日加强全民健身宣传。国家机关、企业事业单位和其他组织应当在全民健身日结合自身条件组织本单位人员开展全民健身活动。

县级以上人民政府体育主管部门应当在全民健身日组织开展免费健身指导服

务。公共体育设施应当在全民健身日向公众免费开放；国家鼓励其他各类体育设施在全民健身日向公众免费开放。

第二十一条　学校应当按照《中华人民共和国体育法》和《学校体育工作条例》的规定，根据学生的年龄、性别和体质状况，组织实施体育课堂教学，开展广播体操、眼保健操等体育活动，指导学生的体育锻炼，提高学生的身体素质。

学校应当保证学生在校期间每天参加1小时的体育活动。

第二十二条　学校每学年至少举办一次全校性的运动会；有条件的，还可以有计划地组织学生参加远足、野营、体育夏（冬）令营等活动。

第二十三条　基层文化体育组织、学校、家庭应当加强合作，支持和引导学生参加校外体育活动。

青少年活动中心、少年宫、妇女儿童中心等应当为学生开展体育活动提供便利。

第四章　全民健身保障

第二十八条　学校应当在课余时间和节假日向学生开放体育设施。公办学校应当积极创造条件向公众开放体育设施；国家鼓励民办学校向公众开放体育设施。

县级人民政府对向公众开放体育设施的学校给予支持，为向公众开放体育设施的学校办理有关责任保险。

学校可以根据维持设施运营的需要向使用体育设施的公众收取必要的费用。

（十）《全民健身计划（2021—2025年）》

“十三五”时期，在党中央、国务院坚强领导下，全民健身国家战略深入实施，全民健身公共服务水平显著提升，全民健身场地设施逐步增多，人民群众通过健身促进健康的热情日益高涨，经常参加体育锻炼人数比例达到37.2%，健康中国和体育强国建设迈出新步伐。同时，全民健身区域发展不平衡、公共服务供给不充分等问题仍然存在。为促进全民健身更高水平发展，更好地满足人民群众的健身和健康需求，依据《全民健身条例》，制定了《全民健身计划（2021—2025年）》。其中涉及学校体育的主要有：第二部分“主要任务”的第九条：推进全民健身融合发展。深化体教融合。完善学校体育教学模式，保障学生每天校内、校外各1个小时体育活动时间。整合各级各类青少年体育赛事，健全分学段、跨区域的青少年体育赛事体系。加大体育传统特色学校、各级各类体校和高校高水平运动队建设力度，大力培养教师和教练员队伍。规范青少年体育社会组织建设，鼓励支持青少年体育俱乐部发展。

思考题

1. 学校体育管理的含义是什么？其主要任务有哪些？
2. 学校体育管理分哪几类？各类的主要内容有哪些？
3. 请用图例说明，我国学校体育政府管理体制。
4. 什么是学校体育法律法规？主要有哪些？

主要参考文献

[1] 中宣部宣传教育局，人事部公务员管理司，司法部法制宣传司．公务员依法行政读本[M]. 北京：中国政法大学出版社，2001.

[2] 教育部体育卫生与艺术教育司．学校体育工作重要法规文件选编[M]. 北京：人民教育出版社，2008.

[3] 教育部法制办公室．教育法律法规规章汇编[M]. 北京：教育科学出版社，2004.

（首都体育学院　刘海元　展恩燕）

第十五章　体育教师

内容提要

体育教师是学校体育各项工作的主要实施者。本章主要介绍了体育教师的职责及新时代体育教师的角色转变；体育教师专业化的内涵、过程及体育教师所需具备的专业素质；体育教师资格报考的主要条件、程序；体育教师教育的内涵及过程等方面的内容。

学习目标

◎明确体育教师的职责和新时代体育教师的角色转变。

◎了解体育教师专业化的内涵，掌握体育教师专业发展的知识与能力要求、体育教师评价的内容与形式以及教师资格制度的内容与要求。

◎知晓体育教师教育的内涵，掌握体育教师职前培养、入职和职后教育的目标与要求。

第一节 体育教师概述

一、体育教师的职责

教育大计，体育教师为本。《中华人民共和国教师法》中明确指出，“教师是履行教育教学职责的专业人员，承担教书育人、培养社会主义事业建设者和接班人、提高民族素质的使命”。教师作为学校教育的主导力量，是学生成长、社会化过程的导师，是社会价值维护和人类文明传承的重要力量。因此，教师的教育、训练、任用及其素质和能力是保证教育成功的重要因素。所以，完善体育教师培养培训体系，优化体育师资队伍结构，提高体育教师专业水平，加强体育教师职业理想和职业道德修养，增强体育教师的责任感和使命，就成为做好新时代学校体育工作的重要保证。

体育教师是体育教育的实施者和研究者。体育教师是教师队伍中重要的成员，同样肩负着培养人才的重要责任。其职责主要表现在以下几个方面。

（一）育人职责

党的十八大明确了立德树人的根本任务，党的十九大进一步强调“落实立德树人根本任务，发展素质教育”。2014年，习近平总书记考察北京师范大学时勉励广大师生的讲话指出，要做有理想信念、有道德情操、有扎实学识、有仁爱之心的“四有”好教师。

体育教师的职责不只是传授给学生体育知识和运动技能，更重要的是育人。体育教师应根据教材自身的特点，加强学生的德育教育，注重开发德育资源，利用拼搏精神、奥运精神激发学生的爱国情怀，培养学生爱国主义、集体主义、社会主义精神和奋发向上、顽强拼搏的意志品质，实现以体育智、以体育心，让体育课程成为立德树人的重要途径。

（二）课程教学职责

体育与健康课程是学校体育的主渠道、主阵地，是各级各类学校的必修课，上好体育课是完成学校体育教育教学任务的前提和必要条件，这就要求体育教师必须以积极负责的态度认真对待每一节课。因此，体育教师必须精通教育、教学基本原理；全面掌握专业知识与技术，丰富课程内容；教会学生科学锻炼和健康知识，帮助学生掌握1～2项运动项目；坚持课程理念、教学模式等的改革与不断创新；深刻领会体育与健康课程标准；从实际出发，认真备课；深入钻研教材教法；围绕课程目标和运动项目特点，精选教学素材，丰富教学资源，努力上好每一节体育课。

（三）课外体育组织与管理职责

在学校体育的工作中，体育教师应充分利用各种有利因素，在上好体育课的同时，组织与管理好各项体育活动，如大课间、社团等课余体育活动、课外体育训练、课外体育竞赛，积极推行《国家学生体质健康标准（2014年修订）》，对学生进行体育卫生和健康知识的教育，与卫生保健工作紧密结合，为学生终身参加体育锻炼和养成积极健康的生活方式奠定基础，促进学生身心健康全面发展。

（四）教研职责

当前，体育教师的角色已从知识、技能的传授者转换为学生身心发展的促进者，因此，体育教师必须从“教书匠”的角色中转变过来，成为“教学研究型”的教师，以研究者的角色置身于教育过程和工作情境中，掌握体育学科研究与教育科学研究的基本方法，以分析、研究教育教学实践问题，并尝试提出解决问题的思路与方法。体育教师要不断总结，积极开展教学研究，提高自身素质，丰富和发展体育教育教学理论，提高学校体育工作的质量。

（五）社会服务职责

随着学习化社会的到来，学校、家庭、社区三者逐渐一体化。学校与社区共享体育资源，体育教师参与社区体育活动，社区参与学校的体育教育与管理已成为趋势。体育教师的教育工作不再局限于学校、操场、课堂，还与各项社会体育工作密不可分。因此，体育教师的角色必须拓展为“社会型”教师，成为社会活动的积极参与者，从而更好地完成学校体育任务，推动社会体育文化的发展。

（六）学习发展职责

体育教师的专业成长与专业发展是教师职业的基本特征与要求。体育教师必须不断地学习，促进专业发展，提高自身政治、道德修养，深刻领会国家的教育方针政策，努力钻研业务，掌握体育与教育的知识技能，掌握体育教学、阳光体育活动和运动训练的基本原理和规律，掌握增进学生身心健康的手段和方法等，提高自己的专业水平，才能保证有效地履行教师的使命，完成学校体育教育教学任务。体育教师的提高也不能仅局限于体育类学科的范围，尤其在现代社会中，体育教师必须成为一个广泛的学习者，不断地吸取大量的新观念、新知识、新方法，更新理念，拓宽自己的知识视野，这是做好体育教育工作的基本条件。

二、新时代体育教师角色的转变

教师的职责是通过自己所扮演的角色特征体现出来的。社会、学校、家长和学生赋予体育教师多种多样的职责和期待，要求体育教师根据这些职责和期待，扮演恰当的角色。社会和教育的变革，体育课程的改革与更新，使体育教师的角色也在发生着转变，主要表现在以下几个方面。

（一）从被动型向主动型的转变

体育教师将不再仅是教学方案的执行者、教学过程的组织者和教学方法的使用者，而且还是体育教育的研究者和决策者。体育教师要立足时代需求，更新教育理念，深化教学改革，聚焦学生学科核心素养，以研究者的角度分析和判断体育教学实践中的各种问题，并做出计划和决策，成为体育教育的决策者、开拓者，发挥现代体育教师在学校体育改革与发展中的主动型角色功能。

（二）从教书到育人的转变

体育教师不再是固定教材的传授者、健壮体格的训练者，而是对未来社会新人的教育者和缔造者。《中学教育专业师范生教师职业能力标准（试行）》《小学教育专业师范生教师职业能力标准（试行）》中也指出，教师要做学生锤炼品格、学习知识、创新思维、奉献祖国的引路人。体育与健康课程标准以促进学生身心健康、培养学生的学科核心素养为总体目标，强调在体育教学中“育人”的意义。因此，教师应实施课程育人、组织活动育人，注重课程教学的思想性，有机融入社会主义核心价值观、中华优秀传统体育文化、革命文化等，培养学生适应终身发展和社会发展所需的正确价值观、必备品格和关键能力。

（三）从控制者到引导者的转变

课程改革理念强调“以学生发展为中心，重视学生的主体地位”。贯彻这一理念就要求体育教师从教学过程的主宰者、命令者，教学内容、方式、任务的指定者，学生成绩的决判者，转变为学生体育学习的合作者、引导者和促进者；从权威的管理者转变为与学生平等相处的交流者。在这种角色转换所带来的民主、平等、合作的师生关系中，学生的体育兴趣会得到激发、学习潜能得到发挥、体育学习能力会得到提高，能有效改善学生体质健康，引导学生树立积极健康观，使其养成健康生活方式，形成积极向上的健全人格。

（四）从学校人到社会人的转变

现代学校体育在空间上已由学校拓展到社会，在时间上从在校学习延续到一生。体育教育的开放性特征要求将学校与社会结合起来，体现学校、家庭和社区体育的一体化，充分调动各个方面的体育教育资源，实现教育教学效果的最优化。这样体育教师不仅承担着学校内体育教育的职责，做好校内的各项教学、训练等活动，而且还承担着学校与社会沟通者的角色，进行社区全民健身指导、科学健身知识的传播和推动、社区体育活动的协助、组织与管理等工作。这就要求体育教师实现社会角色的转换，从学校人转变到社会人。

第二节　体育教师专业化

《中华人民共和国教师法》明确指出，“教师是履行教育教学职责的专业人员”，这是我国第一次从法律上确认了教师职业的专业地位。国家统计局和国家标准局发布的《中华人民共和国国家标准职业分类与代码》也将各级各类教师列入“专业技术人员”这一类别。可见，教师队伍的专业化建设越来越受到重视，完善、开放、高效的教师教育体系已成为国家教育行政部门的重点建设工程。《教师资格条例》实施办法的颁布，也肯定了教师职业的专业性和不可替代性。

一、体育教师专业化内涵

体育教师专业化是指体育教师在职业生涯过程中，依托体育教师的专业组织和培养机构，通过系统的专业训练，掌握专业知识和技能，在从事教育的过程中实现专业自主，表现专业道德并逐步提高自身的专业素质，成为一名合格的体育教育工作者的专业成长过程。教师专业化是我国基础教育课程改革的要求，是教师教育和终身教育发展的需要，有利于提高教师的社会地位。

我国教师专业化是整个教师职业发展的重要组成部分。体育教师专业化发展的过程可分为3个阶段：第一是体育教师专业奠基阶段，即培养阶段，相当于大学本科或专科学生学习时期，由培养中学体育师资的专门机构承担，培养期限一般为2～4年；第二是体育教师专业适应阶段，即入职阶段，相当于大学本（专）科毕业后的1～2年，目前我国通常的做法是体育教师参加岗前培训，时间一般为1年，通过岗前培训，获得教师从业资格后，才能上岗从事学校体育工作；第三是体育教师专业发展阶段，即职后教育阶段，相当于入职工作的1～3年及以后一直到离开教师职业，这是体育教师真正的专业发展时期，其方式或手段主要有课程学习、短期培训、脱产进修、学历提升、教学实践反思等。

二、体育教师专业素质要求

教师素质是指教师为完成教育教学任务所应具备的心理和行为品质的基本条件。随着时代的发展和教育理念的革新，社会对教师素质的要求在不断变化，教师素质也应不断提高。体育教师专业素质要求主要体现在知识结构、专业技能、人格结构和身体素质等几个方面。

（一）体育教师知识结构要求

体育教师的知识结构应包含体育教育专业所需的基础理论知识与体育教育专业

知识。

1. 体育教育基础理论知识

基础理论知识是指体育科学知识体系形成和发展中最基本的理论知识，主要包括哲学、教育学、心理学、社会学、计算机等公共课程的理论知识。

2. 体育教育专业知识

体育教育专业知识是指直接从事体育教学、阳光体育活动、课余训练和竞赛、学校体育管理、学校体育评价方面的知识等。学习的基础课程主要有体育概论、学校体育、体育社会学、体育心理学、运动解剖学、运动生理学、运动生物力学、运动训练与竞赛学、体育管理学、体育统计与测量、体育科研方法等。

（二）体育教师的专业技能要求

体育教师的专业技能主要包括运动技能、教学技能、组织活动技能、教育信息技能4个方面。

1. 运动技能

运动技术是合理有效地完成体育动作的方法。运动技能表现在为了达到运动的特定目的而正确运用运动技术、方法从事体育运动的能力，如各类体育项目、各种健身活动的完成方法等。根据体育教育的需要，体育教师必须学会各个体育项目的运动技术，掌握各个体育项目的运动技能。

2. 体育教学技能

体育教学技能是指完成体育教学活动过程所需要的基本能力，主要包括体育教学计划编制技能、体育教学实施技能（动作示范、动作要领讲解、动作诊断与错误动作纠正、口令与队伍调动、场地器材布置、师生沟通、处理突发事件等方面的技能）、教学反思技能等。

3. 组织活动技能

体育教师工作范围较广，不仅要教好体育课，能组织阳光体育活动，还必须有组织开展体育活动的技能，如组织学校运动会、组织设计学校大课间体育活动技能、训练代表队等技能。

4. 教育信息技能

信息技术主要指现代化知识的获得与传播的媒介与方式，如多媒体、计算机等。现代教育信息技术发展很快，教育现代化水平逐步提高，体育教师必须不断学习更多的信息技术，掌握各种教育信息技能，以保证体育教学方法的先进性和过程的有效性，提高体育教学效率。

（三）体育教师的人格结构与身体素质要求

体育教师的人格结构是指教师从事体育教育活动的相对稳定的心理结构，主要包括以下3个方面。（1）从事体育教育活动的职业理想和信念：职业需要、职业动机和职业标准；（2）职业品德：热爱学生、教书育人、团结协作、为人师表、吃苦耐劳以及友善和耐心等；（3）个性品质：在体育教育实践活动中表现出来的相对稳定的、适应行为方式的兴趣、态度、情感、气质等个性特征和倾向。

此外，良好的身体条件和素质是从事体育教育工作的基础，也是体育教师素质的重要构成要素。体育教师身体方面的要求，除要满足体育教育过程中的运动需要外，还须能承担大量繁重的脑力和体力活动。体育教师的身体素质主要包括体质和体能两个方面。体质主要包括体格、机能和适应能力等，体能主要有运动素质、运动能力等。

三、体育教师专业评价

（一）体育教师专业评价的意义

教师专业评价是指通过对教师素质以及行为表现状况的测量，评判教师的素质水平和教育教学效果。体育教师专业评价的目的是促进体育教师的专业发展与提高体育教师的教学效能。有效地对教师进行专业评价，对端正教师的教育思想、调动教师工作的积极性、促进教师教育的深化改革、全面贯彻党的教育方针、加强教师队伍管理、促进教师素质结构优化、提高教育质量有积极的意义。

（二）体育教师专业评价的内容

从教师的职责特征出发，体育教师专业评价主要包括体育教师的专业素养评价、工作行为评价和工作绩效评价等。

1. 体育教师专业素养评价

体育教师专业素养评价主要包括教师的思想品德与文化修养、专业技能、心理因素、身体素质等几个方面。《关于全面加强和改进新时代学校体育工作的意见》中指出，师德师风是评价教师素质的第一标准。评价导向是从教师教了多少转向教会了多少，从完成课时数量转向教育教学质量。

2. 体育教师工作行为评价

体育教师工作行为评价主要包括：坚持认真备课，从事课堂教学，在课余指导学生勤赛、常练，承担学校安排的课后训练、课外活动、课后服务、指导参赛、走教任务等，并对其各项工作计划、工作状态、实施过程和运行状况等进行判断与评价。

3. 体育教师工作绩效评价

体育教师工作绩效评价一般从体育教师工作的数量和质量两个方面进行评价，数量主要是指体育教师的教学、训练、科研、社会兼职等方面的工作量；质量主要是指学生在德智体美劳等方面的表现、在比赛中的成绩、获得的各种荣誉、教研活动和科研成果等。

（三）体育教师专业评价的主要形式

1. 教师自评

教师自评是教师评价实践中常用的方法之一。教师自评是通过自我总结与分析来评价自己。教师积极参与自我评价的过程，是一个连续不断的自我改进、自我教育的过程，有利于培养教师的自尊、自信和自律精神，增强教师的主人翁意识。

2. 学生评价

学生评价是学生对教师进行民主评议的一种有效的评价形式，主要形式有问卷调查、座谈会等。学生可以从体育教师的教学态度、教学技巧、表达能力、教学组织能力、师生之间的交流、亲和力等方面进行评价。

3. 同行评价

同行评价是教师之间互评的一种评价方法，主要是通过教案评判、课堂听课等方式进行的评价。教案评判是体育教师对同行的体育课教案、教学设计、教学组织、教法运用等进行分析并提出建议；课堂听课是组织体育教师相互看课，并按一定的指标对教师课堂教学进行分析与评定。

4. 专家评价

专家评价是指有针对性地聘请体育教学领域的专家、学者对体育教师教学和各项工作进行评判或指导的一种权威性的评价方法，一般聘请在体育教育理论研究、教学管理或教学实践领域有较深造诣和丰富经验的专家，通过听课、座谈和检查，做出评价和指导建议等。

（四）教师专业职称评聘

1. 教师职称聘任制度

教师专业技术职称是根据实际工作需要设置的具有明确的职责、任职条件和任期，并需要具备专门的业务知识和技术水平才能担负的工作岗位。职称是社会认可的教师的学术、技术水平的等级标记和资格。按照规定，建立教师专业技术职称聘任制度，应当根据实际需要设置专业技术工作岗位，规定明确的职责和合理的任职条件；在定编定员的基础上，确定高、中、初级专业技术职称的合理结构比例。

2. 教师职称等级设置

根据有关规定，体育教师的职称设置同其他各类教师相同，详见表15-1。

正高级教师对应专业技术岗位一至四，高级教师对应专业技术岗位五至七级，一级教师对应专业技术岗位八至十级，二级教师对应专业技术岗位十一至十二级，三级教师对应专业技术岗位十三级。

3. 教师职称有关任职条件的说明

教师职称的有关规定对教师的任职基本条件提出了在政治上、道德上和学术上的具体标准，突出了对学历和工作能力的要求，同时又兼顾到不同类别学校的教师工作特性，对任职条件增加了灵活处置的规定，如对不具备规定学历但确有真才实学、成绩显著、贡献突出、符合任职条件的专业技术人员，也可根据需要聘任相应的专业技术职称。

表15-1　教师职称等级

<table>
<tr><th>教师类别</th><th>等级</th><th colspan="2">职称</th></tr>
<tr><td rowspan="4">高等学校</td><td>教授</td><td colspan="2" rowspan="2">高级职称</td></tr>
<tr><td>副教授</td></tr>
<tr><td>讲师</td><td colspan="2">中级职称</td></tr>
<tr><td>助教</td><td colspan="2">初级职称</td></tr>
<tr><td rowspan="5">中小学</td><td>正高级教师</td><td>正高级职称</td><td rowspan="2">高级职称</td></tr>
<tr><td>高级教师</td><td>副高级职称</td></tr>
<tr><td>一级教师</td><td>中级职称</td><td>中级职称</td></tr>
<tr><td>二级教师</td><td>助理级职称</td><td rowspan="2">初级职称</td></tr>
<tr><td>三级教师</td><td>员级职称</td></tr>
</table>

根据相关规定，教师任职条件除了要满足政治上的要求和教师职业道德的要求外，在取得上一级职称时也对低一级职称的任职时间和工作业绩要求作了规定。以中小学生为例，如正高级教师要求长期工作在教育教学第一线，出色地完成班主任、辅导员等工作任务，教书育人成果突出；深入系统地掌握所教学科课程体系和专业知识；具有主持和指导教育教学研究的能力；在指导、培养一级、二级、三级教师方面做出突出贡献；在高级教师岗位任教5年以上。高级教师能有效进行思想道德教育，积极引导学生健康成长，比较出色地完成班主任、辅导员等工作，教书育人成果比较突出；具有所教学科坚实的理论基础、专业知识和专业技能；具有指导与开展教育教学研究的能力；胜任教育教学带头人工作；除博士学位要求在一级教师岗位任教2年以上外，其他学历要求在一级教师岗位任教5年以上；城镇中小学教师原则上要有1年以上在薄弱学校或农村学校任教经历。可见，中小学教师职称的任职条件更关注教师的教育教学能力，政策上向一线教师、薄弱学校或农村学校倾斜。

四、教师资格制度

从2001年4月1日起，国家首次开始全面实施教师资格认定工作。教师资格制度的全面实施结束了我国没有教师准入限制的历史，使我国的教师专业化进入了一个新的阶段。2015年，教育部在全国推行教师资格考试制度和定期注册制度，严把教师“入口关”，提高教师准入门槛，破除教师资格终身制，优化教师师资队伍，促进教师来源多元化，促进教师职业专业化发展。

（一）教师资格制度的内涵与意义

1. 教师资格制度的内涵

教师资格制度，又称教师资格证书制度，是在一定的历史条件下，国家对从事教师职业、专业或教育教学活动的人员所应具备的条件或身份的一种强制性的规定，是国家对教师实行法定的职业许可制度。具体来讲，它规定了教师资格的基本条件、教师资格的分类和适用、教师资格认定的程序等，是教师教育质量保障体系的主要组成部分。只有依法取得教师资格，持有教师资格证书者，才能在教育行政部门批准的各级各类学校和其他教育机构中从事教育教学工作。具有教师资格证书的人，并不意味着一定要从事教师工作，只有被学校或者其他教育机构聘任后，才能成为教师。

2. 教师资格制度意义

（1）优化教师队伍，提高教师队伍的整体素质。

教师资格制度作为一种职业准入制度，规定获得教师资格证书是教师入职的先决条件。它通过严格的考核和认定程序，严把教师入职的关口，确保了教师队伍整体素质的提高。

（2）提高教师的地位，提升教师教育专业化。

国家实行教师资格制度，用立法的形式规定了教师的任职资格，明确了教师职业的专业性和不可替代性，进一步确立了教师职业的法定地位。这将有利于提高教师的社会地位，保障教师待遇，增进全社会对教师职业的尊重，提升教师的专业化水平。

（3）建立法制化体系，规范和提高了师资的管理水平。

教师资格制度为教师队伍的法制化、规范化管理奠定了基础。《中华人民共和国教师法》《教师资格条例》等对师资管理法律、法规的贯彻执行，对维护教师资格制度的统一和尊严，具有十分重要的作用。

（二）我国教师资格制度

1. 教师资格制度内涵

教师资格制度是我国教师资格制度的重要内容，统一而完善的教师资格考试体系对顺利实施教师资格制度、培养和选拔合格教师、提高我国教师整体素质等有重要意义。教师资格证书是通过教师资格考试后才能获得的，是能证明一个人可以从事教师职业的有效凭证。教师资格的认证是体育师资队伍建设的关键。

2. 教师资格的分类与适用

（1）教师资格的分类。

根据《中华人民共和国教师法》和《教师资格条例》规定，教师资格分为以下5类：

①小学教师资格。

②初级中学教师资格。

③高级中学教师资格。

④中等职业学校教师资格。

⑤高等学校教师资格。

（2）教师资格的适用范围。

取得教师资格的人员，可以在本级及其以下等级的各类学校和其他教育机构担任教师。高级中学教师资格与中等职业学校教师资格相互贯通。教师资格证书由教育部统一负责印制，在全国相应的学校通用。

3. 教师资格的条件

《教师资格条例》规定：中国公民凡遵守宪法和法律，热爱教育事业，具有良好的思想道德，有教育教学能力，具有法定的学历或经国家教师资格考试合格，经认定合格，可以取得教师资格。

（1）学历。

按照《中华人民共和国教师法》的规定，申请教师资格与应当具备的学历条件对应表，见表15-2。

表15-2　教师资格种类及应具备的学历条件

申请教师资格种类	应当具备的学历条件
小学教师资格	中等师范学校毕业及其以上学历
初级中学教师资格	高等师范专科学校或者其他大学专科毕业及其以上学历
高级中学和中等专业学校、技工学校、职业高中教师资格	高等师范院校本科或者其他大学本科毕业及其以上学历
高等学校教师资格	研究生或者大学本科毕业学历

注：普通高等学校在校三年级以上学生，可凭学校出具的在籍学习证明报考。

（2）思想道德素养。

对教师资格申请人的思想道德素养的鉴定一般由教师任教学校、毕业生所在学校和社会人员户口所在地街道办事处进行办理，就申请者的基本道德、公德和职业道德给予评价。

（3）教学基本能力素养。

根据《教师资格条例》及其实施办法的相关规定，教师资格标准中对教师的基本素质能力、学历、普通话水平、身体条件和心理素质等作出了具体规定。

①具备承担体育教育教学工作所必需的基本素质和能力。

②普通话水平应当达到国家语言文字工作委员会颁布的《普通话水平测试等级标准》二级乙等以上标准，并取得相应等次的普通话水平测试等级证书。

③具有良好的身体素质和心理素质，无传染性疾病，无精神病史，适应体育教

育教学工作的需要，由教师资格认定机构组织在县级以上医院体检合格。

4. 教师资格考试

参加教师资格考试合格是教师职业准入的前提条件。申请教师资格的人员须分别参加相应类别的教师资格考试。2020年9月，《教育类研究生和公费师范生免试认定中小学教师资格改革实施方案》中指出，招收教育类研究生、公费师范生的高等学校从2021年起，可参加免试认定改革。实施免试认定改革的高等学校应根据培养目标分类对本校教育类研究生、公费师范生开展教育教学能力考核，考核合格的2021届及以后年份毕业生可凭教育教学能力考核结果，免考国家中小学教师资格考试部分或全部科目。因此，除教育类研究生和公费师范生外，其余学生均须进行考试。

（1）考试形式与内容。

笔试主要考查申请人从事教师职业所应具备的教育理念、职业道德、法律法规知识、科学文化素养、阅读理解、语言表达、逻辑推理和信息处理等基本能力；教育教学、学生指导和班级管理的基本知识；体育学科领域的基本知识，教学设计实施评价的知识和方法，运用所学知识分析和解决教育教学实际问题的能力。笔试由国家统一组织实施，不同学段笔试科目有所不同。（表15-3）

表15-3 各学段考试科目

学段	科目
小学教师资格考试	《综合素质》《教育教学知识与能力》
初级中学、普通高级中学教师资格考试	《综合素质》《教育知识与能力》《学科知识与教学能力》

面试主要考查申请人的职业认知、心理素质、仪表仪态、言语表达、思维品质等教师基本素养和教学设计、教学实施、教学评价等教学基本技能。面试采取结构化面试、情境模拟等方式，通过抽题、备课（活动设计）、回答规定问题、试讲（演示）、答辩（陈述）、评分等环节进行。国家确定笔试成绩合格线，省级教育行政部门确定面试成绩合格线。

（2）考试时间与有效期。

笔试一般在每年3月和11月各举行1次，面试一般在每年5月和12月各举行1次。

笔试单科成绩有效期为2年。笔试和面试均合格者由教育部考试中心（教育部教师资格考试中心）颁发教师资格考试合格证明。教师资格考试合格证明有效期为3年。教师资格考试合格证明是考生申请认定教师资格的必备条件。

5. 教师资格的认定

具备《中华人民共和国教师法》规定的学历或者经教师资格考试合格的公民，可以依照《教师资格条例》和的规定申请认定其教师资格。教师资格认定流程见图15-1。

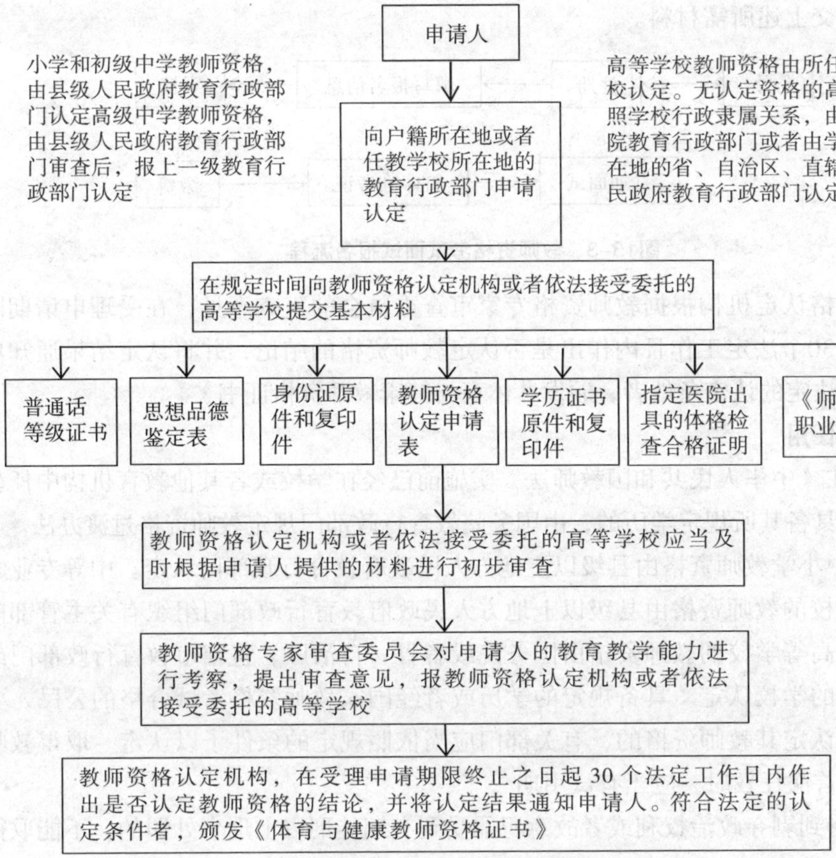

图15–1　教师资格证认定流程

注：《师范生教师职业能力证书》只有教育类研究生和公费师范生需要出具。

6. 教师资格考试报考程序

（1）笔试报名流程，见图15–2。

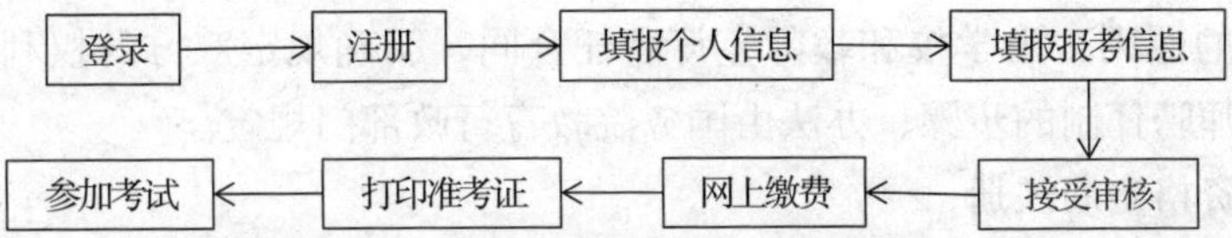

图15–2　教师资格考试笔试报名流程

（2）面试报名流程。

考生登录中国教育考试网，按照栏目指引查询笔试成绩，笔试成绩均通过者，可参加面试报名。（图15–3）

（3）资格认定申请。

申请认定教师资格者应当在规定时间向教师资格认定机构或者依法接受委托的

高等学校提交上述所需材料。

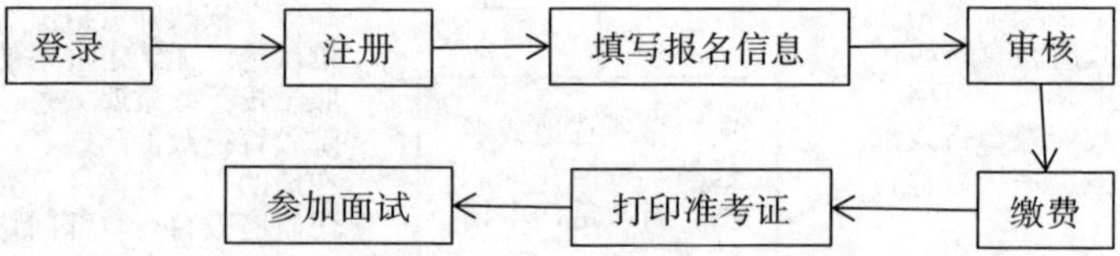

图15-3　教师资格考试面试报名流程

教师资格认定机构根据教师资格专家审查委员会的审查意见，在受理申请期限终止之日起30个法定工作日内作出是否认定教师资格的结论，并将认定结果通知申请人。符合法定的认定条件者，颁发《体育与健康教师资格证书》。

7. 教师任用

（1）在《中华人民共和国教师法》实施前已经在学校或者其他教育机构中任教的教师，未具备其所规定学历的，由国务院教育行政部门规定教师资格过渡办法。

（2）中小学教师资格由县级以上地方人民政府教育行政部门认定。中等专业学校、技工学校的教师资格由县级以上地方人民政府教育行政部门组织有关主管部门认定。普通高等学校的教师资格由国务院或者省、自治区、直辖市教育行政部门或者由其委托的学校认定。具备规定的学历或者经国家教师资格考试合格的公民，要求有关部门认定其教师资格的，有关部门应当依照规定的条件予以认定。取得教师资格的人员首次任教时，应当有试用期。

（3）受到剥夺政治权利或者故意犯罪受到有期徒刑以上刑事处罚的，不能取得教师资格；已经取得教师资格的，丧失教师资格。

（4）各级师范学校毕业生，应当按照国家有关规定从事教育教学工作。国家鼓励非师范高等学校毕业生到中小学或者职业学校任教。

（5）国家实行教师职务制度，具体办法由国务院规定。

（6）学校和其他教育机构应当逐步实行教师聘任制。教师的聘任应当遵循双方地位平等的原则，由学校和教师签订聘任合同，明确规定双方的权利、义务和责任。实施教师聘任制的步骤、办法由国务院教育行政部门规定。

8. 教师资格定期注册

为完善教师资格制度，健全教师管理机制，建设高素质专业化教师队伍，国家根据《中华人民共和国教师法》《教师资格条例》《国家中长期教育改革和发展规划纲要（2010—2020年）》，制定了《中小学教师资格定期注册暂行办法》。教师资格定期注册是对教师入职后从教资格的定期核查。中小学教师资格实行5年一周期的定期注册。定期注册不合格或逾期不注册的人员，不得从事教育教学工作。定期注册的对象为公办普通中小学、中等职业学校在编在岗教师。

第三节　体育教师教育

一、教师教育的含义

2001年《国务院关于基础教育改革与发展的决定》中，我国首次出现了“教师教育”的概念，这一概念表明了新时期教师职业从伦理特征向专业特征的转变，强调教师的职前教育与在职进修的连贯性，是正规教育和非正规教育的结合，是多层次、全方位、立体式的教师终身教育观，所以更具有开放性、合理性和进步性。中共中央、国务院颁布的《关于全面深化新时代教师队伍建设改革的意见》明确指出：“大力振兴教师教育，不断提升教师专业素质能力，提高教师培养层次，提升教师培养质量。”作为中华人民共和国成立以来我国出台的第一个专门面向教师队伍建设的政策文件，更进一步指明了教师教育的发展路线。经过70多年建设，中国特色社会主义迈入新时代，人民渴望更高质量教育。习近平总书记在党的十九大报告中指出，永远把人民对美好生活的向往作为奋斗目标。

体育教师教育作为教师教育的一个重要组成部分，是在终身教育思想指导下，按照教师专业发展的不同阶段，对体育教师的职前教育、入职教育和职后教育的整体构建，体现了教师教育的连续性、发展性和一体化的特征。教师教育是对教师培养和培训的统称。体育教师的培养是指体育教育专业院校有目的地实现培养目标的过程，而培训是指对体育教师的再培养和训练，两者互为基础，共存于教育过程之中。

二、体育教师职前教育

（一）体育教师职前教育的内涵

教师的职前教育，是指教师在入职前所接受的专业和学历教育。体育教师职前教育是体育教师培养过程的第一阶段，主要负责培养未来体育教师和其他体育教育工作者，同时也为体育教师的终身学习奠定基础。目前，我国体育教师职前教育大部分由高等师范院校和体育院校的体育教育专业来完成，我国设有体育教育专业的院校大概有323所。职前教育机构通过建立和实施课程体系、制订和执行教学计划，来达到我国体育教育专业人才的培养目标。

（二）体育教师职前教育的目标与要求

2018年1月教育部颁布的《普通高等学校师范类专业认证实施办法（暂时）》突出对提升教师教育专业人才培养质量的重视。2018年1月教育部发布《普通高等学校本科专业类教学质量国家标准》，从专业角度制定了高等教育教学应当达到的质量标准。其中，《体育学类本科专业教学质量国家标准》共涵盖了7个专业，对体育教育专业的定位仍然落脚在教师的培养上。

培养目标：学生必须掌握现代教育教学理论与方法以及学校体育课程与教学、课外体育锻炼和训练竞赛的基本理论与方法，具备一定的运动技能和较强的体育教育教学能力，能胜任学校体育工作。

培养规格：

（1）素质要求：包括基本素质与专业素质。基本素质包括热爱祖国、遵纪守法、具有人文情怀、强健体魄等。专业素质包括掌握体育学的基本理论、技能和方法，具备较强的专业技能等。

（2）知识要求：包括素养类知识与专业类知识。素养类知识指具有较丰富的思想品德修养知识、自然科学与社会科学知识、熟悉一门外国语、基本掌握计算机的应用知识、具有健康生活方式的有关知识等。专业类知识包括系统掌握体育学基础知识和各个分支学科的专门知识、理解运动技能的有关原理等。

（3）能力要求：包括获取与应用知识的能力、创新能力、创业能力、社会服务能力等方面。获取与应用知识的能力指具有自主学习、自我发展的能力，具有较强的专项运动技能等。创新能力主要是善于思考、具有敏锐的观察力和创新意识等。创业能力指具有创业意识，具有敏锐的观察力和创新意识等。社会服务能力指具有公共服务意识和公益精神，具备社会服务的基本技能与方法等。

2018年1月中共中央、国务院印发《关于全面深化新时代教师队伍建设改革的意见》，意见中明确提出要“提高入职标准”“全面提高中小学教师质量”“造就党和人民满意的高素质专业化创新型教师队伍”等。2020年6月开始的“第五轮学科评估”突出人才培养与科研水平并举的评价方式，意味着我国体育教育专业的改革将进入一个新的时期。

（三）体育教师职前教育的课程设置

体育教师职前教育培养目标的实现最终要落实到我国普通高等院校体育教育专业具体的课程设置上。我国普通高等体育院校的体育教育专业课程设置经过近70年的发展，体育教育专业课程设置已形成一定的体系和特色，体育教师教育的课程设置，必须以现在和未来的体育教师获得终身学习的能力为基本出发点，培养他们独立获取所需知识的能力。体育教师教育具有“双专业性”，即学科性知识和教科性知识。学科性知识是指体育学科专业知识，教科性知识是指教育教学专业知识，体育教师的专业化素质并不是这两个方面的简单叠加，还必须通过实践性知识和能力对其进行整合，使其内化为体育教师自己的专业素质。因此，体育教师职前教育的课程设置，必须以促进体育教师学科性知识和教科性知识的整合，以促进体育教师专业发展为着眼点，从整体上考虑课程的内容选择、结构安排和教材，注重培养规格中的素质、知识、能力，主要由通识教育课程、专业教育课程和实践课程组成。但各高等体育院校（或院系）在制订教学计划时，为能更科学地安排课程，便于教学管理，结合本校的具体情况，也会采用不同的方法对课程进行分类。

通识教育课程主要由公共必修课程和公共选修课程构成，由各校在教育部有关文件要求的基础上，根据学校的特点进行设置，体现学校特色。

专业教育课程由专业类基础课程、专业方向课程、专业拓展课程等构成。专业类基础课程设置应体现学科知识体系中核心知识领域；专业方向课程设置应体现各专业方向培育目标应掌握的核心知识、基本的运动技能或应具备的核心能力；专业拓展课程设置应反映学科前沿和学校特色，拓展专业知识和提升专业技能水平。

实践课程应涵盖专业见习、专业实习、社会实践与毕业论文（设计）等，以提高应用知识的能力。专业见习应体现理论结合实践，强化专业知识，为专业实习做好准备；专业实习应重点培养适应未来工作所需的操作能力和应用知识的能力；社会实践应着重培养适应未来工作所需的综合素质；毕业论文（设计）应体现创新意识和从事科学研究的能力。

通识教育课程、专业教育课程和实践课程总学分原则上控制在140~170学分。其中，专业教育必修课不少于38学分，专业教育选修课不少于40学分，实践课程不少于14学分。

（四）体育教育实习

1. 体育教育实习的目的和意义

体育教育实习与专业实践是体育教育专业的必修课程，是学生将所学的专业基础理论知识、专业基本技术技能，在体育教育和教学实践中的运用和提高，是完成体育教育专业培养目标、对学生进行实践教育、形成体育教学工作能力的基本训练形式。教育实习是体育教育专业学生培养过程中的一个重要实践环节，是体育教师职前培养阶段为培养合格体育师资人才而进行的课程结构中不可或缺的重要内容。在教育、教学实践中，体育教育专业学生全面地经受锻炼，体验教师生活和情感，从而受到深刻的专业思想教育，增强对体育教育事业的荣誉感、责任感，强化从事体育教育的事业心，更好地实现体育教育专业的培养目标。

2. 体育教育实习的组织与管理

体育教育实习的组织与管理是高校体育教育专业教育管理的一个有机组成部分，具体步骤和要求主要是建立健全体育教育实习组织机构，明确体育教育实习过程中的分工与职责，保证实习工作的顺利进行。根据实习的目的和任务以及学生的具体情况，确定实习学校、实习对象和内容；制订具体实习计划，并和实习学校共同确定组织与实施方案；成立院（校）、系各级体育教育实习指导委员会，具体安排实习工作。

3. 实习工作的安排及具体要求

高校体育教育专业的教育实习应以教师的工作任务作为确定实习内容的依据，主要包括体育课堂教学、课外体育运动竞赛、运动队训练、课间操以及卫生保健教育工作和班主任工作实习等。专业见习1 ~ 2周，专业实习12 ~ 20周。

（1）准备阶段。

①在校组织学习实习的相关文件和要求，强调体育教育实习的有关注意事项，加强实习学生的安全教育。

②了解实习学校的体育教学计划和工作条件、学生的特点及学校特色等基本情况。

③进行各项教学和训练内容的教法练习、口令和队列队形练习等基本功训练与考核。

④编写预上课教案，进行课堂试讲。

（2）实习阶段。

①教学工作实习。体育教学实习包括备课、上课和分析课，以实践课为主，同时也包括体育与健康理论知识的讲授。

备课：备课是上好课的先决条件。实习生在试教前应认真编写规范化的教案，这是实习生教学实习的第一关。教案经指导教师审批合格后，在上课前还要进行预讲，符合要求后方可上课。

体育课试教：包括体育实践课和体育与健康理论知识的讲授课。上课的主题应根据中小学体育与健康课程标准和实习学校教学进度计划来确定，要正确执行教案，符合学生实际水平，恰当运用各种教学手段和措施，有效完成课的任务。

②课外体育活动实习。课外体育活动实习的基本内容主要有早操、大课间活动、课外体育活动、各项体育竞赛、学校运动队训练等。学生课外体育活动实习，可以体验极其丰富的学校体育内容，如开展《国家体育锻炼标准》的锻炼和测验；组织学生课外体育锻炼活动；开展和组织小型多样的运动竞赛；协助教练员从事学校代表队的训练；等等。实习学生在指导教师的指导下，积极主动地开展各种体育实践工作，在丰富和活跃学校课外体育活动的同时，培养体育工作能力，体验学校体育文化生活，增强职业情感。

③体质健康测试与评价工作的实习。学生体质健康测试与评价是学校体育工作的有机组成部分，我国已建立起统一的指标、测试细则与实施办法。学生在实习期间也应把这项工作作为实习的一个任务，在实习学校的统一安排下参加部分或全部工作。如果实习时间与实习学校的测试时间无法统一时，可请有关教师专门做该项工作的介绍、讲解或演示。

④班主任工作实习或见习。实习学生在实践中了解班主任工作的特点和环节，

认真听取班主任对班级工作的意见，做好班级日常管理的各项工作，独立组织1次班级日常活动，按照班主任工作的有关要求做好实习班级的管理工作。

4. 体育教育实习中的科研与教研

体育教育实习既是高校体育教育专业教育的重要组成部分和理论联系实际的基本途径，也是科学研究、教学研究的极好阵地。体育教育实习中的科研和教研是校内科研、教研的延伸，实习学生可利用体育教育实习这个机会，结合自己的体育教育实习工作，观察和分析问题，调查和掌握有关素材，撰写专题研究报告，进行科研、教研活动，培自己的科研能力。

三、体育教师入职与职后教育

（一）体育教师入职教育

1. 体育教师入职教育概述

体育教师入职教育是个体通过培养获得教师资格后进入教师职业领域，帮助新体育教师尽快适应体育教育教学工作，并胜任教师职务工作。教师入职教育作为连接教师职前和职后的纽带，是持续专业发展的重要一环，也是教师教育质量保障体系的重要构成。2018年教育部等5部门印发的《教师教育振兴行动计划（2018—2022年）》中提出，要“加强教育行政部门对新教师入职教育的统筹规划，推行集中培训和跟岗实践相结合的新教师入职教育模式”。入职教育的成功与否，决定了一名新教师能否顺利地担任教师的职务和角色。新教师的入职教育不是教师职前教育的简单延伸，而应该是有组织有计划地经过考核任用后，为新教师提供一个时期的系统而持续的专门性教育阶段，并提供专业情感上的支持和帮助。2020年教育部教师工作司印发《新教师入职培训指南》要求，建立“标准化、体系化、制度化的新教师入职培训机制”，为从教不足3年的教师提供2～3年阶段式的需求诊断、集中研修、跟岗学习、在岗实践和跟踪指导。

世界各国一般很重视新教师正式上课之前的培训教育，其基本任务就是消除和缩小新任教师现有综合素质和教学能力与本岗位需要的综合素质与教学能力之间的差距，使之符合岗位工作的需要。对新任中小学教师的培训教育，世界各国一般设有专门培训机构和专职官员负责培训，新任中小学教师一般到教师进修院校或教育中心接受培训。有些国家的新任中小学教师，除参加校外新教师脱产培训外，大多在校内由本校组织学习提高和认证。

2. 体育教师入职教育的意义

新教师的入职教育是终身教育、终身学习的要求，是沟通教师职前教育与在职培训的需要。对于新教师来说，入职教育既是教师职业生涯的导入阶段，可以帮助新教师尽快适应岗位，从职业新手成长为资深教师，又是其专业成长连续过程中的一个独特阶段。为新教师设定发展目标，提供专业成长和结构化学习的机会，包括基于学校场域的实践，配备入职导师提供辅导，提供各种学习培训机会等，旨在帮助教师迅速提高教学水平，从职业新手成长为熟练教师乃至优秀教师。无论是从教师个体的专业成长还是教师群体的职业发展来看，其对新教师的提升都具有重要的作用。

（二）体育教师职后教育

1. 体育教师职后教育的内涵

终身教育理论的提出与发展为教师继续教育提供了最基本的理论依据。教师的职后教育，是指对取得教师资格的中小学在职教师为提高思想政治和业务素质进行的继续教育和培训。体育教师职后教育是提高体育师资整体素质、提高体育教育教学质量的关键。《中小学教师继续教育规定》指出："要加强教师继续教育工作，并应当采取措施，依法保障中小学教师继续教育工作的实施。中小学教师继续教育坚持因地制宜、分类指导、按需施教、学用结合的原则，采取多种形式，注重质量和实效。中小学教师继续教育原则上每五年为一个培训周期。"

2. 体育教师职后教育的内容

中小学体育教师职后教育，以提高体育教师实施素质教育的能力和水平为重点，内容主要包括思想政治教育和师德修养、体育专业知识更新与扩展、体育专业技能的研修与提高、现代教育理论与实践、体育教育科学研究、体育教学技能训练和现代教育技术、现代科技与人文社会科学知识等。

3. 体育教师职后教育途径

教师职后教育包括学历教育和非学历教育，是终身性的，是在职前教育的基础上，通过教学教研现场、会议研讨、课程培训、咨询服务等过程，以教师集中培训、在校进修、置换脱产研修、远程教育、学术活动、送教上门、校本研修、组织名师讲学团和海外研修等方式进行的，是教师参加工作后整个教育的总和。

此外，教师的自主发展是职后教育的关键。教师主动进行自我学习、自我教育，高效地促进个人的专业发展与成长。根据基础教育课程改革的动态和发展情况，制订教师职业生涯发展规划。当教师的专业发展内化为教师的"专业自觉"，就成为教师专业发展的理想状态，也成为教师教育的终极目标，从而实现教师的职后教育专业成长的有序化、教师教育目标的明确化、教育过程与结果的有效化。

教师的职前培养、入职教育、职后教育是一个连贯、持续、统一的整体，其以终身教育思想为指导，加强各个方面的衔接，克服各自封闭、相对独立的倾向，适应学习化社会的需要，按照教师的成长规律，对职前、入职和职后的培养、培训统一规划，协调发展，使之相互贯通，实现教师教育的一体化发展。

思考题

1. 简述体育教师的主要职责。
2. 简述新时代体育教师的角色变化。
3. 简述体育教师专业化的内涵及其发展过程。
4. 体育教师需要具备哪些专业素质。
5. 简述体育教师评价的内容与形式。
6. 简述体育教师教育内涵与过程。

主要参考文献

[1] 潘绍伟 . 学校体育学 [M]. 北京：高等教育出版社，2015.

[2] 张志勇 . 体育教学论 [M]. 北京：高等教育出版社，2019.

[3] 朱旭东，宋萑 . 新时代中国教师队伍建设的顶层设计 [M]. 北京：北京师范大学出版社 .2018.

[4] 张志勇，魏丕勇，孟晓平 . 教师教育的历史审视与共同体构建的新时代选择 [J]. 北京体育大学学报，2019，42（12）：1-10.

[5] 王建，唐炎 . 我国职前教师教育制度演变历程、特征与启示 [J]. 成都体育学院学报，2019，257（4）：98-104.

[6] 李廷洲，吴晶，郅庭瑾，等 . 国家教师发展报告（2019）[M]. 上海：华东师范大学出版社，2021.

（山东体育学院　张志勇　孟晓平）

第十六章　学校体育场地器材

内容提要

本章在简述《中小学体育器材和场地》国家标准、中小学校体育器材设备配备标准的基础上，主要阐述了学校体育场地器材开发利用的基本方法，进而提出了学校各种体育场地器材的管理及维护方法。

学习目标

◎了解学校体育场地器材标准实施的意义。

◎了解《中小学体育器材和场地》国家标准简介、中小学体育场地设施标准简介。

◎了解学校体育场地、器材的开发利用。

◎了解学校体育场地、器材管理及维护的内容。

第一节　学校体育场地器材标准概述

体育场地器材是开展学校体育工作的物质保障，体育场地是学校的标志性和功能性建筑物，体育器材是体育教学的工具之一。加快学校体育场地器材的建设和标准化研究对推动学校体育工作、提高体育教育教学质量、开展阳光体育活动、增强学生体质有着重要的意义。体育场地器材标准是国家结合学生生理、心理发展规律和特点以及时代的发展特点，制定的体育场地建设和器材配备的规范性文件，旨在规范学校体育场地器材的生产、购置、配备和建设。

一、体育场地器材标准实施的意义

为了避免学校体育场地器材成人化、竞技化和非标准现象的出现，提高中小学生掌握动作技能的能力，培养中小学生对体育的兴趣，使中小学生养成终身体育的习惯，促进中小学生的身心和谐发展，保证学校体育场地器材标准与中小学生生理、心理发展相适应的同步性，国家有关部门对中小学体育场地器材标准化进行了研究并颁发了国家标准。统一的学校体育场地器材国家标准，对学校购买体育器材、修建体育场地具有重要的约束和指导作用，能有效地避免体育场地器材质量问题、浪费问题，增强适用性，也为合理的学校体育场地建设规划和体育器材配置提供了依据；同时，还规范了厂家研发、生产依据标准、生产符合标准。以《中小学体育器材和场地》国家标准中篮球器材标准为例，它为中小学生制定了3个不同的标准，分别是小学1～3年级标准，4～6年级标准，初、高中年级标准。具体标准见表16–1。

表16–1　中小学篮球器材国家标准与竞技标准对比

	小学 1 ～ 3 年级	小学 4 ～ 6 年级	中学生	竞技标准
篮圈高度 /mm	2 050 ± 8	2 350 ± 8	2 700 ± 8	3 050
篮球圆周长 /mm	645 ～ 670	645 ～ 670	695 ～ 725	749 ～ 780
篮球质量 /g	420 ～ 480	420 ～ 480	490 ～ 560	567 ～ 650

二、《中小学体育器材和场地》国家标准简介

2003年，教育部体卫艺司与国家体育总局群体司组织了50多位专家对全国中小学体育器材和场地配备情况展开了系统的研究。研究发现，原有中小学体育场地器材、设施配备情况存在诸多弊端，适应不了改革和时代的发展要求，应制定以学生为本、形式多样、适合中小学生身心发展的场地器材、设施配备标准。2004年，教

育部体卫艺司又组织了国内38家相关生产厂家的技术人员和诸多专家，根据各种器材和场地的规格标准，共同起草制定了《中小学体育器材和场地》国家标准，并在部分中小学校进行了实验。2005年，教育部完成了篮球、足球、排球、田径、体操、武术、羽毛球、乒乓球、网球等适合中小学生特点的体育器材和场地规格的研制。随后，教育部发布了《中小学体育器材和场地》国家标准，要求2005年10月1日起在全国实施。

随着我国经济发展水平的不断提高，体育教学器材和场地的水平和质量也将不断提升。2015年，由教育部体育卫生与艺术教育司、教育部教育装备研究与发展中心、中国教育学会体育卫生分会起草，对体育器材和场地进行不断的补充和完善，经全国教育装备标准化技术委员会审查通过，教育部发布《小学体育器材设施配备标准》《初中体育器材设施配备标准》，并2016年7月25日开始实施。2020年12月，教育部又发布了《普通高中体育与健康教学器材配备标准》《小篮球场地建设与器材配备规范》《小排球场地建设与器材配备规范》《小足球场地建设与器材配备规范》等配备标准。

《中小学体育器材和场地》国家标准是我国根据现行的《中华人民共和国标准化》《中华人民共和国产品质量法》等相关法律法规，按照GB/T2000.1–2002《标准化工作指南》的要求，对照GB 17498–1998《健身器材的安全通用要求》、GB19272–2003《健身器材室外健身器材的安全通用要求》、GB/T 22517《体育场地使用要求及检验方法》等国家标准制定的，下面摘录部分中小学体育器材和场地方面的国家标准，具体名称见表16–2。

表16–2　《中小学体育器材和场地》国家标准目录

部分	标准编号	内容	部分	标准编号	内容
1	GB/T 19851.1–2005	健身器材	18	GB/T 19851.16–2007	跨栏架
2	GB/T 19851.2–2005	体操器材	19	GB/T 19851.17–2007	跳高架
3	GB/T 19851.3–2005	篮球架	20	GB/T 19851.18–2007	实心球
4	GB/T 19851.4–2005	篮球	21	GB/T 19851.19–2007	垒球
5	GB/T 19851.5–2005	排球	22	GB/T 19851.20–2007	跳绳
6	GB/T 19851.6–2005	软式排球	23	GB/T 19851.21–2007	毽球、花毽
7	GB/T 19851.7–2005	乒乓球台	24	GB/T 19851.22–2007	软式橄榄球
8	GB/T 19851.8–2005	乒乓球	25	GB/T 22754–2008	网球
9	GB/T 11881–2006	羽毛球	26	GB/T 22765–2008	标枪
10	GB/T 19851.9–2005	羽毛球拍	27	GB/T 22892–2008	足球
11	GB/T 19851.10–2005	网球拍	28	GB/T 23115–2008	乒乓球拍
12	GB/T 19851.14–2007	球网	29	GB/T 23161–2008	铅球

续表

部分	标准编号	内容	部分	标准编号	内容
13	GB/T 19851.15-2007	足球门	30	GB/T 22517.6-2011	田径场地
14	GB 17498.1-2008	固定式健身器材	31	GB/T 14833-2011	合成材料跑道面层
15	GB 19272-2011	室外健身器材的安全	32	JGJ/T 280-2012	中小学体育设施技术规程
16	GB/T 19851.12-2005	学生体质健康测试器材	33	GB/T 22517.4-2017	合成面层篮球场地
17	GB/T 19851.13-2005	排球网柱、羽毛球网柱、网球网柱	34	GB 36246—2018	中小学合成材料面层运动场地

三、中小学体育场地设施标准

为适应城市中小学、农村中小学的教育现代化、教育改革与发展以及推进素质教育对校园、校舍条件与环境的需要，加强学校建设的科学化、规范化管理，教育部、住房和城乡建设部等部门先后出台《国家学校体育卫生条件试行基本标准》《农村普通中小学校建设标准》《城市普通中小学校校舍建设标准》《中小学校设计规范》《中小学合成材料面层运动场地》等相关建设标准文件。其中，小学体育场地设施标准分为城市和农村2个部分，2018年修订校园塑胶跑道的建设标准，对于体育场地设施建设标准提出总体要求如下。

（1）学校总体规划应按教学区、体育运动区、生活区等不同功能要求合理布局，参见图16-1。

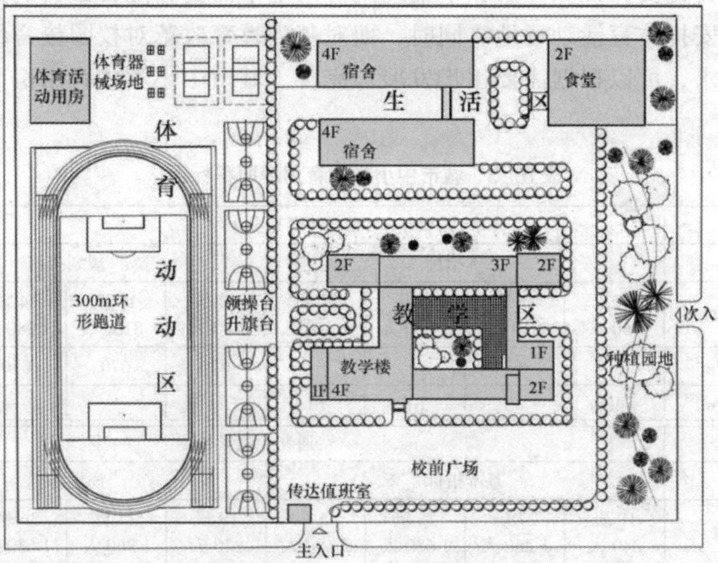

图16-1 学校总体规划平面示意图

（2）学校体育运动场地包括体育课、课间操及课外活动所需要的场地。

（3）校园内的交通应便捷，校园道路应避免穿越体育运动场地。为减少体育运动区噪声对教学用房的干扰，田径场地和球类场地的长轴宜与教学用房的纵向轴线垂直布置，如受地形限制，田径场必须设在教学用房的南面或北面时，一定要与教学用房保持25米的距离，并设置绿化屏障。田径场、球场的长轴均宜南北方向布置。

（4）农村非完全小学和完全小学6班应分别设置60米和100米直跑道，完全小学12班、18班、24班均应设置200米环形跑道田径场，初级中学12班应设置200米环形跑道田径场，18班、24班均应设置300米环形跑道田径场（图16–1）。中小学校应设置适量的球类、器械等运动场地。

（5）室内体育室采光应亮度均匀，避免室内直射阳光。照明应采用有保护灯罩的节能荧光灯具，不宜采用裸灯，室内平均照度为100LX，照度均匀度不低于0.7。

（6）中小学塑胶跑道的质量认真执行《中小学合成材料面层运动场地》（GB 36246–2018）的标准，从塑胶跑道建设在政府采购、招标、施工、监理和验收等过程中加强监管，明确相应职责，务求监管的实效，推动中小学塑胶跑道健康安全发展。

（一）城市中小学体育场地设施标准

2002年4月，由教育部制定的《城市普通中小学校校舍建设标准》，经建设部、国家计委等有关部门会审通过，于2002年7月1日起施行。《城市普通中小学校校舍建设标准》是从我国国情和经济发展水平出发制定的，在校舍各类用房的配置和面积指标上，首先要保证教学及教学辅助用房的基本需要，配备必要的办公和生活用房，合理安排体育活动场地。同时，面对基础教育改革对校园校舍的条件与环境的更高要求，可以根据需要逐步发展与完善。城市中小学体育用房面积标准见表16–3。

表16–3　城市中小学体育用房面积标准

学校性质	普通完全小学							
指标类型	基本指标				规划指标			
班级及人数	12 班 540 人	18 班 810 人	24 班 1 080 人	30 班 1 350 人	12 班 540 人	18 班 810 人	24 班 1 080 人	30 班 1 350 人
体育活动室 /m^2	—	—	—	—	670	670	670	670
体育器材室 /m^2	40	40	61	61	—	—	—	—
学校性质	普通九年制学校							
指标类型	基本指标				规划指标			
班级及人数	18 班 840 人	27 班 1 260 人	36 班 1 680 人	45 班 2 100 人	18 班 840 人	27 班 1 260 人	36 班 1 680 人	45 班 2 100 人
体育活动室 /m^2	—	—	—	—	670	700	1000	1300
体育器材室 /m^2	48	48	48	48	40	40	40	40

续表

学校性质	普通初级中学							
指标类型	基本指标				规划指标			
班级及人数	12 班 600 人	18 班 900 人	24 班 1 200 人	30 班 1 500 人	12 班 600 人	18 班 900 人	24 班 1 200 人	30 班 1 500 人
体育活动室 /m^2	—	—	—	—	700	1000	1300	1300
体育器材室 /m^2	63	63	63	63	40	40	40	40
学校性质	普通完全中学							
指标类型	基本指标				规划指标			
班级及人数	18 班 900 人	24 班 1 200 人	30 班 1 500 人	36 班 1 800 人	18 班 900 人	24 班 1 200 人	30 班 1 500 人	36 班 1 800 人
体育活动室 /m^2	—	—	—	—	1000	1300	1300	1300
体育器材室 /m^2	63	63	63	63	40	40	40	40
学校性质	普通高级中学							
指标类型	基本指标				规划指标			
班级及人数	18 班 900 人	24 班 1 200 人	30 班 1 500 人	36 班 1 800 人	18 班 900 人	24 班 1 200 人	30 班 1 500 人	36 班 1 800 人
体育活动室 /m^2	—	—	—	—	1000	1300	1300	1300
体育器材室 /m^2	63	63	63	63	40	40	40	40
注：内容摘自《城市普通中小学校校舍建设标准》建标〔2002〕102 号。								

（二）农村中小学体育场地设施标准

2008年9月3日，为了规范农村中小学体育场地的建设标准，国家住房和城乡建设部和国家发改委印发《农村普通中小学校建设标准》，规定了学校各种体育场地、用房的基本面积。2010年12月17日，教育部、住房和城乡建设部以《农村普通中小学校建设标准》和《中小学校建筑设计规范》为依据，印发了关于《农村中小学校标准设计样图》，并以国家建筑标准图集形式面向全国发布。样图内容分为标准条文图例、场地和房间布局及方案示例3部分，采用图文并茂的形式对建设标准条文以及学校场地、各类用房的常用尺寸和布置方式做了解读，并列举了不同办学规模学校的规划建设方案示例，如400米、300米、200米跑道场地（图16–2），篮球、排球、羽毛球、乒乓球场地，中小学体育器材室（图16–3）和体育活动室平面布置示意图（图16–4）等，其中300米跑道场地长、宽分别为140米和65.5米，100米直道6条，弯道5条，曲段最小半径为23.5米。《农村中小学校标准设计样图》的发布有力推动了《农村普通中小学校建设标准》的实施，为推进规范农村中小学体育活动场地、用房的标准化建设起到积极作用。（表16–4、表16–5）

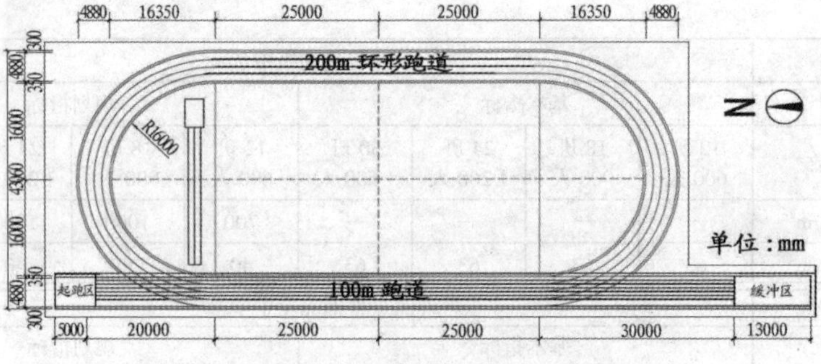

图16–2　200米跑道场地平面图

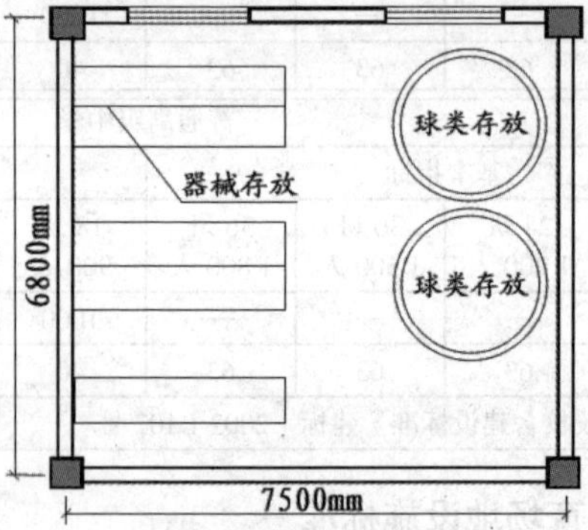

注：按 12 班 600 人标准布置

图16–3　中学体育器材室平面布置示意图

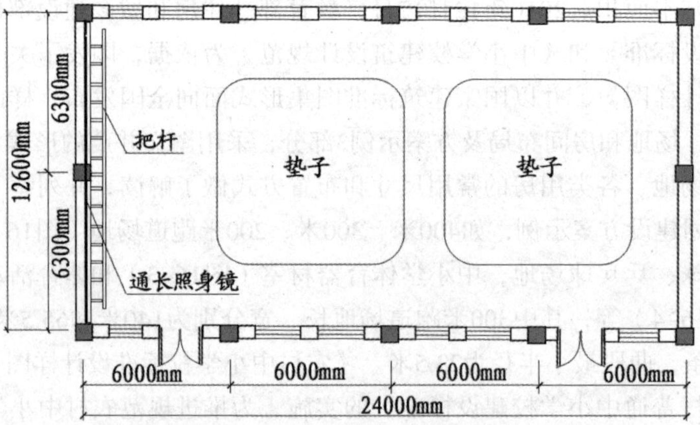

注：按小学 12 班 540 人标准布置、按中学 12 班 600 人布置

图16–4　体育活动室平面布置示意图

表16–4 农村普通中小学校体育活动场地面积标准

学校类别及规模		60 米直跑道 / m^2	游戏场地 / m^2	环形跑道（含 100 米直跑道）/ m^2	篮球场地 / m^2	排球场地 / m^2	器械场地 / m^2
非完全小学	4 班	640	100	—	—	—	—
完全小学	6 班	—	150	3570	608	—	—
	12 班	—	150	5394	608	286	—
	18 班	—	150	5394	608	572	100
	24 班	—	150	5394	1216	572	150
初级中学	12 班	—	—	5394	608	572	150
	18 班	—	—	9150	1216	572	200
	24 班	—	—	9150	1216	572	200
全寄宿制完全小学	12 班	—	150	5394	608	286	—
	18 班	—	150	5394	608	572	100
	24 班	—	150	5394	1216	572	150
全寄宿制初级中学	12 班	—	—	5394	608	572	150
	18 班	—	—	9150	1216	572	200
	24 班	—	—	9150	1216	572	200

注：内容摘自《农村普通中小学校建设标准》建标 [2008]159 号。

表16–5 农村中小学体育用房使用面积标准

学校性质	普通非完全小学	
指标类型	基本指标	规划指标
班级及人数	4 班 120 人	4 班 120 人
体育器材室 /m^2	—	25

学校性质	普通完全小学							
指标类型	基本指标				规划指标			
班级及人数	6 班 270 人	12 班 540 人	18 班 810 人	24 班 1080 人	6 班 270 人	12 班 540 人	18 班 810 人	24 班 1080 人
体育活动室 /m^2	—	—	—	—	—	300	300	300
体育器材室 /m^2	25	39	39	39	25	39	39	39

学校性质	普通初级中学					
指标类型	基本指标			规划指标		
班级及人数	12 班 600 人	18 班 900 人	24 班 1200 人	12 班 600 人	18 班 900 人	24 班 1200 人
体育活动室 /m^2	—	—	—	300	450	608
体育器材室 /m^2	50	60	70	50	60	70

续表

学校性质	农村全寄宿制完全小学			农村全寄宿制初级中学		
班级及人数	12 班 540 人	18 班 810 人	24 班 1080 人	12 班 600 人	18 班 900 人	24 班 1200 人
体育活动室 /m^2	300	300	300	300	450	608
体育器材室 /m^2	39	39	39	50	60	70
注：内容摘自《农村普通中小学校建设标准》建标〔2008〕159 号。						

四、《国家学校体育卫生条件试行基本标准》

2002年7月，为了贯彻落实中共中央、国务院《关于深化教育改革全面推进素质教育的决定》基本精神，教育部印发了《中学体育器材设施配备目录》《小学体育器材设施配备目录》。2008年6月，根据中共中央、国务院《关于加强青少年体育增强青少年体质的意见》的要求，为保障中小学校体育、卫生工作的正常开展，保证广大中小学生健康成长，教育部、卫生部、财政部在调查研究、多方论证的基础上，研究制定了《国家学校体育卫生条件试行基本标准》（以下简称《标准》）。《标准》是国家对中小学校教师、体育场地器材、教学卫生等方面的最基本要求，是教育检查、督导和评估的重要内容。提出各中小学要高度重视学校体育卫生工作条件建设，把实施《标准》纳入学校建设发展规划，统筹安排，分期分批配置体育器材，满足教育教学和课外体育活动的需要。《标准》中体育场地配备、体育器材配备的基本标准见表16–6、表16–7。

表16–6　《标准》中体育场地配备基本标准

学校性质	规模	田径场	篮球场 / 块	排球场 / 块	器械体操 + 游戏区 / m^2
小学	≤ 18 班	200 米（环形）1 块	2	1	200
	24 班	300 米（环形）1 块	2	2	300
	30 班以上	300 ~ 400 米（环形）1 块	3	2	300
九年制学校	≤ 18 班	200 米（环形）1 块	2	1	200
	27 班	300 米（环形）1 块	3	2	300
	36 班以上	300 ~ 400 米（环形）1 块	3	3	350
初级中学	≤ 18 班	300 米（环形）1 块	2	1	100
	24 班	300 米（环形）1 块	2	2	150
	30 班以上	300 ~ 400 米（环形）1 块	3	2	200

续表

学校性质	规模	田径场	篮球场 / 块	排球场 / 块	器械体操 + 游戏区 / m^2
完全中学	≤ 18 班	300 米（环形）1 块	2	1	100
	24 班	300 米（环形）1 块	2	2	150
	30 班	300 米（环形）1 块	3	2	200
	36 班以上	400 米（环形）1 块	3	3	200
高级中学（含中等职业学校）	≤ 18 班	300 米（环形）1 块	2	1	100
	24 班	300 米（环形）1 块	2	2	150
	30 班	300 米（环形）1 块	3	2	200
	36 班以上	400 米（环形）1 块	3	3	200

注：1. 300m 以上的环形田径场应包括 100 米的直跑道，200 米的环形田径场应至少包括 60 米直跑道。

2. 田径场内应设置 1 ~ 2 个沙坑（长 5 ~ 6 米、宽 2.75 ~ 4 米，助跑道长 25 ~ 45 米）。

3. 学校可根据实际条件进行集中或分散配备器械体操区。

4. 因受地理环境限制达不到标准的山区学校，可因地制宜建设相应的体育活动场地。

表16–7 《标准》中体育器材配备基本标准

序号	器材	单位	小学		中学		备注
			≤ 12 班	≥ 13 班	≤ 12 班	≥ 13 班	
1	接力棒	支	6 ~ 8	8	8	12	
2	小栏架或钻圈架（跨栏架）	付	8 ~ 10	10	（10）	（10）	
3	发令枪	支	1	1	1	1	
4	标志杆（筒）	根	4	8	8	8	
5	秒表	块	2	3	2	3	
6	跳高架	付	1	1	1	1	
7	跳高横竿	根	2	2	2	2	★
8	山羊或跳箱	台	1	各 1	1	各 1	
9	助跳板	块	1	2	1	2	
10	小沙包	只	20	20	—	—	★
11	垒球	只	20	20	24	24	★
12	实心球	只	20	20	24	24	★
13	皮尺	卷	1	1	1	1	
14	小（大）体操垫	块	20	20（6）	24	24（8）	★
15	低（高）单杠	付	1	2（1）	1（2）	2（2）	
16	爬竿或爬绳（低、高双杠）	付	1	1	（0、1）	（2、2）	
17	毽子	只	40	40	—	—	★

续表

序号	器材	单位	小学		中学		备注
			≤ 12 班	≥ 13 班	≤ 12 班	≥ 13 班	
18	剑（刀）、棍	—	—	—	各 24	各 24	
19	短跳绳	根	40	40	48	48	★
20	长跳绳	根	8	8	12	12	★
21	（小）篮球	只	（20）	（20）	24	24	★
22	（小）篮球架	付	（1）	（2）	2	3	
23	（小）足球、软式排球	只	（20）	（20）	24	各 24	★
24	（小）足球门、排球架	付	（1）	（1）2	1、2	1、3	
25	乒乓球台	张	1	2	1	2	
26	乒乓球拍或板羽球或羽毛球拍	付	20	20	24	24	★

注：1. 标注“★”的器材为低值易耗器材设备，应及时补充。
2. 中学体育器材（含九年制学校、初级中学、完全中学、中等职业学校、高级中学）。

五、小学、初中和普通高中体育器材设施配备标准

2016年7月，为适应时代发展的需求，鼓励有条件的地区和有条件的学校配备更多、更好的体育器材和设施，以促进体育教育教学质量的提高，教育部发布《小学体育器材设施配备标准》和《初中体育器材设施配备标准》，并配套推出小学、初中体育器材设施配备要求。2020年12月，教育部发布《普通高中体育与健康教学器材配备标准》，也推出高中体育器材设施配备要求。

其中，小学、初中体育器材配备要求分为“基本”和“选配”两大类，前者是满足教学所需的硬性规定，后者是兼顾发展、可供选择的弹性空间，设置通用、田径类、少儿（趣味）田径成套软式器材、体操类、球类、游泳和冰雪类、武术类、民族民间传统体育活动类、健身训练类、体质测试类等类别；普通高中体育教学器材分为“必配”和“选配”，“必配”是完成该模块教学必备的设备和器材，“选配”是根据需要自行选择的设备和器材。《普通高中体育与健康课程标准（2017年版）》根据课程内容，将器材分为通用、体能、健康教育、田径类运动、体操类运动、球类运动、水上或冰雪类运动、武术与民族民间传统体育类运动、新兴体育类运动9个模块。下面摘录部分小学、初中体育器材设施配备表（表16–8）、普通高中体育教学器材配备表（表16–9）。

表16-8　小学、初中体育器材设施配备表

序号	类别	器材	单位	小学配备要求			初中配备要求		
				数量	基本	选配	数量	基本	选配
1	田径	接力棒	根	23	√		50	√	
2		跳高架	付	2	√		4	√	
3		跳高垫	个	2	√		2	√	
4		跳高横杆	根	2	√		4	√	
5		跨栏架	付	10		√	10		√
6		起跑器	付	6	√		8	√	
7		发令枪	支	2	√		2	√	
8		钉鞋	双	8	√		8	√	
9		标志筒	个	20	√		40	√	
10		实心球	个	23	√		77	√	
11		投掷靶（标枪）	套（根）	8	√		2		√
12		钻圈架（地垫）	个（条）	8	√		★		√
13		铅球	个	3		√	9		√
14		标志杆	根	20	√		40		√
15		起跳板	块	1		√	1		√
16		定向越野套材	套	1		√	1		√

注：1. 标注“★”器材的大小、数量根据实际需要而定。

2. 小学（初中）配备数量按照每个年级4个平行班、每班45（50）人的标准计算。如果每年级平行班和班级学生数较多，则应根据实际情况适当增加器材设施的配备数量。

表16-9　普通高中体育教学器材配备表

序号	模块	器材	单位	配备要求			备注
				数量	必配	选配	
1	体能	身高体重测试仪	台	1 ~ 4	√	—	
2		肺活量测试仪	台	1 ~ 4	√	—	
3		握力测试仪	台	1 ~ 2	—	√	
4		坐位体前屈测试仪	台	1 ~ 4	√	—	
5		仰卧起坐测试仪	台	1 ~ 4	√	—	
6		台阶试验测试仪	台	1 ~ 2	—	√	
7		立定跳远测试仪	台	1 ~ 4	√	—	
8		跑步测试仪	台	1 ~ 4	√	—	
9		跳绳测试仪	台	1 ~ 2	—	√	
10		实心球测距仪	台	1 ~ 2	√	—	
11		引体向上测试仪	台	1 ~ 4	—	√	

续表

序号	模块	器材	单位	配备要求			备注
				数量	必配	选配	
12	体能	哑铃	对	10	√	—	
13		橡皮拉力带	条	26～52	√	—	轻阻力
14		橡皮拉力带	条	26～52	√	—	重阻力
15		平衡垫	个	26～52	√	—	

第二节　学校体育场地器材资源的开发利用

随着国民经济水平的提高，国家对教育的投入也在逐年加大，学校体育场地器材的配置得到明显的改善，但在一些边远山区、农村学校还存在体育场地器材不足的问题，影响了学校体育活动的正常开展。为此，学校应在充分利用现有体育场地器材的基础上，科学、合理地开发体育场地器材资源，创造性地开展学校体育工作，增强学生体质。

一、体育场地资源的开发利用

（一）体育场地的开发利用

学校对现有的体育场地进行合理的规划布局和改造，巧妙地开发利用场地的大小及场地上的各种线条、结构等，并将其运用到体育课堂教学和阳光体育活动之中，如利用场地上线条做起跑线和各种移动步法练习；利用篮球场进行小型足球赛；利用篮球场三分线或以篮球场中线和边线的交叉点为圆心，以中线15米为半径画一个弧，就可以用于弯道跑教学。又如，某中学在大课间跑操时，安排全校46个教学班，2300多名学生，在唯一的六道300米环形塑胶田径场上同时进行跑步，主要方法是：每2个班组成一个单位，各班一路纵队，采用两班头尾相接转圈法（图16–5）。

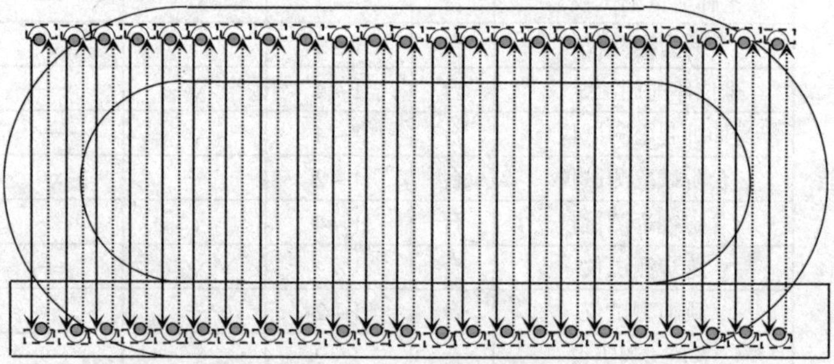

注：各虚线、实线表示一个班

图16–5　跑操路线示意图

（二）校园环境资源的开发利用

校园有着各种各样的环境资源，如建筑、墙壁、绿化带、台阶、树木、走廊、道路等。只要合理科学安排，都可以进行体育教学和训练，如利用树枝树叶做纵跳摸高练习；在草坪上可做各类游戏、立定跳远、技巧练习；利用道路，画上图案，可做跳格子、跳房子练习（图16–6）；利用校园立柱练习靠墙静蹲（图16–7）；台阶用于上肢力量、下肢力量、腰腹力量、柔韧等练习；校园的围墙和墙壁可做成攀岩墙，或用墙壁进行乒乓球、排球的垫球练习（图16–8）；用地面上原来的图形、线条做各类游戏，如在色彩相间的地砖上做闯关游戏（图16–9）等；另外，还可充分开发学校的边角地带或闲置地块，使活动场地充分延伸，如做成体育运动乐园。

图16–6　跳房子练习

图16–7　利用立柱练习靠墙静蹲

图16–8　利用墙壁练习排球垫球

图16–9　地砖闯关游戏

（三）校外环境资源的开发利用

校园周边的环境资源都可以作为体育教学和开展阳光体育活动的资源，如校园附近的公园、广场、绿化带、道路、空地，以及周边的森林、山地、田野、沟渠、江河、沙滩等。在保证安全的前提下，利用公园开展定向运动，利用适宜的水域当游泳池，利用郊野进行远足，利用山坡设计出斜坡跑道，利用大树做各种攀爬动作、荡秋千，利用雪原进行滑雪橇、滚雪球、打雪仗，利用沙地进行沙滩排球和足球等。还可以根据季节特点开展春季春游活动、夏季游泳活动、秋季登山和越野跑、冬季滑冰和滑雪等活动。

二、体育器材资源的开发利用

（一）常规体育器材的开发利用

任何一种体育器材都具有多种属性与功能，学校要对现有的常规体育器材进行多重利用，有效促进其“一物多用”。从器材的形状、材质、数量、动作姿势、器材组合等属性着手，从器材辅助各种运动技术教学、身体素质、游戏、变通拓展等功能着手，使手边的体育器材充分发挥自身的作用，不断丰富体育课程资源，使体育课堂教学魅力无穷。

（1）跳绳：除了用作各种跳绳练习外，还可作绳操、跳跃、投掷、接力、踩蛇尾和拼图案等游戏的器械。

（2）接力棒：除了用作接力跑的传接器材，还可作哑铃操的手持器材、投掷器材以及拼图、支棒、托棒、夹棒等游戏的器械。

（3）实心球：除了用作投掷，还可作负重练习、障碍物、标志物、保龄球等活动的器械。

（4）体操垫：除用于滚翻练习和垫上身体素质练习外，还可作障碍跑（图16-10）、抢位置、负重搬运、踏板操（图16-11）、跨栏辅助练习（图16-12）、篮球体前变向换手运球及高低运球练习（图16-13）、搭桥过河等活动的器械。

图16-10　障碍跑

图16-11　踏板操

图16-12　跨栏辅助练习

图16-13　篮球运球练习

（二）生活物品的开发利用

日常生活物品经过筛选也可以运用到体育活动中，以生活物品作为器材的替代物，既经济实惠，又能达到理想的效果。可以通过就地取材、废物改造、组合改造等方法对生活物品进行开发利用，让生活物品在体育教学中的运用达到事半功倍的效果。其具体方法如下。

（1）毛巾：用于抓尾巴、毛巾操、投掷（图16–14）、跳跃、接力、两人三足、标志物等多种活动的器械。

（2）书包：调整书包的重量，用于负重跑、书包哑铃，也可作标志物、障碍跑（图16–15）、跳跳等练习的器械。

（3）矿泉水瓶：装上水或沙子可作标志物，也可作手榴弹进行投掷练习或哑铃负重锻炼；瓶盖可做成棋子；用瓶子摆放成三角形、弧形、“一”字形等，可进行投掷比赛，还可做成简易栏架（图16–16）。

图16–14　毛巾投掷

图16–15　书包障碍跑

图16–16　矿泉水瓶简易栏架

（4）竹梯：可用于走横梯、走横档、爬斜梯、爬直梯（适宜团队拓展活动）；也可架在桌子上做平行梯；也可用作负重搬运等练习。

（5）横幅：长横幅可用于多人纵向或横向协作跑，可用于投掷的空中标志和大渔网游戏，可用于舞龙、各种比赛的警戒线。短横幅可用于单、双人操，用于抓尾巴、多人合作抛接球等活动；也可作为接力棒、蒙眼布、两人三足的绑腿带等活动。

（三）新兴体育器材

现代科学技术的迅速发展给体育运动带来了日新月异的变化，众多新兴体育器材得到兴起。新兴体育器材走进校园，为学校体育课程资源增添了新的内容和注入了新的活力，如轮滑、阻力伞（图16–17）、六角灵敏球（图16–18）、敏捷圈、平衡垫（球）（图16–19）、弹力带、瑜伽砖（球）、充气毛毛虫（图16–20）、软式标枪等。

（四）自制体育器材

自制体育器材是指师生根据教学内容的需要，因地制宜、因陋就简地动手制作体育器材。制作简易器材不仅能改善教学条件和解决器材短缺的问题，而且还能培养学生动手能力和创造能力。例如，将废弃的足球、篮球、排球剪切成直径约为8厘米的圆形，在其中间挖个小洞，就成为一种多功能的“标志帽”（图16–21），可用作各种接力跑、节奏跑等练习的标志物，也可用作飞盘、球托等；利用废弃的足

图16-17　阻力伞

图16-18　六角灵敏球

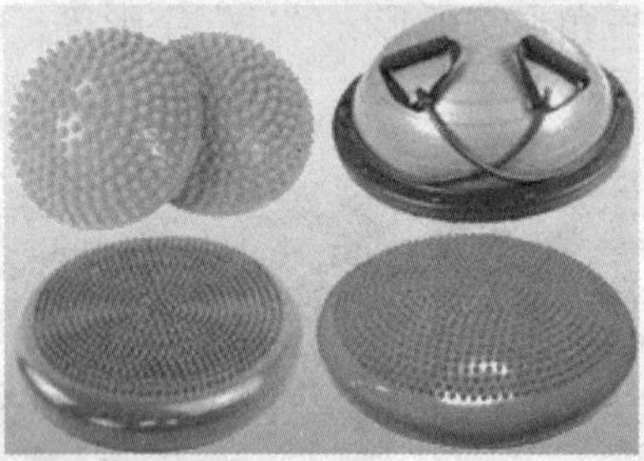
图16-19　平衡垫（球）

图16-20　充气毛毛球

球、篮球、排球制作出软式跳跳球（图16-22），虽然其弹性不能与市场销售的跳跳球一样，但基本可达到相似的健身效果；利用废弃球类制作球式哑铃（图16-23），重量可自行控制；利用废弃高压锅胶圈（或软质塑料管）和布料制作成软式飞盘（图16-24），可以避免传统硬质塑胶飞盘带有的一些危险性。

图16-21　多功能“标志帽”

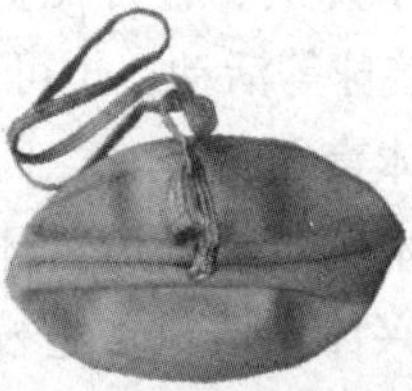
图16-22　软式跳跳球

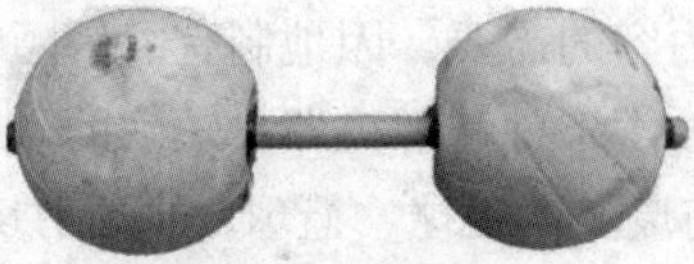
图16-23　球式哑铃

图16-24　软式飞盘

第三节　学校体育场地器材的管理与维护

体育场地器材管理是学校体育和教研组管理的重要内容，是指学校通过建立规章制度，运用科学的手段，定期检查和保养，使其合理使用、延长寿命、安全可靠，为学校体育工作提供更好的服务。

一、体育场地的管理和维护

中小学校体育场地分别由田径场地、球类场地、室内场地、室内（外）游泳池、冰雪运动场等组成，主要由塑胶、水泥、煤渣、土质、草坪和木质等不同材质建成。

（一）塑胶场地的管理和维护

塑胶场地的面层是聚氨酯复合材料，具有优良的性能，由于其造价不菲，为延长其使用寿命，必须加强管理与维护。

1. 塑胶场地的管理

（1）塑胶场地除用于体育教学、训练和比赛之外，不宜他用。

（2）严禁各种车辆进入塑胶场地，以防止漏撒机油，腐蚀塑胶跑道面层，破坏塑胶跑道面层与基层的结合，如足球场清草车等，经过塑胶面层地段时，需加厚度不得小于5厘米、宽度要大于车辆车轮宽度的垫板。

（3）严禁尖锐物品或重物长期压在跑道面层上，如指挥台、广告牌等物品，防止塑胶面层因长期挤压造成变形或鼓起。

（4）不得在塑胶场地上使用锋利物品，防止穿刺或切割塑胶面层。

（5）进入塑胶场地者必须穿运动鞋。在比赛时跑鞋鞋钉长度不超过8毫米，跳鞋鞋钉长度不超过11毫米。

2. 塑胶场地的维护

（1）经常清洗。每天清扫塑胶场地上的污秽物，保持干净，应经常用水喷淋清洗。洗衣粉擦洗干净。最好每季度安排一次大清洗。

（2）保持色彩。比赛前后要用水冲刷，以保持塑胶场地的色彩和清洁。同时，随着时间的延长，塑胶表面的各种标志会逐渐褪色，使用数年后要喷一层塑胶液，重新描画标志线。

（3）保护内道。平时应限制使用，必要时可设置障碍物。

（4）及时修补。塑胶场地边沿应加掩护，不得肆意掀动，如发现碎裂、脱层、起泡等现象应及时进行修补。

（5）洒水排水。夏季天气炎热，要洒水降温，保护塑胶面，防止温度过高出现老化、裂缝和起泡等现象。下水道要经常清理，保持场内排水畅通。

（二）水泥场地的管理和维护

水泥场地就是用水泥混凝土浇筑硬化而成的场地。其优点维护简单，使用年限较长，因此，必须做好预防性、经常性和养护性的管理。

1. 水泥场地的管理

（1）禁止各种车辆（含自行车）在水泥场地上行驶。

（2）禁止在水泥场地上练习铅球、铁饼等器材。

（3）严禁尖锐物品在水泥场地上划动，禁止重物长期压在水泥场地面层上。

（4）禁止在水泥场地上吐口香糖和吐痰。

2. 水泥场地的维护

（1）经常清除水泥场地上的沙土、石子和污物，特别是小石块容易破坏表层。

（2）对裂缝或破损处，要及时浇注混凝土或沙浆来修补，防止雨水渗入损害地基。

（3）对水泥场地上的各种标志线的褪色，要及时地进行修复或描画。

（4）要经常清理下水道，保持场内良好的排水性能。

（三）煤渣跑道的管理和维护

煤渣跑道一般分为基础层、弹性层和面层，其中面层是用煤渣、黏土按比例混合棚料铺筑。

1. 煤渣跑道的管理

（1）禁止在煤渣跑道上行驶各种车辆（含自行车）。

（2）禁止行人横越煤渣跑道。

（3）煤渣跑道表面需保持一定的湿度。干旱季节最好每天傍晚洒水。

（4）保持煤渣跑道第一道与外道跑道硬度近似。

2. 煤渣跑道的维护

（1）经常修整。如在开学前、期中、校运动会前后要修整煤渣跑道，一般进行除草、喷水、压实和平整。

（2）适宜洒水。不管春夏秋冬，如果煤渣跑道表层的相对湿度达不到30%，就会出现黏性差，容易被风吹掉表面的浮料，既影响正常的学校体育工作，也会加速跑道的损坏。

（3）定期翻修。每年对煤渣跑道进行翻修1～2次。另外第一条跑道使用最多，硬度较大，可在第一道放置障碍物，让学生在外圈各道上练习；或在短距离比赛时，尽量不安排使用。

（4）检查排水。在雨季前，要做好下水道的疏通，以保持场地良好的排水性能。另外，也要保持煤渣跑道内外水泥道沿的排水孔畅通。

（5）清理积雪。下雪后，若要清扫跑道上的积雪，一定要注意轻扫，防止表层煤渣与雪一起扫掉。

（四）土质场地的管理和维护

土质场地是利用各种黄土、黏土等土壤铺筑而成的体育场地，农村中小学较为常见。

1. 土质场地的管理

（1）禁止穿皮鞋、高跟鞋、带钉鞋进入土质场地。

（2）雨后，土质场地过湿或过于松软不得使用。

（3）布置、收拾（教学）训练和比赛器械时要轻拿轻放，不得在土质场地上拖拉。

（4）禁止在土质场地内吸烟、吐痰、吐口香糖、乱扔果皮和纸屑。

2. 土质场地的维护

（1）及时翻修。一般安排在每年春季进行1次翻修。

（2）适时洒水。为保证土质场地的湿度，根据天气情况应适时给场地洒水，特别是大风天，以防止表面土层被风吹掉。

（3）注意排水。对土质场地四周的排水通道，要及时地进行检查和修缮，确保排水通道畅通。

（4）及时修补。使用一定时间后，对于土质场地上突起石子和出现的低洼不平处，要及时查看清理和修补。

（5）清扫除草。每天对场地上的污物、小石子进行清扫，对土质场地上的杂草应随时铲除，除草时要尽量做到连根去除，在杂草种子尚未成熟以前除草。

（五）草坪场地的管理和维护

草坪场地是由人工铺植草皮或播种草子培养形成的整片绿色地面，一般为田径跑道内场地，需要大量的人力、财力来维护。

1. 草坪场地的管理

（1）禁止在草坪场地上行驶各种车辆（含自行车）。

（2）使用者必须遵守草坪场地的使用规定，爱护草坪场地和场内的一切设施。

（3）草坪场地主要供足球、棒球、垒球、板球、适宜的体育教学和部分田赛项目等使用。

（4）保持场地的清洁，草坪场地内不准吸烟，不乱扔果皮、纸屑、石子，不得随地吐痰和吐口香糖。

（5）根据季节和草的生长情况科学安排使用时间。一般来讲，北方地区每年12月至次年的4月为草坪场地的保养期，不安排使用；5月和9～11月可2天使用1次，6～8月可每天使用1次。南方地区的草坪场地可全年使用。具体使用时间应结合当地气候等条件来决定。

2. 草坪场地的维护

（1）管理人员要熟悉各种草的生长规律与使用特点。

（2）除杂草。一般情况下，待草苗长出2厘米后，就要拔除杂草，先7天拔除1次，连续拔4～6次，然后视杂草生长情况适时拔除。

（3）修剪。草长到4～10厘米高时进行修剪，每次修剪量不宜超过草高的一半。草一般保持2～5厘米高。

（4）施肥。草坪施肥可用化肥或有机肥，一般施用化肥氮、磷、钾的比例控制在5∶4∶3为宜，正常情况下，南方秋季施肥，北方春季施肥。

（5）及时修补，更换损坏的地方。

（6）草坪不宜使用过度，应规定使用期和保养期，定期分区轮流开放使用。

（六）人工草坪场地的管理和维护

人工草坪即“人造草坪”。人工草坪场地以仿草叶状的合成纤维、植入在机织的基布上，背面涂上起固定作用的涂层作为运动场。人造草坪场地有色泽鲜艳、四季绿色、防晒、防水、防滑、耐磨、使用寿命长、维护费用低、可全天候使用等优点。

1. 人工草坪场地的管理

（1）禁止机动车辆及重物进入人工草坪场地。

（2）禁止在人工草坪场地内吸烟、燃放烟花爆竹、焊接等。

（3）禁止在人工草坪场地内乱扔口香糖、果皮零食、果汁饮料等。

（4）禁止使用化学清洁剂、除草剂或杀虫剂。

2. 人工草坪场地的维护

（1）经常清理场内污物，保持人工草坪场地干净。

（2）对损坏的部分应及时修补。

（3）不得在人工草坪场地内使用钉鞋、标枪等不当的鞋类或体育器械。

（4）雪天禁止即刻踩踏，需将人工草坪场地表面浮雪扫净后再进行使用。

（七）木质场地的管理和维护

木质场地是指运动馆（房）内的地面用实木地板、强化木地板等铺设而成的场地，一般供篮球、排球、羽毛球、体操等项目使用。

1. 木质场地的管理

（1）未经主管部门或主管人批准，任何单位和个人均不得进入木质场地训练或活动。

（2）进入木质场地人员须穿软底鞋，严禁穿皮鞋、高跟鞋、带钉鞋入内，避免尖锐器物划伤地面。

（3）严禁在木质场地内吸烟、吐痰、吐口香糖、泼水、乱丢果皮纸屑和杂物。

（4）不得随意搬动木质场地内的固定器材，不得推、拉器材，要轻拿轻放，以免划伤地板。

（5）禁止在木质场地内踢球、投掷重物。

2. 木质场地的维护

（1）保持木质场地干燥、清洁，不允许用滴水的拖把拖木质场地，或用碱水、肥皂水擦木质场地，以免破坏木质场地油漆表面的光泽。

（2）尽量避免阳光暴晒，以免表面木质场地油漆长期在紫外线的照射下提前老化、开裂。

（3）在门口处放置蹭蹭垫，减少鞋上尘料损伤木质场地。

（4）经常进行打蜡，最好每3个月打1次蜡，可保持木质场地的光洁度，延长木质场地的使用寿命。

（5）及时对开裂处进行填补。在填补后，适当增加木质场地地表湿度，以利于木质场地复原。

（八）游泳池的管理和维护

游泳池对卫生清洁要求较高，因此管理与维护工作尤为重要。

1. 游泳池的管理

（1）参加游泳前，先要对学生进行健康检查，凡患有心脏病、皮肤癣疹（包括脚癣）、重症沙眼、急性结膜炎、化脓性中耳炎、肠道传染病、发热等疾病在未治愈之前，不能参加游泳。女生经期也不宜参加游泳。

（2）游泳者应穿大方得体的泳装，严禁穿白色透明的泳装入池。

（3）饭前、饭后半小时或急剧运动后都不宜游泳，入水前应做准备活动，通过浸脚消毒池后再入池。

（4）游泳中注意安全，听从教师指挥，不得在水中嬉戏、打闹。

（5）遵守公共卫生，杜绝在池内小便、吐痰、擤鼻涕；禁止在游泳池内吸烟，嚼、吐口香糖，乱扔果皮、纸屑。

（6）爱护游泳池的一切设施。

2. 游泳池的维护

（1）游泳池开放时间由学校根据具体情况另行公布，非开放时间禁止进入泳池。

（2）游泳池开放期间，每日池水循环不得少于4小时，池水余氯量保持0.3 ~ 0.5mg/L，做好余氯测定并记录在册。

（3）游泳池指定专人负责池水净化与消毒工作。

（4）经常清扫场内卫生，保证场内厕所清洁，无异味。

（5）每2日进行1次池底清洁。

（九）冰雪运动场地的管理和维护

我国冰雪运动场地主要在东北、西北等地区，如黑龙江、新疆等地。冰雪运动场地由冰场和雪场2种场地组成，学校的冰场基本为人工浇筑形成的，雪场基本为天然形成的。由于冰雪运动场地对气候温度的特殊要求，对其管理与维护工作需特别注意。

1. 冰雪运动场地的管理

（1）学校冰雪运动场地主要用于学校内各教学班上课和运动员训练使用。

（2）课前要对学生进行安全、防范意识的教育。

（3）上课前要对冰雪运动场地进行安全检查，避免课上出现伤害事故。

（4）上课中要按学生技能水平进行分组教学，针对不同学生掌握的技能，合理安排不同的教学内容。

（5）禁止在冰雪运动场地内吐痰、吐口香糖、乱丢果皮纸屑和杂物。

（6）禁止在冰雪运动场地内嬉戏、打闹、追逐，配备必需的救护药品和设备。

2. 冰雪运动场地的维护

（1）坚持对冰场每日早晚浇冰各1次，雪场的滑雪道定时压雪养护。

（2）维护保管好浇冰、铲雪、压雪等工具。

（3）每天下课后清扫冰雪运动场地冰屑、杂物等，保证场内清洁。

（4）保持冰场、雪道平整无障碍物。

二、体育器材的管理和维护

安全可靠的体育器材是杜绝和避免伤害事故发生的重要基础。加强体育器材的管理与维护对提高体育器材利用率和延长使用寿命、安全教学具有重要意义。

（一）体育器材的管理

1. 制度化

学校要根据《学校体育工作条例》和《学校卫生工作条例》等，制定符合本校实际的有关体育器材管理的各项工作要求，使管理工作有章可循、有法可依。例如，学校要制定《体育器材室管理制度》《体育器材借还制度》《体育器材维修保养制度》《体育器材管理人员职责》等制度，要求所有管理人员按照规章制度工作，严格管理，热情服务。

2. 规范化

为了让体育器材管理走向规范化，必须按照各项制度有序执行，如把好体育器材购置质量关，避免购进劣质产品或不符合比赛规格的体育器材；学校应对体育器材的管理安排专人负责和配置器材室，建立体育器材管理明细账、体育器材登记表（表16–10），做到账物相符；对易耗品及时办理注销、报修手续，对丢失物品及时登记、报告；体育课堂教学、阳光体育活动、运动训练由任课体育教师和带队体育教师负责借还，并做好使用记录（表16–11）；体育教师上课所用体育器材，课前、课后要进行清点，严防体育器材漏失。

表16–10　体育器材登记表

器材名称	数量	单位	单价	规格	生产厂商	购买时间	存放地点	备注

保管员：　　　年　月　日

表16–11　体育器材借还登记表

器材名称	数量	班级	借用人签名	借用时间				归还时间				备注
				月	日	时	分	月	日	时	分	

3. 科学化

体育器材的管理要遵循科学化的原则，要有利于体育教学、阳光体育活动及运动训练、竞赛的开展，如体育器材室应选择宽敞、明亮、通风、干燥的房子，还应制作存放各种器材的专门器具和装置，有利于摆放和存储；对体育器材要合理分类、存放整齐，便于体育器材清点与借还；对于经常性使用的体育器材要置于易取易放处；对活动范围要求不大的运动项目，如单杠、双杠、爬绳、肋木等体育器材应尽量立于场地的边角或面积较小的区域；要针对体育器材的不同质地和特性进行科学保养、维修和使用，尽可能延长体育器材的使用寿命。结合学校体育资源、师资和学生情况，做到统筹计划、精心安排，优先保证体育教学活动的正常开展，提高体育器材的使用率，充分发挥体育器材的使用价值。

4. 安全化

对于体育器材的管理和使用必须要“安全第一”。首先严把体育器材购置质量关，看是否符合国家标准规定，对劣质体育器材或不符合安全标准的器材坚决拒购，对已购买的不符合安全标准的体育器材应立即停止使用。体育器材的布置要符合安全、卫生要求。对体育器材定期或不定期进行系统的、全面的安全检查，对损坏的体育器材要及时修理，消除安全隐患。要建立健全体育器材安全制度，及时做好更新、维修和保养等工作，确保体育器材使用的完好率和安全性。

（二）体育器材的维护

体育器材及设备的维护是学校体育场地器材管理的一项重要内容。体育器材种类繁多，根据体育器材制作的材料性质，可分为金属类、皮革类、塑胶类、化纤类、木质类、电子设备类、复合类等。

1. 金属类

金属类体育器材种类多、应用广，如单杠、双杠、肋木、篮球架、足球门、铅球、标枪、起跑器、发令枪等。它们容易受潮氧化生锈，为此要及时擦拭干净，适时在其表面除锈、涂防锈漆，或上油保持润滑，特别是螺丝连接部位。要经常查看螺丝是否松动，有无开焊、断裂之处，如有异常现象应及时修理，保证器材安全完整和及时使用。发令枪可用缝纫机油保养，其他可用防锈油等来保养。长期不用的金属类体育器材要上油保存，室外的金属类体育器材要定期进行保养，一般可安排在寒暑假，不影响正常的教学秩序。

2. 皮革类

皮革类体育器材主要有真皮、PVC、PU 3种材质。PVC、PU又称人造革或仿皮，具有数量多、应用率高等特点，常见的体育器材有篮球、排球、足球、垒球、手球、手套、护具等。PVC材质容易变硬、变脆；PU材质具有真皮的质感，结实耐用。真皮韧性强耐磨，但吸水容易膨胀、变形，为此，真皮体育器材不能置于日光下曝晒，应注意防潮，严禁重物挤压，防止尖锐物割扎，雨水天气不得使用，应适时涂保革油。

3. 塑胶类

塑胶类体育器材就是用塑料和橡胶制作而成的体育器材，一般有实心球、呼啦圈、跳绳、拉力带、飞盘、空竹等。塑胶类体育器材具有易磨损、抗压性能差、易爆、易老化变形的缺陷，因此，不能置于日光下曝晒，严禁学生蹲压，防止尖锐物割扎和防火，保持其干燥、洁净，严禁重物挤压。

4. 化纤类

化纤类体育器材主要有拔河绳、服装、排球网、海绵垫、体操垫、足球门网、信号旗等。其具有易燃、易潮的特性，在养护中要加强防火、防潮、防霉，做到及时清洗和晾晒，保持清洁干燥，存放时要隔空放置，破损后要及时进行修补或更新。建议在寒暑假时将挂于室外的球网收于室内保存。另外，地毯要经常用吸尘器打扫，每周至少2次。

5. 木质类

木质类体育器材主要指踏跳板、接力棒、抵趾板、木制跳高架、体操凳、棍、杠铃架、道次盒等。此类体育器材易燃、易潮、易刮伤，因此，存放时要远离电源、水源，注意防火、防潮，要适时在其外表涂油漆。

6. 电子设备类

电子设备类体育器材主要有秒表、移动音箱、扩音器、学生体质健康测试仪器等，特别要做好体质健康测试仪器的维护管理工作。电子设备类体育器材的维护要根据其性能特点进行，包括认真做好防潮、防尘、防震、防暴晒、防火等工作，搬运时做到小心谨慎、轻拿轻放，同时做好清洁保养、润滑、紧固、通电检查等工作。在每次使用或测试后应及时切断电源，并把其放在干燥、干净的地方。内置电源的电子设备类体育器材若长期不用，应取下电池，以免损坏；装有蓄电池或锂电池的电子设备类体育器材一般2～3个月充电1次。电子秒表不用时，不宜将电池取出，以确保表的良好防潮性能。对没电的电子秒表，应做好及时更换电池工作。

7. 复合类

复合类器材是由2种或2种以上的材料制成的体育器材，如跨栏架、跳箱、羽毛球拍、乒乓球拍、钉鞋等。对于此类体育器材的维护要兼顾不同构成材料的特点，具体方法见前文。

8. 拓展类

拓展运动受受训者的人格品质、心理素质和团队精神的影响，无疑具有强大的生命力，深受广大师生的喜爱，给体育教学带来新的活力和契机。当前，攀岩、信任背摔、生死电网、有轨电车、荡悬索、攀网等活动已逐渐走进校园，所需攀网、攀岩墙、救生绳和野外生存用的帐篷等体育器材在学校的使用越来越多。拓展类体育器材的维护要注意查看使用说明、保养方法，也可根据不同构成材料相应进行维护。

思考题

1. 学校体育场地器材标准实施的意义？
2.《中小学体育器材和场地》国家标准简介是什么？
3. 中小学体育场地器材配备的基本标准有哪些内容？
4. 如何进行体育场地器材的开发利用？
5. 学校体育场地器材管理及维护有哪些内容？如何管理体育器材？

主要参考文献

[1] 中华人民共和国教育部 . 义务教育体育与健康课程标准 [M]. 北京：北京师范大学出版社，2012.

[2] 单小东，李艳翎 . 中小学体育器材和场地标准改革的进程及回顾 [J]. 首都体育学院学报，2008（1）：49-51.

[3] 国家市场监督管理总局，中国国家标准化管理委员会 . 中小学合成材料面层运动场地（GB 36246-2018）[S]. 北京：中国标准出版社，2018.

[4] 中华人民共和国教育部 . 农村普通中小学校建设标准 [S]. 北京：中国计划出版社，2008.

[5] 中华人民共和国教育部 . 城市普通中小学校校舍建设标准 [S]. 北京：高等教育出版社，2003.

[6] 中国建筑标准设计研究院 . 农村中小学校标准设计样图 [S]. 北京：中国计划出版社，2011.

[7] 教育部体育卫生与艺术教育司 . 中小学体育器材和场地标准汇编 [S]. 北京：中国标准出版社，2006.

（浙江省玉环市坎门海都小学　叶海辉）

第十七章　学校体育督导评估

内容提要

学校体育督导评估是学校体育管理工作的重要内容，是学校体育评价的主要方式，是推动学校体育工作开展的重要手段。本章在简单介绍学校体育督导评估的含义、职能和对象的基础上，阐述了学校体育督导评估内容指标的设计方法，并对学校体育督导评估组织与实施的7个阶段作了说明。

学习目标

◎掌握学校体育督导评估的含义与职能。

◎了解学校体育督导评估指标设计的基本方法。

◎了解学校体育督导评估组织与实施阶段。

第一节　学校体育督导评估概述

学校体育督导评估隶属于教育督导范畴，属于教育评价领域。《学校体育工作条例》第二十三条规定："学校体育工作应当作为考核学校工作的一项基本内容。普通中小学的体育工作应当列入督导计划。"学校体育督导评估是学校体育实践和管理工作的重要内容和环节，对调控学校体育工作实施过程、提高学校体育教育教学质量、反馈学校体育工作信息、不断改进学校体育工作等方面有着重要的意义。我国现有的教育督导制度是1986年《中华人民共和国义务教育法》颁布后，为了保障《中华人民共和国义务教育法》的贯彻实施而建立的，并于1991年4月26日以国家教育委员会第15号令发布了《教育督导暂行规定》。为保证教育法律、法规、规章和国家教育方针、政策的贯彻执行，实施素质教育，提高教育质量，促进教育公平，推动教育事业科学发展，国务院于2012年8月发布了《教育督导条例》，对各级各类教育实施教育督导。为深化新时代教育督导体制机制改革，充分发挥教育督导作用，2020年2月，中共中央办公厅、国务院办公厅印发《关于深化新时代教育督导体制机制改革的意见》指出：以习近平新时代中国特色社会主义思想为指导，全面贯彻党的十九大和全国教育大会精神，紧紧围绕确保教育优先发展、落实立德树人根本任务，以优化管理体制、完善运行机制、强化结果运用为突破口，不断提高教育督导质量和水平，推动有关部门、地方各级政府、各级各类学校和其他教育机构（以下统称学校）切实履行教育职责。到2022年，基本建成全面覆盖、运转高效、结果权威、问责有力的中国特色社会主义教育督导体制机制。我国学校体育督导评估在学校体育工作中的地位越来越重要，掌握学校体育督导评估知识是教师的基本要求。

一、学校体育督导评估的含义

（一）学校体育督导评估的解释

学校体育督导评估是指由教育督导评估机构组织及其成员根据国家的教育方针、政策、法规和学校体育科学理论，运用科学的方法和手段，对下一级政府和学校体育教育工作、下级教育行政部门和学校的体育教育工作进行监督、检查、评价和指导，并向同级政府和教育行政部门报告督导结果，提出意见和建议，对学校体育教育工作进行调控，以使学校体育教育和教学工作遵循教育、体育规律去进行，使国家的教育、学校体育方针、政策、法规得以很好地贯彻执行，不断提高学校体育教育质量，促进学校体育事业健康发展，保证教育目标的实现。也可理解为，学校体育督导评估是县级以上政府依法对其辖区内学校体育教育工作实施的行政监督，是教育行政机关依法对其辖区内学校体育教育工作实施的教育行政监督。

对以上学校体育督导评估可以作以下解释。

1. 学校体育督导评估的执行者是教育督导评估机构组织和教育督导人员

在我国，自1986年国家成立专门的督导机构以来，已经形成了中央、省、地（市）、县四级教育督导组织体系，并建立了一支专、兼职的教育督导人员队伍，一般称为督学。督学即行使教育督导的职权、执行教育督导任务人员的总称，既是一种称号，也是一种职务。从层次分，督学可以分为国家督学、省级督学、市级督学和县级督学；从督学岗位上分，其有领导和一般之分，如国家督学可以分为国家总督学、国家副总督学和一般督学；从编制上分，督学可以分为专职督学、兼职督学和特约督学。

2. 学校体育督导评估的依据是国家的教育和学校体育法律、法规、方针政策和学校体育的科学理论

目前，我国教育法律法规体系基本建立，学校体育法律法规逐步完善，所有涉及学校体育方面的法律法规均可成为学校体育督导评估的依据。另外，学校体育科学理论，如体育教学理论、科学运动理论、体育测量评价理论等也可成为学校体育督导评估的基础依据。

3. 学校体育督导评估基本程序是监督、检查、评价和指导

作为国家或政府的代表，教育督导是对学校体育教育工作的监督和检查，即按照法规政策监督和检查下级政府、教育行政部门和学校。同时，教育督导也是运用教育、体育科学理论和技术对督导对象进行教育评估和指导的过程。

（二）学校体育督导评估与学校体育评价的关系

教育评价最早由美国俄亥俄州立大学教育科学研究所教授泰勒（R. E. Tyler）于1930年首次提出，在美国国会1965年通过的《初等及中等教育法案》中得以合法化。教育评价是指教育评价机构或人员依据一定的教育目标，运用科学的方法和手段，对其实现教育目标程度所作的评定和估量，从而使教育活动趋向最优化，以满足社会与个体对教育的需要。教育评价是对教育质量的社会价值作出判断的过程。

教育评价和教育评估是同义词，评估是一种模糊定量的评价，含有估计、估量的意思。教育评估在对一些教育现象进行严格、精确的定量分析时存在一定困难，必须运用定性与定量相结合，客观统计与主观描述并重的手段才能去进行，一般教育评估后会给出一些等级，如优秀、良好、及格、不及格或通过、不通过等。也就是说，教育评价包含教育评估，教育评估又包含教育评价的方法和内容。

教育督导属于教育评价范畴，是教育评价的一种形式和具体运用。教育督导工作中离不开教育评价和教育评估的理论作支撑，教育评价和教育评估也得借助于督导去实施。所以，教育评价、教育督导、教育评估在一定意义上是相关联的、是交叉的、是相通的。因此，教育督导有时也称为教育督导评估或教育督导评价，如1991年5月21日颁布的《普通中小学校督导评估工作指导纲要》中就把“督导”和“评估”联用。同理，学校体育评价、学校体育评估、学校体育督导都是教育评价的范畴，它们相互联通，时而混用，从实践工作来看，“学校体育督导评估”一词运用率更高。

（三）学校体育督导评估目的

学校体育督导评估目的：一是督促政府及其教育行政部门履行职责，转变职能，加强领导，创造条件，办好每所学校，开展好学校体育工作；二是督促与指导学校贯彻执行有关国家教育、学校体育法律法规、方针政策等相关制度，深化学校体育教学改革，优化学校体育管理，全面提高学校体育教育教学质量；三是可以引导社会、家长用正确的标准评价学校的办学水平，关心和支持学校体育各项工作。

二、学校体育督导评估的职能

（一）监督职能

学校体育督导评估是对学校体育工作的行政监督，是政府体系内部的自我监控。我国教育法律初步建立，学校体育法规逐步完善，但现实中有法不依、执法不严、违法不究的情况还比较普遍，一些地方政府及其相关部门不依法履行学校体育方针政策情况还很严重。所以，学校体育督导评估是对政府行政体系内部的自我监控，非常重要。充分利用学校体育督导评估监督政府、教育行政部门和学校以及教师的教育行为，可以确保国家的教育、体育法律、法规和方针、政策积极贯彻落实，确保学校体育事业健康发展，确保学生体质健康不断增强。

（二）评价职能

学校体育督导评估过程也是一个评价的过程。它根据国家的教育、学校体育法规政策和学校体育科学理论，运用科学的方法对被督导单位进行客观、公正的全面或局部考核，作出客观的评估，搞清其成绩和不足，区分优劣。通过评价可以发现和总结学校体育工作典型经验，并加以推广，激励其他政府部门及学校加强学校体育工作。

（三）指导职能

学校体育督导评估不仅要监督、评估，还要在评估的基础上对被督导对象进行指导，就是在发现被督导对象存在问题的基础上，督学或督导人员运用自己的经验和学校体育专业知识，帮助被督导对象找出问题的原因和解决问题的方法，以提高其学校体育教育教学或管理质量，主要体现在：一要向被督导对象提供有关学校体育教育、体育法律指导，帮助了解、熟悉法律、法规，指导依法治教、依法办校；

二要向被督导对象提供学校体育政策指导，要宣传中央和上级政府关于学校体育的政策；三要向被督导对象提供思想指导，要宣传正确的体育观、人才观和质量观，介绍先进教育经验，介绍先进教育理论，指导按教育、体育规律办学；四要向被督导对象提供方法指导，帮助其寻求解决问题和克服困难的正确方法。

（四）反馈职能

反馈职能是学校体育督导评估的又一职能。督学或督导人员在督导评估学校体育的过程中，掌握了大量的上下级的学校体育信息，一方面他们可通过督导评估把上级的指示传达到下级政府、教育行政部门和学校，使下级准确理解国家的法规、政策；另一方面他们可以把下级执行的情况、下级对上级决策的建议和意见以及在执行过程中发现决策的不当等问题及时传递给上级有关部门。通过学校体育督导反馈这一信息传递机制，上下级能及时沟通信息，提高行政管理效能。

（五）协调职能

学校体育督导评估的协调职能是指在督导评估过程中，督导机构、督学或督导人员通过信息传递在上下级政府之间协调学校体育教育关系，在政府各有关部门与教育行政部门之间协调配合关系，协调下级政府部门与教育行政部门之间的关系，协调政府及其教育行政部门和学校的关系，协调教师和学生的关系。例如，对政府及其教育行政部门，要充分肯定它们为学校体育所做的工作，宣传它们在学校体育工作中所取得的成绩，鼓励它们更好地为学校服务，加强对学校体育的指导；对学校，要宣传当地政府及其教育行政部门为学校体育所做的工作，说明当地政府及其教育行政部门的客观困难，及时向当地政府及其教育行政部门反映学校在体育工作中所遇到的困难和问题；对体育教师，要说明学生对体育教师的意见和建议；对学生，要说明体育教师的困难，体育教师工作的目的、意图，鼓励学生积极参加体育锻炼。

三、学校体育督导评估的对象

在我国，实施教育督导评估的范围主要是政府、中等及中等以下学校和义务教育学校。学校体育是教育的一个组成部分，所以，教育督导对象也是学校体育督导评估对象。

（一）本级政府所辖区域内的下级政府

根据《中华人民共和国宪法》，我国目前的国家行政体制是：政府是国家权力的执行机关，国务院对国家行政事务和各级各类行政机关的工作实行统一领导和管理，对全国人大负责并报告工作；地方各级人民政府依照法律规定的权限，领导和管理本级行政区域内的各项行政事务，在对本级人大负责并报告工作的同时，对上一级人民政府负责并报告工作；地方各级人民政府都是国务院统一领导下的国家行政机关，都服从国务院。教育事务是国家行政事务的一个重要组成部分，各级政府对教育事务实施行政管理的体制服从国家行政体制。各级政府对本行政区域内教育工作实施领导和管理，其中包括对下级政府教育工作的行政监督；地方政府在教育事务方面对本级人大负责的同时，对上一级政府负责，其中包括接受上一级政府对教育工作的行政监督。所以，作为本级政府教育行政监督的学校体育督导评估可以把本级政府所辖区域内的下级政府作为督导评估的对象。

（二）地方各级政府尤其是市、县（区）政府中与执行教育、体育法律、法规有关的行政职能部门

根据我国行政法，各级人民政府是国家权力的执行机构，是整个国家组织体系的构成要素，同时自身又是一个组织系统。政府的各个职能部门，是相互联系的一个整体。我国中等及中等以下教育实行在国务院领导下由各级地方人民政府负责管理的体制。因此，地方各级政府在基础教育尤其是实施义务教育方面的法律责任和行政责任是其各有关职能部门的共同责任，其各自的教育法律责任和行政责任是政府教育法律责任和行政责任的分解，是相互关联前提下的不同分工。教育行政机关是各级政府在教育事务方面的主管部门，在履行政府的教育法律责任和行政责任方面负有重要责任，在规定权限范围内对学校的管理方面负有主要责任，但不是政府中唯一与教育法律责任和行政责任有关的职能部门，也难以对规定权限范围以外的与教育有关的法律责任和行政责任负责。尽管各级政府的其他有关职能部门各有其具体职能，专司法律职责和行政职责，但基本不同程度、不同范围内担负教育法律责任和行政责任。只有当政府的各有关职能部门都能依法积极主动履行其教育法律责任和行政责任时，才能说各级政府履行了教育法律责任和行政责任，并完成了其在教育方面的工作任务。因此，地方各级政府尤其是市、县（区）政府中与执行教育、体育法律、法规有关的行政职能部门是政府对学校体育教育实施行政监督的对象。

（三）实施中等及中等以下教育尤其是实施普通教育的各级各类学校以及属义务教育性质的初等职业技术学校及其教育机构

省级及以下教育督导评估的对象涉及实施中等及中等以下教育尤其是实施普通教育的各级各类学校以及属义务教育性质的初等职业技术学校及其教育机构。《中华人民共和国教育法》在规定学校及其他教育机构法定权利的同时，规定他们有“遵守法律、法规”“贯彻国家的教育方针，执行国家教育教学标准，保证教育教学质量”“维护受教育者、教师及其他职工的合法权益”“遵照国家有关规定收取费用”“依法接受监督”等义务。其中的“依法接受监督”包括依法接受教育行政监督。因此，中等及中等以下教育尤其是实施普通教育的各级各类学校以及属义务教育性质的初等职业技术学校及其教育机构属于学校体育督导评估的对象。补充说明，因高等教育管理的特殊性和高等教育的专业性，一般不采用行政监督等强制性手段来督导评估。

总体来说，学校体育督导评估可以分为“督政”和“督学”，“督政”是指监督评价政府履行教育职责，发展学校体育的情况；“督学”是指监督评价学校办学水平，切实提高学校体育教育教学质量的情况。

第二节 学校体育督导评估内容指标的设计

学校体育督导评估内容指标是学校体育督导评估方案中的主体部分，其设计和制定的科学性、可行性直接关系到学校体育督导评估能否正确实施及对被督导对象给予准确的评价和指导，因此，学校体育督导评估内容指标设计非常重要，了解学校体育督导评估内容指标设计的基本方法，对于做好学校体育督导评估方案、取得预期督导评估目的有重要作用。不同类型、不同目的的学校体育督导评估内容侧重点各不相同。

一、学校体育督导评估的类型

根据学校体育督导评估活动的对象、功能、内容、方式、标准等，学校体育督导评估分为以下不同的类型。

（一）政府工作督导评估和学校督导评估

根据对象不同，学校体育督导评估可以分为学校体育政府工作督导评估和学校督导评估。政府工作督导评估是指对政府开展学校体育工作的情况实施行政执法监督；学校督导评估是指对学校开展体育工作的情况实施行政执法监督。

（二）综合性督导评估和专项性或多项性督导评估

根据内容不同，学校体育督导评估可以分为学校体育综合性督导评估和专项性或多项性督导评估。综合性督导评估是指督导评估内容涉及学校体育各项法律、法规和有关对象所有学校体育工作的各个方面，如“两基”“双高普九”督导评估就是综合性督导评估；专项性或多项性督导评估是指督导评估内容仅涉及学校体育某项法律、法规或某个条款或学校体育工作的某一方面，如中小学校体育工作专项督导评估。

（三）计划规定性督导评估和经常性督导评估

根据方式不同，学校体育督导评估可以分为学校体育计划规定性督导评估和经常性督导评估。计划规定性督导评估是指被正式列入政府、教育行政机关及教育督导机构年度督导工作，有明确对象、时间和内容的学校体育督导评估，经常性督导评估是指被正式列入计划，通知所有对象接受此类督导评估，但并未明确规定具体时间，也不事前通知对象的学校体育督导评估。

（四）办学条件督导评估、过程性督导评估和总结性督导评估

根据目的和作用不同，学校体育督导评估可以分为学校体育办学条件督导评估、过程性督导评估和总结性督导评估。办学条件督导评估是指以评估对象的学校体育办学条件为主要内容，涉及自然环境、社会环境和各种学校体育资源；过程性督导评估是指根据既定的学校体育发展目标对有关评估对象的学校体育管理行为和管理过程实施督导评估；总结性督导评估是指对有关评估对象学校体育工作的目标达成度或成果所达到的水平进行督导检查，水平评估和验收性评估属此类。

二、学校体育督导评估内容指标

（一）设计督导评估内容指标的基本原则

1. 一致性原则

第一，指标必须与国家所规定的各级政府及其职能部门、教育行政部门和学校的相应职责、任务、规范及目标等在范围上保持一致；第二，指标必须与党和国家关于教育、学校体育改革和发展的指导思想保持一致；第三，各项指标之间必须保持一致，避免指标与指标之间在思想性、方向性等方面的冲突或矛盾。

2. 独立性原则

在设计指标时，同一层次的指标必须各自独立，指标间不能相互重叠和包含，不能存在因果关系，不能从一项指标导出另一项指标。如果指标间出现重复或包含，势必造成基本指标的重复，给评估带来大量工作，造成评估结果的不科学和不实际。例如，在检查学校体育条件时，指标里设计了“学校体育设施器材”项，这里的“设施”和“器材”就相重叠，没有相互独立，应该分设成两个指标。

3. 平行性原则

在同一层级的指标中，各指标必须在逻辑上属于同一层次，主要体现为：要么指标都是一种概念，如同一级指标，都属于“行政管理”或“教学情况”；要么都属于二级或三级概念，如同属二级或三级指标。这样设计有利于明确同一级指标在逻辑上的相同地位和同等重要性，还有利于定量分析时赋值的科学性。例如，在设计了解学校体育开展情况时，把“体育教学”“大课间”“课外班级活动”放同一指标里，这几个指标就不平行，因大课间和课外班级体育活动和体育课是平行的，应该把“体育教学”改为“体育课”。

4. 简约性原则

在指标设计时，指标体系数量多少影响督导评估工作的质量，所以指标体系要求简约、可行，具体体现为指标体系能突出重点和文字表述简明。指标要突出反映在一定时期党中央和国务院关于学校体育发展战略重点和工作重点的规定；要突出反映政府教育工作和学校体育工作与学校体育目标、体育条件、体育教育质量和体育教育教学效益等有关的重点项目。如果有了A指标的信息和评估结果，就必然能推算出B指标的信息和评估结果，那么就可以舍去B指标。

5. 可测性原则

指标的设计要注意便于测量，要用可操作化的语言加以界定，必须使模糊的、潜在的行为变为外显行为，从而使之能被观测到。同时，在设计指标体系时，必须在众多行为中抓住具有代表性的、典型和关键的行为作为检测行为要素。例如，想了解学校体育开课情况，可以用“开课率”来测量，即学校实际开设的体育课时和国家规定应开设的体育课时数之比来计算。

（二）设计督导评估内容指标的基本方法

1. 初拟指标

初拟指标是根据学校体育督导评估的目的或主题，如“学校体育工作专项督导”“学校体育场地器材达标督导”等，由督导机构或人员对评估内容的理解和实践经验初步确定指标。初拟指标常用的方法主要有以下几种。

（1）因素分析法。

因素分析法是指将评估指标按评估内容本身的逻辑结构逐级进行分解，把分解出来的主要因素作为初拟评估指标的方法。因素分析法从分解评估目标开始，由高层到低层进行，越是下一级的因素越是具体、明确，直至分解到因素可以观察和测量形成末级指标为止，从而形成一个从一级到二级再到三级……直至末级的指标体系。如在为深入贯彻落实《国务院办公厅关于强化学校体育促进学生身心健康全面发展的意见》，加强中小学校体育督导检查而研制的《中小学校体育工作督导评估办法》《中小学校体育工作督导评估指标体系》中，一级指标有一项为“统筹管理”，通过分解“统筹管理”因素，可分出“建立青少年体育工作联席会议制度”“把学校体育工作纳入地方经济社会发展规划”“把学校体育工作纳入工作考核指标”三个二级指标；在根据实践情况对“把学校体育工作纳入工作考核指标”具体分解，又可分出“作为政府政绩考核指标”“年度政府工作报告包括学校体育或青少年学生健康的内容”“作为教育行政部门业绩考核评价指标”“作为学校负责人业绩考核评价指标”“建立学校、社区、家庭相结合的青少年体育网络，包括建立社会力量支持学校体育发展的长效机制”“建立学校体育工作督导机制，定期开展学校体育工作专项督导”“对学校体育工作成绩突出的地方、部门、学校和个人进行表彰奖励”等7个三级指标。

（2）头脑风暴法和反头脑风暴法。

头脑风暴法是指督导机构组织专家（一般至少10名），以座谈会或会议的形式，请专家凭借实践经验和学科专业理论针对督导主题即席发言，相互启发，不对他人的意见作批评或阻碍他人发言，最后把各位专家意见进行整理初步提出评估指标的方法。反头脑风暴是与头脑风暴相反的一种方法，在座谈会或会议上，一般由主持人提出自己设计好的指标体系，请各位专家发表批评或不赞成的意见，从而形成更科学的评估指标体系。

2. 筛选指标

初拟的评估指标一般数量较多，不能反映督导评估指标简约性原则，甚至有些指标可能重复、交叉，所以，对初拟指标要进行归类合并及筛选，从而保证评估指标的科学性、有效性。筛选评估指标的方法，一般采用经验法和数理统计法。

经验法是根据个人或集体的经验对初拟指标进行归类合并，决定取舍的方法，其又分为个人经验法和集体经验法。个人经验法是评估指标的设计者个人，根据自己的经验，对提出的初拟指标进行比较、排列、组合，通过思维加工，决定指标的取舍。这种方法的优点是以个人的经验为基础，比较简便易行，但人的经验毕竟有一定的局限性，用个人经验法筛选评估指标难免具有片面性。集体经验法其实是一种问卷调查统计的方法，以个人经验为基础，集中若干有经验的专家分别征求意见，并运用问卷统计方法进行指标取舍的方法。其优点是广泛收集学校体育督导评估主题有关方面的专家意见，克服了个人经验法的局限性，又运用了统计方法，筛选出的指标相对具有科学性。

数理统计法主要有主因素分析法、聚类分析法、模糊聚类法等，可借助计算机软件完成。

3. 确定权重

当学校体育督导评估指标确定后，要根据其在督导评估内容中的重要程度给以权重。权重就是权衡指标的份量，确定指标的重要性和地位。

权重数的表示有小数、百分数、整数。小数是比较常用的权重形式，一般把要素的总体定为1，各要素则是0～1的小数，各要素的权重之和为1。用整数表示指标的权重，实际上是小数或百分数的倍数。用整数形式表示指标权重，则先规定同一层次上各项指标的满分值，常见的有100、500和1 000，其中以100最为常见。在设计指标权重时要注意，每项指标的权重小于等于满分值；同一层次指标的权重之和应等于满分值。确定指标的权重数一般有以下几种方法。

（1）集体经验判断。依靠有经验的教育部门领导、学校体育专家、教师等集体的智慧、经验，根据指标对评估内容价值的大小而确定权重数。这种方法信息量大、全面具体，但其缺点是易受权威人士或多数人意见的影响。

（2）德尔斐法。其是用匿名的方式就预先设定的指标权重数向不少于10名专家发放问卷，通过至少3轮的征求、汇集并统一专家的意见和判断，使大多数专家在相互不受干扰的影响下，对指标的权重数达成一致的意见。

（3）层次分析法。其是一种多目标多准则的决策方法，是由美国数学家斯塔首先引入教育评价领域的解决权重数的确定问题。其主要采用两两比较步骤，就是指导所要比较的各条指标配成对，让有关专家对指标的某一特征进行比较和判断，将比较的结果写成矩阵形式，找出它们的优先顺序，反映出各个指标相对重要的程度，以评价指标相对优化程度。

4. 确定标准

在确定好学校体育督导评估指标、指标权重后，还要确定评估标准。设计评估标准的步骤与方法如下。

（1）设计标度。标度可用定性或定量两种形式表示。定性标度一般用描述性语言表示，如“精通”“熟练”“掌握”“不掌握”等区分教师对学校体育法律法规的熟悉程度。定量标度一般用分数表示，如衡量学生掌握运动技术的程度，可用考试分数来表示：优秀85～100分；良好75～84分；及格60～74分；不及格60分以下。在设计标度时，要考虑设几个等级，通常有三级、四级和五级。

（2）设计标号。标号是区分标度的符号。在标度确定之后，只需要用不同的符号，如优、良、中、可、差或优、良、及格、不及格等，或用字母A、B、C、D等做标记即可。

标度和标号确定后，按照一定的关系及一定的形式，把标度和标号联系起来分配到各个评估指标中，就确定了评估标准。

三、学校体育专项督导评估内容指标案例

为更好地理解关于学校体育督导评估的知识和督导评估指标的设计，本部分列举两个案例供大家学习，找出规律，以进一步了解和掌握学校体育督导评估。

（一）中小学校体育工作督导评估指标体系

2007年5月7日，为加强青少年体育、增强青少年体质，中共中央、国务院下发了《关于加强青少年体育增强青少年体质的意见》，该文件是新时期党中央、国务院加强青少年体育工作的纲领性文件，对于全面贯彻教育方针、全面实施素质教育具有重要意义。根据中共中央、国务院《关于加强青少年体育增强青少年体质的意见》提出的“各级政府和教育部门要加强对学校体育的督导检查，建立对学校体育的专项督导制度”的要求，教育部于2008年制定了《中小学体育工作督导评估指标体系（试行）》（以下简称《指标体系》），从教育管理、条件保障、评价机制和学生体质状况4个方面对中小学体育工作进行督导评估。近年来，按照《指标体系》及相关文件的要求，各地积极开展中小学校体育评估监测工作，有效促进了中小学校体育工作健康发展，取得了较好成效，也积累了一定的督导评估经验。

2016年5月6日，为进一步推动学校体育改革发展，促进学生身心健康、体魄强健，经国务院同意下发了《关于强化学校体育促进学生身心健康全面发展的意见》。为深入贯彻落实该文件，建立中小学校体育评价机制，提升中小学校体育工作水平和教育教学质量，促进学生身心健康、体魄强健，依据《教育督导条例》，国务院教育督导委员会办公室印发了《中小学校体育工作督导评估办法》，提出督导评估主要围绕统筹管理、教育教学、条件保障、评价考试、体质健康等方面并相对应把这5个方面设计为一级指标。详细评估指标体系如表17–1所示。

表17–1　中小学校体育工作督导评估指标体系

一级指标	二级指标	三级指标	计算公式	备注
A1 统筹管理	B1 建立青少年体育工作联席会议制度	C1 印发设立联席会议制度的文件	是 / 否	
		C2 有关部门定期共同研究解决学校体育的实际问题	是 / 否	
	B2 把学校体育工作纳入地方经济社会发展规划	C3 在经济社会和教育等事业规划中明确提出强化学校体育和促进青少年健康的措施	是 / 否	
		C4 专门制定印发学校体育发展规划、具体实施方案和规范技术标准	是 / 否	
	B3 把学校体育工作纳入工作考核指标	C5 作为政府政绩考核指标	是 / 否	
		C6 年度政府工作报告包括学校体育或青少年学生健康的内容	是 / 否	
		C7 作为教育行政部门业绩考核评价指标	是 / 否	
		C8 作为学校负责人业绩考核评价指标	是 / 否	
		C9 建立学校、社区、家庭相结合的青少年体育网络，包括建立社会力量支持学校体育发展的长效机制	是 / 否	
		C10 建立学校体育工作督导机制，定期开展学校体育工作专项督导	是 / 否	
		C11 对学校体育工作成绩突出的地方、部门、学校和个人进行表彰奖励	是 / 否	
A2 教育教学	B4 体育教学	C12 体育课开足率	按照课程标准考核	
		C13 学校对在校学生进行必要的安全教育和自护自救教育，开展运动风险管理安全知识、技能培训	是 / 否	
		C14 建立家庭体育作业制度	是 / 否	
		C15 开展运动项目教学、训练，提高学生专项运动能力，至少在 2 个体育运动项目上形成传统	是 / 否	

续表

一级指标	二级指标	三级指标	计算公式	备注
A2 教育教学	B5 课外锻炼	C16 保证一小时锻炼时间的落实率	落实一小时锻炼时间的学校比率	重点督查大课间活动安排次数 / 教学天数；寄宿制学校建立每天做早操制度；制订和实施体育课、大课间和课外体育活动一体化的阳光体育运动方案等工作情况
		C17 高中阶段学校落实学生军事训练制度，中小学开展国防教育	是 / 否	重点督查落实《高级中学学生军事训练教学大纲》和《学生军事训练工作规定》和国防教育政策情况
		C18 建立定期组织综合性或专项性的学生体育运动会制度	是 / 否	
		C19 学校组建有运动队、代表队、俱乐部、兴趣小组等，积极开展课余体育训练	是 / 否	
A3 条件保障	B6 师资配备与培训	C20 教师配备率	实际教师数 / 应配教师数，近 3 年补充数量	参照《国家学校体育卫生条件基本标准》要求
		C21 教师组织课间操（早操）、课外体育活动和课余训练、体育竞赛、学生体质健康测试给予计算工作量。对教师的职务聘任、工资待遇与其他任课教师同等对待	是 / 否	
	B7 体育设施设备	C22 体育场地达标率	达到《国家体育卫生条件基本标准》要求的学校数 / 学校总数	
		C23 体育器材达标率	达到《国家体育卫生条件基本标准》要求对体育器材要求的学校数 / 学校总数	
	B8 完善经费投入机制	C24 合理保证中小学校公用经费中用于体育的支出，并随公用经费标准提高而逐步增加	是 / 否	

续表

一级指标	二级指标	三级指标	计算公式	备注
A4 评价考试	B9 建立学生升学体育考试制度	C25 全面实施初中毕业升学体育考试制度		体育考试分 / 中考成绩总分
		C26 把学生参加体育活动情况、学生体质健康状况和运动技能等级纳入初中、高中学业水平考试，纳入学生综合素质评价体系	是 / 否	
	B10 建立学校体育工作报告制度	C27 结合实际编制和发布本地区学校体育工作年度报告	是 / 否	
A5 体质健康	B11 体质监测	C28 全面实施《国家学生体质健康标准（2014 年修订）》，各学校每年对所有学生进行体质健康测试并如实上报数据	是 / 否	
		C29 国家学生体质健康标准达标率	达标比率	
		C30 各地结合本地实际按要求建立学生体质健康测试抽查复核工作机制。汇聚、分析和公布学生体质健康变化趋势。建立省级学生体质健康监测与公告制度	是 / 否	
		C31 建立健全学生体质健康档案，将《国家学生体质健康标准（2014 年修订）》实施情况作为构建学校体育评价机制的重要基础	是 / 否	
	B12 卫生工作	C32 学生体检率	体检学生数 / 学生总数	
		C33 学生视力状况监测率	年度进行学生视力监测次数 /4	
		C34 学校安全饮水、卫生厕所达标率	提供安全饮水学校数 / 学校总数。卫生厕所达到《国家学校体育卫生条件试行基本标准》要求的学校数 / 学校总数。相关数据分别统计	校园自备水源每年定期进行水质检测

因本指标体系是个引导性体系，各地在真正实施时，要求以本指标体系结合当地实际情况，制定地方性中小学校体育工作督导评估指标体系，所以，在本指标体系中没有设计具体观测点、权重和评估标准。

（二）江苏省中小学校体育工作督导评估指标体系

江苏省为进一步贯彻落实《国务院教育督导委员会办公室关于印发<中小学校体育工作督导评估办法>的通知》精神，建立健全省内中小学校体育工作督导评估机制，提升中小学校体育工作水平和教育教学质量，促进学生身心健康发展，江苏省政府教育督导委员会办公室制定了《江苏省中小学校体育工作专项督导评估实施方案》，并建立了省、市、县三级督导评估工作体系，并制定《江苏省中小学校体育工作专项督导评估标准》《江苏省中小学校体育工作专项督导评估表》进行督导评估工作。其评估指标体系如表17–2、表17–3所示。

从表17–2、表17–3可以发现，江苏省的评估指标体系是对教育部指标体系的细化和实际操作化，一是对教育部指标做了增减，增加了适应性，更加指向学校。如在一级指标中增加了“应急救护工作”；二是设置了更加具体和具有操作性的督导评估表，划分了具体的一级评估指标及其权重数；三是给出了具体评估检查办法，即三级指标及其对应的观察点和评分标准；总分100分，完全符合90分以上；基本符合80分以上；有一些差距70分以上；差距较大60分以上；完全不符合59分以下。

表17–2 江苏省中小学校体育工作专项督导评估标准

一级指标	二级指标	三级指标	计算公式	备注
A1 统筹管理	B1 建立青少年体育工作联席会议制度	C1 县区市政府印发设立联席会议制度的文件，每年召开一至两次联系会议	是 / 否	督查
		C2 教育体育卫生等有关部门定期召开联席会议共同研究解决学校体育的实际问题	是 / 否	
	B2 把学校体育工作纳入地方经济社会发展规划	C3 在县区市经济社会和教育等事业规划中明确提出强化学校体育工作要求及促进青少年健康的具体措施	是 / 否	
		C4 县区市专门制定印发区域学校体育发展规划、具体实施方案和规范技术标准	是 / 否	
	B3 把学校体育工作纳入工作考核指标	C5 将学生体质健康数据作为政府政绩考核指标	是 / 否	
		C6 县区市年度政府工作报告包括学校体育及青少年学生健康的内容	是 / 否	
		C7 县区市将学校体育工作作为教育行政部门业绩考核评价指标	是 / 否	
		C8 县区市将学校体育工作作为学校负责人业绩考核评价指标	是 / 否	
		C9 建立学校、社区、家庭相结合的青少年体育锻炼网络，包括建立社会力量支持学校体育发展的长效机制	是 / 否	重点督查结合的机制与支撑材料
		C10 建立学校体育工作督导机制，定期开展学校体育工作专项督导	是 / 否	重点督导组织与督导制度及其实施
		C11 对学校体育工作成绩突出的地方、部门、学校和个人进行表彰奖励	是 / 否	重点督查奖励标准与办法

续表

一级指标	二级指标	三级指标	计算公式	备注
A2 教育教学	B4 体育教学	C12 体育与健康课时开足率	按照国家课程设置标准考核	重点督查县区市对学校体育与健康课程开设情况与整改纠错措施
		C13 教材选择符合课程标准要求，课堂教学采用教育部审定教材	是/否	
		C14 学校对在校学生开展健康教育，其中包含必要的安全教育，开展运动风险管理安全知识、技能培训	是/否	重点督查实际实施情况
		C15 建立与实施家庭体育锻炼制度	是/否	
	B5 课外锻炼	C16 学校建立特色体育项目	是/否	
		C17 每天一小时锻炼时间的落实率	落实一小时锻炼时间的学校比率	重点督查大课间体育活动安排次数/教学天数；寄宿制学校建立每天做早操（锻炼）制度；制订和实施体育课、大课间和课外体育活动一体化的阳光体育运动方案等工作情况
		C18 高中阶段学校落实学生军事训练制度，中小学开展国防教育	是/否	重点督查落实《高级中学学生军事训练教学大纲》和《学生军事训练工作规定》和国防教育政策情况
		C19 学校组建有运动队、代表队、俱乐部、兴趣小组等，积极开展课余运动训练，建立综合性或专项性的学生体育运动会（体育节、体育周）制度	是/否	根据不同学校督查。重点检查学生实际的参与率
A3 条件保障	B6 师资配备与培训	C20 教师配备率	实际教师数/应配教师数，近3年补充数量	参照《国家学校体育卫生条件基本标准》要求
		C21 教师组织课间操（早操）、课外体育活动和课余训练、体育竞赛、学生体质健康测试计算工作量。对教师的职务聘任、工资待遇与其他任课教师同等对待	是/否	重点督查工作量计算、职称评审、评优评奖等方面教师是否与其他学科教师平等对待
	B7 体育设施设备	C22 体育场地达标率	达到《国家体育卫生条件基本标准》要求的学校数/学校总数	

续表

一级指标	二级指标	三级指标	计算公式	备注
A3 条件保障	B7 体育设施设备	C23 体育器材达标率	达到《国家体育卫生条件基本标准》要求对体育器材要求的学校数 / 学校总数	
	B8 完善经费投入机制	C24 保障中小学校公用经费中用于体育的支出，并随公用经费标准提高而逐步增加	是 / 否	重点督查用于全体学生的体育与健康课程教学、课外体育活动的经费支出
A4 评价考试	B9 建立学生升学体育考试制度	C25 全面实施初中毕业升学体育考试制度，考试标准逐步提高，考试内容设置全面、科学。实施高中学业水平（体育）考试	体育考试分 / 中考总分，技能项目 / 总项目数	达到权重要求。技能型项目比重
		C26 学生参加体育活动情况、学生体质健康状况和运动技能水平纳入学生综合素质评价体系	是 / 否	重点督查学生综合素质评价标准
	B10 建立学校体育工作报告制度	C27 结合实际编制和发布本地区学校体育工作年度报告	是 / 否	
A5 体质健康	B11 体质监测	C28 实施《国家学生体质健康标准》测试，各学校每年对所有学生进行体质健康测试并据实上报国家数据库	上报学校数 / 学校总数	
		C29 全面落实《学生体质健康报告书》制度，各学校每年对所有学生发放《学生体质健康报告书》，并回收家长反馈单，整理总结家长反馈意见，提出工作改进方案。各地做好家长电话随访工作，检查报告书发放和反馈情况	发放学校数 / 学校总数	
		C30 各地建立学生体质健康数据学校、班级公示公示制度，各学校每年以班级为单位，公示学生体质健康总体的优秀率、良好率、合格率；公示本校学生体质健康数据总体情况；公示“三好学生”体质健康标准测试总成绩和各分项成绩。各地对学校公示数据做排名，作为对校长履职评价的参考	是 / 否	查学校网站
		C31 国家学生体质健康标准达标率	优良率、合格率	达到合格及以上的比率
		C32 各地结合本地实际按要求建立学生体质健康测试抽查复核工作机制，建立学生体质健康测试数据公示工作的监管机制。分析和公布学生体质健康现状与变化趋势。建立设区市级学生体质健康监测与公告制度	是 / 否	

续表

一级指标	二级指标	三级指标	计算公式	备注
A5 体质健康	B12 卫生工作	C33 学生健康体检率	体检学生数 / 学生总数	
		C34 学生视力状况监测率	年度进行学生视力监测次数 /4	
		C35 各地根据学生健康体检、视力监测结果，结合地区实际，提出针对性的改进方案	是 / 否	
		C36 学校安全饮水、卫生厕所达标率	提供安全饮水学校数 / 学校总数。卫生厕所达到《国家学校体育卫生条件试行基本标准》要求的学校数 / 学校总数。相关数据分别统计	校园自备水源每年定期进行水质检测
A6 应急救护工作	B13 应急救护管理	C37 学校有应急救护工作机制、工作方案	是 / 否	
		C38 有对在校师生开展应急救护教育的计划	是 / 否	
		C39 开设应急救护实践课程	是 / 否	
		C40 配备专兼职应急救护培训师资和红十字救护员	是 / 否	
		C41 配置应急救护相关设施设备，定期开展应急救护和防灾避险演练	是 / 否	

表17-3　江苏省中小学校体育工作专项督导评估表

一级指标	二级指标（分值）	三级指标（分值）	观察点	评分标准	督查组扣分：完全符合 90 分以上；基本符合 80 分以上；有一些差距 70 分以上；差距较大 60 分以上；完全不符合 59 分以下	备注
教育管理（10%）	建立联席会议制度（3 分）	建立联席会议制度，每年召开 1 ~ 2 次联席会议	查阅近两年联席会议原始记录	完整齐全		
	制定学校体育工作发展规划（3 分）	发展规划的目标制定、行动措施、运行保障	查阅发展规划的详细内容	规划合理、推进有效		
	建立工作管理制度（4 分）	建立健全相关制度	查阅制度条目、内容，及执行痕迹	齐全完备，执行有力		

续表

一级指标	二级指标（分值）	三级指标（分值）	观察点	评分标准	督查组扣分：完全符合90分以上；基本符合80分以上；有一些差距70分以上;差距较大60分以上;完全不符合59分以下	备注
体育课程（30%）	开足开齐体育与健康课（5分）	体育与健康课时数符合国家要求	查阅学校、教师、班级、学生课表	课标真实对应		
	体育与健康课教学计划（5分）	学年、学期、模块、单元计划完整齐全（3分）	查阅近2年教师的相关计划	完整、齐全、符合课标要求，相互对应		
		体育课时计划要素齐全，内容详细（2分）	查阅近两年教师的课时计划	要素齐全、内容详细，与其他计划对应，有课后反思		
	教学过程（10分）	体育教学常规规范（2分）	观察体育课现场的常规要求及训练情况	制定并长期执行体育课堂教学常规		
		教学内容符合要求（3分）	教学内容与预设相符，根据教学实际实时调整	教学内容符合要求，以学定教		
		体育课的练习密度与运动强度合理（5分）	实际测定课的平均心率达130次/分及以上、练习密度达50%以上	两项指标均能达到		
	教学效果（10分）	运动技能发展状况良好（4分）	观察与测试学生运动技能掌握情况	学生运动技能发展符合目标设定		
		体能抽测状况良好（4分）	进行体能抽测	实际抽测及格率90%以上，良好率40%及以上		
		体育与健康课成绩记分册学生测试项数符合预设（2分）	查阅近2年学生体育健康课程学习评价手册及教师记分册	完全符合要求		
体育活动（30%）	大课间体育活动（10分）	每天大课间体育活动总时间25分钟及以上（2分）	实际观察大课间体育活动	时间符合要求		
		大课间体育活动实施方案科学、合理（2分）	查阅大课间体育活动方案	制定并实施科学合理的不同季节、室内室外活动方案		
		学生实际身体活动时间占总时长的70%以上（2分）	实际测量学生实际活动时间	70%及以上		

续表

一级指标	二级指标（分值）	三级指标（分值）	观察点	评分标准	督查组扣分：完全符合90分以上；基本符合80分以上；有一些差距70分以上；差距较大60分以上；完全不符合59分以下	备注
体育活动（30%）	大课间体育活动（10分）	大课间体育活动内容合理、组织有序、效果明显（2分）	观察大课间体育活动组织与效果	有趣、科学、有效		
		大课间体育活动运动负荷适宜（2分）	实际测试学生生理负荷	中大强度练习时间达到1/2		
	课外体育活动（10分）	学生在校体育活动一小时落实（5分）	查阅课表安排和体育活动方案、观察活动现场	有计划，有落实		
		课外体育活动（社团、兴趣班）方案科学合理（2分）	查阅学校课外体育活动方案、俱乐部章程与活动记录	方案合理、活动落实		
		课外体育活动内容安排组织有序，满足个性发展（3分）	查阅活动计划，现场观察活动组织	内容丰富，组织有序，计划详实，效果显著		
	学校体育竞赛（5分）	每年举办学校运动会等全校性的体育竞赛2次，学生参与率高（3分）	实际查阅近两年学校体育竞赛规程、秩序册、比赛总结	每一位学生实际参与校内体育竞赛2次以上		
		年级、班级小型竞赛常态化、多样化（2分）	实际查阅年度体育工作计划与比赛规程及报道	8次/年及以上		
	学校运动特色（5分）	学校有体育特色项目（3分）	查阅听取学校体育特色材料与汇报	学校体育特色鲜明，并成绩优异		
		学校运动队常年组织训练（2分）	查阅训练计划与记录	训练的计划与过程性支撑材料完整		
学生体质健康（15%）	国家学生体质健康测试情况（15分）	学生体质健康测试数据真实、及时上报；发放《学生体质健康报告书》，并回收家长反馈单（3分）	查阅近2年学校体质健康测试测试材料和查阅去年《学生体质健康报告书》家长反馈单，或电话随访家长学校是否发放报告书	按时上报；有每位学生家长的反馈单，或电话随访结果是学校已发放报告书		
		校级、班级、“三好学生”的体质健康测试数据有公示；每年有校级学生体质健康分析报告（3分）	查阅近2年的公示材料、学生体质健康分析报告	公示材料齐全，有学生体质健康分析报告		
		近3年学生体质健康测试数据纵向比较成绩提升（3分）	查阅近3年本校学生体质健康测试结果与分析报告	全面提升、进步明显		

续表

一级指标	二级指标（分值）	三级指标（分值）	观察点	评分标准	督查组扣分：完全符合90分以上；基本符合80分以上；有一些差距70分以上；差距较大60分以上；完全不符合59分以下	备注
学生体质健康（15%）	国家学生体质健康测试情况（15分）	近3年测试的优秀率、良好率、合格率（3分）	查阅近3年本校学生体质健康测试的优秀率、良好率、合格率	优秀率、良好率、合格率处于本地区前列		
		近3年学生近视率得到控制（3分）	查阅近3年本校学生健康体检率、近视率；查阅近3年近视率变化	近视率得到有效控制，近视率下降1%以上		
体育教研组工作（6%）	工作计划、总结（1分）	教研组工作计划、总结齐整完备	查阅近两年体育教研组的计划与总结	教研组计划与总结齐全，内容具体，目标明确，改进措施有效		
	校本研训（1分）	校本教研活动	查阅近两年教研组教研活动记录本和订阅体育专业期刊数量	完整、系统的校本体育教研记录，且教研主题有价值；订阅2种期刊		
	教研成果（2分）	本校教师发表论文。省、市级课题申报	查阅本校教师发表论文或文章的级别与数量。查阅本校教师获得课题的级别与数量	近2年人均发表1篇以上。近2年本教研组教师申报区级课题1项以上		
	教师参赛（2分）	教师积极参赛，成绩优异	查阅近3年教师获奖证书	参赛率50%以上		
学校体育保障基础（4%）	运动场地设施（1分）	生均运动场地面积达标（1分）	查阅体育场地图纸	生均4m² 以上		
		田径场高中400米，初中、300米，小学200米（1分）	查阅体育场地图纸	达到标准		
		体育馆、房、池（1分）	查阅体育场地图纸	有室内场馆或风雨操场		
	学校体育器材（1分）	体育教学器材达标	查阅体育器材目录，并抽测器材数量	达到教育部制定的体育器材标准		
	学校体育经费（2分）	每年体育经费支出规范	查阅学校财务支出原始证据	完全符合相关标准		

续表

一级指标	二级指标（分值）	三级指标（分值）	观察点	评分标准	督查组扣分：完全符合90分以上；基本符合80分以上；有一些差距70分以上;差距较大60分以上;完全不符合59分以下	备注
应急救护保障机制（5%）	建立机制（1分）	学校落实应急管理责任，有应急救护工作方案	查阅学校工作方案与活动证据	将应急救护知识作为师生普及内容和体育教师、校医职责考核项目		
	应急救护教育（2分）	对在校师学生开展应急救护教育，在中学阶段开设应急救护实践课程	查阅近2年计划与活动记录	符合实际		
	应急救护培训（1分）	学校在当地红十字会指导下配备专兼职应急救护培训师资和红十字救护员	查阅近2年计划、签订的协议书以及相关活动记录	有应急救护队伍，不少于2名专兼职应急救护师资与5名以上红十字救护员		
	防灾避险措施（1分）	配置应急救护相关设施设备，定期开展应急救护和防灾避险演练	查阅近2年计划与实地检查急救设备	符合实际		

第三节　学校体育督导评估组织与实施

无论是什么类型的学校体育督导评估，都要围绕督导评估什么、用什么方式督导评估和督导评估结果如何处理3个方面组织开展。根据学校体育督导评估的目的要求，督导机构统筹安排其工作顺序，使督导评估工作相互衔接、井然有序、合理高效的进行，就是学校体育督导评估的组织与实施。通常一次督导评估活动的组织与实施由准备阶段、自我评估阶段、督导检查阶段、书面报告阶段、申诉和质询阶段、结果发布阶段、复查阶段7个阶段完成。

一、准备阶段

学校体育督导评估的准备阶段是指督导机构在督导小组进驻被督导对象之前进行准备工作的阶段，是督导评估的起始阶段。其一般分以下几个阶段。

（一）制订督导评估方案

督导机构或督导主要负责人要根据有关的学校体育法律、法规以及政府和教育行政部门的工作重点等制订督导方案，内容包括督导评估的依据、目的、内容、日程安排、人员组织、纪律要求、评估指标体系等。在制订督导评估方案初稿后，要注意征求督导有关部门或学校体育督学或专家的意见，在修订合理后，上报政府及教育行政机关批准。经批准后，下发通知至被督导单位。

（二）组织人员培训

督导机构为完成学校体育督导评估任务，往往在确定督导方案后，开始组织督学（兼职、专职）、有关行政人员或学校体育专家组成若干督导小组。一般每组至少有2名督学，并配1名工作联系人员，一个小组一般8～10人。督导小组建立后，要组织成员学习和必要的培训。培训内容主要如下。

（1）解释督导方案，明确指标含义、标准，了解相应的评估工具及其使用要求，明确工作任务和程序。

（2）了解相关法律、法规和政策文件，明确督导评估的依据。

（3）明确督导工作的方法和纪律。

（三）准备采集信息工具

采集信息工具是指在学校体育督导评估实施过程中收集与处理有效信息而提前要准备的表格、问卷、座谈提纲、照相机、录音机等工具。另外，还需要提前收集被督导单位的相关学校体育背景、了解其学校体育开展情况、了解当地社会经济发展情况等。

二、自我评估阶段

教育督导的自我评估阶段非常重要，是指被督导单位在督导小组进驻之前进行自我检查、总结、评价和提出发展思路的阶段，是教育督导组织实施过程中一个重要的阶段，也是被督导单位必须按督导方案规定做的工作。被督导单位的自我评估对于整个督导评估来讲非常关键，通过自我评估，被督导单位可以对有关学校体育法律、法规和政策文件进行一个系统的全面学习，从而进一步了解国家有关学校体育要求；通过自我评估，被督导单位可以对自我的发展和工作的开展进行深刻反思，找出和找准发展中存在的问题；通过自我评估，被督导单位可以调动全体人员的积极性，起到凝聚人心、激励作用；通过自我评估，被督导单位可以为督导小组提供较为完整的文件资料和充分的信息，为顺利完成督导评估提供保证。学校在自我评估时，一般要做好以下几个方面工作。

（1）成立评估领导小组。根据国家关于中小学校长在学校工作中的责任的法律规定，由校长担任领导小组组长，成员应包括学校负责人及其体育、教导、学生、后勤等主要部门的负责人组成。领导小组的任务是制订学校自我评估计划、组织协调开展自我评估工作、审议自评报告。

（2）学习领会评估方案及有关文件。校长要组织学校全体教职工学习学校体育督导评估方案及相关法律、法规和政策文件，认真领会方案精神和要求，积极动员学校各部门、各位教职工投入到学校自我评估中。

（3）准备文件资料和数据。学校要针对评估方案各项内容和指标，要求有关部门分别准备各自所需的资料和数据。例如体育部门要根据规定，准备近几年所有的学年计划、教研室年度总结、教案、学生体育课成绩记录单、器材使用记录、学生体质健康测试记录等。文件资料应当以原始性档案为主，如有特殊情况可编制临时性资料，但不能伪造和篡改原始档案。数据资料应当以有关部门规定的统计数据为主，也不得伪造和篡改原始数据。

（4）对照标准进行自我评估。学校可要求体育、教务、学生、后勤等部门分别进行自我评估，在此基础上进行学校汇总并组成学校自我评估报告初稿。

（5）审议自我评估报告。自我评估领导小组要以适当方式要求每个成员审议报告初稿，提出修改意见和建议。

（6）递交自我评估报告。学校要在督导评估方案规定的时间内，向教育行政部门或督导机构提交正式的自我评估报告。自我评估报告一般包括3个部分：一是数据文本，应当与督导方案发布的督导评估数据调查表格相一致；二是陈述文本，即陈述学校所取得的体育工作成绩、主要经验、突出的事迹和存在的问题以及需解决这些问题的政策建议等；三是规划文本，即今后的学校体育工作设想或规划。

三、督导检查阶段

学校体育督导评估的检查阶段是指督导小组进驻被督导单位进行检查评估的阶段，是督导评估实施程序中最重要的一个阶段，也是督导评估行为的集中体现。在这个阶段，督导小组代表督导机构对被督导单位的学校体育工作进行直接的行政监督，要对被督导单位提供的自评报告和相关材料进行核实和认定。此阶段的主要工作如下。

（1）听取被督导单位自我评估的口头汇报。一般情况下，督导小组组长主持听取被督导单位行政负责人进行的自我评估口头汇报，然后督导小组成员就自评报告中需要解释的问题进行提问。

（2）确定督查工作重点、宣布抽样调查的随机取样对象。一般督查的重点是督导评估方案中的重点指标；需要重点核实的数据；被督导单位对以往存在问题的纠正。随机抽样调查的原则共同商定。

（3）督导小组正式督查。督导小组正式开始督查工作时，通常采用以下4种方式展开。第一，查阅文件。查阅近3年被督导单位根据国家和本级政府所发布的学校体育文件所制定的贯彻实施文件、重要的决策及政策性文件。第二，核实数据。对督导评估指标和标准中的重要数据，结合自评报告所提供的数据，查阅近年来被督导单位的相关统计表册，进行核对。第三，召开座谈会。根据督导事先安排要求，组织被督导单位有关人员参加座谈会，座谈会要围绕督导重点主题，并做好记录。第四，组织测试。如果督导方案需要通过现场测试以获取信息，如测试学生的体育运动能力和体质健康情况等，则需要在被评估学校组织学生现场测试。

（4）点面结合，现场巡查或听课。小组成员在分工的基础上，根据随机抽样原则分别对抽取的对象进行重点项目的现场督查、对未被抽取到的其他情况进行重点项目的现场巡查。如果督导评估的对象是学校，那么就根据督导方案的规定对重点项目进行现场督查，对学校的其他情况则要进行现场巡查，并根据随机抽样的结果，到操场听课。在现场督查、现场巡查和听课时，都要做好记录。

（5）接受访谈或投诉。在督查阶段，如果被督导单位的人员在计划安排之外直接向督学或学校体育专家提出访谈或投诉要求时，督学或专家通常不得拒绝，但必须经督导小组组长同意并安排适当地点和时间，尽可能由2人以上人员接待并做好记录。受访督学或专家接受访谈或投诉后要及时向组长汇报，组长酌情安排核实。

（6）汇总督导信息。当督导小组完成核查和信息收集后，需要进行小组内信息汇总。其主要任务是根据督导评估指标，提供督查中所收集到的有关信息，将各自收集到的信息进行对照性比较，对信息的真实性、针对性等进行分析和判断，并对照指标评估标准，提出督导评估的基本意见。

（7）口头反馈意见。在督导小组统一意见后，督导小组组长拟定口头反馈意见，并主持召开口头反馈督导评估意见会，参加人员主要有督导小组成员、被督导单位主要负责人和其他有关人士。在口头反馈意见会上，组长向被督导评估单位口头通报督导评估意见，被督导单位负责人应当就口头通报发表本单位的意见和表明态度，提出改进工作的初步设想和计划。

四、书面报告阶段

完成现场督查后，督导小组返回督导机构单位，要形成书面督导报告，撰写书面督导报告的督学称为报告督学。书面督导报告一般包括对被督导单位自我评估报告的基本意见、学校体育工作或学校的体育基本条件、近年来取得的主要成绩、学校体育工作中的主要举措和经验、存在的主要问题及原因、整改要求或对今后学校体育工作和发展的建议等。

五、申诉和质询阶段

被督导单位接到督导评估书面报告后，如果对报告中的有关内容和结论存有疑问或持有反对意见，应当在2周内向教育督导机构提出质询或申诉。在申诉文本中，要注意以下内容：具体指出报告中哪些内容失实、哪些数据错误、哪些工作程序有遗漏或违反规定、哪些结论失当或错误，并提供客观、可信的证明材料。

教育督导机构接收到申诉或质询材料后，必须委派无利害关系的其他督学为负责人，与报告督学共同处理申诉和质询。如申诉属实，要及时纠正书面报告。

六、结果发布阶段

教育督导机构在汇总各个督导小组的督导评估报告基础上，撰写学校体育督导评估总报告，并在3个月之内向有关单位和部门公开发布。一般督导报告发送给被督导单位和被督导单位的主管行政领导机关。如果对象是学校，报告就发送给学校所属的教育行政机关。被督导单位接到督导报告后，在认真研究所提意见和建议的基础上，提出改进学校体育工作的方案，并正式报送教育督导机构，以便据此进行复查。

七、复查阶段

为了切实保证在前次学校体育督导评估工作中所发现的问题得到解决、错误得到纠正，教育机构一般在1～3月内对被督导机构依据其提交的整改方案进行复查。复查的过程基本与以上督导过程相同。

思考题

1. 学校体育督导评估的含义是什么？
2. 学校体育督导评估的职能有哪些？对象可分为几类？
3. 学校体育督导评估指标设计的基本方法是什么？一般学校体育督导评估指标主要有哪些一级指标？
4. 学校体育督导评估组织与实施的阶段有哪些？各是什么？

主要参考文献

[1] 沈玉顺．现代教育评价 [M]. 上海：华东师范大学出版社，2003：2.

[2] 沈卫理．教育督导概论 [M]. 大连：辽宁师范大学出版社，1996：27.

[3] 张茵．教育督导资料集萃 [M]. 长春：吉林人民出版社，1999：30-50.

[4] 国家教育督导团办公室．现代教育督导原理 [M]. 北京：中国青年出版社，2003：39-50；200-223.

[5] 黄崴．现代教育督导引论 [M]. 广州：广东高等教育出版社，2008：140-160.

[6] 国家教育督导团办公室．当代中国教育督导（重要法规经典文献）[M]. 北京：人民教育出版社，2007：700-845.

[7] 陶西平．普通教育的督导评价 [M]. 北京：教育科学出版社，1991：80-85.

（首都体育学院　刘海元）

第十八章　体育课堂教学评价

内容提要

课堂教学是学校教学活动的主要形式，是教学实施过程的主要的决定性环节。作为教学工作的重要内容，课堂教学是完成教学任务的最基本途径。体育课堂教学评价是学校体育教育教学工作评价中的一个重要内容，它直接关系到教学过程中教学理念的更新、目标的设计、教师和学生的参与、教学方法手段的利用和教学内容的选择等诸多因素的理论与实践过程。本章主要介绍了体育课堂教学评价的概念、特征、作用、参与主体以及评价原则；阐述了体育课堂教学评价类型与方法的特点，强调新型体育课堂教学评价理念和评价目的是为了促进学生的发展，评价的主体注重教师、学生和家长的参与，评价形式与方法要体现多元性与教育性。

学习目标

◎说出体育课堂教学评价的概念、特征、作用。

◎分析体育课堂教学评价应遵循的原则。

◎明确体育课堂教学评价的参与主体。

◎明晰不同层面的体育课堂教学评价指标体系及其指标构成。

◎学会体育课堂教学评价常用方法。

第一节　体育课堂教学评价概述

一、体育课堂教学评价的概念

教学评价是教学的重要环节，是对教师“教”与学生“学”的过程和效果的基本判断，为更有效地开展教学活动提供基本的依据。教学评价包含了对教学过程中教师、学生、教学内容、教学方法、教学环境、教学管理诸因素的评价，更主要是对学生学习效果的评价和教师教学工作过程的评价。

结合体育课堂教学特点，体育课堂教学评价是指以体育课堂教学为范围，对教师的“教”、学生的“学”和最终的课堂教学质量及效果做出客观衡量和价值判断的过程。体育课堂教学评价的范围不仅包括学生，也包括体育教师，既要评价学生学习的结果，又要评价体育教师的教学质量。其中对学生学习结果的评价和对体育教师教学质量的评价二者存在密切的联系。体育课堂教学评价是对体育教学效果和体育教学目标要求之间差距的一种衡量。

随着学校体育“健康第一”指导思想的贯彻，体育课堂教学评价工作越来越受到重视，因为体育课堂教学是学校体育的主渠道、主阵地，如果在体育课堂教学时间里质量得不到保障，那学校体育课程的其他方面更会大打折扣。所以，对体育课堂教学进行评价非常重要，是提高体育教学质量的重要方面，也是检验体育教学目标实现的重要方法。

二、体育课堂教学评价的特征

（一）体育课堂教学评价的客观真实性

体育课堂教学评价的客观真实性是指在现实的体育课程教学实践环境中对教师“教”和学生“学”的表现给予客观的评价。指导和评价都是在不脱离教学真实实践情况下所产生的。体育课堂教学评价的目的是实现体育课堂教学评价的目的和功能而揭示体育课程教学的真正价值，所以，体育课堂教学评价的客观真实性强调从体育课程教学实践活动中收集教学行为表现的信息，以此来判断体育课程教学目标的达成程度。

体育课堂教学评价的客观真实性能使体育教师客观地评定学生的进步，发现问题并提出解决方案，关注与学生、教学内容和教学环境等相关的真实教学实践中的学生表现。

关于体育课程教学评价客观真实性的实践要求，应根据评价的目的来设计评价方案。体育课程教学评价必须与体育课程教学目标相吻合，关注教学过程和教学结果的评价，使评价方法与教学结果和教学内容有机地整合到一起。

（二）体育课堂教学评价的发展性

体育课堂教学评价的发展性是指体育课堂教学评价的目的和结果都指向促进学生的全面发展。根据体育课程教学的特点，不仅要关注学生的当前体育学习状况和表现，更要重视学生进步的幅度和未来发展。体育课堂教学评价的发展性主要体现在要把学生学习的过程性评价与学习结果的终结性评价结合起来，对学生的学习情况做出一个相对全面、真实、准确的评价结论，主要体现在形成性评价和终结性评价二者相结合对体育课程教学过程的评价。

形成性评价（又称过程性评价）是指在体育课程教学过程中，为了及时反馈学生学习情况、改进体育课程教学和指导教师的教和学生的学所进行的评价。评价形式为教师对学生的观察、展示一项运动技能、成长记录袋等或者以多种方式综合使用。

终结性评价阶段（又称总结性评价）是指在某一阶段体育课程教学活动完成以后对学生学习效果进行的评价。其一般是在每一单元或每一课后，以检测该单元或本节课教学目标达成情况而进行的评价。

（三）体育课堂教学评价的开放性

体育课堂教学评价的开放性是指运用各种评价理论和不同的评价方式对体育教师“教”和学生“学”的过程与效果进行评价。通过评价内容、形式、标准、时空的开放来促进学生体育学习的积极性，为每个学生的积极学习创造机会和条件，为学生的可持续发展打下坚实的基础。

体育课堂教学评价的开放性主要体现在以下方面。

（1）评价内容的开放。为了实现促进学生全面发展的评价目标，从知、情、意、行各方面进行考核来实现评价内容的多元化。

（2）评价形式的开放。通过评价形式多样化，主要采用两个相结合实现全方位评价。第一，集中与分散相结合，即学期末的集中考试与平时测试相结合；第二，将学生自我评价、学生间的相互评价和教师的评价三者有机结合。

（3）评价标准的开放。不仅要考虑学生原有基础，还要考虑学生努力程度和进步程度，作出全面客观的评价。

（4）评价时空的开放。根据体育课程的时空特点，以课堂为中心，在时间上向前后辐射，在空间上向课外、社会、家庭辐射的全过程和全方位评价。

三、体育课堂教学评价的作用

（一）诊断作用

对体育课前准备、课堂教学过程与教学效果进行评价，可以及时了解体育课堂教学各方面的情况，从而判断它的质量和水平以及存在的问题。全面客观的评价工作不仅能估计学生学习与实现教学目标的关系，而且能解释教学效果与学习成绩不良的原因，并制定对策。体育课堂教学评价如同人的身体检查，是对体育课堂教学进行一次相对严谨的科学的诊断。

体育课堂教学评价不仅可以考察和鉴别学生体育学习能力和潜力、体育学习状况和发展水平，为国家选拔、使用人才提供参考，还可以了解体育教师的教学质量和水平，对体育教师的教学进行鉴别、区分和评定。

（二）反馈作用

通过体育课堂教学评价，可以使师生更明确地知道自己的“教和学”的情况，这将有利于教师和学生可以根据反馈信息修订计划、目标、方案、策略等，调整体育教师“教”与学生“学”的行为，从而有利于实现预期的目标，达成更好的体育教学效果。

（三）激励与发展作用

体育课堂教学评价对体育教师和学生具有监督和强化作用。通过相对客观、合理的评价，能反映出体育教师的教学效果、教学水平和学生学习情况。大量的实践经验和研究表明，在一定程度上，经常进行看课和评课的教研活动，有助于提高体育教师的专业化水平、促进体育课堂教学质量；同时，通过体育教师的表扬和奖励、学生之间的竞赛、体育成绩的评定方式等，可以激励学生体育学习的内部动因，从而提高体育学习的积极性和体育教学效果。经常对学生学习过程进行反馈与指导，对学生的学习动机具有很大的激发作用，可以有效地提高学生体育课堂学习效果，从而促进学生学习发展、体育教师专业发展和课程建设发展。

四、体育课堂教学评价的原则

（一）发展性原则

发展性原则是指体育课堂教学评价中要从教育的本质出发，并在实践活动中不断发展。第一，有利于学生的发展。体育课堂教学评价的目标之一就是通过比较合理的评价与诊断，帮助教师应用有效的教学策略，不断调整教学组织方法与过程，从而促进学生在认知、情感、体能、技能等方面的发展。第二，有利于教师的专业化发展。体育课堂教学评价重点是关注体育教师的课堂教学过程，而这个过程的效率与诸多因素相关，所以，课堂教学评价不仅仅是对体育教师教学过程的评判，也是体育教师对课堂教学过程与行为的批判性的反思，是体育教师与同行、专家交流与分享的过程，因此，通过体育课堂教学评价能有效促进体育教师的专业发展。第三，有利于完善课程建设。体育课堂教学评价是不断完善体育课程建设的重要依据和途径，是通过对体育课程设计和组织实施的科学程度进行诊断来确定体育课程目标的达成程度；通过了解体育课程建设的质量和水平、优点和缺点、矛盾和问题等，涉及对体育课程目标、课程内容、课程实施等所发挥出的作用。大量的实践经验和研究表明，体育课堂评价的根本目的在于关注学生、体育教师和体育课程的发展，注重发挥评价的发展动力。

（二）科学性原则

科学性原则是指体育课堂教学评价中要遵循体育教学规律，吸收国内外相关研究成果，科学客观地制订评价方案。体育课堂教学评价科学性主要体现在以下6个方面。第一，评价的方向和目标必须反映体育教学规律和体育教学原则。其根本目的在于确立一种行为机制，从而达到改革体育教学方法、完善体育教学内容，促使学生学会体育锻炼方法，逐渐养成体育锻炼的习惯和终身锻炼的意识，经常参加体育锻炼，增强体质，增进健康。第二，评价态度要求客观、实事求是，使用评价标准必须一致，避免评价的主观性和掺杂个人感情。第三，评价指标体系要全面科学、权重系数分配要准确合理。第四，评价程序要有科学性，即评价程序安排要恰当、合理。第五，评价方法要定性与定量相结合。第六，评价中使用工具与手段应具有合理性。

（三）主体性原则

主体性原则是指在体育课堂教学评价中要注重评价主体的积极参与。在评价的对象上，要求被评价对象积极参与，包括评价指标的建立、评价方法的采用、评价过程的实施等都要有体育教师与学生主体参与；在评价的方法上，要求体现师生间、学生间的互动和互评，采用体育教师评价、学生自评与相互评价相结合。体育课堂教学中的互评通常表现在：第一，体育教师对学生的评价，如评价学生在体育学习过程中的学习态度、兴趣、运动量及各种行为；第二，学生之间的互评，如在体育合作学习过程中学会接纳、赞赏、争辩、互助；第三，学生对体育教师的评价，如课中、课后对教师上课的情况作出客观评价。

（四）过程性原则

过程性原则是指在体育课堂教学评价中要注重体育教师“教”与学生“学”过程中的基本成分，并应贯穿始终。过程性原则包括以下3个方面。第一，针对体育课堂教学的基本结构、过程和环节进行评价。第二，过程性评价要与师生的发展过程相结合。评价既要体现体育教师教学经验的发展过程，又要体现学生体育学习经验的发展过程，所以，应把教师和学生的个体成长与进步都放在同等重要的位置，教师要不断对自己的教学思想、教学态度和教学行为进行分析和反思，同时还要关注学生的发展，对评价资料进行细心收集、整理与分析。第三，体育课堂教学评价要建立经常性评价机制，它贯穿于每学期体育课堂教学的每个过程。

（五）多元性原则

多元性原则是指在体育课堂教学评价中要以促进发展为基础，注重扩大评价的领域和视角。体育课堂教学评价的多元性原则，主要包含以下两个方面。一是参与评价主体的多元性。从评价体育教师的角度而言，传统的体育课堂教学评价通常是以教育管理者来完成的，主要通过观察体育教师的课堂教学过程并对事先制定好的评价表作出勾画，而体育教师往往处于评价活动之外。而现代体育课堂教学评价中关注评价主体的多元性，除了教育管理评价者外，体育教师也将成为评价活动的重要参与者和受益者；从评价学生角度而言，传统评价中体育教师往往是唯一的主体，但新课标强调了学生自我评价、学生互评，乃至与教育活动有关的家长、社会的评价等，从而构成评价主体的多元化。二是评价角度的多元性。在进行评价时，不仅要对体育课堂教学的基本环节和过程进行评价，还需要对体育教师的基本教学能力与要素进行评价，需要对体育教师的教学思想、教学目标、教学方法、教学过程、教学效果等进行评价。

（六）教育性原则

教育性原则是指在体育课堂教学评价中要体现教育的根本目的、任务和基本原则，遵循教育的基本规律和方法。体育课堂教学评价的教育性原则，主要包含两个方面：一是评价过程中要体现出强烈的反馈、调节、激励和导向作用，使学生看到自己努力的显著效果，从而增强其学习行为；二是要通过激发学生潜能，使每一个学生都具有体育学习和发展的自信和能力。由此，体育课堂教学评价可以将学生的体育学习过程与评价结果有效地结合起来，将评价信息及时反馈给学生，以期激励学生的进步，最终使教育方针能够更好地贯彻实施。

（七）实践性原则

实践性原则是指在体育课堂教学评价中要体现评价活动参与实践，并在实践中得到进一步发展。体育课堂教学评价的实践性原则，主要包含以下方面：第一，体育教学和评价活动二者本身都是富有实践性的活动。根据体育教学改革要求，体育课堂教学评价的侧重点在于培养和发展学生的运动技能与实践能力。第二，评价的内容、指标体系和权重来自实践并指导实践。第三，评价对象处于发展和变化的动态过程，所以评价活动是个动态和发展的过程，需要在评价实践中不断加以完善。第四，评价的全过程是一个全面、系统的实践过程，评价方案也需要通过实践得到检验，经过不断的修正、完善、推广、应用的过程，反过来评价也用于指导教育的实践。

五、体育课堂教学评价的参与主体

注重评价参与主体的多元化是体育课堂教学评价区别于传统评价模式的重要特

征之一。根据《义务教育体育与健康课程标准（2022年版）》，倡导体育与健康学习评价以多元的评价主体，作为构成科学的体育与健康学习评价体系的重要内容，多方面收集评价信息，准确反映学生的学习情况。通过体育课堂教学的多元化评价，可以充分调动体育教师、学生和家长参与评价的积极性，使体育教师、学生和家长形成评价的共同体。

（一）体育教师

体育教师作为知识的传授者，有责任在体育教学过程中与学生形成合作关系，共同进行“教”和“学”的评价。体育教师评价包含以下3个方面的内容。

1. 体育教师对学生的评价

体育教师的评价往往是从学生的体能、知识与技能、态度与参与、情意与合作4个方面进行操作。体育教师的评价要求公正客观性，体育教师的评价对于学生具有明显的反馈、导向和促进发展的作用。

2. 体育教师自评

体育教师对照体育课堂教学评价标准进行自我评价，这是课后反思教学的一种评价形式，它有助于体育教师课后进行自我反思，肯定优点，发现不足，对于体育教师专业化发展、自我成长具有重要的作用。

3. 体育教师同行的评价

体育教师同行的评价是教研活动的形式之一，在体育教学中可以起到相互观摩、交流与研讨的作用，有利于全面提高教师的教学质量。体育教师同行评价具有广泛性和普遍性。体育教师之间的情况大家比较熟悉且更具发言权，通过体育教师同行的评价，可以切磋教艺、取长补短、互相学习、交流和反馈，从而调动了广大体育教师的教学积极性与主动性。

（二）学生

学生是体育教学活动的主体，所以，对学生的教学评价极为重要。学生作为评价主体包含了以下3个方面的含义。

（1）学生作为评价者。学生是体育教学的对象和学习的主体，是体育教师教学的直接感受者和受益者，是体育教学效果的直接体验者。但学生作为评价者必须满足2个基本条件：一是能较好地认识和理解评价的目的、评价指标体系的内涵和评价指标的尺度；二是具有较高的诚信度，对评价对象能作出较为独立的、公正的判断。

（2）学生相互评价。学生相互评价是站在同伴的角度评价他人的优缺点，促进被评者在学习活动中的不断完善。学生相互评价因同学间的平等而易于接受和采纳，但学生在评价同伴的过程中可能有失客观，所以在评价过程中，体育教师应及时发现问题并进行纠正。

（3）学生自我评价。学生自我评价可以采用定性评价或定性评价与定量评价相结合的形式进行。学生自我评价有助于引导学生进行自我总结与分析，发现自己的优点和不足，促进学生的自我完善。

（三）学生家长

学生家长是体育教学活动的间接影响者，他们可以成为体育课堂教学评价管理的助手和合作伙伴。通过家长参与评价也可以提高家长自身对体育活动的认识，最大限度地强调学生体育学习的积极性。重视家长对体育课堂教学的评价意见，有助于收集各方面的意见与建议，促进体育课堂教学质量的提高。

第二节　体育课堂教学评价的指标体系

从不同的层面对体育课堂教学进行评价，会有不同的分类和指标体系。本节将体育课堂教学评价划分为体育课前准备评价、体育课堂教学过程评价和体育课堂学生学习效果评价3个方面，其评价指标和要求各不相同。

一、体育课前准备评价的指标

体育课前准备也就是备课，它所涉及的因素很多，主要有教学理念、教学目标、教学内容、学情分析、教学方法与手段、教学组织与管理、运动负荷与练习密度预计等。评价体育课前准备主要是通过评价课时计划（教案）来实施的，具体的指标与内容可参照以下几个方面。

（一）体育课堂教学目标

评定体育课堂教学目标设计情况，首先要看体育课堂教学目标是否符合课程标准要求与学科的特点，是否符合单元教学计划的要求、是否符合学生的实际状况；其次要看体育课堂教学目标是否符合学生的实际状况，能否体现对学生知识、技能、体能与情感等方面的发展要求；最后要看体育课堂教学目标是否清楚、具体、全面、易于理解、便于实施，具有可测量性。

（二）体育课堂教学内容

评定体育课堂教学内容的安排情况，首先要看体育课堂教学内容前后知识点关系、地位、作用描述是否准确，其次看体育课堂教学重点、难点分析是否清楚、突出。

（三）体育课学情分析

评定体育课学情分析情况，要看是否根据“以学生为中心”教学理念和实际应用，以及是否结合学生学习的水平、学习基础、学习习惯和体育学习能力。

（四）体育课堂教学方法

评定体育课堂教学方法选择情况，首先要看体育课堂教学方法是否描述清晰、选用适当；其次看体育课堂教学方法的选用是否符合体育教学内容的特点、学生的年龄特点；最后看体育课堂教学方法的选用是否有利于体育课堂教学内容的完成、是否有利于体育课堂教学难点的解决、是否有利于体育课堂教学重点的突出等。

（五）体育课堂教学手段

评定体育课堂教学手段的选用情况，要看体育课堂教学辅助手段（如挂图、模型、多媒体、哨、录音机、各种器材等）准备与使用是否说明清晰，教具及现代化教学手段是否运用恰当。

（六）体育课堂教学活动组织形式

评定体育课堂教学活动组织形式，首先要看体育课堂教学组织形式是否得当、合理、尽量减少不必要的队伍调动；其次看练习密度、运动负荷预计是否符合体育课的类型、教材内容特点和学生特点。

（七）体育课堂教学环节

评定体育课堂教学环节，首先要看体育课的层次与结构是否合理、自然过渡、步骤清晰，便于操作；其次要看体育课的各部分时间安排是否合理。

（八）体育课场地器材准备

评定体育课场地器材准备情况，要看体育课场地与器材的准备与布置是否充分与完整，是否符合体育课堂教学内容的特点、学校的基本条件、学生的年龄特征。

（九）体育课教案文档规范

评定体育课教案文档规范情况，首先要看体育课教案格式是否正确、结构是否完整、是否合理布局；其次要看文字、符号、单位和公式是否符合国家标准规范；最后要看语言是否清晰、简洁、明了，字体运用、图表运用是否恰当、美观整齐。

二、体育课堂教学过程的评价指标

体育课堂教学过程的评价主要是评定体育教师与学生在课堂上教授和学习的表现及其教学效果情况，它与体育课前准备的评价不同，体育课前准备表现为一种预设，体育课堂教学实施过程则表现为一种生成。体育课堂教学过程的评价指标可根据不同目的设置，但常用的主要有以下几个方面。

（一）体育教师表现的评价

（1）教学理念先进。体育教师应具备与新课程相适应的先进教学理念，教学过程能够突出学生在学习过程中的主体地位。

（2）教学组织实施顺畅。体育教师能流畅地上完体育课，课的开始、热身、基本部分、放松与结束部分连贯又分明。

（3）教学方法运用自如。体育教师熟悉教学方法，并能根据学生在课中的表现，灵活运用教学方法与手段，顺利解决教学中的各种问题和困难。

（4）教学基本技能扎实。体育教师示范动作准确、优美，讲解简洁、有感染力，组织管理有效，场地器材布置合理，能有效处理课堂突发事件等。

（5）实施差异性教学。在体育教学过程中，体育教师能关注学生的差异与不同需求，能及时进行保护与帮助，做到因材施教、区别对待。

（6）即时反馈与指导学生。体育教师能及时掌握学生对教学的反馈情况，并根据反馈进行合理有效的调控，有较强驾驭教学过程的能力等。

（二）学生表现的评价

（1）练习积极性高。学生能够自觉主动地练习，积极按体育教学要求参加活动。

（2）主动探究问题。学生能够独立思考问题，真正做到将学习内容内化为自身的能力，并能做到对所学知识进行重组、迁移和应用。

（3）遵守课堂纪律。学生能服从体育教师指挥，听从统一调度，遵守课堂常规。

（4）关心他人，爱护场地器材。学生能主动关心、帮助他人，有较强的互助合作意识，爱护学校场地器材设施。

（三）体育课堂教学效果的评价

（1）课堂教学目标的达成度。通过体育课堂教学过程的观测，检查体育课堂教学目标的达成度，包括运动技能目标、体能目标、认知目标、情意与合作目标等。

（2）课时计划执行情况。体育课堂教学实施与课时计划不可能达到完全一致，但也不能完全偏离，如果课时计划执行不好，说明两种情况：一是课时计划没有设计好；二是课堂实施比较随意。

（3）课堂教学氛围。主要观察和判断学生体育学习的积极性、体育教师的投入程度、师生关系的融洽程度等。

（4）学生掌握情况。体育教学的效果最终通过学生是否掌握教学内容，能否做到会说、会练、会组织。

例如，可以根据初中体育课前准备与课堂教学过程的评价指标，设计一级指标、二级指标与三级指标，具体内容要较为全面地涉及体育课堂教学的各个层面；同时还对各级指标进行赋分、对评价的等级做出规定，体现定性评价与定量评价相结合的特点。

三、体育课堂学生学习效果评价指标

体育课堂学生学习效果评价是对学生学习效果的检查、衡量与判定，也是检验教师对教学目标的具体落实情况。《义务教育体育与健康课程标准（2022年版）》要求建立有利于学生进步与发展的多元学习评价体系，要求对学生的体能、知识与技能、态度与参与、情意与合作进行综合评价，考评运动参与、运动技能、身体健康、心理健康和社会适应目标的实现状况。标准强调通过体育与健康学习评价有效促进学生的不断发展。通过在体育课堂学生学习评价时，不但要看学生在运动能力上达到的绝对水平，更要重视其在体育学习中的进步幅度与努力程度。对体育课堂学生学习效果评价可从以下4个方面分别进行。

（一）体能的评价

首先要根据体育与健康课程要求，主要根据教学的实际情况以及参考《国家学生体质健康标准（2014年修订）》，确定体能测试的指标，评价学生的体能水平。例如，某一节初中体育课的教学任务是以发展学生上肢力量为主，那在课的结束时，可以设置几个指标来评价学生本节课体能发展的状况和水平，可以设单杠悬垂引体向上为一个指标，一次能达到8个以上为合格；也可以设双杠屈臂撑为一个指标，一次能达到6个以上为合格。

（二）体育知识与技能评价

根据《义务教育体育与健康课程标准（2022年版）》要求，主要根据该标准的学习目标与要求以及教学的实际情况，选择相应的体育与健康知识技能评价指标，评价学习掌握体育与健康知识和技能的程度，以及对所学知识和技能的应用能力等。

1. 体育知识学习评价

体育知识涉及的面非常广，内容也很多，如健康方面的知识、运动项目方面的知识、运动规则与裁判方面的知识、增强体质方面的知识等。这些知识的评价可以在课堂中，以随机提问的方式或给学生发小卡片的方式进行评价。如在课堂中，学生练习后，利用休息时间，给每位学生发一张“思考运动中的生理变化”表，请学生用最快的速度答完并交回，体育教师通过整理卡片来评价学生对“运动中生理变化”这一问题掌握的情况。

2. 运动技能的评价

学生在课堂上进行身体练习，目的是学会运动技术、掌握运动技能。当评价学生当堂课上运动技能掌握情况时，可以用完成动作的成功率来评定。如学习投篮技术，可以随机挑选学生进行投篮测试，站在罚球线，投10次，看命中率高低。如果高，说明学生掌握了运动技能；如果大部分学生投篮命中率高，则说明本班本课次运动技能掌握是很好的，达到了教学目的。

（三）态度与参与的评价

根据《义务教育体育与健康课程标准（2022年版）》要求，主要对学生体育与健康课的出勤率、课堂表现、学习兴趣、积极主动地探究问题以及课外运用所学知识和技能参与体育与健康活动行为表现等进行评价。评价学生体育课堂态度与参与的指标可以通过练习频率、回答问题、学习兴趣，积极参与活动等方面来进行评定。例如，可以运用“评价记录表”对学生课堂上态度与参与情况进行记录与评价，“评价记录表”包括学生姓名、评价内容、周次、得分、评语等内容。教师可以根据教学需要给予“★”“■”“▲”“◇”“×”各种符号相应的分数，以便于总分计算。各项评价内容总分=各节课分值之和/总课时数。

（四）情意与合作的评价

对学生体育课堂学习中情意与合作的评价主要根据《义务教育体育与健康课程标准（2022年版）》要求，对学生体育学习和锻炼中的情感表现、意志品质、人际交往与合作行为等进行评价。例如，可以运用某班学生体育课堂学习行为记录表进行记录并做出评价，评价表包括学生姓名、评价内容、周次、得分、评语等内容，并说明情意与合作方面的评价内容、方法和标准。

第三节　体育课堂教学评价方法

体育课堂教学评价方法是在体育课堂教学评价过程中解决问题的途径和手段，主要以完成教学评价的任务为准，争取做到操作简便、测评结果准确可靠。体育课堂教学评价方法是确保体育课堂教学评价顺利进行的重要技术与工具。掌握体育课堂教学评价的方法对于科学评价体育课堂教学质量、激励教师和学生、做好学校体育工作考核与评估有着重要的意义。体育课堂教学评价方法很多，根据不同的划分标准，评价方法各不相同。

一、根据评价基准划分的方法

（一）绝对评价

绝对评价是在评价对象的集合之外，确定一个客观标准，把评价对象与这一标准进行比较。它的特点是具有一定的教育性和引导性，不论对谁，标准都是统一的，关键是评价标准制定要准确。

绝对评价的优点：评价标准客观，评价之后，每个被评价者能明确自己与客观标准之间的差距，从而激励被评价者的积极性，同时也便于被评价者正确认识自己的实际水平，正确地认识对自己所做出的评价结论。绝对评价的缺点：由于评价标准是事先由人进行制定和掌握的，很难完全做到客观。同时，该方法不易调动学生的积极性，对于较高的评价标准，如果那些非常努力的学生虽然学习取得了很大的进步，但还是达不到标准，他们的学习热情就会被挫伤。

（二）相对评价

这种方法是从评价对象的集合（如教师、学生、学校等）中选取一个或若干个作为基准，然后拿各个评价对象与基准进行比较，以此做出评价判断。

一般来讲，相对评价是将每个成员获得的成就与这个成员集合的平均状况相比较，从而确定每个成员在整体中的相对位置。如学校评选优秀体育课时，通常采用此种方法。先从学校里选一位授课较好的教师，让其上一堂课，并把此课作为优秀课。然后让每位体育教师自选一节体育课，让教研人员和有关体育教师来听，之后用优秀课和每位体育教师的课进行比较，凡是接近或超过优秀课的都作为优秀课。

相对评价的优点：适应性强，应用面广，无论被评价对象的整体情况如何，都可进行比较；评价标准在评价对象整体内部确定，比较结合实际，便于调动大家的积极性。相对评价的缺点：容易降低评价标准，或者造成几个评价对象各单位间的不平衡现象。

（三）个体内差异评价

把被评价集合中的各个元素的过去和现在相比较，或者一个元素的若干个侧面相互比较，即为个体内差异评价。这种方法在运用时有两种情况：一种情况是把评价对象的过去和现在进行比较。例如，某学生过去的体育课成绩是90分，现在是80分，说明该学生体育学习成绩下降了。另一种情况是把被评价对象的某几个侧面进行比较，考察其所长所短。例如，一个学生学习体育课的情况可以从运动与参与、体能、知识与技能、情意与合作等6个方面来考察，考察之后可以发现该学生哪一个方面较好些、哪一方面较差些。该评价方法的优点：充分照顾到了学生个性的差异，在评价过程中不会给被评价者造成压力。该评价方法的缺点：由于这种评价既不与客观标准比较，又不与其他被评价者比较，很容易使被评价者自满，或感到评价的价值不大，压抑被评价者的争先意识。

（四）绝对评价和相对评价相结合

当前体育教学改革对体育课堂教学评价的要求是绝对评价和相对评价相结合，关注学生的运动能力达到的绝对水平和在体育学习中的进步幅度与努力求知程度。例如，采用绝对评价对学生体能成绩评定参照《国家学生体质健康标准（2014年修订）》进行评定。同时，采用相对评价对每一位学生的基础及提高的幅度进行评定，注重把被评价者的过去和现在比较，对评价对象的不同方面进行比较。

二、根据评价科学性划分的方法

（一）定量评价

定量评价是采用定量计算的方法，搜集数据资料，然后用数学的方法做出定量结论的评估。根据《义务教育体育与健康课程标准（2022年版）》，对体能、知识和技能指标应主要采用定量评价的方法（如等级制评价、分数评价等）。定量评价操作时，评判者可先对评价指标体系中各指标的情况按程度评分，然后将所得的分数累积起来，用这个总分对体育课堂教学做出价值判断。如果是集体评课，则将所有评价者的定量值取平均分（去掉最高分和最低分）。

在定量评价中，常用的数量化方法的形式有百分法、分数法、指数法、累积分数法、统计分数法、综合评判法等。百分法为最常用的方法，如在考试或测验中用百分制来表示就是百分法：100分是满分，60分和60分以上为及格，60分以下为不及格。其主要优点为客观化、标准化、精确化、量化、简便化，在体育教学中主要满足了以选拔、甄别为主要目的的应用。其缺点是这种方法过于简单，得分只具有可加性，不具备可比性。

（二）定性评价

定性评价是对教学过程和结果从性质上进行判定。根据《义务教育体育与健康课程标准（2022年版）》，对态度与参与、情意与合作应主要采用定性评价的方法（如评语式评价等）。操作时，评判者可将评价各指标的情况先进行等级评价，然后按预定的权重赋值，计算出课堂评价总分，视所在的分数段进行价值判断（如果集体评课可按定量评价取平均分的办法）。在体育课堂教学中被广泛应用于教育目标及学习结果的评价，强调学生在“质”方面的发展和教育结果与教育目标之间的一致性。其主要缺点表现为评价结果有时会出现模糊笼统，弹性较大，难以精确把握的特征。等级法、评语评定法都是经常使用的定性评价的方法。

1. 等级法

事先依据某种标准把体育课堂教学工作和学生的表现分成几个等级，然后把被评价对象归到某个等级中，依次来比较体育教师工作的质量和学生的课堂表现，即为等级法。体育课堂教学工作和学生课堂表现一般分成上、中、下三级；甲、乙、丙、丁四级；优、良、中等、及格、不及格五等。这种方法的优点是简便易行，缺点是粗略、标准不好掌握。

2. 评语评定法

评语评定法是用简明的评语记述评价的结果。这种方法在评定课堂教学思想、学生课堂行为中比较常用。评语评定法要切中要害，分寸适度。如评价一位教师课堂教学思想时可采用如下用语：①基本上能够做到实事求是；②能够做到严格要求；③思想相当解放，接受新事物快，能够锐意进取，富有创新精神；④能够进行批评与自我批评等。如评定学生上课的态度时可以采用：①上课的态度非常好，练习积极性很高；②能主动与同伴合作，积极参与各种体育活动；③表现积极，练习效率高，能积极配合体育教师的教学工作等。

（三）定量评价与定性评价相结合

定量评价与定性评价二者实质上是相互依赖的，均是按定性—定量—定性的程序进行的，只不过表现形式不同。对体育课堂教学的学生学习评价，要考虑学生的年龄阶段，根据《义务教育体育与健康课程标准（2022年版）》，对水平一的学生应采用评语式评价；对水平二和水平三的学生可以采用评语和等级制评价相结合的方式；对水平四的学生以等级制评价为主，结合评语式评价教学综合评价。对体育课堂教学的评价既要有定量评价，又要有定性评价，这样才能体现一定的科学性。例如，对体育教师的课堂教学质量的评价，首先可以从定量的角度进行评价，即根据体育课堂教学评价标准给上课的体育教师打分，给出具体的分数，同时还可以对该体育教师在定量评价中不能完全体现的其他指标进行定性评价。综合定量评价与定性评价的结果，最后对该体育教师的课堂教学质量作出合理的评价。

三、根据评价对象划分的方法

（一）自我评价

自我评价指的是被评价者按照一定的评价指标体系，对自己的情况进行自我评价，以达到相应的评价目的。例如，学生自我评定是学生对自己的运动技能、学习态度、情意表现与合作精神等进行的综合评定。再如，体育教师课堂教学的自我评价、学生对自己在课堂中的表现情况进行自我评价等。这种方法的优点是比较容易进行，每节课都可以进行，有利于被评价者的自我反馈，并进行相应的自我调整，还能增强体育教师和学生的评价能力。其缺点是缺少外界参照系，不能进行横向比较，评价的客观性较差。

（二）他人评价

他人评价指的是被评价者自身之外的他人对被评价者所进行的评价，如学校领导、教研人员、同行、学生家长等对体育教师课堂教学的评价都是他人评价。其具体包括体育教师评价学生、学生评价学生、学生评价体育教师、同行和领导评价体育教师等。这种方法的优点是比较客观，要求也比较严格，可靠性与准确性强。这种引法的缺点是评价的组织工作比较复杂，比较费时、费力。在体育教学实践中，体育课堂教学评价主要用于学生学习评价和体育教师教学评价。

（1）学生学习评价。体育教师评定是依据学生的学习目标达成度、行为表现和进步幅度等，考虑学生自我评定与组内互相评定的情况，对学生的学习成绩进行综合评定。随着学生学段的升高，应更重视学生自我评定和相互评定的作用。组内互相评定是学生对组内各个成员的运动技能、学习态度、情意表现与合作精神等进行的综合评定。根据《义务教育体育与健康课程标准（2022年版）》重视综合性学习评价，要求学习评价主体多元性。评价主体以体育教师为主，鼓励学生、其他学科教师、家长等参与到评价中。

（2）体育教师教学评价。体育教师教学评价主要采用体育教师评价和学生评价的形式进行，通常也可采用同行评价、专家评价和学生成绩分析等多种评价形式。定量评价与定性评价相结合评价时通常采用针对体育教师专业素质和课堂教学两个方面的内容制定适当的量表进行测量。

四、根据评价形式划分的方法

（一）量表评价

量表评价是指通过编制评价量表来对体育课堂教学进行评价。在体育课堂教学评价中使用量表评价时，量表中的指标或指标体系是评价的基础。指标是指具体的、行为化的、可测量或可观察的评价内容，即根据可测或可观察的要求而确定的评价内容。量表评价方法包括以下几个步骤。

（1）评价指标体系设计。①初拟指标。这个阶段通常可以采用头脑风暴法和因素分解法。前者是指在会议中，专家各抒己见，即席发言，初拟评价指标；后者是指将评价指标按照评价对象本身的逻辑结构逐级进行分解，把分解出来的主要因素作为评价指标的方法，在分解的过程中需要使用统一的分解原则，而且分解出来的指标在上下层次之间应该相互照应，按照由高到低的层次逐级分解。②筛选指标。这个过程可以采用经验法、调查统计法和模糊聚类法，同时应该遵循以下一些基本原则，即指标应具有重要性、独立性，指标应反映被评价对象的本质属性。③修订指标，即选择适当的评价对象进行小范围的实验，并根据实验的结果，对评价的指标体系及评定标准进行修订。

（2）指标权重的确定。权重是指根据各组成指标在指标体系中的重要性和作用大小，所分别赋予的不同数值。权重代表了评价指标的重要性程度。指标权重的确定可以采用关键特征调查法、两两比较法、专家评判平均法和倍数比较法。

量表的种类很多，如“体育课堂教学评价量表”“学生课堂表现自评量表”“学生课堂表现互评量表”“学生课堂运动技能达成评价量表”等。

（二）随堂听课评价

随堂听课评价是评价者通过对被评价体育教师的课堂教学的直接观察，获取有关该体育教师的教学行为、过程、特点以及所展现出来的教学能力等第一手信息，从而有效地进行体育课堂教学评价，并相应地提出建设性的意见，以此提高教师体育课堂教学能力和课堂教学效率。随堂听课要做好以下几个步骤。

1. 做好听课准备工作

准备工作主要有时间、地点、方式、观察重点等事项进行事先约定；了解所听课的教学内容和教学目标、教学设计等；了解听课的重点；准备好必要的记录与测量的工具等。

2. 随堂观察并记录

课堂观察可以进行全过程观察和有重点观察。前者是指评价者全方位地观察课堂教学过程。在观察过程中，评价者应不放过任何一个细节，对一些特殊行为保持高度的敏感，并对这些行为进行及时的记录和分析。通常这一类观察的难度较大，要求观察者有熟练的观察技能和丰富的观察经验。有重点观察是指根据事先确定的观察重点，有针对性地进行观察和记录。课堂记录通常有两种方式：一是利用事先选择或研制的观察工具进行记录；二是描述记录法，它需要对课堂中的语言和非语言进行记录，描述记录要求记录时应尽可能把看到的和听到的所有内容都完整地记录下来，即进行课堂教学实录。

3. 评价结果的反馈

对体育教师评价结果的反馈往往以课后讨论的形式出现。其主要方法就是评价面谈与集体交流。

五、根据评价方式划分的方法

（一）问卷

这是一种传统的评定课堂教学工作的方法，主要通过设计问卷、测试题、量表等，对被评价者在正常状态下进行测试，以获得评价的资料，并做出判断。一般来讲，评定学生学习质量的主要形式是测验，主要手段是答题。在我国的各级各类学校中，评定学生的学习质量主要采用问卷法。评定体育教师课堂教学的主观感受也可以运用此法。运用这种方法要注意以下几点：一是认真确定被试者，被试者要十分熟悉有关情况，要具有代表性；二是设计的题目不要太多，要富有意义，表述要简单、明确、通俗；三是所要求的答案必须是具体的，最好使用判断、选择、填空等形式；四是最好使用无记名答卷，以消除被试者的疑虑。

（二）观察评分

这种方法指在体育课堂教学活动中，对评价对象的活动进行有计划、有目的的观察，通过观察获得信息，经思维进行加工，做出评定判断。它是行动观察法、调查法、谈话法、轶事记录法等评价工具的综合运用，是各级各类学校教学工作评价中应用很广的一种方法。例如，体育教师课堂教学水平、工作能力、备课态度、上课情况、学生掌握知识情况等都可用这种方法评价。采用这种方法要注意以下问题：一是事先要明确观察的目的、程序和方法；二是使观察对象处于正常状态，否则收集的资料不能正确反映实际情况；三是观察者不要带有任何的成见或偏见，要如实记录；四是对观察所得的各种信息要真实记录，记录的方法主要有量表法、录音、录像、计算机储存等；五是要把获得的信息与事先制定的教学工作评价指标体系进行比较，做出恰当判断。

（三）查阅文献

这种方法指通过查阅教师现有的书面材料并进行分析，做出评价。这些材料在体育教学过程中自然形成，能真实反映体育课堂教学工作情况，如体育教师的体育教学工作计划、教案本、学生作业本、体育课堂教学总结与反思、体育课堂教学研究的体会、体育课堂教学管理制度、学生的考试卷等。这些材料可以从另一个侧面反映出体育教师的课堂教学水平。通过分析这些材料，可对体育教师的体育课堂教学情况、体育课堂教学活动的变化等做出动态判断。运用这种方法时，尽量和观察评分等方法相结合，以提高体育课堂教学评价的全面性、信度和效度。

六、几种常用的体育课堂教学评价方法

结合《义务教育体育与健康课程标准（2022年版）》在学习评价方法方面的实施要求，依据评价目的、评价内容、评价主体、评价情境等实际情况，注重过程性评价与终结性评价、定量评价与定性评价、相对性评价与绝对性评价、教师评价与学生评价相结合，积极探索增值评价，健全综合评价。下面结合国内外体育教学评价发展趋势与体育教学实践，介绍几种常用的体育课程教学评价方法及应用案例。

（一）张榜公布型评价

张榜公布型评价是充分利用教室和体育场地的空间布置一些宣传栏和海报栏，对学生体育学习过程和结果进行张榜公布的方法。这种评价方式符合《义务教育体育与健康课程标准（2022年版）》要求，强调体育教师应结合具体的内容，选择适宜的方法，记录学生的课内外表现与进步情况，并及时向学生提供个人学习情况信息，帮助学生反思和改进学习方法，有效评价学生核心素养的提升过程和程度。张榜公布型评价可以营造积极的体育课堂环境，促进学生对于体育课堂活动的参与和合作的运作方式及相伴而生的所有行为。其具有公正性、透明性、持久性、直观性以及导向性作用。学生通过对比可以找出自身的不足和差距，努力提高自身的知识水平。这种评价方式使体育课堂教学“活”了、“动”了，传统的体育评价也因此被注入了新的内涵和形态。

【案例18-1】

张榜公布型评价实践案例

教学评价活动案例一

名称：一个好的开始！（海报栏）

活动目的：在成功的体育教学中，采用让学生积极参与体育课程或活动的策略，以检验成功体育教学中学生的体育态度、努力程度、准备情况等。

建议使用的年级：6～12年级。

所需要的教学设备或材料：写有全班学生姓名的带条纹的各种颜色的装饰纸、标志、海报栏或其他显示区，班上每个学生有一张“印有运动鞋”的纸张。

活动描述：在课的开始时间里，学生将完成一份打印好的用于体育教学的评价表格，表中由5～10个行为组成（如我将换了运动服装来上体育课；我将始终付出我最大的努力上好体育课等）。

填写好评价表格以后，学生将开始装饰他们自己的“印有运动鞋”的纸张，用带颜色的装饰纸将其装饰成一个有很多腿的大章鱼，并用别针固定在海报栏上，直到所有的学生都完成。教师发令让所有的“大章鱼”从右脚开始出发……。积极参与体育课程或活动多，“大章鱼”前进的步数就越多。

以上教学活动的完成为整个小组的集体努力提供了一个非常好的视觉环境，以提醒学生在体育课中努力完成教学任务。

教学评价活动案例二

名称：在体育教学中打棒球！（海报栏）

活动目的：对于学生在体育课堂中的行为给予视觉信息反馈和提示。

前提：体育课堂常规的介绍。

建议使用的年级：3～5年级。

所需要的教学设备或材料：海报栏、被碾压扁的纸鞋子、拇指大头钉、装饰纸。

活动描述：在新学期的开始，做有一个有很大外场棒球场的海报栏。棒球场的外场中有很多的棒球，每一个棒球对应一条课堂常规，内场即中心位置（垒）。在本垒板附近有纸鞋子。在每双鞋子上写上班级和任课教师的名字，并为海报栏题以“体育课中打本垒”标题。

此后的每节体育课后，学生聚集到海报栏，如果他们遵循了写在棒球场上的所有课堂常规，然后向上移动写有他们班级的鞋子一个垒。如果他们没有遵循了写在棒球场上的课堂常规，指出哪项课堂常规仍然需要改进。

在积分栏中记录每次课的“分数”，到了一学期的四分之一（4周）后，给跑垒得分最高的班级一个奖励。这个奖励可以是一次额外的体育课、放假一次或自由选择活动的一天。

引自：https://www.pecentral.org/lessonideas/SearchResults.asp.

（二）选择性评价

选择性评价是一些不同于通常的评估，区别于传统的是非判断法、比赛法、回答问题法和标准化评价的评价方法。它是运用非传统方法如画图或者运用录像等特殊技巧的评价方法。采用这种评价方法时，体育教师要求学生创造一些东西，在许多场合评估类型允许学生创造一种产品，体育教师将用等级（通常使用专栏）评价。这种评价方式符合《义务教育体育与健康课程标准（2022年版）》要求，强调加强运用现代信息技术开展实时和精准的评价。体育教师可以充分利用信息技术跟踪学生的学习情况。很多时候，学生与其他同学来完成，也可以是体育教师给予等级评价，通常采用量表的方式进行，大多数情况以班级或小组为单位进行集体评价。

【案例18-2】

选择性评价实践案例

名称：拍摄成运动技能的录像

姓名：　　　　　　　　　　单位：

说明：找一张朋友或家庭成员运动的照片，你用数码相机拍摄运动的每一部分。用你的照片标注成重要运动技能要点的插图。

评估：根据下面的标准，给出相应的分值。在上交之前，用下面的标准进行自我评价。

4	优秀，你做得比别人都好！	照片描绘出了所有的详细运动技能的正确的结构。标签适合插图。
3	良好，基本上包含了！	照片描绘出了大多数详细运动技能的正确结构。大多数标签适合插图。
2	一般，你愿意对此再尝试一次吗？	照片描绘出了一部分详细运动技能的正确结构。一部分标签适合插图。
1	不好，我建议你再尝试一次，可以向我咨询更多的解释。	照片描绘出了较少详细运动技能的正确结构。标签不合适或者没有。

引自：Liz Giles-Brown. Physical Education Assessment Toolkit［M］. Champaign，IL: Human Kinetics，2006.

（三）课堂练习型评价

课堂练习型评价是体育教师在教学过程中对学生课堂练习的表现通过语言或物质奖励方式进行的评价。《义务教育体育与健康课程标准（2022年版）》要求，应选择适宜的评价方式合理利用评价结果。体育教师应充分发挥评价的反馈、导向、激励和改进功能，采用口头评价、记录表呈现等不同方式，及时将评价结果反馈给学生，帮助学生改进学习。课堂练习型评价一般有语言激励型和奖励型评价两种。语言激励型评价是在学生练习过程中教师进行口头激励，当学生在技能学习中取得一定的成绩时，体育教师也可以用及时性的肯定和赞赏的词汇表达，学生会为此得到一种认同感和感受到来自教师的关爱，会从内心深处受到激励和鞭策，从而更加投入到体育的学习中，其效果也最明显。另外，通过配合眼神、动作、表情进行鼓励，对于没有信心、基础差或完成的动作不是很完美的学生也要进行肯定。

奖励型评价是在学生练习过程中体育教师用具有象征性的物质进行激励，让学生感受来自体育教师的鼓励，形成一种持久性的内驱力。例如，在体育课堂教学实践中，以一个奖章或小饰品来奖励体育学习过程中表现特别突出的学生。对于体育课堂学习过程中出现问题的学生，可以一定语言和措施进行处罚，以使学生认识到错误并改正。

【案例18-3】

“奖励和处罚”课堂练习型评价实践案例

课堂规则：（1）当听到口哨声，停止活动，看，并且听；（2）展示好的体育精神；（3）对体育设备负责。

评价描述：

表现好的奖励：称赞；给予娱乐时间；物质奖励。

违反规则的后果：停止活动；推举给管理人员等。

引自：PE Rules，Classroom Management[EB/OL][2014-09-08]. http：//www.pecentral.org/essonideas/ViewLesson.asp?ID=1414.

（四）纸笔测验型评价

纸笔测验型评价是通过让学生回答问卷做出判断或是写下自己的感受等方法进行评价。纸笔测验不仅仅局限于对学生认知水平的评价，还包括对运动技术掌握程度、各种体育行为、态度等方面的评价。

根据《义务教育体育与健康课程标准（2022年版）》课程目标，通过体育与健康课程的学习，学生能认识和理解不同目标领域的重要性，掌握所学运动项目的基础知识和基本原理，经常观看体育比赛，并能简要分析体育比赛中的现象与问题；形成积极的体育态度，提高分析问题和解决问题的能力。因此，纸笔测验型评价是学生在体育学习方面的一个重要评价方法，主要体现在知识点的掌握上，使用中切实理解学生个体差异和体育学习需要，从而针对性地设计开放性的问题，将体育专业知识及知识运用到具体设计中；在设计中注重多种形式应用及表现；营造人性化的积极课堂环境和氛围，满足不同知识水平学生的需要。

【案例18-4】

“思考体质健康相关的技能”纸笔测验型评价实践案例

姓名__________

说明：用提供的词语来完成下面关于体质健康相关的句子。

1.一个协调的运动是平稳而有效率的，没有多余的动作。

2.当有人在高速运动时可以迅速地改变方向，我们说他有很好的灵敏性。

3.用最短的时间从一个地方移动到另一个地方，或许需要很好的速度。

4.在一个强烈的运动中，爆发性的动作需要很强烈的驱动力量。

5.平衡是需要一个人在静态的时候能保持平衡的能力。

6.立定跳远是需要力量素质的运动。

7.当2个人做对抗游戏的时候，能够迅速做出反应的那个人肯定是灵敏性较好的人。

8.一个变戏法的人肯定会有很高的协调能力，来保持所有的球都能在空中。

9.很多体育活动包含了体质健康相关因素和技能的内容。

协调的　速度　静态的　反应　灵敏性　驱动力量　技能　协调　立定跳远

计分：正确的答案有____个除以所有回答的题数____个，等于正答率。

引自：Liz Giles-Brown. Physical Education Assessment Toolkit［M］. Champaign，IL: Human Kinetics，2006.

（五）表现性评价

表现性评价是对学生在有意义的任务或活动真实情境下运用知识和技能能力的一种评价方式。表现性评价能够超越传统纸笔测试，针对在真实情境中学生应用知识的能力以及决策、交流、合作能力的评价，它要求定期观察和评价学生的表现。评价采用的情境越接近现实生活，结果就越真实可靠。根据《义务教育体育与健康课程标准（2022年版）》评价建议，其选择适宜的评价方式，重视过程性评价。体育教师应结合具体的内容，选择适宜的方法，记录学生的课内外表现与进步情况，并及时向学生提供个人学习情况信息，帮助学生反思和改进学习方法，有效评价学生核心素养的提升过程和程度。

体育课堂教学中表现性评价要求学生做出一系列的动作表现或要求学生完成一项任务。比如，完成一系列的体操动作，用运动技能的展示和表现，取代脱离比赛环境而进行的技术评价，或采用在比赛中观察技术运用情况的评价。

【案例18-5】

"足球技术评价"表现性评价实践案例

活动名称：足球技术评价

目的：了解学生对足球技术的理解和掌握情况。

适用年级：3~5年级。

所需材料：数码相机或电脑、张贴板和打印机。

需要时间：60分钟。

评价说明：要求学生用照相机拍下同伴的足球传球、踢球、运球和假动作的技术照片。然后把照片打印出来粘贴到张贴板上并进行陈述。陈述内容包括每项技术动作的关键环节。

评分标准：

评价等级三：优秀。

（1）与同伴有良好的合作。

（2）合理地运用运动技术。

（3）正确地讲解技术动作。

（4）良好的照片。

评价等级二：良好。

能够达到评价等级三当中的两条或两条以上标准。

评价等级一：合格。

能够达到评价等级三当中的一条标准。

引自：Assessment Ideas http://www.pecentral.org/assessment/assessment.html.

（六）成长记录袋评价法

成长记录袋评价法汇集了学生的代表作品，这些作品体现了学生的理解程度、技能述评和行为素质。为了评价学生学习和进步的状况，在体育教学实践中，通过成长记录袋评价法来收集、记录学生自己的作品（反思）、体育教师或同伴做出评价的有关材料、其他相关的证据与材料等。

根据《义务教育体育与健康课程标准（2022年版）》，通过体育与健康课程学习，促进学生身心共成长。结合信息科技相关知识，在体能和运动技能学练中，通过建立成长观察、成长记录的电子档案，引导学生关注自我成长中的身心变化及其对运动技能学练的影响，培养学生的观察能力，强化学生的自我意识和健康意识。成长记录袋评价法本身是多元化和多样化的评价体系构成的评价方式。在体育教学实践运用中，需制订建设方案，应注意明确"为什么评""评价谁”“评价什么”“如何评”。“为什么评”是建立成长记录袋的目的（如体育教师将需要什么信息，它为学生、父母和体育教师的指导或教学计划提供了什么反馈信息，明确其对学生有什么帮助）；“评价谁”是评价的对象；“评价什么”是成长记录袋中的内容（值得活动的内容和展示的是什么）。该评价方法还能证明学生知道了什么或能做什么，评价能“显示”学生在体育教师的教学计划中所学会的内容；“如何评”是确定要收集的内容和收集的次数、频率，由学生和体育教师共同决定的被展示作品的作者和成长记录袋提交的对象，确定评分程序以及交流、保存、使用计划。

【案例18-6】

“儿童在健康的、积极的生活方式方面的练习”成长记录袋评价实践案例

致家长的一封信——儿童健康积极生活方式形成

这个项目的设计目的是增加课外身体活动量来为体育教育做补充。如果您的孩子选择去参加了对运动技能有帮助或促进身体健康的身体活动，他（她）需要填写下面的表格，请您签上名字，然后交给他（她）的教师。所有交上来的卡片，将视为额外的荣誉，其最大的好处是使孩子变得更强壮、更健康。

学生姓名________

儿童参加与健康积极生活方式有关的身体活动情况

参加日期	身体活动内容	身体活动分钟数

父母或监护人的签名：________________

日期：

引自：Liz Giles-Brown. Physical Education Assessment Toolkit［M］. Champaign, IL: Human Kinetics，2006.

【案例18-7】

体育假期作业评价实践案例——健身锻炼日志

美国小学生的寒假健身锻炼假期作业评价实践案例

活动名称：寒假体育健身锻炼作业

说明：这项作业是与加利福尼亚公立学校体育教育模式等级标准12年学制中内容标准水平三、四和五直接连接的。

活动目的：这项作业用来介绍和评价加利福尼亚公立学校体育教育模式等级标准12年学制中内容标准，也用作学生自我管理的目的。

建议使用的年级：4～5年级

体育教育：寒假健身锻炼日志

到期日：____________

学生姓名：____________

作业指示：你将在下面的表格中记录自放假以来你参加体育活动的天数、次数和活动的种类。你应该在寒假中至少活动5天，每次活动大约30分钟或30分钟以上。如果你每次活动时间超过30分钟而且不少于5天，你将接受额外信用分。如果你建议你的整个家庭成员和你一起参加活动，你也将接受额外信用分。请设法让你的家人也参与到这项作业中，而且活动的次数能和你的一样多。要保证每次你的父母或监护人能诚实和准确对你参加的活动签字。

“寒假健身锻炼”的内容包括骑自行车、赛跑（或者慢跑）、走、滑雪、雪板运动、溜冰板运动、庭院中的劳动、与朋友或家人的户外活动、骑滑行车、伸展运动、俯卧撑、瑜伽、有氧运动、跳舞、体育比赛或技能练习或者你和你的家庭成员认可的可帮助改进健康状况的其他体育活动项目。

活动日期	活动类型	活动的时间长度	父母或监护人署名
例如 12月21日	骑自行车 帮助爸爸割草	10分钟 20分钟	Mrs. Smith

签字：____________ 日期：____________

评价思想的描述：这项作业是为4～5年级的小学生设计的，以帮助他们记录离开学校后的寒假健身锻炼状况。在放寒假前，教师讲授了各种与健康和健身有关的概念和知识，包括锻炼对健康的重要性、锻炼期间做准备活动和锻炼后的恢复活动、锻炼中的合理饮水、适合的运动量等，然后由教师介绍此评价表及填写要求。

引自：Assessment Ideas http://www.pecentral.org/assessment/assessment.html.

（七）观察评价法

观察评价法也称行为观察法，是对包含特定工作的成功绩效所需求的一系列合乎希望的行为进行观察的一种评价方法。其用于很多行业领域，是在体育课堂教学过程中一种常用的考评方法。

根据《义务教育体育与健康课程标准（2022年版）》，教师可以根据学习目标与内容，对学生课堂学习的参与热情、合作表现、情绪控制、意志品质等方面采用观察评价，如对学生运动技能和学习表现的考察，通过运用行为观察量表，给某种行为出现的频率赋值，从而计算得分。这些被观察的技能、行为和进步，与教育教学目标及课程标准要求紧密相连，而且具有可观察性。根据观察所采用的技术方法，观察评价法分为一般观察法和集中观察法两类。一般观察法是观察者不做任何干预而客观地将观察结果记录存档的方法。集中观察法是集中于学生行为和结果的一些特别方面或集中于一组特别的学生教学观察的方法，一般通过多种观察手段来获取更多的信息，据此了解学生学习情况。

【案例18-8】

"密切的观察"评价实践案例

姓名　　　　　　　　单位

说明：观察动作优雅的专业运动员和奥运会运动员运动技能表现，写下你注意到的3点。

1.______________________________

2.______________________________

3.______________________________

评估：根据下面的标准，给出相应的分值。在上交之前，用下面的标准进行自我评价。

4	优秀，你做得比别人都好！	3个方面都是正确的、完整的，每个基本运动技能都是明确的，并且包含了插图、特定的例子，有运动与技能的详细描述内容。
3	良好，基本包含了！	3个方面都是正确的、完整的，每个基本运动技能都是明确的。
2	一般，你愿意对此再尝试一次吗？	至少2个方面是正确的、完整的，每个基本运动技能都是明确的。
1	不好，我建议你再尝试一次，可以向我咨询更多的解释。	少于2个方面是正确的、完整的，每个基本运动技能都是不明确的。

引自：Liz Giles-Brown. Physical Education Assessment Toolkit［M］. Champaign, IL: Human Kinetics, 2006.

第四节　体育课堂教学评价的实施

一、确定体育课堂教学评价目的

我国体育课程学生学习评价目的主要体现在促进体育课程建设的不断发展和完善、促进学生发展、促进教师专业发展和家长对学生体育学习情况的了解等方面。确定体育课堂教学评价目的会影响评价内容、方法和标准的确定，确定体育课堂教学评价目的的前提和依据是体育课堂教学特点、体育课堂教学评价的特征和《义务教育体育与健康课程标准（2022年版）》评价要求等。

第一，对学生学习评价，可以通过评价提供的信息，考查学生体育学习情况与行为表现，以及达到体育学习目标的程度；判断学生学习中存在的不足及原因，以改进教学；可以为学生提供展示自己运动能力、水平和个性的机会，以鼓励和促进学生的进步与发展；可以培养与提高学生自我认识和自我教育的能力；可以使体育教师和学生了解到体育教学中“教”与“学”的状况，以促进体育教学的改革和提高，对学生进行有效的反馈，对学生进行适当的激励，帮助体育教师和家长对学生体育学习情况的了解。

第二，对体育教师教学评价，可以运用恰当的评价理论和方法了解体育教师的教学活动和结果状况，可以促使体育教师不断调整教学观念，完善和提高自身素质，努力提高课堂教学质量；可以通过客观、公正、及时、可靠地评定体育教师课堂教学工作的质量和效果，发现课堂教学活动中的优点和不足，提供具体、准确的反馈信息，以帮助教师改进课堂教学工作，促进体育教师自身的发展和教学水平的不断提高。

二、选择体育课堂教学评价的方法

体育课堂教学评价方法的选择是依据评价目的、评价内容、评价指标和评价方法来确定。体育课堂教学评价方法多种多样，根据不同的角度评价方法的选择也是不一样的。根据学生年龄、学段的特点，学生体育学习评价方法应有所差异。根据《义务教育体育与健康课程标准（2022年版）》，对学生学习评价要选择适宜的评价方法。依据评价目的、评价内容、评价主体、评价情境等实际情况，注重过程性评价与终结性评价定性评价与定量评价、相对性评价与绝对性评价、教师评价与学生评价相结合，积极探索增值评价，健全综合评价。评价时要结合每一位学生的基础及提高的幅度进行评定；等级评定与评语式评定结合使用并重视建立学生成长记录袋是体育学习成绩评定的主要方法；学生体育学习成绩评定形式不仅要有教师参与，同时也要重视学生的自我评价和相互评价。

三、选择体育课堂教学评价的形式

体育课堂教学评价形式的选择受教育评价形式的影响较大，也因体育学科的特点而具有多样性，并贯穿体育课堂教学全过程。其基本方式一般有学生学习评价和教师教学评价两种。

（1）学生学习评价。体育与健康课程标准对于学生学习评价要求教师评定结合学生的自我评定和组内互相评定。

学生自我评定——学生对自己的运动技能、学习态度、情意表现与合作精神等进行的综合评定。

组内互相评定——学生对组内各个成员的运动技能、学习态度、情意表现与合作精神等进行的综合评定。

教师评定——依据学生的学习目标达成度、行为表现和进步幅度等，考虑学生自我评定与组内互相评定的情况，对学生的学习成绩进行综合评定。随着学生学段的升高，应更重视学生自我评定和互相评定的作用。

（2）教师教学评价主要采用教师评价和学生评价的形式进行，通常也可采用同行评价、专家评价和学生成绩分析等多种评价形式。定量评价与定性评价相结合评价时通常采用针对教师专业素质和课堂教学两个方面的内容制定适当的量表进行评价。

四、确定体育课堂教学评价的内容

体育课堂教学评价的内容是以收集评价所需要的信息为主要目的，依据评价目标、评价方法的要求，具体进行观察、测量等，收集体育教学相关的信息，包括对学生学习评价内容和教师教学评价内容两个方面。

（1）学生学习评价内容。《义务教育体育与健康课程标准（2022年版）》对学生学习评价内容的选择的建议是应围绕核心素养，紧扣学业质量，结合具体的教学内容，评估学生核心素养的发展水平。具体评价内容主要包括运动能力的发展、健康行为的形成、体育品德的养成3个方面。注重对学生学习过程和学习结果评价。学生学习过程评价是对学生学习态度、投入程度和学习行为的评价；学生学习结果是对学生体能、知识、技能、学习态度、情意表现与合作精神等方面学习质量和价值的评价。通过评价提供学生体育学习的信息，使体育教师和学生了解教与学存在的问题，促进体育教学的改革和提高。

（2）体育教师教学评价内容。运用恰当的评价理论和方法对体育教师的体育教学活动和结果进行评价。体育教师教学评价包括对体育教师完成各方面工作的数量、质量和价值的评定。体育与健康课程标准所要求的体育教师教学评价，是指对体育教师专业素质和课堂教学两个方面的综合评价。体育教师的专业素质评价，应包括对教师职业道德、教学能力和教育科研能力3个方面的考核评价。课堂教学评价内容包括教学目标、教学的组织和课的结构、教学内容的质与量、师生间的交流和关系、教学技巧和授课能力以及教学目标的实现程度等。

五、确定体育课堂教学评价的标准

确定体育课堂教学评价的标准，即确定体育课堂教学目标达成度。体育课堂教学评价标准的确定要依据实效性、科学性、发挥学生主体性、全面发展性和创新性等原则，根据一定的标准，对所收集的课堂信息进行价值判断和解释，并及时反馈给评价对象，用于改进和指导"教"或"学"。围绕《义务教育体育与健康课程标准（2022年版）》研制的学业质量标准，根据核心素养发展水平，结合课程内容，整体刻画不同学段学生学业成就的具体表现特征，引导和帮助体育教师把握教学深度与广度。强调要重视制定明确、具体、可操作的学业质量合格标准，为体育教师有效教学、学生积极学习及学习评价指明方向。体育教学评价标准包括整个体育课堂教学过程和教学效果的标准，评价标准是多元化的。体育课堂教学评价标准通常是对学生学习的评定标准和对体育教师课堂教学的评定标准。

第一，学生学习评价标准。根据《义务教育体育与健康课程标准（2022年版）》对学生学习评价标准要求，针对基本运动技能、体能、健康教育和专项运动技能，不同水平分别有不同的学业质量合格标准。通过综合性学习评价，促进学生达成学习目标，形成核心素养。通过体育与健康课程的学习，学生能享受运动乐趣，掌握各种体能的学练方法，积极参与各种体能练习，达到《国家学生体质健康标准（2014年修订）》的相应要求。运动技能成绩的评定，可参照不同运动项目技能成绩的评定，如《全国跳绳大众等级锻炼标准（花样跳绳）》等进行评定。

第二，体育教师教学评价标准。对体育教师的体育课堂教学进行评价是通过对学生学习过程的测量和评价考量的。体育教师课堂教学评价标准不仅包括教学目的、教学内容、教学方法、教学过程、体育教师基本功和教学效果，还包括授课体育教师的教学行为和课堂上学生的学习表现及参与程度。

相关阅读资料

思考题

1. 什么是体育课堂教学评价？体育课堂教学评价应遵循哪些原则？
2. 体育课前准备的评价指标由哪几部分构成？
3. 体育课堂学生体育学习评价指标由哪几部分构成？
4. 体育课堂教学评价方法有哪些？如何运用？
5. 请举例说明体育课堂教学评价的某一常用方法。

主要参考文献

[1] 李秉德，李定仁．教学论[M]．北京：人民教育出版社，2001.

[2] 王慧琳．美国激发学生健身活动的教学实践案例介绍和分析[J]．体育教学，2011（1）：52-53.

[3] 吴昌提，林菊芳，陈宁红．国内外形成性评价述评——兼评开放教育形成性考核十年[J]．现代远距离教育，2009（3）：67.

[4] 王慧琳．“海报栏”在创建积极体育课堂环境中的应用——以美国体育课堂管理中“海报栏”的应用二则为例[J]．体育教学，2008（1）：43.

[5] 王慧琳．从美国小学生的体育假期作业评价实践案例看评价理念[J]．外国中小学教育，2008（11）：64-65.

（首都体育学院　刘海元；天津体育学院　王慧琳）

第十九章　学生体育学业评价

内容提要

学生体育学业评价不仅是判定学生体育学习效果的重要手段，也是评价体育教学质量的有效途径，掌握学生体育学业评价有关知识，是从事体育教学工作的基本要求。本章依据《义务教育体育与健康课程标准（2022年版）》的要求，着重介绍学生体育学业评价的概念、评价的要求和评价原则；以及不同学习水平学生体育学业评价的内容、方法。

学习目标

◎了解学生体育学业评价的要求、原则。

◎明确学生体育学业评价的内容和方法。

◎掌握不同学习水平学生体育学业评价的具体方法。

第一节　学生体育学业评价概述

一、学生体育学业评价基本概念

学业评价是指以国家的教育教学目标为依据，运用恰当的、有效的工具和途径，系统地收集学生在各门学科教学和自学的影响下认知行为上的变化信息和证据，并对学生的知识和能力水平进行价值判断的过程。

体育学习评价主要是针对学生从事体育学习的具体情况而对其学习进程、学习效果所做的一种评判，既包括对学习进程的诊断判定，又包括对学习结果的评定。

学生体育学业评价是指以《义务教育体育与健康课程标准（2022年版）》水平目标为依据，运用相对科学的评价方法，对不同学习水平的学生在基本运动技能、体能、健康教育、专项运动技能与跨学科实践等方面进行价值判断的过程。

学生体育学业评价是学校体育评价的重要内容，具有反馈、激励、调控学校体育工作，并促进学生全面发展的功能，也是衡量学校体育工作是否有效的重要指标。学生体育学业评价不仅仅包含体育课堂学生学习评价，还包含参加大课间体育活动、参与阳光体育活动、参加运动竞赛等方面表现的评价，同时还应结合《国家学生体质健康标准（2014年修订）》的评价结果进行综合的评价。所以，学生体育学业评价是以水平为阶段，对学生在某学习水平阶段的体育学习与体育锻炼效果做出较为合理的评判。

二、学生体育学业评价的要求

（一）明确学生体育学业评价的作用

《义务教育体育与健康课程标准（2022年版）》非常重视每一位学生的全面发展，强调通过体育学业评价有效促进学生的不断发展，而不仅仅是选拔式的评价。因此，在进行学生体育学业评价时，应关注以下几个方面。

（1）了解学生体育学习和锻炼的实际状况，以及达到学习目标的程度。不仅要了解学生的体能与运动技能的情况，更要了解学生在参加各项体育活动中的行为表现；学习目标不仅仅是所有学生达到的同一标准，还应包括个人的努力程度。

（2）判断学生在体育学习和锻炼过程中存在的不足及原因，以便改进学校体育各项活动。对于学生体育学习和锻炼过程中在运动能力、健康行为、体育品德方面表现出来的不足进行认真的分析，找到原因，不断改进。

（3）发现学生体育方面的潜能，为学生提供展示自己能力、水平和个性的机会，鼓励和促进学生进步与发展。通过体育学业评价，让学生在充分展示自己体育学习方面长处的过程中，体验体育活动过程中成功的乐趣与喜悦，增强对体育活动的自信心，以利于学生进一步的学习与发展。

（4）培养与提高学生的自我认识、自我教育、自我发展能力。通过学生的自我评价与相互评价，使学生对自己的运动能力、健康行为、体育品德方面的情况有一个清楚而准确的认识，了解自己的长处与不足，扬长补短。

（二）合理选择学生体育学业评价的内容

（1）运动能力的发展，包括对学生所处学习阶段的基本运动技能、体能、专项运动技能的提高程度，运用所学健康知识与技能解决实际问题的能力，在展示或比赛中表现等。

（2）健康行为的形成，包括对学生体育锻炼情况、所学健康知识与方法的掌握程度、运用所学健康知识与技能去解决实际问题的能力、情绪调控与环境适应能力、健康意识与行为习惯的养成等。

（3）体育品德的养成，包括学练、展示或比赛中表现出的体育精神、体育道德和体育品格等。

（三）采用多样化的学生体育学业评价方法

《义务教育体育与健康课程标准（2022年版）》强调评价应结合学科特点，依据评价目的、评价内容、评价主体、评价情境等实际情况，选择适宜的评价方式，可采用终结性评价与过程性评价相结合、定量评价与定性评价相结合、相对性评价与绝对性评价相结合、学生自评与互评相结合、小组评价与教师评价相结合的方式进行评价。特别要注意以下几点要求。

（1）评价方法应多样化。如清单评价，根据学习目标与内容，将体能发展、运动技能掌握和比赛表现列成清单，然后对照学生的表现画勾，评判学生的达成情况，这类评价可用于运动能力的评价；课堂观察评价，关注学生在课堂上的学习参与热情、合作表现、情绪控制、意志品质等方面的表现等，对优秀的行为及时进行表扬，利用榜样的力量来引导学生发展，并注意合理运用学生互评，以评促学，加强学生对所学知识的理解；等级评价，可用语言将学生的多种表现行为描述出来，并界定为1、2、3、4、5或尚需努力、接近目标、达到目标、超越目标等不同的等级，这类评价可用于健康行为和体育品德的评价；此外，口头测验、展示比赛法、成长档案袋、纸笔测试等也是常见的评价方法。

（2）重视过程性评价。体育与健康课程核心素养不是一朝一夕就能形成的，因此教学中应注重过程性评价，关注学生在体育与健康课程学习中的成长过程与发展经历，针对学生的课堂表现、进步情况，体育教师以课程核心素养为导向，结合具体内容，选择适宜的评价方法，如清单、课堂观察表、展示、小组比赛等。

（3）关注表现性评价。表现性评价是指对学生在真实生活或运动情境中完成某项任务或任务群时所表现出的运动能力、健康行为、体育品德的评定。其比较适合评定学生运用知识、整合所学内容，做出决策、交流、合作、探究等能力，能激发学生的体育学习兴趣，比较适合评价学生的课程核心素养。如对学生运动能力的评价，体育教师可以结合学生的技战术掌握和运用情况、比赛成绩以及体能情况给予其适宜的课堂表现分数；对学生健康行为和体育品德的评价，体育教师可以通过行为观察和记录等方法，提高评价的可观测性和可操作性。

（4）充分利用现代信息技术进行评价。信息技术在数据采集、传输、处理和结果分析中能如实地传输、保持和再现信息，提高教育评估的即时化、准确化、自动化、智能化和过程化。体育教师可充分利用信息技术跟踪学生学习过程，采集数据，并基于数据分析结果，及时反馈学生的学习情况，改进学习，优化教学。例如，体育教师利用移动设备记录学生出勤和课堂行为表现；利用计步器记录学生的运动轨迹；利用心率带监测学生运动强度；利用录像记录、观察、分析和评估学生的运动能力，提高学生的学习效率。

（四）充分发挥学生体育评价主体的作用

为了更好地发挥评价的作用，既要采用教师评价，也要关注学生的自我评价和相互评价，并努力发挥其他与学生体育学习有关人员的评价作用。

（1）教师评价。体育教师在学生体育学业评价中起主要作用。体育教师的评价应具有较强的权威性，须尽力做到全面和准确。体育教师要用发展的眼光来评价学生，以表扬和激励为主，并提供尽可能多的反馈信息与建议。

（2）学生评价。体育教师应充分调动学生参与体育学业评价的主动性和积极性。学生评价的方式有自评和互评等。学生评价时，体育教师应加强指导和引导，不断提高学生正确认识与评价自己和他人的能力，逐步形成正确、诚信和客观的评价意识与能力。

（3）家长评价。体育课程需要全社会的关心，学生的体育学业也需要得到各方面人士的鼓励。建议让家长等有关人员也参与到评价中来，每学期学习成绩单可设置家长反馈栏目，争取家长关注与支持。

（五）合理显现和运用学生体育学业评价结果

对不同学习水平阶段的学生进行体育学业评价，应呈现出评价的结果，这个结果如何计算，也应该有一个相对的标准。

首先，由于各个学习水平阶段由不同的学年组成，如水平四由初中一年级、二年级、三年级组成，要对水平四学生的体育学业做出评价，就要考虑各个学年的体育成绩，各个学年的体育成绩又由各个学期的体育成绩组成，各个学期的体育成绩又由某一学期的体育课成绩、大课间体育考核成绩、班级体育锻炼考核等成绩组成。

其次，各个学习水平阶段学生的体育学业成绩还要兼顾《国家学生体质健康标准（2014年修订）》测试成绩，因此，体育教师应正确处理学生体育学业评价与《国家学生体质健康标准（2014年修订）》之间的关系。

归纳起来，可以把不同学习水平阶段学生体育学业评价成绩的计算方法表述如下。

该学习水平阶段学生体育学业评价成绩=该学习水平阶段中各学年学生体育考核成绩平均值+各学年《国家学生体质健康标准（2014年修订）》测试成绩平均值之和。

其中学年学生体育考核成绩=2个学期学生体育课成绩平均值。

每学期学生体育考核成绩=该学期学生体育课成绩+大课间体育考核成绩+班级体育锻炼考核成绩+其他。

以上计算公式只是提供一个参考性的学生学业成绩评价指标与内容，具体各个指标的赋分将根据各地各校情况不同加以执行。

同时，体育教师应及时将评价结果反馈给学生，与学生一起判断体育学业目标的达成程度，分析体育学业成绩的进步与不足，帮助学生改进体育学习与锻炼的方法，不断取得进步，增强自尊与自信，提高体育学习兴趣，养成良好的锻炼习惯。

三、学生体育学业评价的原则

（一）针对性原则

在评价学生成绩的时候，要以《义务教育体育与健康课程标准（2022年版）》学习水平阶段目标为依据，针对不同学习水平阶段的学生进行评价。九年义务教育阶段分为4个水平：水平一（小学1~2年级）、水平二（小学3~4年级）、水平三（小学5~6年级）、水平四（初中3个年级）；高中阶段为水平五（高中3个年级），特设高中高级水平六。

（二）多样性原则

评价方式多样、评价内容多元，是体育课程改革对学生进行体育学业评价的基本要求。由于不同水平学生的知识与能力的多样性，因此，评价方法需要多样性。但评价的形式、关注的重点应有所侧重，这样更能充分体现评价的多样性特点。

（三）客观性原则

客观性是指进行学生体育学业评价时，评价要点的选择、评价方法的确定、评价的结果都应符合学校体育活动的实际情况。因此，在进行评价时，必须保证评价的客观性，不能带有随意性；要努力做到评价方法的客观性，不带偶然性；还要做到评价态度的客观性，不带主观性。

（四）整体性原则

整体性是指在学生体育学业评价的各个方面做到多角度、全方位的考察和评价，不能以点带面、以偏概全。由于学校体育系统的复杂性和目标的多重性，应从整体上考虑评价体系的构建。评价标准应全面，尽可能包含体育课堂教学、大课间活动、阳光体育活动等多项内容，保证其整体性与全面性；要根据学校体育各项内容的特点而有所侧重；把定性评价与定量评价结合起来，力求全面准确地评价学生的体育学业水平。

（五）科学性原则

进行学生体育学业评价不能仅靠主观经验和直觉，要根据标准进行科学合理的评价，力求评价方法和评价过程科学化。要建立学、练、赛相统一的评价标准与指标体系；要把定性与定量的方法有机结合起来，按统一的评价标准或尺度分析与衡量学校体育各项活动的实施和具体效果；要注意对评价的指标进行反复修定和筛选，保证评价指标的效度和信度。

（六）发展性原则

发展性评价的出发点和归宿是促进学生的发展，评价不仅要关注学生的现实表现，更要重视全体学生的未来发展，重视每个学生在已有水平上的进步，重视学生的学习态度、学习过程和情感体验，重视学生方法和技能的掌握，重视学生之间的交流与合作，重视学生主动参与和解决问题的能力，帮助学生逐步养成终身体育意识和健康的生活方式。

第二节　学生体育学业评价内容与方法

学生体育学业评价是体育课程评价的重要环节。第八次课程改革前对学生体育学业评价基本上局限于对体能和运动技能的评定，忽视了对学生的学习态度、习惯养成、情感体验、合作意识等方面的评定。新课标实施以来，评价内容方面有了较大的变化，在评价体能与运动技能的同时，更多地关注了学生认知、情感、进步幅度方面的内容。在评价的方法方面，新课标也强调了教师评价、学生自我评价与学生相互评价相结合，客观评价与主观评价相结合，终结评价与过程评价相结合，绝对评价与相对评价相结合的评价方法。评价内容与方法的改革，有助于激励学生主动积极学习，提高学习兴趣，使评价成为一种促进学生积极向上的激励机制，真正成为促进学生达成学习目标的重要手段，同时帮助学生看到自己的进步与不足，建立起体育学习的自信心，促进学生身心的全面发展。由于高校大学生体育学业评价具有一定的特殊性，因此，本节主要介绍中小学各个学业水平阶段学生的体育学业评价内容与方法。

一、水平一学生体育学业评价内容与方法

水平一学生尚处于发展阶段，运动器官及心理承受能力都比较脆弱，不管是随堂评价还是阶段评价或是终结评价，水平一学生的体育学业评价主要采用评语为主的评价。采取的方式都应以激发学生运动兴趣、鼓励学生进步、促进学生发展、全面客观地评价学习结果为宗旨。

（一）水平一学生体育学业评价内容

1. 运动能力

知道基本运动技能的内容，能够说出方向变化、速度快慢、力量大小等运动术语，协调发展移动性技能、非移动性技能和操控性技能，能够保持良好的身体姿态。

2. 健康行为

乐于参与基本运动技能学练和游戏，具有安全运动意识和防范能力，能够说出体育活动前后的情绪感受。

3. 体育品德

能够做到与同伴友爱互助，在活动中遵守纪律，文明礼貌，表现出不怕困难、勇于坚持的意志品质。

（二）水平一学生体育学业评价方法

1. 学生自我评价

在体育教师的组织下，学生进行自我评价。由于低年级学生判断能力较弱，最好采用问答的方式进行自我评价。在自我评价前体育教师要给学生讲清填写要求，有针对性地做好教育工作。自我评价应在体育教师指导下进行。

2. 学生相互评价

在体育教师指导下，学生之间相互进行评价，并记录评价结果。由于是学生的相互评价，每个学生都应充分发表自己的见解，体育教师要适时做好解释、协调工作。体育教师应将每个学生的各方面情况及时反馈给全体学生，同时注意培养相互评价的能力。

3. 体育教师评价

体育教师评价主要是指评价学生的学习效果、阶段评价学生进步情况、最终评价学生学业的全面水平。阶段评价、学期评价和最终评价都应做好记录。

体育教师在每学期、每学年要对学生的学习情况和效果，以评语的方式做出评价。在此基础上，对水平一学生体育学业做出总体的评价。

评价过程中的评语要贴近学生的实际，用简练生动的语言、谈话的方式，本着鼓励学生进步、促进学生发展的宗旨将评价表中能反映学生的闪光点描述出来，不足之处以鼓励的语言填入评语栏内，并在与学生、家长交流、沟通的基础上产生。

评语应多采用激励性的语言，客观地描述学生的进步、潜能以及不足。同时，要制订明确、简要的促进学生发展的改进计划，帮助学生认识自我、树立自信。

（三）水平一学生体育学业评价比例

水平一学生体育学业评价中应把进步程度作为重点，具体操作可参考以下比例分配：

（1）主观评价均占60%：个人评价占10%；小组评价占10%；教师评价占40%。

（2）技评项目和测评项目均占40%：技评占20%；测评占20%。每学期技评和测评项目均应不少于2项内容。

学生的最后得分=学生自我评价（10%）+小组评价（10%）+教师评价（40%）+技评和测评（40%）。

以上各项评价指标的得分之和为最后得分，满分为100分。根据最后得分评定水平一学生体育学业等级：90分及以上为优秀；75～89分为良好；60～74分为及格；59分及以下为不及格。

（四）水平一学生体育学业评价示例

1. 示例一（表19-1）

表19-1　水平一学生体育学业评价参考一览表

水平目标	评价内容	自我评价						小组评价						教师评价		水平一学业总评
		一		趋势	二		趋势	一		趋势	二		趋势	一	二	
		1	2		1	2		1	2		1	2		1	2	
态度与参与	上课出勤率、参加课内外体育学习、活动和游戏比赛时的表现															
运动知识与技能	能够描述所学项目名称和动作术语 对运动要素的了解程度 完成所学动作的熟练程度 初步学会常见的球类游戏、体操类、游泳或冰雪类、武术类、简单民族民间传统体育活动项目的基本动作															
体能	初步发展柔韧性、灵敏性和平衡能力															
情意与合作	努力完成当前的学习任务 体验体育活动对情绪的积极影响 在体育活动中适应新的合作环境 在体育活动中爱护和帮助同学															

说明：1. 此表中的一、二为小学1年级与2年级；1为第一学期，2为第二学期。

2. “趋势”指评价结果走向；升、降、平分别用“↑ ↓ =”表示。

2. 示例二（表 19-2）

表19-2　教师评语与家长反馈参考一览表

姓名：　　　　　　　　　　　　　　　　一年级　　班　　第　　学期

<table>
<tr><td rowspan="2">教师评语</td><td>第一学期</td><td>年　月　日</td></tr>
<tr><td>第二学期</td><td>年　月　日</td></tr>
<tr><td rowspan="2">家长反馈与建议</td><td>第一学期</td><td>年　月　日</td></tr>
<tr><td>第二学期</td><td>年　月　日</td></tr>
</table>

3. 示例三（表 19-3）

表19-3　学生自评与互评记录参考一览表

姓名：　　　　　　　　　　　　　　　　二年级　　班　　第　　学期

<table>
<tr><td rowspan="2">项目
标准</td><td colspan="2">1.掌握动作</td><td colspan="2">2.帮助同学</td><td colspan="2">3.积极活动</td><td colspan="2">4.遵守纪律</td><td colspan="2">5.不怕输</td></tr>
<tr><td>自评</td><td>互评</td><td>自评</td><td>互评</td><td>自评</td><td>互评</td><td>自评</td><td>互评</td><td>自评</td><td>互评</td></tr>
<tr><td>优秀</td><td></td><td></td><td></td><td></td><td></td><td></td><td></td><td></td><td></td><td></td></tr>
<tr><td>良好</td><td></td><td></td><td></td><td></td><td></td><td></td><td></td><td></td><td></td><td></td></tr>
<tr><td>一般</td><td></td><td></td><td></td><td></td><td></td><td></td><td></td><td></td><td></td><td></td></tr>
<tr><td>高兴
吗</td><td>非常
高兴</td><td>高兴</td><td colspan="3">不高兴</td><td rowspan="2">说明</td><td colspan="4" rowspan="2">此表根据自己或同学在各项学校体育活动中的表现，在相应的项目和等级中进行评价，可以画上“√”或自己喜爱的图形，如“☆、¤”等</td></tr>
<tr><td>内心
感受</td><td></td><td></td><td colspan="3"></td></tr>
</table>

二、水平二学生体育学业评价内容与方法

（一）水平二学生体育学业评价内容

根据《义务教育体育与健康课程标准（2022年版）》的基本精神，水平二学生体育学业评价的内容主要包括以下3个方面。

1. 运动能力

能够初步掌握多种体育活动方法并在游戏和比赛中运用，提高基本身体活动和完成体育活动的能力。

2. 健康行为

能够与同伴合作完成体育活动，根据身体感受调整练习节奏，乐在其中。

3. 体育品德

能够按照规则和要求参与体育游戏与比赛，表现出克服困难、勇敢顽强、相互尊重、乐于助人等品质。

（二）水平二学生体育学业的评价方法

1. 学生自我评价

在体育教师的指导下，每学年分上、下两个学期以运动能力、健康行为、体育品德的规定内容进行自我评价。

水平二学生的判断能力比水平一学生的判断能力虽有一定的提高，但思维与表述能力相对还是较弱，因此，其自我评价一般采用问答的方式进行，在自我评价前体育教师要给学生讲清填写要求，有针对性地做好教育工作，并在体育教师指导下进行。

2. 学生相互评价

在体育教师指导下，学生之间相互进行评价，并记录评价结果。每个学生都应充分发表自己的见解，体育教师要适时做好辅导、协调工作。体育教师应将每个学生的各方面情况及时反馈给全体学生，同时注意培养相互评价的能力。

3. 体育教师评价

体育教师评价主要是评价学生运动能力、健康行为和体育品德。阶段（单元）评价学生进步情况、学期综合评价学业水平，应以等级为主的方式呈现。随堂评价和阶段评价、学期评价应有记录，学期末进行水平二学生的体育学业评价。

（三）水平二学生体育学业评价比例

水平二学生体育学业评价主要采用评语式与等级制评定相结合的评价方式进行。具体内容的比例如下。

（1）主观评价均占50%：个人评价占15%；小组评价占15%；教师评价占20%。

（2）技评项目和测评项目分别占20%和30%。每学期技评项目应不少于2项内容；测评项目应不少于3项内容。

学生的最后得分=学生自我评价（15%）+互评（小组评价）（15%）+教师评价（20%）+技评和测评（50%）。

以上各项评价指标的得分之和为最后得分，满分为100分。根据最后得分评定等级：90分及以上为优秀；75～89分为良好；60～74分为及格；59分及以下为不及格。

（四）水平二学生体育学业评价示例（表19-4）

表19-4　水平二学生体育学业成绩评价参考表

水平目标	评价内容	自我评价						小组评价						教师评价		水平二学业总评
		三		趋势	四		趋势	三		趋势	四		趋势	三	四	
		1	2		1	2		1	2		1	2		1	2	
态度与参与	积极参加各种体育活动															
运动知识与技能	对奥林匹克运动知识的了解程度 对有关动作术语或动作名称的了解程度 完成所学动作的准确性、数量、速度与熟练程度。 初步学会1～2项球类、体操类、游泳或冰雪类、武术类、民族民间传统体育的基本动作与方法															
体能	发展柔韧性、灵敏性、速度和力量															
情意与合作	坚持完成有一定困难的体育活动 在体育活动中保持积极稳定的情绪 在体育活动中乐于交流与合作 遵守运动规则并初步自我规范体育行为															

说明：1. 此表中的三、四为小学3年级与4年级；1为第一学期，2为第二学期。

2. “趋势”指评价结果走向；升、降、平分别用“↑ ↓ =”表示。

三、水平三学生体育学业评价内容与方法

（一）水平三学生体育学业评价内容

1. 运动能力

能够基本掌握运动项目的技术动作组合，并能在游戏和比赛中合理运用，体能水平有明显提高，初步学会体育学习与锻炼。

2. 健康行为

能够适应体能练习密度与强度的变化，在遇到困难时能及时应对，主动克服困难，积极调控情绪。

3. 体育品德

能够根据身体条件和体能基础选择合适的体育锻炼方式，在体育活动中表现出自尊自信、积极进取、敢于拼搏等精神。

（二）水平三学生体育学业的评价方法

1. 学生自我评价

在体育教师的指导下，每学年分上、下两个学期以运动能力、健康行为、体育品德的规定内容进行自我评价。

由于水平三学生思维与判断能力有了较大的发展，一般可采用问答和填表相结合的方式进行自我评价，在自我评价前教师要给学生讲清填写要求，有针对性地做好教育工作，并在教师指导下进行。

2. 学生相互评价

在体育教师指导下，学生之间进行相互评价，并记录评价结果。体育教师应将每个学生各方面的情况及时反馈给全体学生，同时注意培养相互评价的能力。

3. 教师评价

具体评价方法同水平二“教师评价”。

（三）水平三学生体育学业评价指标的比例

（1）主观评价均占50%：个人评价占15%；小组评价占15%；教师评价占20%。

（2）技评项目和测评项目分别占20%和30%。每学期技评项目应不少于2项内容；测评项目应不少于3项内容。

学生的最后得分=学生自我评价（15%）+互评（小组评价）（15%）+教师评价（20%）+技评和测评（50%）。

以上各项评价指标的得分之和为最后得分，满分为100分。根据最后得分评定等级：90分及以上为优秀；75～89分为良好；60～74分为及格；59分及以下为不及格。

（四）水平三学生体育学业评价示例（表19–5）

表19–5　水平三学生体育学业成绩评价参考表

水平目标	评价内容	自我评价						小组评价						教师评价		水平三学业总评
		五		趋势	六		趋势	五		趋势	六		趋势	五	六	
		1	2		1	2		1	2		1	2		1	2	
态度与参与	参与体育活动的愉快体验 学会通过体育活动进行积极性休息															
运动知识与技能	对奥林匹克运动知识的了解程度 了解常见运动项目的种类和数量 观看体育比赛的情况 完成所学动作的数量或质量 初步掌握1～2项球类、体操类运动技术动作组合、游泳或冰雪类项目、简单武术套路、民族民间传统体育的基本技术															

续表

水平目标	评价内容	自我评价						小组评价						教师评价		水平三学业总评
		五		趋势	六		趋势	五		趋势	六		趋势	五	六	
		1	2		1	2		1	2		1	2		1	2	
体能	提高灵敏性、力量、速度和心肺耐力															
情意与合作	在困难条件下不懈努力的表现															
	在体育活动遇到挫折时的情绪状态															
	团队体育活动中的合作表现															
	在体育活动中尊重弱者															

说明：1. 此表中的五、六为小学 5 年级与 6 年级；1 为第一学期，2 为第二学期。

2.“趋势”指评价结果走向；升、降、平分别用“↑ ↓ =”表示。

四、水平四学生体育学业评价内容与方法

（一）水平四学生体育学业评价内容

1. 运动能力

能够基本掌握并运用一些运动项目的技术，制定有目标、内容、方法和评价的体育锻炼计划，体能水平协调发展。

2. 健康行为

表现出对体能学练的兴趣和信心，积极邀请同伴一起练习，情绪稳定、精神饱满，能安全、科学地进行体育锻炼。

3. 体育品德

能够主动参与和组织体育活动与比赛，表现出勇敢顽强、坚韧不拔、公平竞争、遵守规则等体育品德。

（二）水平四学生体育学业评价方法

1. 学生自我评价

在体育教师的指导下，每学年分上、下两个学期按水平四的水平目标，以运动能力、健康行为、体育品德的规定内容进行自我评价。

由于水平四学生思维和判断能力相对小学生有了很好的发展，一般采用直接的方式进行自我评价，在自我评价前教师要讲清评价要求，有针对性地做好自我评价的教育工作，并指导学生进行自评。

2. 学生相互评价

在体育教师指导下，学生之间进行相互评价，并记录评价结果。体育教师应将每个学生各方面的情况及时反馈给全体学生，同时注意培养相互评价的能力。

3. 教师评价

水平四具体评价方法见水平三“教师评价”。

（三）水平四学生体育学业评价内容的比例

水平四学生体育学业以等级制评价为主进行综合评价。

（1）主观评价占40%：个人评价占10%；小组评价占10%；教师评价占20%。

（2）技评和测评评价占60%：技评和测评评价各占30%。每学期技评和测评项目测试均应不少于3次。

学生的最后得分=学生自我评价（10%）+小组评价（10%）+教师评价（20%）+技评和测评（60%）。

以上各项评价指标的得分之和为最后得分，满分为100分。根据最后得分评定等级：90分及以上为优秀；75~89分为良好；60~74分为及格；59分及以下为不及格。

（四）水平四学生学业评价示例

由于水平四有3个不同的年级组成，为简化内容，此处选择水平四的初一年级（7年级）为例，说明学生体育学业评价情况，其他年级依此类推。（表19-6）

表19-6　水平四（初一学年）学生体育学业评价表

水平目标	评价内容	自我评价						小组评价						教师评价		水平四学业总评
		一	二	趋势	一	二	趋势	一	二	趋势	一	二	趋势	一	二	
态度与参与	初步形成体育锻炼的习惯与体育态度															
运动知识与技能	简要分析体育比赛中的现象与问题 对科学锻炼的基本知识和方法的掌握程度 掌握并运用田径类、球类运动、体操类运动、游泳运动或冰雪类运动、武术类运动、民族民间传统体育等运动技术															
体能	在运动项目练习中提高灵敏性、速度、力量、心肺耐力和健身能力															
情意与合作	在体育活动中果断做出决策行为的表现 应对挫折或失败的情绪和行为表现 在集体性体育活动中处理个人与集体关系的表现 平时在体育活动和比赛中的道德表现															

说明：1. 此表中的一、二为初一年级第一学期和第二学期。

2.“趋势”指评价结果走向；升、降、平分别用“↑↓=”表示。

（五）初中毕业生升学体育考试

初中毕业生升学体育考试是在“应试教育”导致片面追求升学率，社会和学校存在重智育、轻体育的倾向，学生课业负担过重，学校挤占体育课，学生体育锻炼时间严重不足，体质健康呈普遍下降趋势的情况下应运而生的。自20世纪90年代实施以来，经过近30年的发展，基本发挥了初中毕业生升学体育考试的指挥棒作用，在有效促进初中阶段学生加强体育锻炼、促进初中阶段学生体质健康、推动学校体育发展等方面起到了不可替代的作用。近年来，教育部要求逐步加大体育成绩在学生综合素质评价和中考成绩中的分量。目前，全国各地实际中考体育分值占中考总成绩的比重也不尽相同，但大多为30～50分，占总成绩的5%～8%，而语数外等主科往往能占总成绩的20%左右。云南省教育厅从2021年开始在全省范围内将体育分值提高到和语数外同等分值的100分。各地在测试内容、测试方法、操作方式等方面也不尽相同。为了对初中毕业生升学体育考试有较为细致了解，本节选择了两个案例，供学习参考。

1. 示例一：云南省初中毕业生升学体育考试改革实施方案（节选）

体育考试总分100分，其中七年级满分20分，八年级满分40分，九年级满分40分。学生的年级成绩为上学期成绩、下学期成绩和本年级竞赛加分3个项目的分值总和；超过年级满分的，按年级满分计入；未超过年级满分的，按实际得分计入。

考试内容包括基础体能测试、专项技能测试和体质健康监测3个部分，且竞赛有加分。男生基础体能测试项目共6项，包含4项必测项目：1分钟跳绳、50米跑、15米×4往返跑、1 000米跑；选测项目可6选2：引体向上、坐位体前屈、200米游泳（泳姿不限）、立定跳远、投掷实心球、100米跑。女生基础体能测试项目共6项，包含4项必测项目：1分钟跳绳、50米跑、15米×4往返跑、800米跑；选测项目可6选2：1分钟仰卧起坐、坐位体前屈、200米游泳（泳姿不限）、立定跳远、投掷实心球、100米跑。男、女专项技能测试项目为8选2：足球、篮球、排球、乒乓球、羽毛球、网球、武术、体操，其中足球、篮球、排球中至少选测1项。学生参加校级、县级、州市级、省级和国家级体育竞赛，根据获得的名次折算得分，计入年级成绩。基础体能测试的1 000米跑（男）、800米跑（女）、200米游泳项目由学校统一测试，每学期组织不少于3次，学生自由选择参加次数，按最高得分计入学期成绩。其他基础体能测试和专项技能测试项目，由学校按项目分别组织预约测试，每学期测试次数不限，学生自由选择参加次数，按最高得分计入学期成绩。体质健康监测项目由学校每学年组织测试1次，七年级测试数据作为基础数据（不计分），根据学生本人在七、八、九年级的测试数据进行纵向对比赋分，计入个人当年成绩。

2. 示例二：广州市初中学业水平体育与健康考试实施方案（节选）

体育考试由统一考试和体育素质综合评价两个部分组成，总分为70分，其中统一考试50分、体育素质综合评价20分，计入考生学业考试总成绩。

（1）统一考试。

普通考生须参加以下3类项目的考试，统一考试成绩=一类考试项目成绩+二类考试项目成绩+三类考试项目成绩

一类考试项目（20分）：①中长跑，即800米（女）、1000米（男）；②100米游泳。考生在2个项目中任选1项参加考试。该考试项目成绩按照附件中评分标准得分×20%计算。

二类考试项目（15分）：①立定跳远；②三级蛙跳；③1分钟跳绳；④投掷实心球；⑤推铅球。考生在5个项目中任选1项参加考试。该考试项目成绩按照附件中评分标准得分×15%。

三类考试项目（15分）：①足球；②篮球；③排球。考生在3个项目中任选1项参加考试。该考试项目成绩按照附件中评分标准得分×15%。

（2）体育素质综合评价。

体育素质综合评价成绩=体育课成绩+《国家学生体质健康标准（2014年修订）》成绩+体育综合知识测试成绩。

体育课成绩（6分）：7、8、9年级体育课满分均为2分。每学年体育课成绩按《广州市义务教育阶段体育与健康学业质量评价标准》进行考核，优秀为2分、良好为1.5分、及格为1分、不及格为0.5分。

《国家学生体质健康标准（2014年修订）》成绩（10分）：学生在7、8、9年级应参加《国家学生体质健康标准（2014年修订）》测试，7、8年级每学年满分均为3分，9年级满分为4分；其中优秀为满分、良好为2分、及格为1分、不及格为0.5分、未参加测试为0分。（注：2021届毕业生只计算8、9年级测试成绩，8、9年级各5分，其中优秀为5分、良好为4分、及格为2分、不及格为1分、未参加测试为0分）

体育综合知识测试成绩（4分）：体育综合知识测试共40道单选题，每题0.1分。在八年级学年学期末和其他科目期末考试一并进行，考试内容为体育与健康通识知识。

五、水平五学生体育学业评价内容与方法

高中体育与健康课程考试内容范围为《普通高中体育与健康课程标准（2017年版）》的必修必学、必修选学系列和《国家学生体质健康标准（2014年修订）》的内容。采用“运动参与+体质健康测试+运动技能测试”的方式进行，其中运动参与和体质健康测试是过程性评价，运动技能测试是终结性专项运动技能测试评价。

（一）水平五学生体育学业的评价内容

1. 运动能力

（1）根据个人特点设计和实施个性化的体能发展计划，体重适宜、体格强健、

体态优美、体力充沛。

（2）选学的运动项目运动水平接近或达到三级运动员水平；能较好地组织所学运动项目的比赛，达到三级裁判员水平。

（3）比较专业地观赏与评价所学运动项目的国内外重要体育赛事。

（4）熟练运用所学知识和技能对所选运动项目的相关原理进行科学阐释，并解决运动实践中的复杂问题。

2. 健康行为

（1）自觉坚持有规律的体育锻炼，并能有效地组织与指导同伴和家人进行体育锻炼。

（2）对于自然环境具备很强的适应能力，表现出积极向上、乐观开朗的人生态度。

（3）自觉表现出卓越的领导能力、组织能力和合作能力。

（4）热爱生活、珍惜生命、身心健康、体魄强健。

3. 体育品德

（1）在体育运动中表现出主动迎接挑战、战胜困难、坚韧不拔、追求卓越的精神。

（2）在体育运动中自律自制、遵规守纪，能有效应对和正确化解运动中的冲突。

（3）能将在体育运动中形成的良好品德迁移到学习和日常生活中。

（二）水平五学生体育学业评价方法

1. 学生自我评价

学生对自己的运动能力、健康行为、体育品德进行评价。

2. 学生相互评价

学生对组内其他成员的运动能力、健康行为、体育品德进行评价。

3. 教师评价

教师依据学生的学习目标达成度、行为表现和进步幅度等，参照学生自我评价相互评价的情况，对学生运动能力、健康行为、体育品德进行综合评价。

（三）水平五学生体育学业评价内容的比例

（1）主观评价占40%：个人评价占10%；小组评价占10%；教师评价占20%。

（2）技评项目和测评项目占60%：10~12年级技评项目和测评项目分别各占30%。

学生的最后得分=学生自我评价（10%）+互评（小组评价）（10%）+教师评价（20%）+技评和测评（60%）。

以上各项评价指标的得分之和为最后得分，满分为100分。根据最后得分评定等级：90分及以上为优秀；75~89分为良好；60~74分为及格；59分及以下为不及格。

原则上每个教学模块进行1次评定，成绩达到及格以上可获得1个学分。

（四）水平五学生体育学业评价示例

深圳市普通高中体育与健康学业水平考试实施方案（节选）

考试内容范围为《普通高中体育与健康课程标准（2017年版）》的必修必学、必修选学系列和《国家学生体质健康标准（2014年修订）》的内容。采用“运动参与+体质健康测试+运动技能测试”的方式进行，其中运动参与和体质健康测试是过程性评价、运动技能测试是终结性专项运动技能测试评价。

运动参与评价内容是对学生体育与健康课堂学习、大课间体育活动、课外体育活动、课余体育训练和学校体育竞赛参与及表现情况等进行评定或考核打分。评价方式由学校统筹，班主任和体育科任教师根据平时在教学中观察学生的有关表现结合考试进行评价。

体质健康测试测试内容是根据《国家学生体质健康标准（2014年修订）》要求，全面测试学生身体形态、身体机能和身体素质。

采用集中测试、集中体检或体质达标运动会等方式进行测试，其中身体素质测试的项目为50米、立定跳远、坐位体前屈、仰卧起坐（女）/引体向上（男）、800米跑（女）/1000米跑（男）。

终结性专项运动技能测试主要考查学生的专项运动技能的结构化运用能力（体能、技战术能力和心理能力）表现。依据《普通高中体育与健康课程标准（2017年版）》必修选学（运动技能系列）的内容要求设置专项运动技能测试内容，测试时考生从田径、游泳、体操（健美操）、球类（篮球、排球、足球、乒乓球、羽毛球、网球）、武术、跳绳等6大类运动项目中选择2项不同类别项目进行测试。

考生成绩由过程性评价的运动参与、体质健康测试和专项运动技能测试的成绩组成，最终成绩呈现方式为“合格”或“不合格”。在3学年内体质健康测试有2次以上（含2次）合格，或在高三学年测试合格，则体质健康测试最终成绩认定为合格。运动参与每学期每学年均达到合格标准，且体质健康测试最终成绩、专项运动技能测试成绩也达到合格标准，则体育与健康学业水平最终成绩方可认定为“合格”，一项不合格或缺考，成绩认定为“不合格”。

附件　广州市初中学业水平考试体育与健康考试项目评分标准（表19–7至表19–9）

表19–7　广州市初中学业水平考试体育与健康考试项目评分标准（一）

分值 / 分	1000 米跑（男）			800 米跑（女）			1 分钟跳绳 / 次		
	2021 年	2022 年	2023 年	2021 年	2022 年	2023 年	2021 年	2022 年	2023 年
100	3'37"	3'29"	3'21"	3'22"	3'14"	3'06"	182	188	194
95	3'45"	3'37"	3'28"	3'31"	3'22"	3'13"	170	174	179
90	3'55"	3'45"	3'35"	3'40"	3'30"	3'20"	158	161	164
85	4'02"	3'51"	3'40"	3'46"	3'36"	3'25"	152	154	156
80	4'09"	3'57"	3'45"	3'52"	3'41"	3'30"	145	146	148
75	4'15"	4'03"	3'50"	3'57"	3'46"	3'35"	138	139	140
70	4'21"	4'08"	3'55"	4'03"	3'52"	3'40"	132	132	132
65	4'26"	4'13"	4'00"	4'09"	3'57"	3'45"	124	124	124
60	4'32"	4'19"	4'05"	4'14"	4'02"	3'50"	116	116	116
55	4'37"	4'24"	4'10"	4'20"	4'08"	3'55"	108	108	108
50	4'42"	4'29"	4'15"	4'26"	4'13"	4'00"	100	100	100
45	4'47"	4'34"	4'20"	4'31"	4'18"	4'05"	92	92	92
40	4'52"	4'39"	4'25"	4'37"	4'24"	4'10"	84	84	84
35	4'56"	4'43"	4'30"	4'41"	4'28"	4'15"	76	76	76
30	5'01"	4'48"	4'35"	4'46"	4'33"	4'20"	68	68	68
25	5'05"	4'53"	4'40"	4'50"	4'38"	4'25"	60	60	60
20	5'09"	4'57"	4'45"	4'54"	4'42"	4'30"	52	52	52
15	5'12"	5'01"	4'50"	4'57"	4'46"	4'35"	44	44	44
10	5'14"	5'05"	4'55"	4'59"	4'50"	4'40"	36	36	36
5	5'16"	5'08"	5'00"	5'01"	4'53"	4'45"	28	28	28
0	5'19"	5'12"	5'05"	5'04"	4'57"	4'50"	20	20	20

注：评分标准以分段分值表示，在实际评分上按每一分值计算。

表19-8　广州市初中学业水平考试体育与健康考试项目评分标准（二）

分值 / 分	游泳		足球 / s		篮球 / s		排球 / s	
	男	女	男	女	男	女	男	女
100	1'38 "	1'45 "	47.3	49.3	26.5	28.5	23	25.5
95	1'48 "	1'55 "	48.5	50.5	27	29.2	24.3	26.8
90	2'00 "	2'07 "	49.5	51.5	27.4	29.8	25.6	28.1
85	2'12 "	2'19 "	50.6	52.6	27.8	30.5	26.9	29.4
80	2'24 "	2'31 "	51.3	53.3	28.5	31.3	28.2	30.9
75	2'36 "	2'43 "	52.6	54.6	29.1	32.3	29.3	31.8
70	2'48 "	2'55 "	53.8	55.8	29.7	33.4	30.4	32.9
65	3'00 "	3'07 "	55.0	57.0	30.5	34.6	31.5	34
60	3'08 "	3'15 "	56.0	58.0	31.5	36.2	32.6	35.1
55	3'16 "	3'23 "	56.5	58.5	32.5	37.8	33.5	36
50	3'24 "	3'31 "	57.1	59.1	34	39.6	34.4	36.9
45	3'30 "	3'37 "	57.7	59.7	35.5	41.4	35.3	37.8
40	3'36 "	3'43 "	58.3	60.3	37	43.2	36.2	38.7
35	3'42 "	3'49 "	59.0	61.0	38.5	45	37.1	39.6
30	3'48 "	3'55 "	59.7	61.7	40.5	47	38	40.5
25	3'54 "	4'01 "	60.5	62.5	43	49	38.7	41.2
20	4'00 "	4'07 "	61.3	63.3	46	51	39.4	41.9
15	4'05 "	4'12 "	62.3	64.3	49	53	40.1	42.6
10	4'10 "	4'17 "	63.4	65.4	51	55	40.8	43.3
5	4'15 "	4'22 "	64.9	66.9	54	57	41.5	44
0	4'20 "	4'27 "	68.6	70.6	57	59	42.2	44.7

注：评分标准以分段分值表示，在实际评分上按每一分值计算。

表19-9　广州市初中学业水平考试体育与健康考试项目评分标准（三）

分值 / 分	投掷实心球 / m		推铅球 / m		三级连续蛙跳 / m		立定跳远 / m	
	男	女	男	女	男	女	男	女
100	11.00	8.00	10.2	7.5	7.6	6.5	2.55	2.07
95	10.20	7.20	9.9	7.2	7.3	6.2	2.45	1.97
90	9.40	6.40	9.6	6.9	7.0	5.9	2.35	1.87
85	9.20	6.25	9.4	6.7	6.9	5.8	2.32	1.84
80	9.00	6.10	9.2	6.5	6.8	5.7	2.29	1.81
75	8.80	5.95	9.0	6.3	6.7	5.6	2.26	1.78
70	8.60	5.80	8.8	6.1	6.6	5.5	2.23	1.75
65	8.40	5.65	8.6	5.9	6.5	5.4	2.20	1.72
60	8.20	5.50	8.4	5.7	6.4	5.3	2.17	1.69
55	8.00	5.35	8.2	5.5	6.3	5.2	2.14	1.66
50	7.80	5.20	8.0	5.3	6.2	5.1	2.11	1.63
45	7.60	5.05	7.8	5.1	6.1	5.0	2.08	1.60
40	7.40	4.90	7.6	4.9	6.0	4.9	2.05	1.57
35	7.20	4.75	7.4	4.7	5.9	4.8	2.02	1.54
30	7.00	4.60	7.2	4.5	5.8	4.7	1.99	1.51
25	6.80	4.45	7.0	4.3	5.7	4.6	1.96	1.48
20	6.60	4.30	6.8	4.1	5.6	4.5	1.93	1.45
15	6.40	4.15	6.6	3.9	5.5	4.4	1.90	1.42
10	6.20	4.00	6.4	3.7	5.4	4.3	1.87	1.39
5	6.00	3.85	6.2	3.5	5.3	4.2	1.84	1.36
0	5.80	3.70	6.0	3.3	5.2	4.1	1.81	1.33

注：评分标准以分段分值表示，在实际评分上按每一分值计算。

思考题

1. 什么是学业评价？什么是学生体育学业评价？
2. 不同水平的学生体育学业评价的内容与比例有什么不同？
3. 如何通过学业评价推动学校体育改革发展？
4. 结合示例尝试完成一个水平学段的学业评价方案。
5. 如何避免初中毕业生升学体育考试的“应试现象”？

主要参考文献

[1] 袁振国．当代教育学[M]．北京：教育科学出版社，2004.

[2] 杨贵仁．园丁工程全国中小学教师全员培训教材《体育》中学版[M]．北京：高等教育出版社，2000.

[3] 冯生尧．课程改革：世界与中国[M]．广州：广东教育出版社．

[4] 周庆榕．体育与健康[M]．天津：天津教育出版社，2009.

[5] 季浏．体育与健康课程与教学论[M]．杭州：浙江教育出版社，2003.

[6] 中华人民共和国教育部．义务教育体育与健康课程标准（2021年版）[M]．北京：人民教育出版社，2021.

（天津市教育教学研究室　周庆榕；深圳市教育科学研究院　黄镇敏）